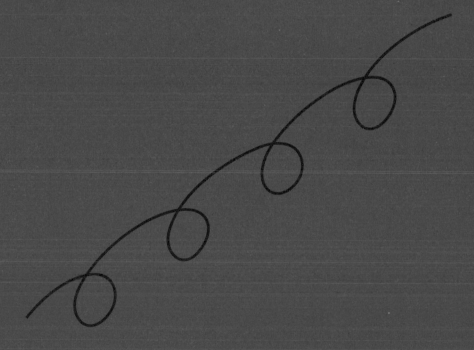

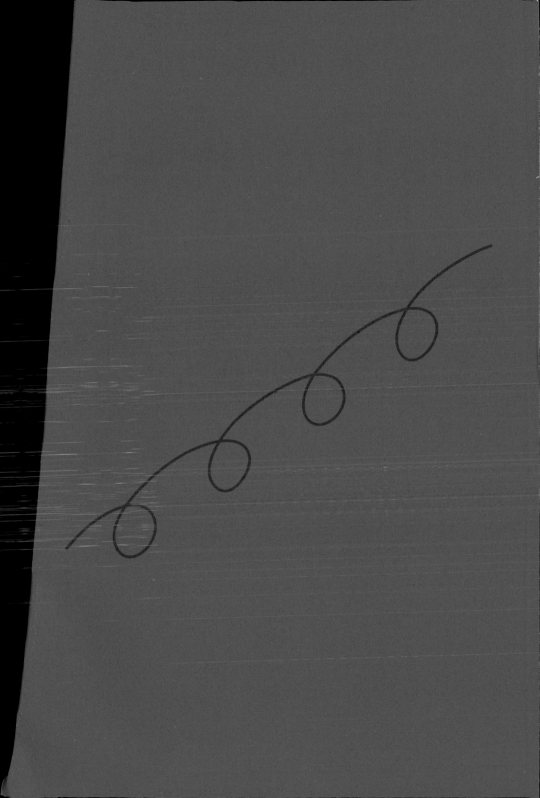

PRINCIPLE

原 則

RAY DALIO

瑞・達利歐(Ray Dalio) -著-

陳世杰、諶悠文、戴至中 -譯-

全球最大避險基金公司——
橋水基金創始人瑞・達利歐，
在本書分享生活和工作原則，
讓他由一個普通中產階級家庭孩子
成為這個世代最成功的人之一。

任何人或企業運用這些原則，
也可以實現自己的目標。

給伴我四十多年的愛妻芭芭拉，
是你讓我的生命完整

目次

第三部分
工作的原則
305

導言

在開口說明我的想法之前，我想先讓大家知道，我是一個「無知的人」，因為相對於我該知道的事情，其實我所知有限。歸納我一生的成功，其實關鍵不是我知道的有多少，而是我知道該如何處理自己不知道的事。我一生學到最重要的東西，是一種基於原則的生活方式，原則幫助我找出什麼才是真相，並據以行動。

要傳遞這些原則，是因為我現在正處於生涯中想幫助別人獲得成功、而不是讓自己更成功的階段。這些原則讓我和其他人受益匪淺，所以我想和你們分享。如果你們認同，你們可以自己評估這些原則的價值以及該如何遵守原則。

原則是基本真理，可以作為行為的基礎，使你得到生命中想要的事物。你可以一次又一次在類似的情況下應用，幫助你實現目標。

我們每個人天天都得面對紛至沓來的問題。沒有原則，我們將被迫對個人生活中的所有事物個別做出反應，就好像我們第一次體

驗到每件事一樣。相反地，如果把這些情況分類，並且有好的處理原則，就可以更快做出更好的決策，因而獲致更好的生活。擁有一套完善的原則，好比擁有一套通往成功的秘笈。所有成功者都依據原則為人處事，只是他們選擇的方式各不相同，所以原則也不同而已。

原則性指的是一貫地遵循可以清楚解釋的原則。但可惜的是，大多數人都做不到。很少有人把自己的原則寫下來，進而分享。那太令人遺憾了。我很想知道愛因斯坦（Albert Einstein）、賈伯斯（Steve Jobs）、邱吉爾（Winston Churchill）、達文西（Leonardo da Vinci）和其他成功者奉行的原則，以清楚了解他們在追求什麼，以及如何實現，而且可以比較他們的方法。我也想知道哪些原則對於希望我投票的政治人物是最重要的；還有，對那些做的決策會影響我的人來說，我想知道最重要的原則是什麼。我們是否有共同的原則，把組成家庭、社區、國家以及跨國的朋友連結在一起？還是我們因為對立的原則而導致分裂？那又是什麼？我們得具體一點，如今，我們必須把原則釐清，這一點尤為重要。

我希望這本書能幫助讀者以你認為最合適的方式發現自己的原則，最好將原則寫下來。這樣可以讓你和周遭的人清楚知道你的原則，且更了解彼此。而當你遇到更多狀況或需要思考時，可以精進你的原則，幫助你做出更好的決定，並更受理解。

擁有自己的原則

我們會用不同方式得出原則。有時透過自己的經歷和反思獲得；有時我們也會從別人比如父母親身上得到；或是採納某些整體

性原則，如宗教和法律框架。

因為每個人都有各自的目標和本性，每個人都必須選擇自己最適合的原則。雖然採用別人的原則不一定是壞事，但如果不多加考慮就採納，可能會冒上與你的目標和本性不一致的風險。同時，和我一樣，你可能並不清楚每件其實需要知道的事，認清這個事實是明智的。如果你能在沒有成見的情況下思考，找出最適合你做的事，並且能鼓起勇氣去做，那麼你就能善用生命，創造最大價值。若做不到這一點，你應該思考原因，因為這很可能是阻擋你實現人生夢想的最大障礙。

我想先分享我的第一個原則：

● 思考並決定（1）你想要什麼，（2）什麼是正確的，（3）如何根據（2）以達到（1）……

……抱著謙卑和開放的心態，你就能想出最好的方法。清楚知道你的原則是很重要，因為原則會一再影響每天生活的方方面面。例如，當你與人互動時，你的原則和他們的原則將會決定彼此如何互動。有共同價值觀和原則的人相處融洽，不會經常出現誤解和衝突。想想你最親近的人：他們的價值觀和你的一致嗎？你知道他們的價值觀或原則是什麼嗎？在人際關係中，人們的原則往往不明確。這在人們需要共享原則才能成事的組織中尤其困難。我的原則很清楚，所以我會字斟句酌地寫這本書。

你可以不拘一格地選擇原則，只要是真實的就好，也就是說它們反映了你的真實性格和價值觀。你在生活中將面臨無數選擇，處理方式將反映出你的原則，所以不需多久，你身邊的人就能辨認

出你真正的處事原則。但你不能欺騙，因為一旦欺騙，你將失去人們的信任和你的自尊。所以你必須清楚知道你的原則，然後身體力行，如果說的跟做的不一樣，就應該解釋這些矛盾。最好把它寫下來，因為這樣做，你將會優化你的書面原則。

雖然我將會分享自己的原則，但我想告訴你們，我不希望你們盲目跟隨。相反，我想讓你們質疑每字每句，並從這些原則中精挑細選，以得出適合自己的原則組合。

我的原則，以及如何得出這些原則

在我一生中犯下了許多錯誤，花了大量時間去反思，才能總結出自己的原則。從小我就好奇心重，獨立思考，追求著遠大目標。設想一些新奇想法讓我很興奮，也常從中嘗到痛苦與失敗。但所總結出的原則使我不再犯同類錯誤，我能改變、進步，進而設想並追求更大的目標，並且能快速及反覆運用於生活中。所以對我來說，人生就像在下一頁看到的那一幅圖。

我認為成功的關鍵在於知道怎麼成長，並「正確地失敗」。「正確地失敗」的意思是能夠從痛苦的失敗中學到教訓，從而避免直接因失敗而被淘汰出局的命運。

一直以來，這種持續學習並改進的方式對我最合適，因為我的個性及我做的事。我不喜歡死記硬背，也不喜歡聽從別人指示行事，而喜歡自己弄清楚事情的緣由。我討厭上學，因為記性不好，但當我十二歲的時候就愛上了市場交易。要想在市場上賺錢，就必須獨立思考，而非一味追尋市場共識，因為市場共識通常已經反應於價格上。一個人不可避免會犯很多慘痛錯誤，所以從錯誤中學習

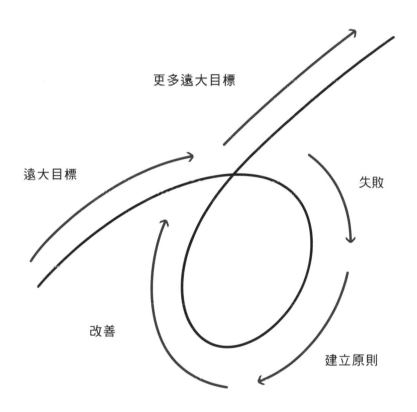

更多遠大目標

遠大目標

失敗

改善

建立原則

是成功的關鍵。要成為成功的企業家，情況也是如此：企業家也必須是獨立思考者，不輕易隨波逐流，雖然有時得面對痛苦的失敗。因為我既是投資者，又是企業家，所以除了建立健康心態來因應慘痛錯誤外，更要想出好方法來提高自己決策的勝率。

● 做出以可信度加權之決策❶（believability-weighted decisions）。

　　過去痛苦的失敗經驗讓我看事情的角度從「知道我是對的」轉變為「要如何確定我是對的」。我得用更謙遜的態度來平衡我太過於武斷的傾向。了解失敗的痛苦，好奇為什麼其他聰明人看事情的角度不同，使我學會從自己及其他人的角度來觀察，也讓我看事情的角度更具全面性。我學會對他人的想法進行加權，從而選出最佳觀點，換句話說，使用「可信度加權」的方式增加我決策的正確性，這真是太令人興奮了。同時，我也學會了：

● 照原則做事……

　　……原則非常明確地表列，人們很容易就能評估其邏輯，周遭所有人、包含你自己都能判斷你是否說到做到。經驗告訴我，每當我做出決定時，反覆思考和寫下決策標準是很珍貴的，所以我養成這樣的習慣。隨著時間累積，我所收集的原則集結成一組訂定決策的依據。藉由與我橋水公司（Bridgewater Associates）的員工分

---

❶　譯注：作者認為做決策的方法並非像民主時代一人一票、同票同權。而是當某個人過往決策能力較準確時，其建議權重就會高些；反之，話語權就較低。

享，邀請他們幫我檢驗原則，我也持續在調整及改善這些原則。事實上，我這些原則已經多所改善，我可以看出它們的重要性在於以下的：

● 系統化的決策方式。

我發現可以把決策標準以演算法形式嵌入電腦中。把兩種決策系統，也就是把我的頭腦和我的電腦放在一起比較，我發現電腦做出的決策比我更好，因為可以處理的信息遠勝於我，且不帶情緒。這可以讓我和同仁彼此更深入理解，並提高集體決策的品質。我發現，這樣的決策系統——特別是在可信度加權的情況下——非常強大，將全面改變世界各地的人做各種決策的方式。橋水以原則為導向的決策方式，不僅改善了經濟、投資和管理決策，而且幫助我們在生活各方面做出更好的決策。

不管你有沒有把自己的原則系統化或電腦化，這都是次要的。最重要的還是制定自己的原則，最好寫下來，尤其是當你和別人共事的時候。

正是這種方法和原則，讓我從一個生長在長島的中產階級小孩成為世俗標準下的成功者。從我兩個臥房大的公寓建立一家公司，最後搖身一變成為美國第五重要的私人公司〔《財星》（Fortune）雜誌報導〕，成為世界上最富有的前百大〔《富比士》（Forbes）報導〕，且被公認是世上最有影響力的前百大人物之一〔《時代》（Time）雜誌報導〕。原則帶我達到一定高度，讓我以從未想像過的方式看待成功與生活。帶給我在工作與人際關係上的價值，我認

為甚至超過我世俗標準的成就，也讓我和橋水公司的發展超乎我想像。

　　直到最近，我還沒想到在橋水公司以外的地方分享這些原則，因為我不喜歡引起眾人注意，甚至覺得跟別人分享這些原則有點自以為是。但在橋水成功預見了2008至2009年的金融危機之後，我得到了很多媒體的關注，市場也開始注意到我的原則與橋水獨特的經營模式。由於媒體報導多數扭曲、甚至譁眾取寵，所以在2010年，我直接在橋水網站上公布我們的原則，讓人們可以自己判斷。令我驚訝的是，原則被下載了三百多萬次，而且我收到來自世界各地的感謝信。

　　我會把這些原則在兩本書中說明：一本是生活和工作的原則，一本是經濟和投資的原則。

這本書的架構

　　因為我大部分時間都在研究經濟和投資，所以原本考慮先寫經濟和投資原則。但後來我覺得應該要從生活和工作原則開始，因為這更全面，而且我覺得這對人們很有益處，無論從事什麼工作。因為這兩部分互相搭配，所以我把它們結合成一本書，並用自傳：「我從哪裡來」作為引言。

第一部分：我從哪裡來

　　在這一部分，我想分享我的經驗，特別是失敗經驗，因為犯錯引導我發現一些訂定決策的原則。老實說，我對說私人故事仍然有複雜的感受，因為我擔心這可能會讓讀者分心，無法集中注意力於

原則永恆而普遍的因果關係。因此，我不介意你跳過本書的這一部分。但如果你要讀這部分，請試著從我和我個人故事中發掘原則的邏輯和價值。想一想，評估一下，看看原則如何適用於你和自己的生活環境。具體的說，有哪些原則可以幫助你實現你的目標，無論是什麼目標。

第二部分：生活的原則

　　我把引導我做所有事物的原則都放在生活的原則這一部分。在這一部分我將深入解釋我的原則，說明如何應用於自然界、我們私人生活和人際關係、商業和決策，當然還有橋水裡。我將分享用以實現目標、做出有效決策的「五步流程」；也會分享我在心理學和神經科學方面的見解，解釋我如何應用到我的私人生活和工作。這是本書真正核心價值，展現了這些原則如何應用到大多數人及幾乎所有事務之上。

第三部分：工作的原則

　　在工作的原則章節中，你可以進一步了解橋水公司的獨特運作方式。我會解釋我將我們的原則凝聚為創意擇優（idea meritocracy）的理念，也就是藉由追求**極度真實**（radical truth）與**極度透明**（radical transparency）來讓工作與合作關係更有意義。我也會告訴你們如何應用在工作細節上，以及如何應用到所有組織中，提升組織運作效率。你將會看到，我們只是想努力把事情做得更好，並且認清對很多需要知道的事情其實所知不多。我們相信，能全面思考、且不受情緒影響的獨立思考者，可以轉化為更聰

明、更有效、1+1＞2的可信度加權決策。這些工作原則以生活原則
為基礎，但因為組織的力量比個人大得多，我相信，這些工作原則
比生活原則更重要。

這本書後續還會有什麼

這本書除了印刷版本之外，還會有互動書，由應用程式
（App）帶你觀看視頻和身歷其境，使你更具體學習。該應用程式
還會透過與你的互動來了解你，以提供更個性化的建議。

這本書及應用程式推出後，還會有另一本書，包含兩個部分：
經濟和投資原則，我將傳遞對我有用的原則，我相信也會對你有
益。

我提出的建議都放在這兩本書裡了，之後我的階段任務也將告
一段落，我將引退。

思考並決定！

（1）你想要什麼？

（2）事實是什麼？

（3）你該怎麼做？

第一部分

我從哪裡來

時間宛如一條長河，
載我們順流而下
邂逅各種現實，
需要做決策。
我們無法停留，
無法迴避，
只能用最理想的
方式應對。

當我們還小，身邊有很多人，特別是父母，總會指引我們面對所遭遇的現實問題。但隨著年齡增長，我們就得自己學著做決定。我們選擇追求的目標，以及那將影響我們走的路。如果你想當醫生，就要讀醫學院；如果想要成家，就得先找個伴，諸如此類。追求這些目標的時候，我們會遇到問題，會犯錯，會開始發現自身弱點。我們試著認識自己與了解現實，試著做出決定。一生中，我們做過無數決定，基本上就像一場場賭局，賭注有大有小。這些決定都值得我們去想想為什麼這樣做，因為這終將決定我們生活的品質。

我們生來就有不同的思維能力，但我們並非天生就會做決策。我們會從不同的現實問題中學習決策能力。雖然一路走來，我和大家有很多不同點——不同的父母，不同的職業，不同的工作夥伴。但我相信從中所學到的原則，對於大多數的人或大部分的工作，應該都適用。當你閱讀我的故事，請試著從我的選擇和結果、我從這

些決定所學到的，以及我如何總結並改變決策方式等方面，看出故事和我之間的潛在因果關係。先問問你自己想要什麼，然後發掘其他人得到他們想要的東西的例子，試著分辨他們成功背後的因果關係模式，這樣你就可以用這些模式來幫助你實現自己的目標。

　　為了讓你理解我從哪裡起家立業，我將翔實地述說我的一生和職涯，我會特別強調錯誤和缺點，以及我從中學到的原則。

第 1 章

我的冒險召喚

（1949－1967）

我1949年出生在長島一個中產階級家庭，父親是爵士樂手，母親是家庭主婦。我是獨生子。我只是普通家庭裡面的普通小孩，而且在校成績不好。我老和一幫朋友混在一起，在街上踢踢足球，在鄰居後院打打棒球之類的，等年紀大些，也開始追求女孩子。

我們的基因賦予我們天生的優點和弱點。我最明顯的弱點就是不會死記硬背。我記不住沒有邏輯的事實（比如電話號碼），更不喜歡聽從指示。但是，我的好奇心很重，喜歡自己去發掘一些新事物，儘管當時我並不清楚。

我不喜歡上學，並不只是因為不喜歡死記硬背教科書上的內容，我甚至對大部分老師覺得重要的東西一點興趣都沒有。我沒辦法了解除了討好母親之外，在學校表現得好會有什麼用。

我的母親很寵我，但總是擔心我功課不好。直到中學時，她知道我還是無法自動自發地學習，總會督促我去房間讀幾個小時的書

才能出去玩。而且不管做什麼,她總是會陪在我身邊。她會幫我把要送的報紙摺疊起來用橡皮筋捆好,星期六晚上看恐怖電影時,她會烤餅乾給我們吃。我十九歲那一年她去世了。那時,我難過到認為自己這輩子永遠不會笑了。但現在每當我想起她的時候,我都會微笑。

我的父親是樂手,每天都工作到半夜三更才回家,所以每到週末都很晚才起床。印象中,在我小時候我們並不親,他除了經常嘮叨要我去修剪草坪和樹籬之類我所討厭的家務事外,沒有太多的交集。現在想想,他是個負責任的父親,我則是個漫不經心的小孩,我們的互動關係現在想來滑稽。例如,有次他叫我去剪草坪,我決定只做前院,想說後院晚點再做,但後來下了幾天的雨,後院的草高到我不得不用鐮刀割。那次花了我很長時間去處理,等到我完成的時候,前院的草高到割不了,等等。

母親去世後,我和爸爸變得非常親,尤其是當我成家。我很喜歡、也很愛他。他的生活方式表現得恰如樂手一般隨意、有趣,但他的個性堅強,我認為這跟他經歷過經濟大蕭條(Great Depression)、二次世界大戰及韓戰有關。我對他七十多歲時有個舉動印象深刻,他開車遇到一場大風雪,毫不猶豫繼續往前行,每當車子被卡住,他就下車自己鏟雪,好像沒什麼大不了的。從俱樂部的表演工作退休之後,他約六十五歲時,在高中和當地社區學院教音樂,開啟了職涯第二春,直到八十一歲那年他心臟病突發才結束。之後他又活了十年,而且頭腦也一樣靈光。

至於我,當我對一件事不感興趣,會表現得意興闌珊,但當我樂於做某件事的時候,會義無反顧的勇往直前。舉個例子來說,雖

然我很討厭做家務，但為了賺錢，我可以打很多的零工。從八歲開始，我送過報紙、鏟過車道上的積雪、當過球僮，在家附近一家餐館裡洗碗端盤，也曾在百貨公司做過理貨的工作。我不記得父母鼓勵我打零工，所以不能說動力是來自他們。但是我知道，小時候就有這些工作歷練，並有一些可以獨立運用的錢，我獲得許多寶貴的經驗，這是我在學校或玩耍中學不到的。

在我年輕的時候，1960年代，美國人心中充滿理想跟抱負，想實現更偉大崇高的目標。這是我再也沒看到過的景象。我最早的記憶是甘迺迪總統（John F. Kennedy），他既聰明又有魅力，擘劃讓這個世界變得更美好的藍圖：探索外太空、實現平權、消弭貧窮等。甘迺迪總統和他的想法對我的思想產生重大影響。

那時，美國登上世界舞台的巔峰，經濟總量約占全球40%，而現在約為20%；美元躍升全球主要貨幣；美國的軍事力量也是全球之最。當時我和身邊的人都認為，「自由派」意味著以快速而公平的方式前進，「保守派」則代表固守老舊和不公平的方式。正如我們所看到的，美國是富裕、先進的，有完善管理制度，並且肩負著迅速改善一切的使命。或許我想得很天真，但我相信不只有我如此認為。

在那個年代，每個人都在談論股市，因為當時的股市欣欣向榮，很多人都賺了錢，也包括我十二歲在一個叫林克斯的地方高爾夫球場當球僮時那些雇主們。而在耳濡目染之下，我開始把當球僮賺來的錢拿來炒股。當時我買的第一支股票叫東北航空公司（Northeast Airlines），選擇的原因是：我聽說過的所有公司，只有它每股低於5塊錢。我以為買的股數越多，賺的錢就越多。雖然這

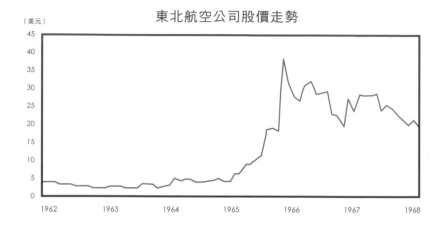

（美元）
東北航空公司股價走勢

個策略很粗淺，但讓我賺了兩倍的錢，因為在東北航空即將破產之
際被併購了。我很幸運，但當時我不知道，我只是覺得在市場賺錢
很容易，所以就上癮了。

　　那時候，《財星》雜誌有一張小小可以撕下來的優惠券，你
可以回函索取財星世界五百大公司免費的年度報告。於是我要了全
部企業的年度報告。我還記得當時郵差心不甘情不願地將報告拖到
我家門口，而我針對每份報告一一深入研究。這是我建立投資資料
庫的開始。隨著股市持續攀升，二次世界大戰和經濟大蕭條越來越
遙遠，投資看來簡單，只要買進股票，等著它上漲就好了。很多人
認為股市持續上漲是理所當然，在當時管理經濟已經發展成一門科
學。畢竟，股票在過去十年裡幾乎翻了三倍，有些做得好的人甚至
賺了更多。

　　平均成本法（Dollar Cost Averaging, DCA）——就是每個月
在市場上投入一定金額，不管會買到多少股數——這是當時大多數
人遵循的策略。當然，如果選到好的股票報酬就更好，所以這是連

我在內的所有人想要的。當時報紙的最後幾版都會整理並列出數以千計可供選擇的標的。

雖然喜歡投資，我也是個喜歡跟朋友到處遊玩的人，無論是小時候跟鄰居一起玩，還是青少年時冒用身分證件混進酒吧；或者現在跟朋友一起參加音樂節和潛水。我一直是獨立思考者，願意冒險去尋找報酬，不僅在市場上，而且大多數情況下都是如此。所以我反而不怕失敗，而是比較害怕枯燥跟乏味的感覺。對我來說，成功固然比失敗好，但失敗卻比平庸來得好，因為失敗的經驗至少會為生活帶來新滋味。在高中畢業紀念冊上，我引用朋友幫我摘選來自哲學家梭羅（H. D. Thoreau）的一段話：「如果有個人跟同伴的步調不一致，或許是因為他聽到的是不同的鼓聲，就讓他隨著聽到的聲音前進吧，無論節奏有多緩慢或是多急進。」

1966年，我高中畢業那年，股票市場還是持續蓬勃發展，我除了繼續炒股賺錢外，也會跟我最要好的朋友菲爾（Phil）一起蹺課去衝浪，或做些高中生喜歡的事。當然，我並不知道，那一年就是當時股市的尖峰。在那之後，幾乎所有我自認為知道的市場知識，都被證明是錯的。

第 2 章

跨入人生第二階段

（1967－1979）

我是帶著自身經歷和身邊人的一些影響進入了這階段。1966
年，資產價格反映了投資人對未來樂觀的期待。但是，從
1967到1979年，經濟不景氣導致股價出乎意料的大跌。不僅僅是經
濟和股市，連社會氛圍也在惡化。這樣的經驗讓我學到了，通常當
大家預期未來的結果會持平時，往往就會出現很大的落差。但至少
我在1967年還不懂。那時候我覺得，股票價格終究會反彈，所以市
場在下跌時就一路往下買，當然也虧了不少錢，直到我發現問題所
在以及該如何處理才停損。我逐漸了解到，價格反映的是人們的期
望，所以當實際結果高於預期時，價格會上漲；而當結果低於預期
時，價格就會下跌。但是大多數的人因為近來的操作經驗而產生偏
差。

那年秋天，我進入長島大學C. W. Post校區就讀。因為高中的
平均成績是C，被要求就讀前必須有觀察期。但是和高中不同的是，
我喜歡大學的生活，因為可以學習到我感興趣的事，而不是被逼著

學，於是我成績變好。我也喜歡離開家獨立生活。

學習靜坐對我的幫助也很大。1968年，披頭四合唱團（the Beatles）走訪印度，在瑪哈禮希‧瑪赫西‧優濟（Maharishi Mahesh Yogi）的修道院學習超覺靜坐（Transcendental Meditation）❶，我對這項活動很好奇，所以也去嘗試。我發現我很喜歡靜坐，對我一生幫助很大，它帶給我一種平靜且開放的思維，讓我思考得更清楚，更有創造性。

我在大學主修金融，因為我熱愛市場，而且這個學科不要求修外語，所以無論是在課堂上還是課外，我都可以學習我感興趣的東西。我有個非常有趣的同學，一個比我年長一點的越戰退伍軍人，我從他那裡學到很多關於商品期貨的知識。大宗商品很有吸引力，因為可以以非常低的保證金進行交易，意味著我可以利用有限的資金進行投資。而且只要我能做出對的決定，就能借錢來賺更多錢。股票、債券和貨幣期貨當時還未出現，而商品期貨嚴格來說是實體商品期貨，如玉米、大豆、牛、豬等。這就是我認識與交易期貨市場的開始。

我大學時期正值自由戀愛、嘗試迷幻藥和對抗傳統威權的年代。這個階段對我或同齡人都影響很大，我一向敬重、景仰的賈伯斯似乎也如此。就像我，他喜歡天馬行空不受拘束的思考，並從中創造令人驚奇的新事物。這個時代教會我們不要用傳統方法做事，正如同蘋果（Apple）公司經典廣告「1984」與「向那些瘋狂傢伙

❶ 譯注：超覺靜坐是一種純正、簡單及有效的的靜坐或冥想方法。它的目的是讓人的精神朝內趨於平靜，超越思想，達到最寧靜、祥和的意識層面，即發覺最深處的自我。瑪哈禮希‧瑪赫西‧優濟大師是超覺靜坐的創始人，並於1958年引進西方國家。

致敬」（Here's to the Crazy Ones）❷中所展現出來的態度。

　　這個時期對美國來說也是一段艱辛歲月。當時的越戰分裂美國，徵兵人數持續增加，戰場上大批年輕人也多落得非死即傷的下場。那時候有一種以生日日期抽籤來決定順序的徵兵方式。我記得在跟朋友打撞球時聽到收音機在播報，有人猜測前一百六十個被抽中的生日，該天出生的人會先被徵兵，而我的生日是第四十八個被抽到。

　　我並不怕參戰，因為我天真地認為不會有什麼不好的事發生在我身上，但是我不想去，因為這時候正值我的黃金時期，從軍這兩年對我來說就如同浪費一輩子的時間。儘管我父親參加過兩次戰役，但他很反戰，也堅決反對我去打仗，於是他要我去檢查身體，而醫生發現我有血糖過低的疾病，給了我一個免服兵役的理由。現在當我回想起這件事，百感交集，我父親技巧性地幫我躲過兵役，我很感謝他為了保護我付出的努力；但我也很內疚，因為我並沒有為國家盡到職責；而也為了沒有像其他人一樣受到戰爭所傷害而寬慰。如果今天再面對同樣的情況，我真的不知道該怎麼辦。

　　隨著美國的政治和經濟惡化，國家士氣變得更低落。1968❸年1

---

❷　譯注：「1984」與「向那些瘋狂傢伙致敬」為蘋果公司兩則經典的廣告。蘋果的「1984」廣告是根據英國著名政治諷刺作家喬治‧歐威爾（George Orwell）《1984》的虛幻小說為背景來製作的。蘋果之所以會選擇歐威爾的《1984》為背景來製作廣告，是因為當時Apple II系列電腦在經歷了幾年的熱銷後正在走下坡路，而《1984》反映的思想內容正好能夠充分表現出1984年PC世界的格局和蘋果想用反叛精神顛覆傳統的心態。而「向那些瘋狂傢伙致敬」則是在陳述，要後人尊重那些特立獨行的天才做與眾不同的事情，只有相信自己能改變世界的傢伙才能真正改變世界。

❸　原注：北越在南越的一百多個城鎮突然採取同步攻擊。

月北越發動了春節攻勢（Tet Offensive），似乎宣告美國終將輸掉這場戰役；同年，美國總統詹森（Lyndon Johnson）決定不競選連任，尼克森（Richard Nixon）當選總統，美國步入更艱困的時代。就在這個時候，法國總統戴高樂（Charles de Gaulle）擔心美國用印鈔票來籌集戰爭費用，因此把國庫所有的美元兌換成黃金。觀察這則新聞與市場走向，我看清楚了市場全貌，也了解兩者之間的因果關係。

大約在1970或1971年，我注意到黃金在國際市場上升值。在那之前，和大多數人一樣，我並沒有太在意貨幣匯率變化，因為貨幣市場狀態一直保持穩定。但貨幣事件廣受新聞討論引起了我的注意。我了解到其他貨幣釘住美元，而美元則是釘住黃金，此外，美國人不被允許擁有黃金（雖然我不知道為什麼），但他國央行可以把美元紙鈔兌換成黃金，以防美國過度印鈔票對他們造成傷害。我聽到政府官員對那些看空美元與看多黃金的言論深表不屑，而且再三向國民保證美元是穩健的，黃金只不過是過時的金屬罷了。他們還說，是那些投機客操縱金價上漲，一旦事情平息下來，這些投機客就會大受損失。那時候，我相信政府所說的話。

1971年春天，我以優異成績從長島大學C. W. Post校區畢業，進入哈佛商學院。入學前的那個暑假，我在紐約證券交易所當交易員。那一年的6至7月間，美元問題似乎即將引爆，因為有報導指出，歐洲人不接受美國遊客所支付的美元。全球貨幣體系正走向瓦解，但當時的我還看不清楚狀況。

1971年8月15日，星期天，美國總統尼克森在電視上宣布美元將停止與黃金掛鉤，導致美元重挫。之前政府官員承諾不讓美元貶

值，當時我大為驚訝。他們的舉動不但沒有解決美元貶值背後的基本問題，還一味地譴責投機客。尼克森的話聽起來是在護航美元，但最後結果正好相反。就好像尼克森所說「讓美元浮動」不會讓美元出現貶值，但事實證明，美元下滑有如石沉大海般，在我看來這是一個謊言。自此之後的幾十年裡，我一再看到決策者在貨幣貶值之前會立即做出類似的保證，所以我學會了不要相信決策者對貨幣不會貶值的保證。而且通常當他們做出保證的力度越強烈，情況可能越慘烈，所以貶值發生的可能性就越大。

當我聽到尼克森發表談話時，便思考這件事發展的意義，因為我們一直以來所知道，美元可以隨時兌換成黃金的觀念已經不存在，這並不是一件好事。而我也清楚看到，甘迺迪時代所建立的信任基礎正在瓦解。

星期一早上，當我進入交易所大廳時，現場一片混亂，但跟我預期的不太一樣，股市出現大漲，而且漲幅將近4%。

為了搞清楚這整件事的因果，我利用暑假剩餘時間去研究過去幾次貨幣貶值對股市的影響。我發現了，美元與黃金脫鉤導致美元貶值、但股市卻出現飆升的情境之前都發生過，顯然，這些符合邏輯的因果關係可能重複發生。我也意識到，之所以會誤判這樣的情況，是因為對我這一生還沒遇過的事感到震驚，儘管這些事情已經發生過很多次。然而現實傳達給我的訊息是：「你最好了解別人在其他時間和其他地方發生過什麼事，因為如果你不這樣做，就不會知道這些事情是否會發生在你身上，如果發生了，就不知道該如何應付。」

那年秋天我進入哈佛商學院，我很興奮能與來自世界各地最

聰明的人當同學。而且就如同我的預期般，那是一段非常美好的經歷。我在具啟發性、不拘一格的環境中與世界各地的人生活在一起、玩在一起。在這裡，老師不會在黑板前告訴我們要記住什麼，也不會考試來測驗我們到底記了什麼。而是要我們針對實際案例進行研究和分析。然後，我們會組成小組討論，如果處在相同情況下會如何應付。這就是我喜歡的學習！

1972年，受惠於金本位體制消失後的大量印鈔，經濟與股市都是一片榮景。當時備受追捧的是漂亮50指數（Nifty 50），這是由五十檔收益增長快速穩定的股票所組成的權值股。

儘管當時股票市場很熱，但我對商品交易更感興趣，所以隔年春天我求美林（Merrill Lynch）大宗商品部門主管給我一份暑期工作。他很驚訝，因為哈佛商學院的學生對大宗商品並不感興趣，而且商品期貨在華爾街經紀行業被認為是個不起眼的交易。就我所知，那個時候從來沒有哈佛商學院的學生在任何地方從事過商品期貨交易。而大多數華爾街公司甚至連大宗商品期貨部門都沒有，就連美林的大宗商品期貨部門也只是隱身在一條小街，配備幾張金屬辦公桌的小規模經營而已。

幾個月過後，當我回到哈佛商學院開始第二年課程時，第一次石油危機爆發，而石油價格在短短幾個月內翻了三倍。1973年，美國經濟開始放緩，股市暴跌，而大宗商品則是出現飆升。我再一次措手不及。但現在回想起來，當時的市場骨牌效應一樣是以符合邏輯的秩序倒下。

在這種情況下，美國超額的債務融資一直從1960年代延續到70年代初期。美國聯準會通過寬鬆的信貸政策為這筆支出提供了資

金，但少了黃金為後盾，是以貶值的紙鈔來償還債務，美國實質上已經違約了。很顯然地，隨著不斷印鈔票，美元快速貶值，這也使得信貸市場更寬鬆，自然帶動更多的消費。然而在金本位制崩解後，通膨加速惡化，商品價格也隨之飆高。1973年，聯準會實施貨幣緊縮政策，這是各國中央銀行為了因應通膨或經濟成長過快時會採取的措施。這個舉動又讓股市暴跌，同時，經濟也出現自1929年經濟大蕭條後以來最嚴重的衰退。漂亮50指數毫無疑問地也出現重挫。

從中學到什麼教訓？當每個人都在想同樣的事，比如說押注漂亮50指數會上漲，通常這樣的預期已經反應在價格中，所以這樣押注失敗的機率就很高。我還了解到，每一次的行動（比如寬鬆的貨幣與信貸），都會產生一個與這次行動相對應的結果（寬鬆環境導致通貨膨脹升溫），從而引發對等的措施（緊縮貨幣和信貸），而市場就會出現反轉。

我開始針對已經發生的事再三檢視，發現大部分的事都是「情景再現」。由於大多數事情都存在著有邏輯性的因果關係，會一再重演。當然，要正確判斷哪些事件會重演，或去了解它們背後的因果關係有一定的困難度。而且很多事看似理所當然或有跡可循，在事發當時並非如此明晰。

由於投資人往往喜歡追逐熱門趨勢，因此在1973年股市失寵之後，大家一窩蜂轉進商品交易市場。而我憑著商品交易經驗與哈佛商學院背景，成了市場搶手貨。當時一家擁有百年歷史的中型經紀公司多明尼克（Dominick & Dominick）以2.5萬美元年薪聘請我擔任商品交易總監，這份薪水算得上是當時哈佛商學院畢業生起薪的最高水準。我的新老闆讓我和一位經驗豐富的老手搭檔，他有很

多商品經紀經驗，我們被安排成立一個商品部門。老實說，我有點低估這份工作的難度，但當時的我年輕氣盛，沒有意識到這點。我相信如果可以再繼續做下去，一定能學到很多教訓，但我們還沒來得及施展拳腳，股市行情就拖垮了這家經紀公司。

隨著經濟崩壞，水門案（Watergate scandal）❹占據了新聞頭條，我又看到政治和經濟交織的情況出現，但往往都是由經濟起頭。這種惡性循環讓人們變得悲觀，所以賣掉了手中股票，導致市場繼續下跌。通常出現這種情況，事情不可能變得更糟，但投資人心裡卻不是這麼想。這就如同我1966年所看到的，當市場一致看好股市會再攻頂時，通常股市就會開始反轉向下，所以市場的共識不見得正確。相對地，當人們非常悲觀的時候，他們賣光手中持股，價格通常變得很便宜，而且政府通常會採取行動來振興經濟。果然，聯準會祭出寬鬆貨幣政策，股票在1974年12月觸底。

那時，我還是單身，住在紐約，常常和哈佛大學的朋友們在一起聚會，而且也有很多約會。我室友的女友是古巴人，介紹我一位她來自西班牙的朋友，名叫芭芭拉（Barbara）。她幾乎不會說英語，但這不是問題，我們嘗試用不同方式溝通。我們在一起將近兩年後結婚了，生了四個兒子，共度美好的生活。直到現在，我們的感情還是很好，但因為這是私事，我就不再多談。

在從事證券經紀的同時，我也用自己的帳戶交易。雖然就交

---

❹ 譯注：1970年代發生在美國的一場震驚世界的政治醜聞。1972年民主黨全國委員會位於華盛頓特區的水門綜合大廈發現被人侵入，然而時任總統的尼克森及內閣試圖掩蓋事件真相。直至竊聽陰謀被發現，尼克森仍然阻撓國會調查，最終導致憲政危機。尼克森於1974年宣布辭去總統職務。

易的結果來看，我成功的紀錄比失敗的多，但直到現在仍讓我記住的，反而是那些失敗的經驗。我記得有一筆大的交易是關於豬肚期貨，這個市場有好幾天是跌停，這意味著當價格已經滑落到下檔空間時，交易就必須停止。後來我把這次經驗的影響分享給《新世紀金融怪傑》（*Hedge Fund Market Wizards*）的作者傑克・史瓦格（Jack Schwager）：

> 那個時候，我們經紀商有大型的商品看板，只要價格變動就會去點擊它。所以每天早上開市的時候，只要看到或聽到市場往下點擊200個基準點，代表市場跌停，也就是價格不再變動。雖然大家都知道這是當日最大的損失價格，但對後續可能出現的跌價損失卻無法預估。那是一次刻骨銘心的經驗，它教會了我風險控制的重要性，因為我不想再承受這種痛苦。它增強了我對錯誤的恐懼，並教會我任何單一的賭注，甚至是賭注組合，都可能導致我失去超過可接受的金額。在交易中，你必須同時保持防守和進攻。如果你不具有攻擊性，你就賺不到錢，如果你不防守，你的錢就保不住。我相信，任何在交易中賺到錢的人，都經歷過這種可怕的痛苦。交易就像在跟電打交道，隨時都有可能觸電。伴隨著這筆豬肚期貨跟其他的交易，讓我感受到了這個市場處處充滿危機，而且一不小心就會受傷。

在多明尼克關閉其零售業務後，我換到一家規模與影響力都較

大的證券公司工作。雖然我在那裡工作期間不長，而且桑迪·韋爾（Sandy Weill）也一直負責這裡所有的業務，但期間他們併購了好幾家公司，也更名了好幾次，最後成為希爾森（Shearson）。

我在希爾森是負責期貨避險的業務，包括商品期貨與金融期貨的交易。這個工作是在幫助那些在其業務中有價格風險的客戶們使用期貨來避險。我逐漸成為穀物跟家畜市場發展的專家，因此常到德州西部與加州農業區出差。我所接觸的客戶，不論是希爾森的經紀人，家畜生產者或穀物的交易商，人都很好，帶我融入他們的生活，帶我去酒吧喝酒，一起打獵，一起烤肉野餐。我們很開心的工作和生活在一起，這樣的情況維持了好幾年，雖然我在希爾森的工作只持續了一年多。

儘管我喜歡這個工作，也喜歡同事，但我卻無法適應希爾森的組織。或許是我的作為太過狂放，舉個例子來說，我曾在加州糧食與飼料協會（California Grain & Feed Association）的年度大會演講，同時雇用一位脫衣舞者在台上表演，現在看起來真是個愚蠢的玩笑。我甚至還揍過老闆。毫無意外地，我被解雇了。

但無論公司經紀人、客戶，甚至是那些炒我魷魚的人都很喜歡我，而且希望能繼續得到我的建議。更好的是，他們願意付錢給我，所以在1975年，我成立了橋水公司。

創建橋水

事實上，這應該算是我重新啟動橋水公司。因為剛從哈佛商學院畢業，到多明尼克商品部門工作前，我就和哈佛商學院同學鮑勃·史考特（Bob Scott）做了一些小生意。和其他國家的幾個朋友

合作，我們不太認真地把美國的商品賣給其他國家。我們稱公司為「橋水」，因為是「在不同水域間搭起交易橋樑」，這名字聽起來也響亮。到了1975年，這家公司幾乎沒生意了，但它登記有案，所以我又重新啟用了。

橋水公司起初是在我那兩間臥室大小的公寓裡開始營運的。當時因為我另一位哈佛商學院室友搬離公寓，我就把他的臥室變成辦公室。我跟另一個一起打橄欖球的朋友合作，我們也找了位年輕女士擔任我們的助手。這就是最初的橋水。

我把大部分時間都花在追蹤市場脈動，設身處地為企業客戶著想，展示出如果我是他們，會如何應對市場風險。當然，我繼續用自己的帳戶在交易。與朋友一起執行任務，幫助客戶打敗市場，比找一份真正的工作有趣多了。當時只要我的基本生活開支夠用，就很快樂了。

1977年，芭芭拉和我想要孩子，所以我們結婚了。我們搬到了曼哈頓一間租來的褐砂石牆公寓裡，同時也把公司搬到那邊。蘇聯客戶當時止在大量購買穀物，並且希望我能給點建議，所以我帶著芭芭拉去蘇聯度蜜月兼出差。我們在除夕夜抵達莫斯科，在漫天雪花乘著公車穿越灰暗的機場，經過聖巴西爾大教堂（St. Basil's Cathedral），參加蘇聯人既友善又熱情的盛大聚會。

我的工作總是能帶我到這些有異國情調的地方，讓我認識有趣的人。如果我能從這些旅行賺錢，那只不過是錦上添花而已。

市場模型化

我真的是一頭栽進牲畜、肉類、穀物和油籽市場。我喜歡它

們，因為它們是有形的，而且比起股票，其價值觀念更不易受扭曲。股票往往能停留在高檔或低檔一段時間，因為總有「最後一個傻瓜」願意買進或賣出，但牲畜市場不一樣，牠們最終會被宰殺成櫃上的肉品，根據消費者願意支付的價格定價。我可以想像商品從生產到銷售的過程，並看穿背後的關係。由於牲畜吃穀物（主要是玉米）和黃豆，而玉米與黃豆會彼此瓜分種植的面積，因此這些市場都是密切相關的。我幾乎學會了所有可以想像的事情，比如，每個主要產區的種植面積和正常產量是多少；如何將作物生長季節不同時段的降雨量轉換為產量估算值；如何按重量組別、飼養地和體重增加率來計劃收穫量，運輸成本和牲畜存欄量；以及如何計劃淨肉率，零售商利潤率，肉類消費者的喜好以及每個季節的屠宰量。

　　這不是學術象牙塔裡的學習，有實務經驗的人向我展示了農業運作流程，我也運用學到的事情，逐步建立模型，來了解各環節相關交互作用的因素。

　　舉個例子來說，透過了解這些牛、豬、雞的飼養數量、吃多少糧食，以及牠們增加了多少體重，我可以預測什麼時候和有多少肉會上市出售，以及什麼時候需要消耗多少玉米跟大豆。同樣，透過觀察在所有產區種植玉米和大豆的面積，進行回歸分析，可獲知降雨量如何影響每個地區的產量，而且應用天氣預報和降雨數據，我可以預估玉米和大豆生產的時間和數量。對我來說，這一切看起來就像是一台具有邏輯因果關係的完美機器。透過理解這些關係，我可以想出如何將這些決策規則（或者原理）模型化。

　　這些早期的模型與我們現在使用的模型相去甚遠，只是一些草圖，我用當時所會的技術分析它們並轉換成電腦程式。一開始，我

在手持式惠普（Hewlett-Packard）HP-67計算器上進行回歸運算，用彩色鉛筆手工繪製圖表，並把每筆交易記錄下來。當個人電腦出現時，我可以輸入這些數字，並將其轉換成試算表上的圖片，了解牛、豬和雞在各生產階段的增長、對葷食者來說它們之間的替代性、如何購買及購買的原因。當然還有肉類中盤商和零售商的利潤空間將如何倒過來影響其行為（舉例來說，他們該推銷肉的哪個部位）。我可以清楚知道市場機制如何形成牛、豬、雞的價格，以致該如何押注。

　　就像那些早期的模型一樣，我喜歡建構和定義它們，它們可以讓我賺錢。我所使用的定價方法與我在經濟學課堂上所學到的不同，因為在經濟學課本中，供給與需求都是以銷售的數量來衡量。我發現，以花費的金額（而不是購買的數量）衡量需求，以及要知道買賣雙方是誰、為什麼買賣，要實用得多。我將在經濟和投資原則章節中解釋這些方法。

　　當其他人錯過市場變化時，這種不同的做法反而使我能抓住經濟和市場上的脈動。我能看到市場上任何的商品、股票、債券、貨幣出現失衡，那些以傳統的方式定義供需關係的人（作為彼此相等的單位）就察覺不到了。

　　把複雜的系統想像成一台機器，找出內部的因果關係，寫成可以處理的原則，並將其輸入電腦，這樣電腦就可以「幫我做決定」，一切就有了標準的做法。

　　不要誤解我的意思，我的做法並不完美。我清楚地記得一個「穩賺不賠」的押注，賠了我10萬美元。更痛苦的是，它也讓我的客戶損失。最慘痛的教訓是，你永遠無法確定任何事情：即使在看

似最安全的押注中，總有可以帶來嚴重損失的風險，所以最好假設你不是全知全能。這個教訓改變了我對決策的態度，它將在本書中反覆提起，因為我把我最後的成功歸功於它。我在犯了很多其他錯誤之後，才完全改變自己的行為。

建立事業版圖

雖然賺錢很重要，但做有意義的工作和建立有意義的人際關係更重要。對我來說，有意義的工作就是一項可以全心投入的使命，而有意義的人際關係，就是那些我所關心和關心我的人。

仔細想想：把錢當作自己的目標毫無意義，因為金錢沒有內在價值——它的價值來自於能夠買到的束西，然而，錢買不到一切。比較聰明的做法是先確定你真正想要的東西，那才是你真正的目標，然後想想要實現目標需要做什麼。金錢將是你所需要的東西之一，但不是唯一，而且一旦你擁有了你想要得到的東西所需的錢之後，它肯定不是最重要的。

當你在想你真正想要的東西時，最好想想它們的相對價值，這樣你就可以適當衡量它們。對我來說，有意義的工作和有意義的關係一樣重要，只要有足夠的錢米滿足基本需求，我就不那麼看重錢了。在考慮到關係和金錢的相對重要性時，很明顯地，關係更為重要，因為錢沒辦法換到一個有意義的關係，有意義的關係顯然有價值許多。所以，對我而言，有意義的工作和有意義的關係是我的主要目標，而我所做的一切都是朝這兩個目標努力。賺錢只是附帶的結果。

1970年代後期，我開始透過電報發送市場的觀察給客戶。橋水

的《每日觀察》（*Daily Observations*）（「穀物和油籽」、「家畜和肉類」、「經濟和金融市場」）的緣起很簡單。雖然我的主要工作是管理風險的暴露，但客戶們卻常打電話來跟我討論市場。接聽電話變得非常費時，所以我決定，每天寫下想法會更有效率，這樣其他人能理解我的邏輯，而且一起精進內容。這是個很好的紀律，迫使我每天都在研究和反思。這也成為我們業務溝通的重要管道。今天，我們的《每日觀察》在近四十年過去、出刊累計一萬份之後，仍被世界各地客戶和決策者閱讀、思考和討論。我會跟橋水公司的人一直寫下去，直到沒人讀或我離世為止。

除了向客戶提供意見和建議之外，我開始代理他們的交易來管理風險。有時我每個月收到一筆固定的費用，有時收到一定比例的利潤為佣金。在這段期間，我的諮詢客戶之一是大的牛肉買家麥當勞，還有一家萊恩加工公司（Lane Processing），當時是全美最大的雞肉生產商。他們兩家公司都賺了很多錢，特別是萊恩加工公司，他們在糧食和大豆市場上的投資收入遠比養雞和賣雞賺得多。

就在這個時候，麥當勞已經構思了一款新產品：麥克雞塊。但並沒有快速上市，因為麥當勞擔心，雞肉價格上漲可能會擠壓利潤率。而且像萊恩這樣的雞肉生產商也不會同意以固定價格出貨，因為他們也擔心成本會上漲，利潤會受擠壓。

當我思考這個問題的時候突然想到，從經濟學角度來看，雞可以被看作是一部簡單的機器，由小雞及其飼料組成，而飼料價格則是雞肉生產商最擔心、最不穩定的成本。我向萊恩加工公司說明如何使用玉米和大豆期貨的組合來鎖定成本，以便向麥當勞報出固定價格。在大大降低了價格風險的同時，麥當勞於1983年推出了麥克

雞塊。我也對幫助成就這件事感到非常高興。

　　我在牛肉和肉品市場確定了類似的價格關係。例如，我向養牛的人說明了如何透過對沖成本項目（牛、玉米和大豆）與他們六個月後要出售的牛隻之間的良好價格關係來鎖定好的利潤率。我開發了一種方法，銷售不同部位新鮮肉品的遠期價格是固定的、且比冷凍肉類價格還低，仍然能產生巨大利潤。結合我的客戶對自己行業「機器」運作的理解，以及我對市場運作方式的認識，對我們雙方都有好處，同時使市場在整體上更有效率。我洞悉這些複雜市場機制的能力，讓我們優於那些不經思考就行動的人，而我們的建議與方法最終也改變了這些產業運作的方式。而我，一如往常，覺得與我喜歡的人共事是莫大的樂趣。

　　1978年3月26日，妻子生下了我們第一個兒子戴文（Devon）。生孩子是我做過最艱難的決定，因為我不知道生養孩子會是什麼樣，這將是不可改變的。結果證明這是我最好的決定。雖然我不會在這本書深入研究我的家庭生活，但我用追求事業的那種強度追求家庭幸福，讓兩者彼此聯繫。為了讓你們明瞭他們如何在我腦海中交織，戴文是以人類已知最古老的牛種之一命名的，那是第一個進口美國的品種，因其高繁殖率而聞名。

第 3 章

我的低谷

（1979－1982）

在1950到1980年期間，債務與通膨伴隨著經濟的起落而有漲有跌，而且波動幅度一次比一次大，特別是1971年美元與黃金脫鉤之後。在1970年代也有三次類似的波動。第一次出現在1971年，是美元貶值所導致。第二次是在1974到1975年間，通膨推升至二次世界大戰以來的歷史高點，聯準會緊縮貨幣供給，導致利率創下歷史新高，也讓股市與經濟出現自1930年代以來最嚴重的下滑。第三次、也是最大的一次出現在1979到1982年間，股市／經濟的波動堪稱是1929年經濟大蕭條以來之最。利率跟通膨飆升後崩跌，股票、債券、商品與貨幣經歷了前所未有的動盪，失業率也達到了大蕭條以來的最高水準。這是全球經濟、市場和我個人的極端動盪時期。

在1978到1980年間（如同1970到1971年和1974到1975年），不同市場的步調開始一致，因為它們受貨幣和信貸增長、而非個別供需平衡的影響。伊朗巴勒維（Pahlari）王朝傾覆，爆發石

油危機，加劇了總體經濟的變化，石油市場的波動性催生了史上第一個原油期貨合約，這給了我交易機會（那時，期貨市場還有利率期貨和貨幣期貨，而我則是全方位投資）。

因為所有的市場都是由這些因素驅動，我埋首研究總體經濟和歷史數據（特別是利率和貨幣數據），以了解「機器」產出的資料的意義。隨著1978年通貨膨脹開始上升，我意識到聯準會可能會緊縮貨幣供給。到了1979年7月，通貨膨脹明顯失控，卡特（Jimmy Carter）總統任命保羅·沃克（Paul Volcker）為聯準會主席。幾個月後，沃克宣布，聯準會將把貨幣供應量的增長限制在5.5%。根據我當時的計算，5.5%的貨幣增長會打破通貨膨脹，但也將扼殺經濟和市場，並可能導致災難性的債務危機。

白銀的暴起暴落

就在那一年感恩節前夕，我在達拉斯石油俱樂部遇見了當時全球首富邦克·亨特（Bunker Hunt）。其實幾年前，我在德州的一個朋友，也是橋水在石油與肉品期貨的最大客戶巴德·德拉（Bud Dillard）就介紹我們認識了，我們經常談論經濟和市場，特別是通膨。就在我們見面的前幾個禮拜，伊朗激進分子襲擊了美國駐德黑蘭大使館，劫持了五十二名美國人。天然氣市場出現劇烈波動，買家大排長龍。這時危機感顯然出現，舉國混亂、沮喪與憤怒。

邦克看到了債務危機和通膨風險，就如同我所看到的。過去幾年，他老是想跨足其他領域賺錢，所以一直在購買大宗商品，特別是白銀，他開始以每盎司1.29美元左右的價格買進，作為對抗通貨膨脹的工具。他隨著通貨膨脹和白銀價格上漲，一直買進，直到白

銀市場幾乎到高點。那時白銀價格已經到每盎司約10美元，我告訴他那可能是獲利了結的好時機，因為聯準會的緊縮貨幣政策，已經讓短期利率高於長期利率（這稱為「收益率曲線倒掛」）。每當這種情況發生，通膨避險的資產價位和經濟就會出現下滑。但因為邦克從事石油生意，與他合作的中東石油生產商仍然擔心美元貶值，所以告訴他，也打算買白銀來對沖通貨膨脹，所以他堅持白銀價格會繼續上漲。但我先下車了。

1979年12月8日，芭芭拉和我有了第二個兒子保羅（Paul）。一切來得非常快，但我很喜歡這種節奏。

到了1980年初期，白銀已經到了近50美元，本來就很富有的邦克變得更有錢了。雖然我在白銀上漲到10美元的時候賺了很多，但還是後悔錯失上漲到50美元的過程。但至少我出場了，沒賠到錢。每個投資者的職涯中都有焦慮的時刻，因為你預期會發生的事，實際上不一定會發生，而且你不知道你所追求的是個潛在的大商機，抑或是個災難。雖然我傾向「看對但提早出場」，這對我來說是對的決策。事實上也是這樣，但對於錯過這40美元的利潤，我還真不知道要如何原諒自己。

白銀最終還是出現暴跌，1980年3月，白銀回落至11美元以下。這毀了亨特，他在整個美國經濟下跌的同時破產[1]，聯準會不得不介入來控制連鎖反應。這在我的腦袋中灌進難以磨滅的教訓：時機最重要。我很慶幸提早離開那個市場，但是看著這個世界首富——也是我同情的人——破產，實在令人震驚。然而，與之後的事

---

[1]　原注：他無法履行其義務，特別是他在經紀公司的保證金缺口，可能導致連鎖違約。

相比，這並不算什麼。

戰友加入

在同年稍晚，一個名叫保羅‧科爾曼（Paul Colman）的優秀人才加入橋水公司。我們從牲畜和肉品的交易中結為好友，我敬佩他的智慧和價值觀，所以我說服他應該一起打拚。他帶著妻兒從奧克拉荷馬的蓋蒙（Guymon）加入我們，我們兩個家庭也親如一家。我們的經營方式隨性又不拘小節。因為住宅與辦公室合一，顯得有些混亂——例如前一晚吃剩的或雜物會亂丟在我的辦公桌上——所以，我們跟客戶的會議都在哈佛俱樂部舉行。保羅會幫我把一件藍色牛津襯衫跟領帶藏在混亂的房間裡，用得到的時候就有得穿。1981年，我們想要更鄉村風的生活環境，全家搬到康乃狄克州的威爾頓（Wilton），在那裡經營橋水公司。

科爾曼跟我工作時會挑戰彼此的想法，以找到更好的解決方法，我們很喜歡來回討論，尤其當很多事情需要釐清時。我們經常深入討論市場和影響它背後的力量直到深夜，在睡前將數據輸入電腦中，看看早上會發現什麼。

我最沮喪的決策

1979到1981年間的經濟情勢堪比2007與2008年的金融危機更為嚴峻，市場波動更大。事實上，有人說這是有史以來最動盪的時期。下面圖表顯示了自1940年以來利率與黃金價格的波動性。

正如你所看到的，1979到1982年間的波動是史無前例。這可以說是近百年來最關鍵的時刻之一，全球政治鐘擺擺向右派，從英國

首相柴契爾夫人（Margaret Thatcher）、美國總統雷根（Ronald Reagan）跟德國總理柯爾（Helmut Kohl）上台，「自由主義」的意義不再是追求進步，而是被理解為「讓人民不工作即可生活」。

短期國債利率

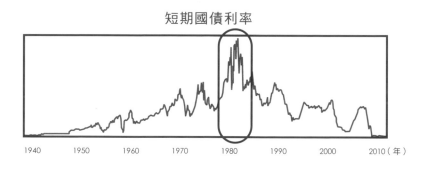

10年期債券殖利率

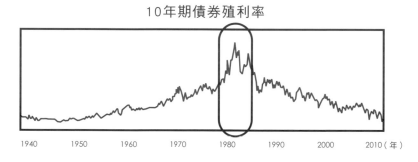

黃金價格

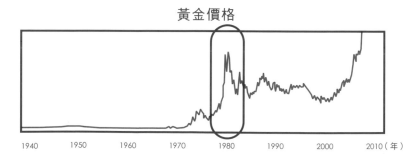

　　就如同我所看到的那樣，聯準會陷入了兩難：要不是印鈔票來緩解債務問題並維持經濟成長（1981年的通貨膨脹已經飆高至10%，導致投資人紛紛拋售債券或購買可以對沖通貨膨脹的資產）；不然就是為控制通膨加大緊縮力道而採取緊縮政策（也就是讓債務人瀕臨還不出錢的窘境，因為當時債務幾乎是經濟大蕭條以來的最高水準）。問題日益惡化，通貨膨脹益趨嚴重，經濟活力不斷下滑，而且幾乎到了危險關頭。債務增長的速度遠快於借款人還債所需的收入增加的速度，而美國銀行向新興國家大量借貸，借款金額也遠高於他們的資本。1981年3月，我寫了一篇題為〈下一個經濟蕭條已經顯現〉的《每日觀察》報告，並總結：債務規模如此龐大，意味著這次經濟蕭條的情況可能和1930年代一樣，甚至更糟。

　　這個論點在當時極具爭議性。因為「經濟蕭條」一詞太恐怖、太聳動，審慎的人不會這樣說。但我的研究追溯了1800年以來的債務與經濟危機，經我推算，我相信以新興國家為首的債務危機即將到來。我很認真的跟客戶分享想法，但因為我的觀點有爭議性，所以我也請其他人一同推演我的邏輯，並請他們指正我思考的盲點。雖然他們都不太認同我的結論，但沒有人能夠發現我的邏輯有任何問題。

　　因為我覺得這次的情況不是通膨就是通縮，因此我選擇押注黃金（在通膨環境下有利）與債券（在通縮環境下有利）。那時，黃金和債券的走勢是相反的，取決於通膨的預期是上升還是下降。持有這些部位似乎要比持有其他資產更安全，例如在通貨膨脹環境中現金將失去價值，股票也會在蕭條中崩盤。

　　剛開始，市場環境對我不利。但在白銀和其他交易的經驗告訴我，我會誤判投資的時機，所以我相信這次只是提得早了點，它很快會發生。果然，過沒多久就發生了。就在1981年秋天，聯準會的緊縮政策產生了破壞性的影響，我的債券押注開始得到回報，之前聽來怪異的論點也似乎被證實正確。1982年2月，聯準會最終還是透過增加流動性以避免資金枯竭。同年6月，隨著流動性需求越來越緊俏，聯準會祭出印鈔手段，將流動性提高到保羅‧沃克上任以來的最高水準，但顯然還是不夠。

畢生最大的雙重打擊

　　1982年8月，墨西哥債務出現違約，那時候，很多人都預料到還有其他國家也會一一引爆。因為美國的銀行借給其他國家的總金額高達其資本額的2.5倍，這些鉅額交易的風險不亞於墨西哥，而且當時美國的商業貸款活動也停滯不前。

　　我是少數幾個預見這些事情的人，所以開始引起關注。例如，國會當時正在就危機舉行聽證會，邀請我去作證；在11月，我也受路易士‧魯凱斯主持的電視投資週報節目《華爾街一週》（*Wall $treet Week with Louis Rukeyser*）之邀擔任嘉賓，這是當時投資人必看的節目。在兩次發表談話過程中，我都很有信心的告訴大家，我們經濟正在走向蕭條，也清楚地解釋了原因。

　　就在墨西哥違約之後，聯準會透過快速增加流動性來應對經濟衰退和債務違約，這個舉動導致股市爆量大漲。雖然我很訝異，但我解讀為這只是市場在聯準會刺激下的反彈。因為1929年那次就是這樣，股市在反彈15%後出現崩盤。10月，我在一份備忘錄中列出

了我的預測。正如我所看到的，聯準會有75%機率會功虧一簣，經濟會陷入衰退；在初期能夠刺激經濟，但有20%的機率最終還是會失敗；聯準會能為經濟提供足夠的刺激措施，但最終引發惡性通膨的機率是5%。為了針對最差的假設情況進行避險，我買進了黃金和短期國債期貨，以防歐洲美元走跌，這是一種在有限風險之下押注信貸問題加劇的方式。

我這次預測大錯特錯。經過一段時間之後，美國經濟在聯準會的努力之下，出現無通膨的反彈。換句話說，通貨膨脹維持低檔水準，同時經濟加速成長。股市開始了大牛市，並在接下來的十八年裡，美國經濟處於歷史上最長的低通膨、高成長時期。

這件事怎麼可能發生？最後，我想通了。當錢從這些借款國回流美國時，一切情況就改變了。因為這導致美元走升，從而讓美國經濟產生通縮壓力，這讓聯準會在不加劇通膨的情況下降息，所以反而推動了繁榮。而銀行受到保護，除了向聯準會借錢之外，在債權國委員會、國際貨幣基金（IMF）和國際清算銀行等安排之下，債務國可以借新的貸款來償還舊貸款。這樣一來，債務國可以將債務逐年減記，一切似乎都很美好。

我在這段時間的經歷就像頭被球棒一直痛打一樣。犯了這樣的錯誤——特別是眾目睽睽之下——讓人羞愧，也讓我全心建立的橋水公司公信力受到影響。我覺得自己是個傲慢的蠢蛋，竟對大錯特錯的觀點如此有自信。

我打拚八年下來毫無成果。雖然我做對的決策遠比錯誤的多，但我還是回到了原點。

我一度賠很多錢，付不出員工的薪水，只好讓他們一個接著一

個離開，公司只剩下科爾曼和我。最後科爾曼也不得不走，所有人都流下眼淚，他和家人收拾行囊回奧克拉荷馬，橋水公司現在只剩一個員工：我。

失去了我很在乎的人，幾乎失去了為自己工作的夢想，真是毀滅性的打擊。為了維持生計，賣掉我們的第二輛車之後，我向父親借了4,000美元。我似乎走到人生的一個十字路口：我應該打上領帶去華爾街找份工作嗎？那不是我想要的生活。但我有妻子跟兩個年幼孩子要養。我意識到自己正面臨人生轉捩點，我的選擇對我和家人的未來將有很大的影響。

找到克服頑固的投資方法

在市場上要賺錢是很困難的。天才交易員與投資者伯納德‧巴魯克（Bernard Baruch）說得好：「如果你願意放棄一切，試著以一個醫學院學生在研究解剖學一樣，仔細去研究整個市場的歷史與背景，以及上市公司每一檔股票——如果你做得到，而且你有著像賭徒般冷靜思考的頭腦，過人的觀察力，以及如獅子般的勇氣，你或許有一絲機會。」

回想起來，讓我一敗塗地的錯誤明顯到令我難堪。首先，我太過自信，而且容易受情緒影響。我（再次）學會了，無論我知道多少，有多努力，我都不能發表像在《華爾街一週》節目中武斷的言論：「我可以絕對肯定地說，經濟不是軟著陸，因為我知道市場是如何運作的。」到現在，我仍為那時自己的傲慢感到驚訝和難堪。

再者，我再次看到了研究歷史的價值。畢竟，已經發生的事情只是「情景再現」。我應該意識到，用本國貨幣計價的債務可以在

政府的幫助下成功地進行重組，而當央行同時提供刺激措施（就像1932年3月，他們在經濟大蕭條的谷底所做的那樣，1982年又做了一次），通膨和通縮可以相互抵消。就像1971年，我沒有記取到歷史的教訓。意識到這一點，讓我試著去理解百年以來所有主要經濟體和市場的全部變化，總結一套經仔細檢驗的恆久原則。

第三，我了解到市場時機的掌握有多困難。我對平衡水準的長期估計還不夠可靠，因為在我下注的時間和我估計發生的時間（如果成真的話）之間可能發生太多事。

由這些失敗經驗開始，我意識到如果要繼續前進而不再被嚴重打擊，必須客觀地看待自己並改變——也就是開始學習在我追求目標時，更有效地控制與掌握我天生太過躁進的個性。

想像一下，為了活得更好，必須穿越危險的叢林。你可以待在安全之地過著平凡生活；也可以冒險穿越叢林去享受美好人生。你的選擇會是什麼？花點時間思考一下，因為無論如何，我們都必須做出選擇。

即使在失敗之後，我仍知道必須冒著極大的風險去追求美好生活，問題只在「如何跨越危險的叢林而不會死在路上」。回想起來，那次徹底的失敗是我經歷過最好的事之一，因為我學會用謙卑來平衡我過於躁進的個性。我學會了一種對錯誤的恐懼，它使我的思維從「我是對的」轉向「我怎麼知道我是對的」。我清楚地看到，回答這個問題的最好方法就是找到和我有一樣使命的其他獨立思考者，但他們跟我的看法不一樣。透過辯論與交流，我可以理解他們的推理，也當作是對自己推理的壓力測試，這樣我們都可以提高彼此的正確機率。

換句話說，我只希望我的想法是對的，但我不在乎這個正確的答案是不是我想出來的。所以我學會了用開放的態度，接受別人來指正我的疏失。我看到成功的唯一方法是：

1. 找出那些最聰明但觀點不同的人，因為這樣我就能理解他們的推論。
2. 知道什麼時候不該發表意見。
3. 歸結出經久不變的普遍原則，對其測試，將其系統化。
4. 平衡風險。讓自己在有限風險下可以得到最大利潤。

做到這些，明顯地提升了風險調整後的報酬，同樣的原則也適用於生活的其他方面。最重要的是，這個經驗使我把橋水公司打造成創意擇優（idea meritocracy）的機構——不是我領導、別人追隨的專制模式；也不是人人平權的民主模式——而是鼓勵每個人去發掘與探討不同觀點，從中根據每個人的強項給予不同權重。

公開討論並分析這些相反的觀點，我更了解人的思考模式。我也發現，通常人們最大的弱點剛好就是他們最大優勢的另一面。例如，有些人會過度冒險，但有些人卻太規避風險；有些人太注重小細節，有些則太偏人方向。大多數的人只會在某方面過度，而另一方面不足。一般情況下，我們依本性做事，很難發現自身弱點，但這些弱點卻常是失敗的導火線。其實，從失敗中記取經驗才是最重要的。成功者常常改變模式，善用自身優勢來彌補缺失，但一般的人不會。在本書的後半段，我會具體描述變革策略，但這裡要先說明的重點是，當你能夠承認並接受自己的弱點時，才會進步。

　　在接下來幾年中，我發現遇到的大多數成功人士都經歷了類似慘痛的失敗，這些失敗經驗最終助其邁向成功之路。回顧1985年被蘋果炒魷魚的賈伯斯說：「這是一帖苦口的良藥，但我想病人會需要。有時候，生活會給你當頭棒喝，但千萬不要失去信心，我相信唯一能讓我堅持下去的動力，是我熱愛我所做的一切。」

　　我發現要把事情做到完美，通常要把自己逼到極致，但有時候挑戰極限，會讓你瀕臨崩潰的痛苦。有人覺得好像失敗了──但這不是真的，除非你自己放棄。信不信由你，如果再堅持下去，你會發現痛苦的感覺慢慢消散，而且會有很多其他的機會出現眼前，雖然當時可能看不清楚。而你所能做的最重要事情，就是總結這些失敗經驗的教訓，以謙遜與徹底開放的心態來增加成功的機會。然後就繼續挑戰極限。

　　我的最後一課或許也是最重要的教訓，因為在我一生中，這個教訓一次又一次地適用。起初，在我看來，我面臨的是一個孤注一擲的選擇：我可以冒很大的風險追求高報酬（最後發現自己破產了），或者可以降低我的風險，接受低報酬。但我發現，我既要低風險、也要高報酬，在探索如何才能做到的過程中，我學會在面對兩件看似矛盾的事務時，應該抱持耐心才能兩者兼得。幾乎都會有一條你尚未發現的好路子，要持續尋找，直到找到為止，而非為最初你隨手可得的選擇而滿足。

　　儘管很難，我最終還是找到這條兩者兼得的路。我稱之為「投資的聖杯」，這是橋水公司成功背後的秘密。

第4章

我的考驗之路

（1983－1994）

我逐漸從人生的谷底走了出來，我窮到湊不出一張到德州去拜訪一位潛在客戶的機票錢。即使知道我將可以賺到比機票錢多出很多倍的服務費，還是得取消行程。不過，我公司的客戶與營收逐漸增加，而且有了一支新團隊。逐漸地，情況有了明顯的改善，而我過去的挫敗似乎是在尚能忍受的範圍，且給我上了一課。我從來沒有想過我在做建立（或重建）一家公司的事情，我只是覺得該繼續玩這場投資遊戲。

電腦是我得到最有價值的東西，它們幫助我思考。沒有電腦，橋水公司就不會像現在這麼成功。

第一台微型電腦（後來被稱為個人電腦）在1970年代後期就已經上市了，我一直當自己是計量經濟學家，用統計和計算能力來分析經濟數據。就如同我在1981年12月的一篇文章所寫到，我相信（而且深信）「理論上……如果有一台電腦能夠裝進世界上所有的事實，而且能夠完美地用數學方式表達世界上各種因素之間的相關

性，那麼就可以完美地預測未來」。

　　但是，這離我想像的還差一截。雖然早期的系統可以深入分析市場最終的合理價格，但沒有辦法幫我訂定穩健的交易策略，也就是說，系統只能針對一個特定押注預測最終會得到的回報。舉例來說，我可以透過分析預測某項大宗商品最終的價格應該會在75美分左右。如果目前是60美分，我知道現在可以買，但沒辦法預測這些商品在上漲到75美分前，會不會先回跌到50美分，我無法預測買賣的時機點。當然，系統預測偶爾也會出錯，以至於賠很多錢。但我也不能接受「偶爾」。

　　「靠水晶球生存的人最後註定都會吃到碎玻璃。」這是當時我常引用的一句話。1979到1982年間，在吃過很多碎玻璃之後，我意識到投資最重要的不是預知未來，而是知道如何對每個時間點得到的訊息做出適當反應。為了做到這點，我必須要有大量的經濟數據和市場資料以便分析，而我確實擁有。

　　從很早開始，一旦我在市場上擁有投資部位，就會寫下我用以做決定的標準。然後，當結束一項交易時，我可以反覆思考這些標準的效果。我有天突然想到，如果把這些標準寫成公式〔現在比較時髦的說法是「演算法」（algorithm）〕，然後用公式運算歷史數據，我就可以測試我的規則在過去是否可行。以下就是實際運作的方式：一開始我會提出直覺的看法，但我會以邏輯的方式表達成決策的條件、系統化地描述這些條件，從而描繪出在各個特定情況下我會如何做決策的心理地圖（mental map）。然後，我會運用系統針對歷史數據進行試算，看看我的決策在過去表現如何，並根據結果適當修改決策規則。

　　我們透過這些系統去回測超過一世紀、能到手的各國歷史資料，這給了我對經濟／市場是如何運行，以及該如何押注很好的觀點。這有助於引導我、並改善我的標準，成為一套經久不變的普遍原則。一旦我了解其中的關係，就可以透過系統運算及時得到的資訊，而電腦就可以像我們的大腦般處理並做出決策。

　　這就是橋水公司最原始的利率、股票、貨幣與貴金屬交易的系統，之後我將之合併為一套投資組合管理系統。系統就像是觀察心電圖一樣解析經濟症狀，當經濟症狀改變時，我們就會調整投資部位。但是我不會盲目遵循電腦的建議，而是讓電腦跟我同步進行分析工作，比較兩者之間的差異。當電腦的決定與我的不同，我會去研究當中的原因。大部分是我忽略掉某些事物，電腦在此時能從旁協助；但有時候，我認為系統會遺漏掉一些新標準，所以我們也會適時更新系統。但這情況並未持續多久，因為後來電腦處理能力大幅提升，比人腦更有效率。這真是太好了，因為它就像是一位西洋棋大師幫我策劃每一步，它完全依照我所理解的規則，而且幾乎都符合邏輯，所以沒有什麼理由我會不信賴電腦。

　　電腦在同時思考一些事情的能力要比人腦來得好，而且更精準、更快速，又不帶情緒；再者，因為電腦有很大的記憶體，可以把我和橋水工作夥伴的知識累積起來。我和工作夥伴多半是針對訂定決策的標準進行討論，而不只是結論的部分，然後我們會透過客觀的測試標準來解決分歧的意見。在那個時代，電腦迅速發展的能力，就像上帝不斷賜給我們的禮物一樣。我記得當RadioShack推出一款便宜的手持電腦西洋棋遊戲時，我們寄給每個客戶一台，並附上一句「這就是橋水系統化方法」。這個小遊戲有九關，但我通常

在第二關時就出局了。客戶對這個遊戲都很感興趣,他們很容易就明瞭要打敗電腦的決策是非常困難的。

當然,有些時候我們不按系統行事,但機率不到2%,通常是異常事件發生時。就像九一一美國世貿大樓被轟炸時,我們撤出資金。雖然電腦在很多方面都比人腦要來得好,但它沒有辦法跟人一樣想像、理解和有邏輯性思考。正因如此,我們的大腦要跟電腦合作。

這些決策系統比我以前使用的預測系統要好得多,主要是因為納入了我們對事態的即時反應,以至於我們能處理更多的可能性。這還包括選擇時間的規則。在1987年1月,一篇名為〈賺錢還是預測〉的文章中,我解釋道:

事實上,預測沒什麼價值,畢竟大多數做預測的人在市場上都賺不到錢……這是因為沒有什麼是絕對正確,尤其當有人為了預測,把各種變數的發生機率相加,那麼他得到的是各式各樣各不相同的可能性,而不是一個發生機率很高的結果……我們認為市場走勢反映經濟運行,而經濟運行反映在經濟統計中。透過研究經濟統計與市場走勢之間的關係,我們制定了精確的規則,以確定經濟╱市場環境中的重要變化,進而改變我們的投資布局。換句話說,與其預測經濟環境變化來調整持倉部位,不如在市場發生這些變化的過程中,把握這些變化,把資金轉移到那個環境下表現最好的市場。

　　在過去三十年建立這些系統的過程中，我們納入各式各樣的規則，針對交易的每個層面給予建議。現在，市場上有很多即時性的資料，我們的電腦從超過一億項資料中進行分析，並以我看來具邏輯性的方式傳達指令給其他電腦同步運作。如果沒有這些系統，我可能會破產，或是為了得到這些資料而過勞死，我們可能也不會有現在的成就。稍後你也會看到，我正在開發類似的系統來幫助我們做出管理決策。我相信，你對於改善決策所能做的最有價值的事情之一，就是想清楚你的決策原則，然後用文字和電腦演算法把它們寫下來，如果可能的話進行回測，在用你的大腦思考決策的同時運用這些原則。

　　我講得有點太快，讓我們先回到1983年。

橋水公司的復活

　　到1983年年底，橋水公司共有六名員工。一直到那時候，我還沒有做任何市場行銷，業務都是出自於口碑，以及每天閱讀我的《每日觀察》和看到我在公開場合出現的人。很明顯地，市場對我們研究報告的需求越來越多，我意識到其實可以透過銷售研究報告來增加諮詢與交易方面的收入。於是我聘雇了第七名員工，一位本來挨家挨戶銷售聖經，名叫羅伯‧弗雷德（Rob Fried）的推銷員。我們開始了這個計畫，透過大量投影片的介紹，以每個月3,000美元銷售我們的研究資源，包括《每日觀察》、每週電話會議、雙週刊和研究季刊，以及季度會議。在接下來的一年，羅伯甚至開發到一些機構法人及機構投資經理，包括奇異公司（General Electric）、基石監管基金（Keystone Custodian Funds）、世界銀行（World

Bank）、布蘭迪維因公司（Brandywine）、盧米斯賽勒斯資產管理公司（Loomis Sayles）、遠見資本管理公司（Provident Capital Management）、勝家公司（Singer Company）、羅斯保險公司（Loews Corporation）、通用電話（GTE Corporation），以及威靈頓管理公司（Wellington Management）。

　　我們公司那時三項主要業務是諮詢服務、協助公司管理風險的報酬以及銷售研究資源。我們跟各式各樣有市場風險缺口的公司、金融機構、政府機關合作——包括銀行、多元化跨國企業、原物料生產者、食品生產者與公用事業等等。舉個例子來說，我們可以訂定一項計畫，幫某家跨國公司處理在不同國家營運所面臨的匯兌風險。

　　我的方法是全心投入這個企業中，直到我覺得我提供的策略是自己在經營公司會用的策略。我會把每個公司分解成不同的邏輯元件，然後利用各種金融工具，特別是衍生性工具，制定一項管理每個元件的計畫。通常最重要的組成是來自核心業務的利潤和來自價格變化的投機性利潤和損失。我們是想向客戶展示「風險中性」的部位長什麼樣子，也就是如果一個企業對市場沒有主觀看法時，該持有多少的避險部位。我建議只有在他們想冒較大風險的時候再去調整這個部位，而且必須審慎行事，且得充分了解這可能對核心業務產生的影響。對於我們大多數企業客戶來說，這做法讓不少人大開眼界，因為給了他們明確方向與控制性，而且可以獲得更好的結果。有時候他們會希望我們代理進行投機性操作，當然我們也可以從中得到一些利潤。

　　這種建立「風險中性」基準部位，並在慎重的冒險時偏離這

個部位的方法，是我們首創的投資管理風格，我們後來把它稱之為「阿爾法覆蓋策略」（alpha overlay），也就是把被動（貝他「beta」）跟主動（阿爾法「alpha」）分開管理的投資策略。一般來說，市場（如股票市場）本身的回報稱為貝他；而阿爾法則是來自於主動押注的回報。例如：有些人的表現跑贏大盤，有些人則跑輸大盤，跑贏的稱為正阿爾法，跑輸的就稱作負阿爾法。我們借助阿爾法覆蓋策略提供了一種獨立於潛在市場表現的投資方式。這樣的方式讓我理解到，要成為一個成功的投資者，關鍵之一就是只對有信心的對象冒風險，而且投資也必須多元化。

1980年代中期，有一位名叫艾倫·龐德（Alan Bond）的客戶，是位大膽創新的企業家，也是澳大利亞最富有的人之一。最著名的事蹟就是他是美國盃帆船賽創立一百三十二年以來，第一位奪冠的非美籍人士。但是就像邦克·亨特一樣，因為投資失利被迫宣布破產。我一直都是他和他團隊的投資顧問，所以一路看著這場悲劇發生。他是典型將事業與投機混淆的案例，而且當他真正要避險時，為時已晚。

龐德在澳大利亞貸款美元購買啤酒廠等資產，會這樣做是因為當時美國利率比澳大利亞還低。但他沒有意識到，他所賭的其實是當他要償還美元時，美元不會走強。1980年代中期，美元走勢相對澳幣強勢，當他發現經營的啤酒廠收到的澳幣已不足以支付他的債務時，團隊請我提供建議。我算了一下龐德公司的部位做出建議，在當下如果進行貨幣避險肯定大虧，請他們再等等。而當澳幣匯率開始走升時，我建議他們開始進行避險，但他們並沒有執行，因為認為匯兌問題已經消失了。不久之後，澳元跌至新低點，他們打電

話來請我參加緊急會議。那時候已無法靠避險鎖住那筆巨大的損失，他們還是什麼都沒有做，而這次澳幣並沒有反彈，就這樣，一個既富有又有成就的人失去一切，這件事讓我留下很深的印象。

我們也做了與市場有關的一次性諮詢專案。1985年，我與一位好友，也是一位非常傑出的交易員保羅·都鐸·瓊斯（Paul Tudor Jones）一起設計了一項美元期貨合約（一個追蹤美元兌一籃子貨幣的交易指數），在紐約棉花交易所進行交易（目前仍在交易）。我也和紐約期貨交易所合作，幫助設計和銷售CRB期貨合約（一種追蹤一籃子商品價格的交易指數）。

與大多數在市場上工作的人不同的是，我從來沒有想過因為投資產品會賣得好就去設計它們，尤其是傳統投資產品。我所想做的就是在市場交易，建立關係，站在客戶的立場做他們想做的事。我也喜歡設計嶄新的東西，尤其是一些有革命性的重要東西。到了1980年代中期，我明白幾件事：第一，我們在利率和貨幣市場上做出了很好的建議，所以那些買我們研究資源的機構投資經理也藉此賺錢；第二，我們成功地管理了公司的利率和貨幣風險。既然這兩件事都做得很好，我想我們自己也能成為成功的機構投資經理。所以我跑去遊說當時管理世界銀行退休基金的首席投資長希爾達·奧喬阿（Hilda Ochoa）。儘管我們沒有管理的資產、也沒有紀錄，但她給我們管理一個500萬美元的美國債券帳戶。

這對我們來說是一大轉捩點，因為這是今天眾人所知的橋水公司的起點。我們用於世界銀行的策略是在持有現金和持有二十年期美國國債之間進行轉換，因為這些持倉將使我們對利率方向進行槓桿式的投資。當我們的系統表示利率的壓力會使它們下跌時，我們

就持有二十年期國債；而當系統指出利率將上升時，我們就持有現
金。我們做得很好，不久之後，其他大型機構投資者也授權我們管理
理資金。美孚石油（Mobil Oil）和勝家公司是我們接下來的兩個帳
戶，其他客戶也隨之而來。我們持續朝著世界上最優秀的美國債券
管理者邁進。

在中國的創業冒險

諮詢工作其實還不賴，我有了到各地旅遊的機會，通常越不尋
常的地方，越能發現有意思的東西。好奇心使然，1984年，我第一
次到了北京。在成長的過程中，我對中國的印象一直停留在眾人揮
舞《毛語錄》的景象，所以有機會來到這種極封閉的國家，其實還
滿有意思的。有機會受邀訪中，是因為當時我在香港設立一個小辦
公室，而其董事也是中信證券（CITIC）的顧問。中信證券是當時
中國唯一允許對外交流的公司。北京人非常熱情又好客，當地人跟
我們介紹，喝下茅台時要一邊喊乾杯，我們度過一段非常快樂的時
光。這是我和妻子及友人的第一次遠行，也開啟了往後三十多年一
段有意義的旅程，對我和家庭帶來深遠的影響。

當時中國沒有金融市場，最後由包括中信證券在內的九家中
國公司組成的中國證券市場研究設計中心的小組開始發展起來。小
組是在1989年天安門事件發生之前啟動，但天安門事件陷他們於
困境，因為這樣的市場發展仍然被視為走資（偏向資本主義）。起
初他們是在一家小旅館的房間裡經營，而且幾乎沒有任何金援，我
還記得要經過一個大垃圾箱，爬上彎曲的金屬樓梯，才找得到他們
的辦公室。我真的很佩服這些年輕人在這樣不安定之下願意冒此風

險，所以捐了一小筆錢給他們，也很高興和他們分享我的看法。這些人從無到有建立了中國市場和政府的證券監管部門。

1994年，我成立了一家名為橋水中國合作夥伴（Bridgewater China Partners）的公司。那時候我就深信，中國在二十一世紀將成為全世界最大的經濟體，但卻沒有看到有人到中國投資。這似乎是個好機會。我可以向我的機構投資客戶介紹來中國賺錢的機會；我也可以透過技術入股的方式來取得這些公司的股份。基本上，我在中國成立了第一家海外的私募股權公司。

在公司成立之初，我帶了一群管理資金達700億美元的機構投資客戶到中國參訪，當我們回到美國時達成共識，要在北京建立一家聯合控股的商業銀行。雖然我知道要進入一個未曾接觸的領域需要大量的實驗和學習，但我很快意識到，我嚴重低估了為自己所設定任務的複雜性和所需的時間。我即使在凌晨三點還要接電話，努力搞清楚那些不可靠的財務報表，了解可疑的股權結構——當天一亮時，我又得處理所有橋水的工作。

經過大約一年時間，我發現要同時經營橋水公司與橋水中國合作夥伴公司非常困難，所以結束橋水中國合作夥伴公司。這項投資並沒有讓任何人賺或賠錢，因為我對我所看到的情況不放心，無法做出任何投資決策。我相信如果將全部的精力放在這兒，最終應該會有所成就，但大家看到的橋水公司就不會像現在這樣。雖然錯過這個大好機會，我並不後悔自己的選擇，因為我知道如果你努力工作、有創造力，就可以擁有你想要的東西，但不是樣樣都有。成熟的心智可以讓你放棄一項好選擇，從而追求更好的結果。

儘管放棄這個機會，中國仍然是我自己和家人生命中重要的一

部分。我喜歡中國,特別是中國人。1995年,我的妻子芭芭拉,我們十一歲的小孩麥特(Matt)和我一起做了一個決定,讓麥特花一年的時間到北京的中文學校就讀,而且跟我們的朋友顧女士住在一起,她是天安門事件發生期間和我們在美國一起生活的朋友,而且在麥特三歲的時候,也曾和我們一起到中國拜訪過她。麥特在中國的生活跟他熟悉的康乃狄克州有天壤之別,例如,顧女士和丈夫住的公寓每個星期只有兩次可以洗熱水澡;麥特的小學在真正入冬才能開暖氣,所以學生們在教室裡都穿棉襖;還有麥特不會說中文,而且他的同學也不會說英文。

　　這對麥特來說不僅僅是一場很大的冒險,而且是史無前例的,因為這需要得到中國政府的特別許可。我為麥特感到興奮,因為我知道他會看到一個不同的世界,開闊他的視野。但芭芭拉一直在尋找說服自己的理由,也透過幾次諮詢兒童心理學家才得以放心,而且她也曾獨自在世界各地生活,知道這樣的經歷有很大的好處,所以最終接受了這個想法,即使她對與兒子分離不那麼感到興奮。對麥特來說,這個艱難但改變人生的旅程深刻影響了他的價值觀和目標。因為他愛上了中國(他說他從那年起就是中國人),而且因為他知道同情心要比物質財富來得有價值,因此他在十六歲的時候成立「中國關愛基金會」(China Care),來幫助中國一些有特別需求的孤兒。他總共經營十二年(直至今日,他仍然在做,但投入程度降低)。我從麥特身上學到很多東西,特別是關於從事慈善事業方面,我們也從人際關係互動中得到很多樂趣。多年來,我(及橋水公司)也與許多優秀的中國人建立有意義的關係,並幫助其金融機構從剛起步的組織發展成為複雜的大機構。

中國並不是唯一有參與橋水投資的國家，其他包括像新加坡、阿布達比和澳大利亞的政府投資基金，以及俄羅斯和歐洲的政策決策者也派代表前來接洽。我擁有的經歷，我擴展的視野，以及我能夠提供的幫助，都是我職涯中獲得的大獎，跟其他形式的獎勵不相上下。

有機會與新加坡人民和機構接洽也讓我非常興奮。李光耀是我最景仰的領袖，他把新加坡從窮鄉僻壤搖身一變成了現代經濟體。這一點也不誇張，畢竟我也認識一些令人敬佩的世界級領導人。最令我興奮的一次是在2015年他去世前不久，我在紐約家中與他共進晚餐，這是李先生主動邀約共進晚餐來討論世界經濟局勢。那次我也同時邀請了我心目中的另一位英雄——前聯準會主席保羅·沃克，擁有豐富經驗及犀利觀點的美國前財政部長鮑勃·魯賓（Bob Rubin）和我所認識的人當中最有好奇心和洞察力的查理·羅斯（Charlie Rose）。我們除了回答他的問題外，還就全球一些事務及領袖進行討論。因為他幾乎認識過去五十年裡所有的世界領導人，所以我們就請教李先生如何評價領導人的好壞，以及他對當時領袖的看法。他把梅克爾（Angela Merkel）評為西方最好的領袖，並把普丁（Vladimir Putin）視為全球最好的領袖之一。他解釋，評價領導人必須結合他們遭遇的環境，進而分享領導俄羅斯這件事有多困難，以及為什麼認為普丁做得很好。另外，他也提到了他與鄧小平特殊的關係，以及為什麼評鄧小平為最好的領袖。

我喜歡從有趣的地方認識有趣的人，透過他們的眼睛去看這個世界，不管他們是貧是富。觀察在巴布亞紐幾內亞土著的生活，對我來說，就像學習政治經濟領袖、改變世界的企業家，以及頂尖科

學家的觀點，都是一種啟發。我永遠不會忘記在敘利亞清真寺遇到一位盲人聖者，他向我解釋可蘭經以及如何與真主溝通。這樣的經驗告訴我，人類偉大，與財富或其他成功指標無關；我也了解到，要判斷一個人，如果沒有從他的角度了解其立場與處境，其實並不明智。我希望你有足夠的好奇心去了解那些跟你從不同角度看待事物的人，他們真正的想法是什麼。你會發現有趣且有益的結果，而你會有更寬廣的視野，有助於你做決定。

我的家人和橋水大家庭

我的家庭、同事以及我的工作對我來說都非常重要，但如果要兼顧工作與家庭，而且兩邊都顧得好，對很多人來說其實是種挑戰，所以我會盡可能地結合兩者。例如，我會帶著孩子一起出差。當我最初帶戴文、後來帶麥特到中國參加商務會議時，主辦單位對他們非常友善，會拿一些餅乾和牛奶給小朋友吃。我印象最深刻的一次是去阿布達比，我的客戶兼朋友帶我和兒子保羅到沙漠去，直接用手就扒開一隻剛烤好的現宰山羊吃了起來。我問保羅，喜不喜歡他們給他穿的傳統長袍，他說：「還有什麼事比跟一群人坐在地上，穿著睡衣，用手吃東西更好的？」說完，大家都笑了。我還記得有一次，大兒子戴文大約十歲時，從中國帶回來許多條用1美元價格買的絲綢圍巾，並在聖誕節前在一家購物中心以一條20美元價格賣出，這可以說是他有商業天分的第一個跡象。

在1980年代中期，橋水員工已經增加到大約十人，所以我租下一幢大的舊農舍，其中一部分當辦公室，其餘部分就留給我家人住。公司的氣氛就跟住家一樣隨性：例如，大家會把車停在車道

上、在廚房餐桌上開會、孩子們在上廁所的時候會開著門，而且跟每個從眼前走過的工作夥伴打招呼。

這個農場後來賣掉了，所以我買下一個穀倉，重新整修。我的妻子、四個孩子跟我，就住在穀倉裡的套房，我也在一間沒搭建完成的乾草倉裝電暖器，改造成辦公室，這樣最省錢。這裡是很好的派對場地，場地大到可以踢足球和打排球，還可以戶外烤肉。還有辦公司的聖誕晚會，這裡夠所有員工各自帶拿手菜來一起享用。喝幾杯酒後，聖誕老人就會出現，我們都會坐在他腿上拍照，看看誰很淘氣、誰又很莊重，這美好的夜晚總是在盡情舞蹈後畫下完美句點。我們還有一年一度的「邋遢節」（Sleaze Day），當天大家都要穿得很隨便來參加派對。你想的沒錯：橋水公司就是由一群努力工作而且努力玩耍的人所組成的小群體。

巴布‧普林斯（Bob Prince）在1986年加入橋水，當時他才二十多歲，三十多年後的今天，我倆擔任共同投資長，仍然是密切合作的夥伴。打從一開始，每當巴布跟我在反覆辯論某些事，就像是一起演奏爵士樂，直到今天還是如此，我想這會一直延續到我們倆其中一人離世為止。對於客戶和同事來說，他也是位好老師。相處之下，他變得就像我的親兄弟，也是橋水公司最關鍵的創建者和支柱之一。

橋水很快地看起來像一家真正的公司。我們搬離了穀倉，搬進一個商業區的小辦公室，在1980年代末期，公司已經有將近二十個人。即使公司持續擴大，但我從來都沒有把一起工作的人看成受雇於我。我真正想擁有的是充滿意義的工作和人際關係，也希望與志同道合者為伴。對我來說，有意義的人際關係指的就是人與人之間

可以開放心胸,真誠相處,我從來都不在乎那些徒具禮貌但卻不說出內心想法的傳統、冷冰冰的人際關係。

我相信,所有組織基本上都有兩種類型的人:一種人為使命而工作,另一種人則是為薪水而工作。我希望我身邊是志同道合的人,就是為自己找出事情的意義。我會坦率表達想法,我希望周遭的人也如此。當我發現有人做了一些蠢事,會直言相告;同樣的,我希望他們也可以告訴我,我什麼時候做了哪些蠢事。這樣對每個人都好。對我而言,這是一種強大又有效益的關係,如果不這樣,可能會大大降低工作效能與倫理。

經濟與市場的大轉折

1987和1988年的市場充滿波動與轉折,這也讓我對生活及投資方式進行重新調整。我們是當時少數在1987年10月19日的黑色星期一之前就做空股票的投資經理,那是股票市場歷史上最大單日跌幅的一天。我們得到了高度重視,因為大多數投資人都損失慘重,但我們卻逆勢上漲22%,很多媒體稱橋水是「十月英雄」。

很自然地,我樂觀地進入1988年。因為我是在高波動環境下成長,我知道要對抗這種環境的最好方法就是把握住這波大趨勢,並駕馭它。我用橋水的指數系統來捕捉不斷變化的基本面,同時以技術性的趨勢跟蹤過濾系統來確認價格走勢與指數系統顯示的訊號一致。當方向一致時,系統會發出很強的訊號;但當方向不一致時,訊號就會消失。但事實證明,1988年市場幾乎沒有什麼波動,我們的技術過濾系統無法提供精準訊號,最終我們把1987年獲得的收益吐回大半。雖然如此,我們也從中學到一些重要的教訓,而巴布跟

我也用更好的評價與風險控制的方法取代了原本的技術趨勢過濾系統。

在此之前，我們系統都是分立的——也就是當我們訊號跨越了一個預定門檻時，投資部位就會由全部做多轉為全部做空（就像之前的操作將世界銀行的債券轉換成現金），但我倆並不是每一次都對自己的判斷同樣有信心，而且在一來一回的轉換過程中，必須支付昂貴的交易成本，這個讓巴布煩惱不已，我記得他總是繞著辦公大樓周圍跑上好幾圈，好讓自己平靜下來。所以在那年年底，我們換了一個可以加入其他變數的系統，可以根據自己的信心程度來確定押注規模。巴布之後陸續對我們的系統進行改善，而這些改善也帶來實際很好的成效。

並不是每位橋水員工都像巴布跟我有著一樣的看法。有些人會質疑系統的可行性，特別是當系統績效不佳時，但這就像正常決策過程一樣經常發生。我試著去說服同事，但即使我說服不了他們，他們也不能改變我的想法，因為他們不能明確告訴我為什麼我們經過明確定義、測試而且將我們邏輯系統化的做法，會比低系統化的決策來得差。

所有再偉大的投資家或再好的投資方法都會有缺點，如果它一出錯就對它失去信心，而當它做得好的時候又過度依循，其實都是錯誤的觀念，因為大多數人的情緒比邏輯更強，對短期結果反應會比較過度，所以常會在過度悲觀時低價賣出持股，或在極度樂觀時高價買進。我發現這種道理不僅適用於投資，對人與事物的關係也一樣適用——聰明人不論市場起伏都堅信穩健的基本面，但想法反覆的人常情緒化地跟著感覺走，也就是在市場很熱的時候一頭栽

進，當市場退燒時馬上拋棄。

　　儘管1988年我們的投資績效並不出色，但對橋水公司來說頗有斬獲，經過反思跟借鑑當年不佳的表現，我們有系統地改善了公司。我也意識到，如果善加思考與改進，差勁表現其實可以提供最好的教訓，這不僅僅關於工作，也涉及到人際關係。一般來說，當一個人處於順境時，在身邊支持他的朋友反而會比處於困境時多，因為大多數的人都喜歡跟勝利者相處，而非失敗者，但真正的朋友是相反的。

　　我從困境中得到了很多，不僅因為它給了我從錯誤中學習的機會，也幫我找出了真正的朋友——可以跟我同甘共苦的朋友。

橋水公司下一個立足點

　　時間到了1980年代末期，我們還只是一家有二十四位員工的小公司。1988年，巴布介紹我認識了吉賽兒‧瓦格納（Giselle Wagner），她後來成了我的合夥人，幫我管理非投資業務的部分近二十年。丹‧伯恩斯坦（Dan Bernstein）與羅斯‧沃勒（Ross Waller）也分別在1988年和1989年從達特茅斯學院畢業後加入我們的團隊。在那之後有一段相當長的時間，我傾向於雇用新鮮人，他們沒有太多經驗，但聰明、有決心，而且有堅定的使命，想讓公司成就大業。

　　與經驗相比，我更會從個性、創造力與常識等方面來評價一個人，這或許跟我從學校畢業後兩年就創立橋水有關，我認為，有能力把事情搞懂比擁有做某件事的具體知識來得重要。在我看來，年輕人有創新能力，會讓人更興奮；老一輩的人用舊方法做事，一點

吸引力都沒有。不過，我想補充一點，把責任交給沒有經驗的人，結果不一定那麼好。你在後文會看到一些痛苦的教訓，而這些教訓告訴了我，低估經驗可能是個錯誤。

當時，橋水從世界銀行最初投資的500萬美元增長到為各種客戶管理1.8億美元的投資，但仍然試圖在機構投資業務中爭取更大的版圖。當柯達（Kodak）退休基金的首席投資長羅斯提·歐森（Rusty Olson）來找我們幫忙解決投資問題時，我們欣然接受這次的機會。羅斯提是一位傑出的創新者，品格卓越，他在1954年加入了柯達，並在1972年接管了公司的退休基金，他在退休基金領域還廣受推崇為領袖人物。我們有一段時間持續把研究寄給他，一直到1990年他傳真給我們，徵詢我們對柯達面臨的大問題的意見。因為柯達的投資組合太集中於股票，羅斯提擔心他掌管的資產價值可能會出現大幅下滑，所以一直想辦法要規避這樣的風險，但又不想降低預期的回報。

我們在某個星期五下午收到羅斯提的傳真後立即採取行動，因為能跟有名望又具創新性的客戶合作，對我們影響很大。因為我們熟悉債券和金融工程，我們可以提供獨一無二的建議，而且我們擁有同業辦不到的歷史縱深。巴布·普林斯、丹·伯恩斯坦跟我整個週末馬不停蹄地工作，分析了柯達的投資組合和羅斯提正在考慮的策略。然後，我們寫給他一份很詳細的備忘錄，表達了我們的想法。

就如同1970年代幫一家雞肉生產商和其他許多公司分析他們的業務結構一樣，我們把柯達退休基金組成的部分也一一進行拆解，以了解這部「機器」。我們提出的解決方案是基於組合工程思想，

後來也成為橋水公司獨特管理資金的方式。羅斯提邀請巴布跟我到羅徹斯特進一步說明，我們也因此多了一個1億美元的帳戶。這對我們來說是一個轉捩點，因為不僅給我們帶來了許多聲望，而且在正需要的時候提供了可靠的收入來源。

發現「投資的聖杯」

從早期失敗經驗中，我知道無論對一筆投資多麼有自信，還是有可能會犯錯——因此適度分散投資是降低風險但卻不會減少收益的關鍵。如果我可以建立一個具有高品質收益流❶的多元化投資組合（即透過彼此互補、平衡的方式），我就可以提供客戶在其他地方得不到、一個既穩定又可靠的投資組合的收益。

數十年前，諾貝爾經濟學獎得主哈利‧馬可維茲（Harry Markowitz）建構一個廣泛使用的數理模型，可以輸入預期的投資組合收益、風險跟相關性（即顯示這些資產過去的表現有多高的相似性），並得到一個最佳的資產組合。但他的模型沒有說明當改變其中一個變數時可能會產生的增量效應，或者如何處理這些假設的不確定性。那個時候，我非常擔心如果我假設錯了該怎麼做，所以我用一種非常簡單的方法來理解多樣化。我要求一位剛從達特茅斯學院數學系畢業，並在1990年加入橋水的布萊恩‧戈德（Brian Gold）做一張圖表，顯示如果我逐步增加不同相關性的資產到投資組合中，投資組合的波動將會如何降低，而且品質（即風險調整後

---

❶ 原注：「收益流」是指執行特定決策規則所帶來的回報，可以看作是圖表上的多條線，隨著時間經過去追蹤投資的收益，看結果是決定要讓它繼續增長還是賣出。

的報酬）會如何提升。我在下一本書會更詳細地解釋。

　　這張簡單的圖對我而言有如當頭棒喝，應該就像愛因斯坦發現 $E = mc^2$ 時那股衝擊的力道一樣：我看到有十五到二十個表現良好、又彼此不相關的收益流，我可以在不降低預期收益的情況下大幅降低風險。這個道理很簡單，如果實際的運行可以像在紙上的理論一樣，那將是一大突破。我把它稱之為「投資的聖杯」，因為它帶我通往賺錢之路，這也是我們學習過程中的另一個關鍵時刻。

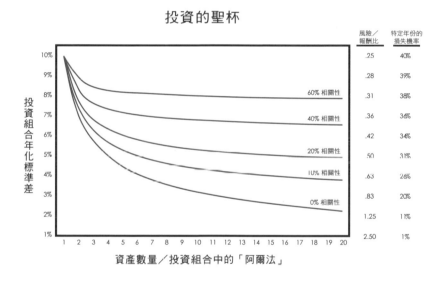

投資的聖杯

我們發現的原則同樣適用於所有賺錢的方法，無論你擁有一家飯店、經營一家科技公司，還是做其他任何事，你的企業都會產生收益。同時擁有幾個相關性低的收益來源要比只有一個來得好，而且知道如何把這些收益組合在一起要比單獨一個的綜效大（當然，你必須兩個都做過才能比較）。在當時（今天也是如此），大多數

基金經理並不知道這一點，他們只會管理單一類別的資產：股票經理管理股票、債券經理管理債券等等。他們的客戶給他們錢，期望能得到相關資產類別的總收益（例如，標準普爾500股票指數），再加上投資經理加減碼投資特定資產所得到的超額報酬〔例如，加碼微軟（Microsoft）的股票〕。但是同一個資產類別中的個別資產通常都有60%相關性，也就是有一半以上的時間股票會一起漲或一起跌。正如聖杯圖表顯示的那樣，一位股票經理把一千檔彼此有60%相關性的股票納入投資組合中，相較於只選擇了五檔，並不能提供更有效的風險分散。用圖表顯示的方式來平衡我們的投資組合，就能很容易擊敗那些人。

由於我有系統地記錄我的投資原則和預期會產生的收益，我也收集了大量不相關的收益流。事實上，我有約一千項收益流。因為我們交易了許多不同的資產類別，而且在每一種資產類別都編製了許多基本的交易規則並進行了測試，我相信跟那些只追蹤少量資產、不會系統化交易的典型投資經理相比，我們有更多高品質的收益流可以選擇。

我跟巴布和丹一起工作，從成堆的訊息中找出最好的決策規則。我們一有了決策規則，會對它們進行長時間的回測，利用這些模擬理解這些規則在過去歷史事件中會有什麼表現。

我們對最後的結果感到大吃一驚。理論上，這個新方法顯示當增加三到五倍的單位風險時，我們可以大幅提高報酬。因此，我們可以根據可承受的風險規模來調節想要的報酬。換句話說，我們可以賺非常非常多的錢，同時降低可能遭市場淘汰的風險——就像我之前所做的那樣。我把它叫作「殺手系統」，因為它要嘛可以為我

們和客戶帶來殺手級的獲利；要嘛就是因為我們漏判了一些重要資訊，高風險最終將可能使我們永不得翻身。

這個成功的方法讓我領悟到，其實我也可以把原則運用到生活當中：好的、相關性低的押注可以達到平衡與互補的效果，也就是在可接受的下檔風險之下，獲得更好的報酬。

雖然我們對這種新方法感到興奮，但處理事情還是小心翼翼。我們最初只給這個系統10%的權重，而它在我們測試期間的二十個月中有十九個月賺錢。隨著我們越來越有信心，我決定跟一群很熟的投資人推薦這個策略，後來也得到了100萬美金的實驗帳戶，我知道要請這些機構投資者投資這個還算小的金額，他們很難拒絕。我一開始把這個新產品稱作「前百分之五」（Top 5%），因為它由我們決策規則最好的5%組成；後來我把名字改成「純阿爾法」（Pure Alpha），因為它真正在做的是追求超額報酬。因為純阿爾法並沒有參考任何市場指標（或稱為貝他），所以它不會有所謂隨市場浮動而升降的情況。它的收益只取決於我們的表現有多出色。

我們另一項新的「阿爾法覆蓋策略」（alpha overlay）可以讓投資者獲得所要的資產類別（標準普爾500股票指數、債券指數、大宗商品或其他）的收益，再加上我們在所有資產類別中挑選為投資組合的收益。就因為這項方法前所未見，我們仔細地解釋其中的邏輯，說明為什麼實際上比傳統方法的風險小很多。我們還展示了我們預期的累積績效，以及預期的績效浮動範圍。對客戶來說，這感覺有點像在聽我們如何設計一架還沒飛過的飛機，但看來比其他任何飛機都要好得多。有人會勇敢地登機嗎？

有些客戶了解這個概念，並且樂於改變規則；有些人要嘛不

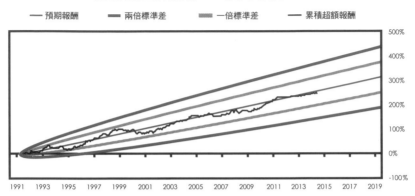

總累積超額報酬 vs. 預期報酬

太理解或者其所在組織不想嘗試新事物。老實說，客戶中有任何一個願意嘗試，我們就很高興。二十六年下來，這架新型飛機的飛行速度與我們預期的完全一致，有二十三年是賺錢的（其他三年只有小額虧損），而且幫我們客戶賺的錢比其他避險基金還要多。雖然純阿爾法的投資管理理念最終改變了我們這一行，但從概念提出到普遍接受，這過程是由一群專業的合作夥伴進行了多年的學習和磨練。

殺手級系統國際化

純阿爾法是我們所知道積極管理資金的最好方式，但是我們也知道，如果想管理夠多的法人機構的資金，必須接受這個事實：只有極少數的創新客戶會嘗試這種方法。因此，我們想方設法說服客戶採用，但1990年代末到2000年代初期，純阿爾法只占我們管理的總資產10%左右。

儘管我們不能在純債券帳戶中交易股票和商品，但我們也使用

了在純阿爾法策略中所發現和應用的投資組合原則，讓債券客戶在較低風險水準下獲得更高的收益。像包括外國政府債券、新興市場債券、通膨連結債券、公司債券等交易，這些海外的投資都有貨幣的曝險，所以在大部分不受投資限制的債券投資組合中，我們做了大約五十種不同類型的押注，這比傳統債券經理人交易的方式靈活很多。這樣的操作帶來很大的優勢，我們歷年來的績效在同類型投資商品管理者中都非常優異。

　　純阿爾法產品是我們提供給客戶眾多創新設計的頭一個。1991年，我們第一次為機構法人客戶提供多元貨幣管理的服務。當時，大部分機構投資者會投資全球股票和債券市場。雖然國際金融市場的投資更多元化，但同時也增加了貨幣曝險的部位。這是很人的問題，因為貨幣風險增加，但不會增加任何預期的報酬。我們在貨幣市場的交易已經很多年了，而且發展了投資組合工程的技術，所以在解決這個問題具有優勢。最後，橋水基金成了全球最大主動貨幣管理者。

　　我們也設計了一些新的、有效管理貨幣的程式，完全按照設計的方式運行。我們提供每位客戶明確的績效預期表現，他們可以在圖表上看到累積的獲利曲線以及預期的變化。我們做得到這一點，是因為系統化的決策過程使我們能夠在各種條件下對決策表現進行壓力測試。

將從錯誤學到的事情系統化

　　當然，我們還是可能會犯錯，只是錯誤都在預期範圍之內。犯錯有時候也是好的，只要養成把錯誤當作學習和改進的機會。一個

最令人難忘的錯誤發生在1990年代初期，當時負責交易的羅斯忘記投入客戶的錢，因此留了很多現金部位，當發現錯誤時損失已高達數十萬美元。

這個錯誤讓我們付出慘痛的代價，而我當時可以用開除羅斯來殺雞儆猴，告誡大家這樣的錯誤不能容忍。但是，因為錯誤總是一直在發生，如果這樣做，只會鼓勵別人隱瞞自己的錯誤，從而導致更嚴重或代價更高的錯誤。我深信，我們應該把問題還有彼此不一樣的想法搬到檯面上討論，看看該怎樣做才會更好。所以羅斯和我在交易部門編寫了一份「錯誤日誌」（error log），從那時候開始，任何時候出現什麼狀況（交易沒有執行，我們支付了比預期更高的交易費用等等），交易員都會記錄下來，讓大家時時可以了解狀況。我們不斷追蹤和解決這些問題，交易執行的機制也不斷地在改善。

要有一個把真正問題檯面化，並找到解決問題根本的過程，才能確保持續改善。

為此，我決定要橋水各個部門都採用問題日誌的做法。我的規則很簡單，如果你有什麼做不好的地方，必須把它寫進日誌裡，描述其嚴重性，並明確指出誰該對它負責。如果發生錯誤，你把它記錄下來，你就沒事；如果你沒有登錄，就會有麻煩。這樣的做法，可以讓管理的人清楚知道問題在哪裡，總比出了狀況才不得不找出問題來得好。錯誤日誌（我們現在稱之為問題日誌）是我們第一個管理工具，後來我學到了工具在鼓勵好行為方面有多重要，於是我又創造一些管理的工具，稍後再述。

這種讓問題和不同意見浮上檯面的文化也產生了很多抱怨與衝

突，尤其是在探討人性弱點的方面，不久之後，真正的問題爆發了。

「棘手」的人事問題

1993年某個冬日，巴布、吉賽兒跟丹提議帶我出去吃飯，目的是想讓我知道我是怎麼影響公司的人及士氣。他們先寄了一份通知信給我，主旨是我的經營方式對公司裡的每個人都產生負面影響，下面是他們的說法：

瑞哪裡做得好？

他非常聰明，且有創意，也懂得市場和資金管理，而且精力旺盛。他奉行很高的標準，並以這些標準要求周圍的人。他善於團隊合作，培養團隊歸屬感。他提供員工彈性的工作條件，以及很好的薪酬。

瑞哪裡做得不好：

瑞有時候對員工太直言不諱，會讓他們覺得不稱職、可有可無、受羞辱、不知所措，或有被輕視、壓迫以及其他不好的感覺。當瑞處於壓力之下，這種情況的發生機率就會增加。在這種時候，他的言行會讓人產生敵意，並給人留下深刻的印象。這種影響會讓人變得消極而沒有動力，也會降低效率和工作環境品質。而且影響的不僅僅是單一員工。公司規模小且溝通公開，就意味著當一個人被打壓、被不公平對待，或沒有得到應有的尊重時，每個人都會受到影響。公司未來的成功很大程度上取決於瑞在管

理人的能力和管理錢的能力一樣好。如果他不能把人管理好，公司成長將會受到阻礙，我們都將受到影響。

啊！這讓我感到傷心及驚訝，我從來沒有想到我帶來這種效果，畢竟這些人是橋水大家庭中的一員。我從來沒有想到要讓他們感到「不稱職、可有可無、受羞辱、不知所措，或有被輕視、壓迫以及其他不好的感覺」。他們為什麼不直接告訴我？我做錯什麼了？我的標準太高了嗎？為了讓橋水繼續成為萬中選一的公司，我們必須擁有傑出的人，並且要求他們達到極高的標準。我要求太多了嗎？

這就像是我站在另一個十字路口，必須在兩個看起來很重要但是互斥的選項中擇一：（1）同事彼此之間坦誠相見，包括把我們的問題及缺點全部攤出來，好讓我們可以直接去處理；（2）擁有快樂和滿足的員工。這提醒了我，面對兩件看似矛盾的事情時，你要慢慢地去想，找出如何盡可能兩者兼得的辦法。在我看來，總是會有一條你還沒想出來的好路子，所以要試著去尋找，直到找到為止，而不是湊合接受那一個很明顯的選擇。

我的第一步是確保我真正知道問題出在哪，以及如何處理這些問題，所以我問巴布、吉賽兒和丹他們的想法。我了解到，他們本身和很多認識我的人，並不會受到我的打擊而士氣低落，因為他們知道我的出發點是好的。如果他們不知道，早就辭職不幹了，因為正如他們所說的那樣，「我並沒有付他們足夠的錢來忍受我的壞脾氣。」

同仁知道，我希望他們跟橋水表現都臻至完美，為了得到這

些，我需要真誠地對待同仁，而且我也需要同仁真誠地對待我。不僅因為這樣會產生更好的結果，而且真誠相待是我認為人際相處的基礎。我們一致認為有必要這樣做，但是因為那讓某些人感覺不好，所以得做些改變。

雖然和我關係密切的人理解、不排斥，甚至有時很喜歡我，但與我關係疏遠的人卻被我的直率冒犯了。很明顯地，我需要被理解，更要好好理解別人。我意識到，在人際關係中，每個人必須說清楚、講明白各自的相處原則，這很重要。

這開啟了橋水幾十年來將原則寫下來的過程，這項做法演變為工作原則。這些原則是我們一致同意的相處規範，也是我們如何處理每一種新情況的思考。因為大多數情況會略有變化，卻反覆出現，這些原則不斷被改良得更完善。至於我們之間的協議，最重要的是有三件事情需要執行：

1. 要提出真誠的想法，
2. 當意見出現分歧時，我們願意在學習中改變觀點，
3. 當無法達成共識時，必須擁有一致同意的決策方式（如投票，或明確的權威人士），這樣，之後才會沒有怨懟。

我相信對於任何組織或者任何關係的維繫來說，這些都是必需的。我也相信，一個群體決策體系要有效率，該體系中的人必須相信它是公平的。

把我們的工作原則寫下而且一致遵行，如同我們寫下投資原則一樣，這對彼此的理解是不可少的，特別是因為我們獨特的操作方

式——極度真實與極度透明——帶來的好成績,挑戰了某些人的直覺與情感。

我想運用這種直來直往的方式讓工作與人際關係更有意義,在接下來的幾十年裡陸續與神經科學家、心理學家和教育工作者交流。我學到很多,總結如下。每個人的大腦都有兩個部分:高層是負責邏輯部分而低層是負責情感部分,我稱它為「兩個你」(two yous)。這兩個你互相爭取控制權,而如何管好它們的衝突,是我們行為中最重要的驅動因素。巴布、吉賽兒跟丹所提出的問題背後的原因,就是這兩者的衝突,雖然大腦的邏輯部分很容易理解知道自己的缺點是件好事(因為這是克服弱點的第一步),而情感的部分通常會討厭這樣做。

第 5 章

最大的勝利

（1995－2010）

到了1995年，橋水公司的員工已經增加到四十二個人，管理資
產達41億美元，這已超出我的想像，尤其想到在十幾年前橋
水一度瀕臨關門的命運。雖然公司的情況持續好轉，發展也更加穩
定，但基本上我們在做的事情跟剛開始時沒兩樣——跟市場廝殺、
獨立和創造性地思考如何做決策、犯錯時把這些錯誤搬上檯面，仔
細分析找出根源、制定更新更好的做事方法、系統化地落實變革、
犯下新錯誤❶等等。這種循環往覆、持續漸進的方式幫我們不斷改善
1982年時架構的投資系統。那時候，我們發現有幾個聰明人可以用
電腦打敗那些設備齊全、地位穩固的大公司，現在我們自己公司的
設備也已經很完善，在市場也有一席之地。

　　隨著系統中決策的數量與資料越來越複雜，我們雇用了比我們
年輕又優秀的工程師，幫我們把指令轉換成程式代碼，並且找了一

---

❶　原注：這種方法就是我所說的「五步流程」，稍後我會詳細介紹。

群剛畢業的大學生來幫助我們進行投資研究。其中有位聰明的年輕人名叫葛列格・詹森（Greg Jensen），在1996年加入橋水擔任實習生，因為表現非常優異，我選他擔任我的研究助理。在接下來的幾十年他貢獻卓著，所以跟巴布和我成了共同投資長，並成為共同執行長。我們的關係親如父子。

我們也投資功能越來越強大的電腦❷。藉由這些電腦的運算擺脫受每天市場起伏的影響，從而以較高的層面來思考問題，做出更新穎、有創意的聯想，為我們的客戶帶來創新。

發現通貨膨脹債券

大約就在這個時期，我和洛克菲勒基金會（Rockefeller Foundation）負責人大衛・懷特（David White）共進晚餐。大衛問我如何設計基金會的投資組合，以產生比美國通貨膨脹率高出5%的收益。我跟他說，投資槓桿化的外國通膨指數化債券，以及對沖美元的該國貨幣，這樣的投資組合應該能達到這個目標（之所以要投資海外通膨指數債券，是因為當時美國還沒有相關產品；而貨幣對沖回美元才能規避匯率風險）。

事後回想，我意識到我們可以創造一個全新的、完全不同的資產類別，所以丹・伯恩斯坦和我更密切研究相關的投資組合。根據我們分析，這個新的資產類別表現會比我們想像的要好。事實上這是一個非常特別且有效的策略，我們可以在較小的風險之下獲得跟

❷ 我會在第二部分〈生活的原則〉第五章「學習如何有效地做決策」探討更多有關電腦輔助決策系統的主題。

投資股票一樣的預期報酬；而且長期來看，它跟股票與債券是呈現負相關。我們跟客戶介紹了這樣的策略，他們都興致高昂，不久之後，我們成了世界上第一位管理全球通膨指數化債券的投資經理。1996年，美國財政部副部長拉瑞・桑默斯（Larry Summers）以專家名義召集我們一同參與研究，美國是否應該發行自己的通膨指數化債券，因為橋水是唯一持有此類債券的投資經理。

　　丹和我一起到華盛頓會見桑默斯和財政部官員，以及一些華爾街知名公司的代表。那天我們遲到了（不守時是我的老毛病），結果財政部大會議室的大門緊閉，但我不想因此就被阻擋在門外，所以一直敲門直到有人開門。我們走了進去，看到大會議室中間有張桌子，旁邊是新聞記者席，但桌子旁只剩一個空位，上面有丹的名牌，我們推派他擔任代表，因為他做了很多準備工作。我忘了這件事，所以走到記者席隨手抓起一把椅子放在丹旁邊坐下來。丹形容那次的會議就如同1990年代的縮影：用我們的方式衝撞制度。拉瑞・桑默斯後來說，他從我們這裡得到對塑造這個市場最重要的建議，所以當財政部決定要引進通膨指數化債券時，採用我們建議的結構。

發現風險平價（RISK PARITY）

　　到了1990年代中期，我已經有足夠的錢為我家族設立信託，所以開始思考什麼樣的資產配置組合最好，能讓財富可以傳承更多代。在我從事投資的日子裡，看過各式各樣的經濟和市場環境，以及財富被創造和毀掉的各種方式，所以我知道怎麼創造資產的收益，但我也知道，不論持有什麼資產，總有一天會失去大部分價

值。即使是現金也一樣，因為在通貨膨脹及稅務因素之下，它會隨著時間而貶值。我知道要預測造成這些損失的波動是很困難的，所以幾乎窮盡一生在研究這個問題，而在過程中我一樣看錯市場。當我不在時，我不敢保證別人會看對。想要找到能在各式各樣環境中都表現很好的投資人──例如在通膨起落、經濟興衰等──就像大海撈針，即使有，也會老死。但我不希望我所創造用來保護家人的財富在我離世後付諸流水，這意味著我必須創造一種在所有經濟環境中都表現很好的資產組合。

我知道經濟環境中有哪些變化會導致資產類別的變動，我也知道這些相關性幾乎是千古不變，只有兩個因素要特別留意：成長率與通膨率。因為這兩個因素可能上升或下降，所以我建構了四個策略來因應特定的環境（經濟成長率上升伴隨通膨率上升，經濟成長率下降伴隨通膨率下降等等），我可以建構一個資產配置組合來平衡投資風險，同時預防無法接受的損失。因為這種策略經久不變，而且人人都可以使用，所以在巴布跟丹的協助下，我建立了一個這樣的資產配置組合，相信在未來百年或更久的時間裡，我都可以放心地投入我的信託資金。我稱它為「全天候投資組合」（All Weather Portfolio），因為它在各種環境中都有優異的表現。

在1996到2003年間，因為我們沒有把「全天候投資組合」當一種產品來銷售，所以我是唯一的「客戶」。但在2003年，一位老客戶，威瑞森（Verizon）退休基金負責人在尋找一種適用於所有環境的投資方式，於是我們就提供這個策略。威瑞森投資後，其他客戶接踵而至，十幾年後，我們管理的資產將近800億美元。這是另一個改造行業的新概念。看到它的成功，其他投資經理也紛紛提供自己

的版本，現在這種模式通稱為「風險平價」投資。

維持小而美的規模，還是該擴大組織？

隨著團隊推出各式各樣劃時代的投資商品，橋水公司進入真正的起飛期。到了2000年，我們管理的資金超過了320億美元，幾乎是五年前管理的八倍。我們的員工也增加了一倍，因此我們把在商業區的辦公室搬到索格塔克河畔（Saugatuck River）自然保護區，但在我們持續成長過程中，並不是一帆風順。由於我得同時做好投資管理與公司業務發展兩項深具挑戰性的工作，因此得培養出兩種截然不同的技能，況且我還得扮演好父親、丈夫與朋友角色。因為這些角色得隨時隨地轉變，所以我需要的技能和能力也發生了變化。

很多人認為，在成長過程中，大企業所面臨的挑戰要比小公司要大得多，這樣的想法是不正確的。其實不管從五人組織發展到六十人組織；從六十人組織發展到七百人組織；或是從七百人組織發展到一千五百人組織，一樣深具挑戰性。回顧過去，我不能說在我們經歷的各個階段中，所面臨的挑戰有程度大小之別，只是性質不同罷了。舉例來說，當公司只有我一個人，凡事都得靠我自己；當我賺的錢足以聘請其他員工時，我就面臨管理他們的挑戰；同樣地，賭對市場和經濟波動的挑戰也不斷在變化。當時我沒有想到這一點，現在很清楚地知道，一個人的表現或許會隨著經驗累積越變越好，但當他更上一層樓時，事情不見得會變得更簡單——就好比奧運選手會發現每一次的比賽都像新手一樣具有挑戰性。

我們很快就面臨另一個關鍵抉擇：我們想要什麼樣的公司？我

們應該繼續成長還是維持相同的規模？

到了2003年，我深信應該讓橋水發展成大機構，而不只是一個傳統小而美的投資管理公司。這個決定將讓我們在各方面都變得更出色──更好的技術、更佳的安全控制、更完善的人力資源──這些都讓橋水基業長青。但是這也意味著，我們在技術、基礎設施及其他領域需要雇用更多的人，同時也必須增加人力資源與資訊部門來培育新員工。

但吉賽兒極力主張我們不應該擴大組織，她認為，引進大批新人會威脅到我們的企業文化，而且招聘、培訓和管理所需要的時間和精力會模糊了我們的焦點。雖然我同意她的觀點，但我不喜歡安於現狀不求突破。我的感覺就如同另幾次站在三岔路口面臨抉擇一樣──想要魚與熊掌兼得，這個抉擇其實是在考驗我們的創造力與勇氣。比如，我可以設想出用什麼樣的技術來招募最多、最好的人才。在權衡得失之後，我們決定擴大。

充實原則

1990年代，自從巴布、吉賽兒和丹跟我提過「瑞的回饋備忘錄」後，我就更加仔細地記錄並分享我的工作原則，就如同記錄我的投資原則一樣。一開始我只是當成分享理念，而且只透過電子郵件在公司內部傳遞。後來，每當有新事務需要我做決定時，我都會反覆檢視做決定的標準，然後把它當作一個原則寫下來，這樣其他人就可以看到具體情況、我處理這個情況的原則與行動之間的聯繫。漸漸地，我們發現所有的事情都是「情景再現」──各種情況像是聘雇、解雇、確定薪酬與處理不誠實行為等──都各自有原則

可以處理。我們把原則明確地寫出來，藉由一起反覆檢視來改進這些原則，然後確實地遵循，如此可培養出創意擇優。

　　一路下來，我們所訂定的原則的數量也逐漸增加。在2005年前後，橋水開始快速發展，我們有一群新進投資經理在努力學習和適應公司獨特的文化——而且有越來越多人向我徵詢意見。除此之外，一些非橋水的員工也跑來問我，要如何才能創造屬於自己的創意擇優。所以在2006年，我粗略的列舉約六十條工作原則給橋水的管理階層，以便他們開始去評估、討論、理解這些原則。我在備忘錄開頭寫道：「這只是一份草案，正在徵求大家的意見。」

　　這開始了一段持續進化的過程，新狀況紛至沓來，我們從中總結出應對原則，和橋水的領導者、經理人一起制定出這些原則。隨著時間推移，我遇到幾乎所有經營公司可能遇到的事情，所以我總結出幾乎可以涵蓋每件事的幾百條原則。這些原則，就如投資原則般，最後成了一個決策庫。這些原則都是你在〈工作的原則〉章節看到的原則基礎。

　　但是光編撰跟教導原則是不夠的，重要的還是實踐。隨著公司的規模越來越大，實踐的方式也在演進。在橋水公司創立早期，大家彼此都認識，極度透明很容易落實——每個人可以參加想要的會議，而且交流不拘一格，但在規模變大後，這種情況就變得不太可能了。想想，如果員工不知道所有事情，怎麼能夠有效地運用創意擇優？如果不夠透明，大家就會依個人利益曲解事情，有時甚至關起門來做，而當問題被掩蓋而非攤上檯面討論時，就無法被解決。因此，要有真正的創意擇優，就必須有透明度，每個人才能自己思考事情。

　　為了做到這一點，我要求把所有的會議都做紀錄，並提供給每一個人，只有少數例外，像是討論隱私問題如個人健康或有關交易或決策規則的私人訊息。一開始，我會把這些管理會議的未剪輯錄音寄給整個公司的人，但是這會耗掉大家很多時間而造成沉重壓力。於是我成立了一個小團隊來剪輯錄音，把重點只放在最重要的時刻；後來，我們發展出「虛擬實境」的案例研究，用以教育訓練❸。時間一久，這些錄音成了新進員工訓練的一部分，以及一個媒介，持續傳遞各式各樣新情況與相應的原則。

　　以這個開放的環境為基礎，大家可以就誰做了什麼、為什麼這麼做展開討論，加深對彼此不同思考方式的理解，也啟發了我們認知到大家的想法有多麼五花八門。最少能讓我更了解那些本來不太認同的人。除此之外，我也理解到，管理者不能了解每個人有不同思維，就無法理解這些員工會如何處理各種情況，就好像工頭不知道設備怎麼運轉一樣。這種洞察力促使我們探索心理測試，以此了解人們不同的思考方式。

發現心理測試

　　在我孩子還小的時候，曾經接受一位心理學家蘇·昆蘭（Sue Quinlan）的測試。事實證明她的評估很準確，提供了孩子日後發展的藍圖。因為測試非常成功，我和她以及其他人合作，努力找出最佳測試方法來測試同事。2006年，我第一次接受了邁爾斯－布里格斯類型指標（Myers-Briggs Type Indicator，簡稱MBTI）評估，

---

❸　原注：隨著數位化科技的進步，我們持續創新我們記錄和提供這些內容的方法。

發現其對我的偏好的描述非常準確。

　　MBTI所描述的許多差異，比如說那些傾向於把重點放在大方向概念上的「直覺型人格」和更關注具體事實和細節的「感知型人格」之間的差異，對我們理解橋水內部衝突與分歧很有用。我開始尋找可以幫助加深彼此了解的其他測試，剛開始進展很緩慢，主要是因為我遇到的大多數心理學家對於探測差異很小心翼翼。但是最後我發現幾位傑出的心理學家，尤其是巴布・艾興格（Bob Eichinger），他提供我一些非常有用的測試。

　　在2008年初，我讓大部分橋水的主管做了MBTI測試，結果讓我大吃一驚。我不敢相信有些人真的是按照測試所描述的方式思考，而當我請他們針對這個評估的準確度給了一到五的分數時，超過80%都給四到五分。

建立棒球卡

　　即使在掌握了MBTI和其他測試之後，我發現我們仍然很難把所看到的結果和測試者連結起來，從而了解他們。同樣的人一次又一次參加同樣會議，以同樣的方式做事，得到相同的結果，而不去理解為什麼（最近我從一項研究中看到人們的認知偏好，也就是常常會忽視一個人在某件事情上比另一個人更好的證據，並認為兩人在工作中都同樣出色，這正是我們當時看到的）。舉例來說，缺乏創造力的人被指派需要創造力的任務；不注意細節的人被分配到注重細節的工作等等。所以我們需要以更清楚、更明確的數據來了解每一個人，因此我為每位員工製作「棒球卡」（Baseball Card），列出他們所有的「指標」。我的想法就是更精準分配任務給每個

人，就像你不會讓一個打擊率只有一成六的優秀外野手去擔任第三棒，也不會指派注重大方向的人一項需要注意細節的任務。

這個想法一開始遇到了很多阻力，因為大家會擔心棒球卡不準確、製作卡片太費時，或可能只是傳達出刻板印象。但時間一久，所有人對這種公開探索個人特性的態度產生一百八十度轉變。大多數人發現，把這些訊息公諸於世，比壓抑真相更加自由。因為當它成為常態時，就好像跟家人工作一樣坦誠相對，可以做真實的自己。

由於這種運作方法並不尋常，因此有一群行為心理學家到橋水進行評估。我建議你們可以閱讀評估報告❹。哈佛心理學家羅伯特·凱根（Robert Kegan）認為：「橋水證明追求企業的卓越與個人的自我實現是互不排斥的，而且事實上相輔相成。」

我還需要解釋一下，當時我因為一些個人因素去諮詢心理學家和神經學家。雖然在這本書我大部分時間不談及家庭成員以保護隱私，但我想說一個關於我兒子保羅的故事，因為這個故事與本書相關，而且也經他同意。

從紐約大學的帝勢電影學院（NYU's Tisch）畢業後，保羅到洛杉磯工作。他沒找到公寓前暫住在旅館，有一天他到櫃台把電腦給砸了，後來被逮捕入獄，而且被獄警毆打。最後，他被診斷為躁鬱症，釋放後由我監護，住進了一家醫院的精神病房。

芭芭拉、保羅和我就像是坐上一趟為期三年的雲霄飛車，保

---

❹　你可以從羅伯特·凱根、愛德華·赫斯（Edward Hess）與亞當·格蘭特（Adam Grant）的文獻中找到相關的書。

羅時而處於躁狂的巔峰，時而陷入沮喪的深淵，我們在複雜的醫療保健系統中奔波，但也同時有機會與一些醫界最傑出、有同情心的專業人士討論。痛苦與需要的壓力最能激發學習動力。有時候，我感覺自己像在懸崖上拉住保羅的手——一天度過一天，我不知道我能否堅持下去，或者他是否會從我的手中滑落。我和護理人員密切的合作，了解狀況以及如何處理。多虧了各種助力和保羅自己堅忍的個性，他渡過這個難關，而且比陷入低潮前更優秀了，因為他培養出他所缺乏但卻需要的能力。保羅原先是一團亂——整天流連在外、吸大麻、喝酒等——但他現在規律地吃藥、冥想、早睡早起，也擺脫了毒品與酒精。之前，他雖然很有創造力，但缺乏紀律，但現在兩方面都表現很好。現在的保羅比以前更有創造力，而且婚姻幸福美滿，已是兩個孩子的父親，也是一個有成就的電影製作人，還能幫助躁鬱症患者。

他對躁鬱症極端的透明度以及罹病時不忘幫助他人，都激勵了我。他的第一部劇情片《觸動人心的火花》（*Touched with Fire*）獲得了很多好評，帶給了許多苦於躁鬱症的人希望和繼續前進的方向。我記得看過他拍一場戲，是基於我們之間一次真實的交談，他當時正狂躁，而我努力和他講道理。我可以同時看到演員扮演保羅最糟糕的時候，以及處於最佳狀況的保羅正在指揮現場，當我注視著這個場景，我的腦海裡閃過他整個旅程——從他最失落的谷底，蛻變成站在我面前的堅強英雄，他的使命是要幫助有一樣遭遇的人渡過難關。

陪伴保羅度過最煎熬的這段旅程，讓我更深入認識到人們看待以及處理事情是如何不同，以及產生的原因。我了解到，因為我

們的想法是心理的反應，是可以改變的；而保羅不安定的情緒是因為腦部多巴胺和其他化學物質分泌不穩定，所以控制這些化學物質和影響它們的活動和刺激因素，就可以改變保羅的狀態。我也了解到，天才和狂人僅僅一線之隔，創造洞察力的化學元素也能創造扭曲，一直被自己的大腦困住是非常危險的。就好比保羅「抓狂」的時候，他總是相信自己不合邏輯的論點，不管別人聽起來有多奇怪。躁鬱症患者的表現較為極端，但我見過的大多數人都有這種狀況。我還學會了，人們是如何控制他們的大腦工作以產生更好的效果。這些見解幫助我更有效率地處理人際關係，我將在生活的原則第四章「了解每個人的思考方式差別很大」中詳細解釋。

讓橋水更茁壯、更卓越

我在2008年6月的年度大會上說，在我看來，橋水不只是在當時、其實一直都是「處於最好及最糟的情況」。規模擴大五年下來，橋水變成一個大機構，我們又面臨了新的挑戰。這不是什麼新鮮事，因為打從橋水成立以來就一直在面對挑戰，我們大膽嘗試新的事物，並在錯誤中學習以加速成長。例如，在我們成立公司的幾年中，技術進展飛速，我們已經從使用計算尺到電子表格軟體轉變為先進的人工智慧。因為變化速度很快，很多更好、更新的東西一一出現，這時候單純只把事情做好、做對似乎已沒有意義了。所以我們用簡易且具彈性的方法來建構我們的技術，方法實用，但也帶來了迫切需要解決的麻煩。全公司整體都採用這樣快速又靈活的方式，隨著橋水的成長，有好幾個部門甚至已經負荷過重。公司一直創新是件有趣的事，但我們花了很多心思才讓基礎更穩固，特別是

在非投資方面。橋水的確需要以不同的方式創新——但這並非易事。

2008年，我幾乎同時做了兩份全職的工作（管理投資也管理整個公司），每星期工作八十個小時，但我認為我都做得不夠好。大體上來說，我覺得我和橋水都在退步，因為一開始，我可以同時顧好投資管理與公司的經營管理，但隨著規模增長，我就必須付出更多的心力在經營公司上。我對需要兼顧投資管理與公司的經營管理進行了運行效率（time-and-motion）的研究，結果發現每週必須付出一百六十五個小時才能讓兩者同時達到卓越水準。那顯然是不可能的，所以我希望把一些事委由別人之手。我徵詢有哪個人可以勝任我的工作，那個人又是誰；但每個人都同意我大部分的職務都無法由他人代勞。顯然，我並沒有盡到我的職責，找到並培訓出我可以交託責任的人。

對我來說，身為公司的負責人，第一等成就就是讓組織在沒有你的情況下，一樣可以把事情做好；次等的是只能自己把事情做好；而最糟的是，連自己的事都做不好。站在我的立場思考，我看到，儘管橋水跟我已經達到令人矚目的成就，但我覺得還沒達到第一等。事實上，我仍在努力爭取第二等水準（自己把事情做好），儘管橋水已經非常成功。

到了這個時候，橋水的員工已經來到七百三十八人，其中包含十四個部門主管。我成立管理委員會，和我一起來監督部門主管，因為我知道如果沒有人可商討，自己無從得知什麼是最好的。我架構了分層負責表，我向管理委員會報告，也監督委員會管理公司。我希望委員能負起確保公司做到最好的責任，我也希望幫他們實現

這目標。

2008年5月，我寫了一封電子郵件給管理委員會的五位成員，附件給公司其他人，告訴他們「我想讓你們知道，我已經到達極限，對工作的品質和工作與生活的平衡，都受到不可接受的損害」。

2008年的經濟與金融危機

這是第一次感覺到自己能力不足以應付紛至沓來的新狀況，特別是投資領域，事實證明當時正處於歷史性動盪期。

有些事不是發生在我身上，而是在其他時間地點發生，我常常會對各類事情措手不及──像是1971年的貨幣貶值，或是1980年代早期的債務危機──所以我們制定出恆久與通用的經濟與市場原則。換句話說，我知道必須了解所有重要的經濟和市場動向，而不僅僅是經歷過的事，也要確認我們遵守的原則，不管過去、未來或在各個國家都能用。

在2000年代初期，我們在橋水系統中建立了一個「景氣蕭條測量儀」（depression gauge），規定如果有某些特定情況出現，預示債務危機或景氣衰退的風險加大，我們該採取某些行動。2007年這個測量儀顯示，因為償債成本已經超過了預期的現金流，債務泡沫已經瀕臨破裂危機。由於利率接近零，我知道央行無法像之前經濟衰退時期可以藉由寬鬆貨幣政策來扭轉頹勢。過去的經濟大蕭條之前，都出現類似現象。

我的腦海中閃過了我在1979到1982年間的經歷，雖然三十年過去了，我的知識更加豐富，也不如從前冒進。儘管能清楚的了解整個經濟的動態，但卻不敢保證我自己的想法是對的。我記得，我預

測1982年的債務危機將使經濟衰退，那時看來也很明顯，結果卻證明我錯得離譜。

那次的經驗讓我學到更多關於債務危機對市場的影響，實際上我也有過幾次一邊研究一邊實戰交易的經驗，包括1980年代拉丁美洲的債務危機、1990年代日本的債務危機、1998年長期資本管理公司倒閉❺、2000年網路科技泡沫，以及2001年九一一事件引發的危機。在橋水同事的協助下，我把歷史書籍和舊報紙翻了出來，研究景氣大蕭條和威瑪共和國❻發生的事件，比較當時發生的狀況和現在有何異同。這次的研究證實了我的擔憂：在我看來勢必會發生的是大量的民眾、公司和銀行將面臨嚴重的債務問題，聯準會也無法降低利率來緩衝，就如同1930到1932年情況一樣。

我擔心判斷錯誤，於是去找其他聰明人來挑戰我的觀點，我還想請某些關鍵決策者聽聽我的看法，一來是對這個觀點進行壓力測試，再者也提醒他們我所看到的情況，所以我到華盛頓找美國財政部和白宮的官員談話。雖然他們很客氣，但我所提出的觀點對他們來說太過牽強，因為所有外部跡象都顯示經濟一片榮景。大多數

---

❺ 譯注：長期資本管理公司（Long-Term Capital Management，簡稱LTCM）是一個投機性避險基金，專門從事利用高槓桿的絕對報酬交易策略。LTCM是由所羅門兄弟（Salomon Brothers）的前副董事長暨債券交易部主管約翰‧梅韋瑟（John Meriwether）於1994年成立，該董事會成員因制定選擇權定價公式，在1997年獲得諾貝爾經濟學獎的肯定。LTCM在成立第一年就獲得了年化報酬率超過40%的績效，然而在1998年俄羅斯金融危機後，卻在不到四個月的時間裡造成了46億美元的巨大虧損，不得不請求美國聯準會的財政介入。不久後該基金在2000年初倒閉。

❻ 譯注：威瑪共和國（Weimar Republic）是指1918至1933年採用共和憲政政體的德國，於德意志帝國在第一次世界大戰中戰敗、霍亨索倫（Hohenzollerns）王朝崩潰後成立。由於這段時間施行的憲法（一般稱之為《威瑪憲法》），因而得此名稱。威瑪共和是德國歷史上第一次走向共和的嘗試，於德國11月革命後出現，後因希特勒及納粹黨在1933年上台執政而結束。

人在沒有仔細聽取推論和估計之下就駁回我的論點，只有一個人例外，副總統迪克‧錢尼（Dick Cheney）的國內政策副助理拉姆森‧貝特法哈德（Ramsen Betfarhad），他把我們提供的數據研究了一遍，而且感到憂心。

因為我們把所有看到的環節都理出了頭緒，也沒有人能反駁我們的觀點，因此據以調整客戶的投資組合，如果我們的想法對了，就能在有限風險的情況下獲得較大的報酬；當然我們也會有其他備案以防想法出錯。雖然我們認為自己已經做好了充分的準備，但還是會擔心有什麼差錯，世界經濟陷入衰退對那些沒有做任何避險措施的人會受到嚴重衝擊，這對所有人來說都是可怕的。

就像1982年那樣，市場情況將更加惡化的事態如我們預期發展，決策者開始重視我們的意見。貝特法哈德邀我到白宮，紐約聯邦儲備銀行總裁提姆‧蓋特納（Tim Geithner）也要求見我。於是我帶了巴布、葛列格跟一位年輕的分析師巴布‧艾略特（Bob Elliott）跟蓋特納共進午餐。我們在他面前分析資料，他的臉真的變白。他問我是從哪兒找到這些資料，我跟他說這些資料都是公開的，我們只是把它們整理出來，然後用不同的方式審視而已。

在我們與蓋特納見面的兩天之後，貝爾斯登公司（Bear Stearns）倒閉了，但這件事並沒有引起大多數人和市場的緊張，儘管這是一個山雨欲來的前兆。直到六個月後的9月，雷曼兄弟（Lehman Brothers）也破產了，大家才把這些事串連了起來。那時候，市場就如同多米諾骨牌般飛快倒下，儘管沒有人能控制損失，而那些決策者，特別是聯準會主席班‧柏南克（Ben Bernanke）做出了聰明的決策，即創造了一場「和諧去槓桿化過

程」（a beautiful deleveraging，即減少債務負擔，同時維持經濟成長與低通膨）❼。

　　長話短說，在這段期間，我們幫客戶做好了市場的預測與風險的規避，因此在2008年，我們的旗艦基金報酬超過14%，而當時許多投資人的損失都超過30%。我們也害怕會有所失誤，所以我們平衡了我們的投資，而非傲慢愚蠢地把更多的籌碼都押在裡面，不然我相信報酬會更好，但我並不後悔，因為我從經驗中學到這樣的做法不明智。在這種情況下，如果我們不去平衡風險，可以賺更多的錢；但我知道，如果以這種方式進行投資，肯定活不了，也沒有辦法達到像今天一樣成功的位置。

　　2008年的債務危機就如同1982年的情景再現，或許之前已經有過很多類似的情況，未來我相信還會有更多的危機發生。我喜歡從慘痛錯誤中去反思，珍惜它所能帶給我原則的價值。或許下一個大的事件會出現在二十五年後，有誰知道什麼時候會發生？除非發生危機的原則已經正確地編碼在我們的電腦演算法中，否則危機會突如其來，讓我們措手不及。

幫助政府官員

　　我們的經濟和市場原則與其他大多數人迥然不同，所以結果相異。我將在下一本書解釋這些經濟和投資原則的差異，但現在先不離題。

---

❼ 當時美國財政部長漢克・鮑爾森（Hank Paulson）決議，將政府資金投入幾家重要的銀行以預防倒閉的做法，也相當關鍵。

　　就如同美國前聯準會主席艾倫・葛林斯潘（Alan Greenspan）所說：「模型在我們最需要它的時候卻不靈驗了……摩根大通（JP Morgan）在雷曼兄弟倒閉前三天預測美國經濟將加速——他們的模型失敗了、聯準會的模型失敗了、國際貨幣基金的模型也是……於是我問自己：到底發生了什麼事？」紐約聯邦儲備銀行的總裁比爾・杜德利（Bill Dudley）談及這個問題的時候說：「我認為最根本的問題是那些總體經濟學家是怎麼看待經濟前景、經濟成長與通貨膨脹……如果你看的是總體經濟模型，裡面不會有金融這個因素。他們並不承認金融產業實際上會崩潰，因而削弱貨幣政策的刺激。所以我認為這場危機學到的是要更充分地準備，確保財務金融界與總體經濟學家進行溝通，以及建立更穩健的模型。」杜德利說的是對的，我們這些「金融界人士」看事情的角度跟經濟學家截然不同。由於我們的成功，許多政策制定者與橋水的接觸更頻繁了，這也讓我跟美國和世界各地高層經濟決策者有了更多的聯繫。出於尊重談話隱私我不便多提，但要說明的是，他們更能接受橋水看待經濟和市場的非傳統方式，並對未能預示或避免危機的傳統經濟思維更持懷疑態度。

　　我們大部分的交流是單向的；我通常會回答他們的問題，但提問時避免讓他們感到尷尬，擔心洩漏機密資訊而不願作答。我跟這些領導人見面並沒有預設任何立場，也不關切他們的意識形態，因為我跟他們就像一個醫生般交流，只想做出最有利的判斷。

　　他們需要我幫忙，因為投資者的全球總體經濟觀點跟身為決策者的視野是截然不同的。我們都受各自的出身所形塑：投資者需要獨立思考，預測未來還沒發生的事，並把錢押注在其中；而決策者

出身於培養共識、而非挑起異見的環境，培養他們對已經發生的事情做出反應，訓練他們的談判力，而不是冒險。由於投資者能從結果持續得到決策品質的回饋，決策者則得不到持續回饋，很難判斷決策者的好與壞。另外，決策者往往也是政治人物，因此即使很精明幹練，也必須不斷地把注意力從目前正在解決的問題，轉移到其他決策者的反對意見上，而且他們所面臨的政治制度其實並不健全。

從長期角度來看，經濟這台機器比政治機器要強大（無能的政治家將被取代，而無效的政治制度也會被改變），而經濟機器與政治制度的相互作用是驅動經濟週期的一大原因，雖然表現不是那麼好。

豐碩的回報

2010年，我們基金的報酬率是有史以來最好的，兩檔純阿爾法基金的報酬率分別是近45%與28%，而全天候投資組合也有將近18%的報酬——這完全是因為我們所建立的系統在資料的處理和分析都非常完善。這些系統的成效遠比我們的大腦好得多，如果沒有它們，我就得用那些傳統又費時的方法來管理資金：也就是必須用大腦來權衡市場和所有影響因素，然後放入投資組合中；我們也得聘請和監督一群不同領域的投資經理，因為我們不能盲目相信他們，必須去了解他們如何做出每一項決定。這表示要觀察他們如何處理事情及其理由，從而了解他們心裡的預期，還要處理個性差異的問題。我為什麼要這樣做？在我看來，那種投資或管理組織的方法已經過時了，就好比看地圖在找位置而不是跟著GPS（全球定位系統）。當然，建立系統是一項艱難的工作，花了我們三十多年。

管理太多錢有可能會影響投資績效，因為規模太大會影響市

場行情,大量的進出成本很高。由於2010年我們基金的獲利超過
40%,因此我們不得不把大量資金還給客戶,他們其實希望給我們
更多資金管理。我們總是小心翼翼地避免管理規模過大,以免誤殺
了可以下金蛋的母雞。

　　我們的客戶不想把錢拿回去,希望我們能繼續管理,我們也因
此面臨了難題:要如何在不影響投資績效的情況下管理更多資產,
我們以前沒有遇過這個問題,因為從來沒管理過那麼多錢。我們很
快發現,如果稍微調整目前所做的、成立一個與純阿爾法相同管理
方式的新基金,並只投資在流動性強的市場,我們預期的報酬會大
致相同,而預期的風險(即波動性)只會稍微高一些。

　　我們把這個新的方法寫入電腦中,對其進行回測,以了解它在
所有國家和各個時間點的表現,並解釋給客戶聽,讓他們能徹底了
解這背後的邏輯。儘管我很喜歡而且也從人工智慧中受益,但我相
信只有人類才能發現這類做法,然後透過電腦程式設計來實現這些
功能,因此,我認為把對的人放在一起工作,並與電腦配合,才是
成功的關鍵。

　　到了年底,我們成立了純阿爾法主要市場基金(Pure Alpha
Major Markets),而客戶投資了150億美元。從那時候開始,基金
的收益就一如預期——大致上與純阿爾法相同(實際上更好,但幅
度不大)。我們的客戶很高興,事實上,這個新產品非常受歡迎,
以至於到了2011年,我們不得不停止接受新的投資。

從幕後走到台前

　　成功就像一把雙面刃——這是我從金融危機中所學到的,正如

我預期的，橋水跟我開始受到不必要的關注。由於表現優異，讓我們看待經濟和市場的獨特方式以及與眾不同的文化，成了關注的焦點。因為我不喜歡成為目光焦點，因此會盡量避免與媒體打交道，但這並沒有阻止媒體持續報導橋水跟我，而且他們通常會以一種聳人聽聞的方式報導，要嘛就是把我形容成投資界的超級英雄，要嘛就當我是某個教派的領袖，有時甚至兩者都是。

　　有時候因為成功而獲得關注並不是一件好事，澳洲人把這種情況稱之為「高罌粟花症候群」❽，因為在田中最高的罌粟花最容易被砍頭。我不喜歡被關注，我尤其不喜歡把橋水說得像教派一樣，因為擔心會招募不到好人才；同時，我也意識到，因為我們沒有讓媒體真正看到橋水內部的運作，所以那些繪聲繪影的描述是無法避免的。

　　因此我在2010年末決定公開我的「原則」，這份手冊解釋我們到底在做什麼以及為什麼這麼做。我把它放在我們公司的網站上，如此一來，公司以外的人可以免費閱讀和理解我們的原則。

　　這是一個很困難的決定，但事實證明結果很好。很多人理解了原則，而且從閱讀中受益，據我了解，有超過三百萬人下載了我們的原則，有些人甚至自費翻譯成自己國家的語言，我收到很多的感謝信，說閱讀原則改變了他們的生活。

---

❽ 譯注：高罌粟花症候群（Tall Poppy Syndrome，簡稱TP症）是澳洲和紐西蘭的一個流行用語，用來形容在社群文化中，會集體地嫉妒、毀謗、中傷並且過度批評那些在經濟上、社會上或政治上有較高地位的人。簡單的說，就是「先冒出來的釘子，會被打下去」。

尋找橋水的接班人

當我還是個孩子，就喜歡從實作中去學習，我會投入到我想要的東西中，探索得越久越好，試著從錯誤中學習並改進。我知道如果改進速度夠快，就能夠讓我平穩發展，我就能在這個基礎上繼續成長茁壯。我一直對自己探索真相的能力很有信心，而且隨著時間推移，越來越有必要這樣做，我探索真相的能力就更加提升。因此，我傾向於雇用同類人：投入研究挑戰、找出解決問題的方法，然後去執行。我覺得如果他們有穩健的性格、常識和創造力，並且為了實現共同任務而努力，只要我給他們空間去做出正確決定，他們就會發現成功的關鍵。我知道管得太細或對其綁手綁腳，是不可行的，因為我們都不喜歡那樣，如果我得發號施令，他們就少了發揮空間。此外，我也不喜歡跟那些需要處處提點的人合作。

打從1990年代，我開始認知到大多數人都對正視自己的問題和弱點存著心理障礙。挑戰與難題來臨時怯於正面迎擊。兼具常識、創造力和性格來迎戰變化的人，只有鳳毛麟角。一般人幾乎都需要協助才能達到這樣的境界。所以我把我的原則和背後邏輯寫下來，分享給大家，希望能被認同者所用，且與不認同者公開討論。我想，隨著時間歷練，我們會跟得上這些原則，了解如何處理特殊的情況。

儘管大部分人很快地在理智上同意這些原則，但要把認同的原則轉化為有效行動，很多人仍需努力。這是因為習慣和情緒障礙比理性更強。我們的訓練和虛擬實境影音幫助很大，但還不夠。

不管橋水多努力篩選新進員工，培訓他們在創意擇優的方式

下工作，無可避免的，最後還是有很多人功虧一簣。我的方法是雇用、培訓、測試，然後迅速決定是解雇或是晉升，這樣就可以迅速找到優秀人才、淘汰不適任者，一次又一次重複這個過程，直到招募到夠格的人為止。

但是要做到這一點，我們需要很高的聘雇標準，所以我們毫不猶豫地把不適任的人排除在外。許多新員工（和一些老員工）仍然不願意去考察不同人的能力和個性，這將使事情變得更糟，因為淘汰人不是容易的事。

當然，大多數來橋水的人都是冒險型的，他們知道進的是什麼樣的企業。他們明白工作不達標的機率會比一般公司高，但他們接受風險，因為相對於被淘汰的潛在損失，成功的潛在效益將更大。在最壞的情況下，他們雖然得離開，但自我成長了不少，而且獲得有趣的經驗；而最好的情況是，他們將成為卓越團隊的一分子，一起成就大事業。

新進員工通常會經歷約十八到二十四個月的適應期，然後才能慢慢習慣橋水極度真實與極度透明的文化，特別是承認錯誤並找出處理錯誤的方法，但有些人就是無法適應。有人告訴我，加入橋水就像加入一個知識上的海豹部隊[9]，也有人講得像是去上一所有如達賴喇嘛主持的自我探索學校。成功者會說，雖然調整時期很艱難，但是由於取得卓越成就以及建立非凡的人際關係，帶給他們喜悅。當然，也會有些不能或不願適應的人被開除，這樣才能維持橋水優

---

[9]　譯註：海豹部隊（SEAL：Sea Air and Land）是美國海軍三棲特種部隊，為世界公認最優秀的特種單位之一。

異的表現。

長久以來，是我負責建立橋水文化與維護橋水的高標準，但到了2010年，我已經六十歲了，足足經營橋水三十五年，雖然我認為未來十年、甚至更久，仍能保持狀態良好，但我想把精力放到其他事上。我想花更多時間陪家人和朋友，幫助決策者，追求一些有熱情的事（如海洋探索和公益事業），以及我感興趣的東西。我計劃先卸任執行長、擔任接班人的顧問，以及繼續負責投資領域的工作，我也會把省下來的時間，盡我所能地體驗生命中的精華。

和所有的組織一樣，橋水成功的關鍵來自於人和文化。公司管理者每天都面臨著重要的選擇，他們的選擇決定了公司的特性、與外界關係的品質以及產生的結果。之前，橋水大部分的重要決定都是由我負責，現在我要把決定權交到其他人手中，雖然橋水已有建立了幾十年的文化和既定原則，但未來會如何，還是得實際做了才知道。

第 6 章

回饋
（2011－2015）

在我看來，生命是由三個階段組成。首先，我們得依靠別人，進行學習；接下來，我們開始工作，換別人開始依靠我們；最後，當別人不再依靠我們，我們也不需要工作的時候，就可以盡情享受生活。

我現在正從第二階段要開始進入第三階段，無論是在知性面還是感性面，讓我有熱情的不再是成功，而是我關心的人在沒有我之下獲得成功。

我在橋水有兩個職務：一是管理公司的執行長，另一則是管理投資領域的投資長。我會一直延續在投資領域的工作直到老去，因為那是我從十二歲開始就非常喜歡的工作，但我不想再同時扮演兩個角色，因為這會帶給公司必須依賴關鍵人物的風險。

合作夥伴和我都明白，在一個具獨特文化、由創辦人領導的組織中，從第一代領導到下一代的轉變很困難，特別是如果領導者在位很長一段時間。2008年比爾‧蓋茲（Bill Gates）卸下微軟執行

長就是一例，當然還有很多其他例子。

　　我不斷苦思的最大問題是，是否該完全退出管理階層，或是以顧問的角色參與其中。就某方面來說，我會有全部退出的想法，因為這給新的領導階層自由的空間去找出成功之路，不受我影響。朋友都建議我「宣告勝利」，收拾行囊，走自己的路，但我沒有信心交接的過程會順利，因為之前沒有這樣的經歷。我做事都是從錯誤中學習──也就是一旦犯了錯，會弄清楚做錯了什麼，然後總結新的原則來達到成功目的──我不懂為什麼傳承要採取不同態度，我也不認為，把我擔任執行長時所肩負的重責大任丟給別人對我是公平的。我知道領導新加坡長達四十一年的李光耀卸下領導的責任，退居幕後擔任資政，而且效果很好。考量種種原因，我決定在公司繼續擔任顧問職，這意味著我要嘛不發言，要嘛最後發言，但總是可以提供意見，我的夥伴都喜歡這個想法。

　　我們都認同這模式應該盡早開始，如此一來，我的接班人可以從中獲得經驗，當需要的時候也可以做出調整。由於我們對組織轉型所知不多，因此需要特別小心。我們預期轉型需要花上若干年的時間──這個也許兩年或三年，也許得長達十年，但因為我們共事多年，我們樂觀地認為應該可以盡量把時間縮短。

　　在2011年的第一天，我宣布將卸下執行長之職，並由葛列格·詹森與大衛·麥考密克（David McCormick）接任。7月1日，我正式把公司管理的職責交給葛列格、大衛跟其他管理委員會的成員，同時，我們也跟客戶說明了「最長為期十年的轉型計畫」。

認識「塑造者」

很自然地，新管理團隊在接下來的十八個月裡遇到很多問題與挑戰，我們就像工程師分析機器功能不良的方式，分析為什麼團隊表現得不那麼好，進而重新設計組織，使績效更好。因為人會依其個性特質行事，所得到的結果會有所差異，當我們組建團隊，要設計出合理的人員及各種個性特質的組合，來達到我們的目標。我們研究了我和其他人的特質，看看有什麼不同，藉此發現不足之處，我們稱之為「瑞差距」（Ray Gap）。更清楚地說，因為我要離開職位，如果是巴布、葛列格與大衛要離職，就要思考與他們的差距有多大。

葛列格跟大衛在一個日誌中記錄了我的各種職責，以及我在履行職責時的品質與他們的差異。大家都認同，這個差距就在於我們所說的「塑造」（shaping）。

為了理解我所說的「塑造」和「塑造者」，其實可以想想史蒂夫・賈伯斯，若以塑造的規模和成就來衡量，他可能是我們這個時代最偉大、最具指標性的塑造者。塑造者能在獨排眾議之下，提出獨特與有價值的願景，並完美實現。賈伯斯用設計精良的產品，為電腦、音樂、通訊、動畫和攝影帶來突破性改革，並打造出世界上最大、最成功的公司。特斯拉（Tesla）、SpaceX和SolarCity的伊隆・馬斯克（Elon Musk），亞馬遜（Amazon）的傑夫・貝佐斯（Jeff Bezos）以及Netflix的里德・哈斯汀（Reed Hastings）都是商業界的優秀塑造者；在公益領域，我想到的有格萊珉（Grameen）的穆罕默德・尤努斯（Muhammad Yunus），哈林

兒童區（Harlem Children's Zone）的傑佛瑞‧加納達（Geoffrey Canada），教育機構〔為美國而教（Teach for America）〕的溫蒂‧科普（Wendy Kopp）；以及在政界的溫斯頓‧邱吉爾，馬丁‧路德‧金恩博士（Martin Luther King），還有李光耀和鄧小平；比爾‧蓋茲與安德魯‧卡內基（Andrew Carnegie）是商業和公益界的塑造者；而麥可‧彭博（Mike Bloomberg）是商業、公益界和政界的塑造者；愛因斯坦、佛洛伊德（S. Freud）、達爾文（C. Darwin）和牛頓（I. Newton）是科學界偉大的塑造者；基督、穆罕默德和佛祖是宗教的塑造者，他們都有獨到的願景，並成功地實現了。

剛提到的這幾位都是偉大的塑造者，但塑造者其實是有大有小的，你私底下或許也認識幾位，可能是當地的企業、非營利組織或社區領導人，這些人更是推動改革並建立長久組織的人。我的目標是確認誰是未來橋水的塑造者——不論是幫助內部的人成功接替我的執行長職務，也在外部尋找適合的塑造者，引薦進橋水。

2011年10月5日，在我開始思考塑造者的素質幾個月後，賈伯斯去世了。我在我們的《每日觀察》中寫到他，這是我少數幾次探討與投資無關的內容，因為我非常欽佩他，他巧妙的的思考和行動方式非常激勵人心。不久之後，沃爾特‧艾薩克森（Walter Isaacson）出版了《賈伯斯傳》，我注意到我們之間有許多相似之處，特別是看到他所引用的賈伯斯的語錄。經過一段時間，美國一本著名財經雜誌《aiCIO》刊出一篇以〈瑞‧達利歐是投資界的史蒂夫‧賈伯斯？〉為題的文章，指出了我們之間的共同點——都是白手起家（他是從車庫，我是從自家公寓的第二間臥室），都想出

了創新的產品，重新塑造了所屬行業，而且有獨特的管理風格。橋水經常被稱為投資世界的蘋果——但很明顯地，我不認為橋水或我可以跟蘋果公司或賈伯斯相提並論。

艾薩克森的書和文章指出了我們的背景、目標跟塑造方法有許多相似之處——比如說，我們很叛逆、獨立思考、致力於創新跟追求卓越；都是冥想者，希望能「在世界留下印記」；我們也都很難搞；當然，我們也有不同的地方。我很希望能看到賈伯斯分享他用來實現目標的原則。

我不僅對賈伯斯和他的原則感興趣，我也想知道所有塑造者的特質和原則，更清楚地理解我們之間的相似性和差異性，畫出一個典型塑造者的原型。我一直遵循一種方法來了解所有的事；例如，我對經濟衰退進行詳盡研究，以便發現典型的經濟衰退，不受時間限制，然後了解每次衰退之間的差異。我不只對經濟及市場脈動如此研究，也擴充到所有事情，這幫助我埋解事務的運作方式，拿這種方法來了解塑造者也很合理。

一開始，我跟艾薩克森私底下在他辦公室探討賈伯斯跟其他塑造者的特性，後來也在橋水一個公共論壇討論。另外，因為艾薩克森也寫過愛因斯坦和富蘭克林（Ben Franklin）兩位偉大塑造者的傳記，我讀了這兩本書，也試著去總結他們共同的特點。

後來，我陸續跟比爾・蓋茲、伊隆・馬斯克、里德・哈斯汀、穆罕默德・尤努斯、傑佛瑞・加納達與IDEO設計公司的大衛・凱利（David Kelley）等等對談，他們都構思過很多卓越的概念，也成立了組織來實現，且長時間並反覆執行這些概念。我請他們花一個小時進行個人性格評估，然後從中發掘他們的價值觀、能力和方

法，雖然評估部分並不十全十美，但這些評估非常寶貴（事實上，我一直在調整和改進這些評估，以助於招聘和管理），而這些塑造者針對標準化問題所提供的答案，給了我客觀和統計上可衡量的證據，說明他們之間的相似性和差異性。

結果證明這些塑造者有很多共同點：他們都獨立思考，而且不會讓任何事或人阻礙他們實現偉大的目標。他們腦海都有很清晰的藍圖，知道如何做事情，同時也願意去檢視這些藍圖在現實中的運用情況，並適時調整，讓成果更好。他們極具韌性，因為他們實現夢想的決心超乎過程所經歷的痛苦。最有意思的是，他們比大多數人的視野更寬廣，要嘛是因為本身就有這樣的視野，要嘛是因為知道如何從更厲害的人那裡學習。他們可以同時看出大方向，也會留意小細節（以及中間部分），並綜合他們在不同角度獲得的觀點，而大多數人只能看到其中之一。他們兼具創造性、系統性和務實性，而且既堅決又思想開明。最重要的是，對自己所做的事充滿熱情，沒辦法容忍表現平庸的人，因為他們希望能對世界有巨大、有益的影響。

以伊隆・馬斯克為例，當他第一次向我展示他所研發的特斯拉車款，他巨細靡遺地說明開啟車門的鑰匙，也深入說明他的宏觀理念，要讓特斯拉在未來扮演更寬廣的運輸業角色，以及這對世界有多麼重要。後來，當我問他是如何開始SpaceX時，他的勇氣令我大吃一驚。

他回答說：「很長一段時間以來，我認為住在地球上不可避免會發生不好的事情——像瘟疫、隕石撞擊地球——這讓人類要開始思考還有沒有其他地方可以生活，比方說火星。有一天，我進了美

國國家航太總署（NASA）網站，看看火星計畫有什麼進展，我發覺他們沒有計畫盡快登上火星。

「我跟合作夥伴把PayPal賣掉，得到1.8億美元的資金，」他繼續說：「我意識到，如果我用9,000萬美元從前蘇聯買一些洲際彈道導彈，發射一枚到火星，我就可以激勵人類探索火星的熱情。」

當我問他對火箭了解多少時，他說完全不了解，而且正要開始看相關書籍。這就是塑造者典型的思考和行動方式。

有時候，他們會為了去實現自己的目標而不顧一切，這反映在測試結果中。沒有什麼是完美的，現實與理想之間的差距是可悲的，也是源源不斷的前進動力，沒有誰能阻礙他們追求目標。但在其中一項人格評估中，他們在「關心別人」這個項目的分數較低，但這也不意味他們真的漠不關心。

再以穆罕默德‧尤努斯為例，他是一位偉大的慈善家，一生致力於幫助他人。他因開創小額信貸和小額融資的理念而獲得諾貝爾和平獎，並獲得了國會金質獎章、總統自由勳章、甘地和平獎等，但是他在「關心別人」這個項目測試的分數也很低；另一位傑佛瑞‧加納達，他幾乎將大部分的時間都貢獻在照顧紐約哈林區的殘障兒童身上，在「關心別人」這個項目也是很低分；比爾‧蓋茲也一樣，即使他已經將大部分財富和精力都投入拯救生命和改善生活，也沒有拿到高分。很顯然地，尤努斯、加納達與蓋茲都對其他人非常關心，但個性測試時該項評分卻不高，到底是什麼原因？在與他們交談和審查那些問題時，清楚地發現：當他們在實現目標或取悅他人（或不令人失望）之間做出選擇時，他們每次都會選擇實現自己的目標，這就是原因所在。

　　從這個研究過程中，我了解到有很多不同類型的塑造者，最重要的區別在於他們的塑造是屬於發明、管理還是兩者兼具的形式。例如，愛因斯坦是屬於創造類型，他發明而不需要管理；奇異公司的傑克・威爾許（Jack Welch）和IBM的盧・郭士納（Lou Gerstner）都是偉大的管理／領導者，他們就不一定非得那麼善於創造。而罕見的案例就像賈伯斯、馬斯克、蓋茲、貝佐斯這樣的人，他們創造了願景，也管理了很大的組織，最重要的是他們都讓願景實現。

　　也有很多人看起來像是塑造者，因為想出了一個好點子，但發展到了一定的程度時就賣掉它們，賺一大筆錢，並沒有持續進行塑造，矽谷就有很多這類型的人，或許應該稱這些人為「發明家」而不是「塑造者」。我也看過一些優秀的組織領導人，雖然沒有提出偉大願景並努力實現；而是加入現有的組織並將組織領導好。只有真正的塑造者是從一個成功走向另一個成功，數十年如一日，這些人就是我想引進橋水的人才。

　　我對塑造者的研究和對自己特性的思考，讓我清楚認識到成功者需要看得很深很廣，但沒有人可以看到全景，只是有些人視野看得比較寬廣而已，甚至與其他有互補性的人合作，納入不同的看事情角度，這種人表現最好。

　　這種體會對我順利卸下管理職責來說很重要。雖然過去我會遇到問題、找出原因，並以自己的方式來解決問題，但跟我思維不同的人，理所當然也會做出不同的診斷和設計解決方案，身為顧問的我，最重要的工作應該是協助他們成功，而不是讓他們的想法跟我一樣。

這個測驗提醒了我：即使人口眾多，人的類型只有那幾種；即使狀況很多，但狀況的類型其實也只有那幾類。找到對的類型的人應付對的狀況，才是成功關鍵。

因為蓋茲和賈伯斯已離開了微軟和蘋果的職位，我仔細觀察了這兩家公司，以幫助我了解如何提早準備，在沒有我的情況下，讓橋水繼續成長茁壯。這兩家公司跟橋水之間最大的差別在於我們獨特的文化——我們運用創意擇優追求極度真實與極度透明，將問題與缺點搬上檯面討論，以便能立即處理。

將創意擇優系統化

我對人研究越多，就越清楚地認識到人有不同類型。大體上來說，在相同的情況下，相同類型的人會產生相同類型的結果。換句話說，透過了解某人是什麼類型，我們就可以合理預期他的行為，所以我比以往更加積極收集大量關於人們類型的資料，建構個人圖像，藉此找到適合的人來完成相關職責。將人的類型與其職責以實證的基礎結合起來，才能真正推動我們的理念——任人唯才。

雖然這一切對我來說是那麼清楚跟合理，但要在現實中落實難度很高。過了大約一年，我發現很多新手管理者（還有一些資深管理者）仍然無法看出每個人的行為模式（換句話說，他們無法將每個人的類型以及其產出連接起來）。他們不願意去探究人們的個性，這使事情變得更加困難。

但後來我有了一個突破性的發現，我們在做管理決策所遇到的挑戰，並不會發生在投資決策上。我意識到，透過大數據的分析和其他演算法，電腦能夠比任何人都更有效地對應出人和成果，就像

它們能幫我們建立與市場的連結一樣,而且系統也不需要克服個人偏見和心理障礙,所以這些電腦跑出來的數據結果並不會冒犯人。事實上,他們可以自己查看數據和演算法來自我評估,並就需要改變的地方提出建議,而我們就像個科學家,努力開發能客觀分析自己的測試和演算法。

2012年11月10日,我在一封電子郵件中與管理委員會分享了想法,其主題是「出路:系統化管理制度」:

> 現在我才清楚地發現,為什麼橋水的投資管理部門可以維持良好績效,但其他部門卻不行(如果我們不改變經營方式的話)。主要差異在於投資的決策是透過系統化管理,所以很難有人把它搞砸(因為他們基本上是遵循系統的指示),而橋水的其他部門大都依賴管理者的特性及他們的決策品質。
>
> 想像一下,如果橋水的投資決策像橋水管理決策的方式一樣(就是取決於我們找來的人,並依據他們的方式共同做出決定),這將會有多麻煩。
>
> 投資決策過程運作良好的原因是,一群投資管理者建立系統、觀察系統的結論與邏輯,而我們在做自己的結論、靠自己探索邏輯……機器完成了大部分工作,我們以更好的方式與它互動……〔而且〕我們也不需要依賴常常犯錯的人。
>
> 想想管理有多不同。雖然我們有原則,但我們沒有決策系統。

　　換句話說，我認為投資決策過程是有效的，因為投資原則已經被納入決策規則中，並做出讓人們遵循的決策；而管理決策過程不太有效，因為管理原則並沒有納入人們可以遵循的決策規則，以做出管理決策。

　　雖然這不一定是必然的結果，但我建立投資系統（在別人的幫助下），我也了解投資決策和管理決策，我相信兩者是可以一樣的。唯一的問題是我們能否盡快讓它們一致，以及如何操作系統。

　　我正在與葛列格等一群人合作開發這套管理系統，就像當時我和葛列格和巴布等在開發投資系統一樣。你可以透過棒球卡、集點器（Dot Collector）、痛苦按鍵（Pain Button）、測試及工作指示等發展看到成果。因為我時間有限，需要加速進行。同時，我們就像在打殊死戰與肉搏戰，不適任的人就會被淘汰，而優秀的人就會被引進。

　　像演算法一樣決策的好處在於它聚焦在因果關係上，從而有助於培養真正的創意擇優。當每個人都能看懂演算法的使用標準並參與開發時，就會一致同意這個系統是公平的，並且相信電腦可以查看證據，對人們做出正確的評估，並賦予合適的職權。演算法在本質上就是在連續的基礎上運作的原則。

　　很顯然地，橋水的管理系統要達到跟自動化的投資系統一樣，還有很長的路要走，但我們已經有一些工具，尤其是「集點器」（將在〈工作的原則〉章節中詳細描述，一種即時收集個人資訊的應用程式），已經在我們的工作方式上產生驚人的改變。

所有這些工具都強化了良好的習慣和良好的思維能力。建立良好習慣需要有紀律地反覆思考，比如學會說一種語言；良好的思維能力則源於探索原則背後的邏輯。

這一切的最終目標，是想幫助我關心的人在沒有我的情況下更加成功，而隨著我即將進入下一個人生里程碑，我得更加速來完成這項工作。例如，2013年5月31日，隨著克里斯多夫（Christopher）的出生，我晉升為祖父；2013年夏天，我生了一場重病，感受到死亡的威脅。同時，我仍喜歡在市場上投資，所以我計劃在死之前繼續做這件事，另外，我也希望能加速從人生的第二階段進入第三階段。

預測歐洲債務危機

2010年初，我和橋水同事看到歐洲開始出現債務危機。我們曾經研究過歐洲要發行多少債券，有多少國家可以買他們的債，甚至認為許多南歐國家有可能賣不掉。我們預期由此產生的問題將跟2008至2009年間的情況一樣，甚至更糟。

這次情況就跟1980與2008年一樣，我們已預測到可能會有債務危機出現，雖然我知道預測可能會有錯。因為如果成真將是個大問題，所以我希望能拜會高層決策者，一來提醒他們；二來也希望得到指正。我遇到跟2008年在華盛頓同樣的阻力，一樣沒得到合理的解釋，只是反對，差別只是這次是在歐洲而已。雖然當時情況還算穩定，但我知道沒有理由相信會保持穩定，只是大多數跟我交談的人都不願意聽我的推理。我記得有一次跟國際貨幣基金總裁見面時，市場處於風雨前的寧靜，所以他懷疑看似瘋狂的結論，而且對

眼前看到的分析數據並不感興趣。

　　這次情況就如同美國決策者在2008年之前所做的那樣，歐洲人並不害怕以前沒有經歷過的事情。因為當時的情況很好，而我所勾勒的畫面比他們一生中經歷的任何事都還要糟糕，所以他們認為我所說的話不可信。他們還沒有具體了解誰是借款人和貸款人，也不清楚他們的借貸能力是會隨著市場環境的不同而變化。他們對市場和經濟運作的理解過於簡單，就像學者們一樣，例如，他們把投資者看作是一個稱為「市場」的東西，而不是去了解不同的投資者其買賣都有不同的原因。當市場表現不好時，他們會做一些提高信心的事，因為他們認為當信心恢復時，錢就會回來，問題就會消失；但他們沒有意識到，真正的買家不管有沒有信心，都沒有足夠的錢和貸款來購買所有必須出售的債務。

　　就好比人體運作的方式基本上是相同的，不同國家的經濟機器也是如此；或像疾病的傳染是不分國籍，經濟的疾病也是一樣。因此，雖然決策者們起初持懷疑態度，但我還是將看到的現象告訴他們，也診斷了他們所患的經濟疾病，並引用以前類似的案例來說明症狀會如何進展，然後解釋在不同階段治療這種疾病的最佳做法。我們對各種因素的連結與相關證據有好一番討論。

　　然而，即使我成功地幫決策者看出各種因素的聯繫，但他們的政治決策系統卻是失靈的，因為他們不僅要先決定個別國家需要做什麼，歐盟十九個國家在採取行動之前也必須先達成共識——有些甚至得一致通過。往往沒有明確解決分歧的辦法，但這是很大的問題，因為需要做的事情（印鈔票）遭到對德國經濟保守派的反對，由於危機一觸即發，歐洲領導人也在曠日廢時的閉門會議中試圖解

決當下困境，而這些權力鬥爭也考驗了每個首長的神經。這些決策者為了人民福祉而不得不忍受的惡劣行為，我很難表達。

舉例來說，2011年1月，在路易斯・德・金多斯（Luis de Guindos）被西班牙總理任命為經濟部長的幾個星期之後，我跟他見了面，我景仰他的正直、智慧，也有著為了國家利益而犧牲自己的英雄氣概。隨著西班牙的舊政府垮台，新政府接管了瀕臨倒閉的西班牙銀行，新決策者也不得不立即與國際貨幣基金、歐盟和歐洲央行〔俗稱的三駕馬車（Troika）〕進行協商。協商一直進行到凌晨，最後西班牙被要求簽署一項貸款協定，將其銀行系統的控制權轉交給三駕馬車，以換取他們迫切需要的資金支援。

我是在西班牙簽署貸款協定的隔天早上拜會德・金多斯部長，雖然一夜沒睡，眼中充滿了血絲，但感覺得到他仍思緒敏捷，耐心回答了我所有的問題，也分享了他對西班牙應該採取哪些改革措施來解決問題的想法。在接下來的幾年裡，雖然面臨很多反對意見，但他跟西班牙政府還是執意推行了這些有爭議的改革。他從來沒有得到應有的讚賞，但他並不在乎，因為他從自己的成果中得到了滿足。對我來說，他是一位英雄。

隨著時間的流逝，歐洲的債務國陷入更深的衰退，這也導致了歐洲央行行長馬利歐・德拉吉（Mario Draghi）在2012年9月做出了購買債券的大膽決定。這項措施，雖然沒能立即刺激那些處於衰退國家的信貸和經濟成長，但讓歐洲避免了即將到來的債務危機，拯救了歐元，也為歐洲央行帶來進帳。至於通膨，歐洲央行希望能將它拉高到2%左右，但明顯低於這個目標且繼續在下滑。雖然歐洲央行為了解決這個問題祭出優惠條件向銀行提供貸款，但是銀行並

沒有積極貸款，因此難以改變狀況。我相信，除非歐洲央行持續透過購買更多的債券「印鈔票」，將錢注入市場，否則情況會繼續惡化。對我來說，走向量化寬鬆政策是顯而易見的，所以我拜訪德拉吉和歐洲央行的執行委員會，提出我的擔憂。

在會議上，我告訴他們為什麼這種做法不會造成通貨膨脹（因為這是消費支出，即貨幣加上信貸，而不僅僅是貨幣量，推動消費和通貨膨脹的因素是消費支出水平）。我聚焦在經濟這台機器是如何運作的，因為我希望能就這一點達成共識——最重要的是，如何購買債券以促使經濟體系內的貨幣流動——我們就可以對通貨膨脹和經濟成長的影響看法達成一致。在那次的會議以及其他類似的會議中，我都跟大家分享我們計算出來的結果，以及我認為重要的因果關係，所以我們可以一起評估結論是否有道理。

歐洲這次行動的主要障礙是，整個歐元區沒有單一的債券市場，而歐洲央行跟大多數央行一樣，不應該偏袒一個地區或國家。考慮到這些限制，我分享了我的理論，即歐洲央行透過在每個成員國間按比例購買債券來實現量化寬鬆，而不違反規則。儘管德國不需要或不希望這種購買帶來的寬鬆政策（德國經濟表現相對良好，這樣做恐怕引起通膨隱憂）。

在這十八個月的時間裡，我拜會幾位歐洲經濟決策者，也許最重要的一位是德國財政部長沃爾夫岡・蕭伯樂（Wolfgang Schäuble），我認為他長於思考且大公無私。我也看到了德國和歐洲的政治如何運作❶，當政策推行到緊要關頭時，歐洲央行就不得不做對歐洲最有利的事，就是按照我的建議，印鈔票並購買債券。歐洲央行這麼做其實並沒有違反職責，南歐的債務國投票同意了這項

做法，但我認為德國將被否決，得面臨退出歐元區的決定，雖然我知道它們最終不會這麼做，因為德國的領導人對維護歐元區及成員國身分有強烈的承諾。

德拉吉終於在2015年1月宣布了這項計畫。這個計畫影響很大，而且也創了先例，就是如果歐洲央行有需要，未來可以進行更多的量化寬鬆。市場對這個計畫的反應非常正面，就在德拉吉宣布的當天，歐洲股市大漲超過1.5%，而歐洲主要經濟體的政府債券殖利率出現下滑，歐元兌美元也貶值2%（有利刺激經濟）。在接下來的幾個月，市場維持相同趨勢，除了刺激歐洲經濟，支撐經濟成長回升，也扭轉了通膨下降的局面。

歐洲央行的這項決定顯然是正確的，原因也很容易懂，但是這個舉動卻造成很大的爭議，我突然意識到，全球需要一個關於經濟機器如何運作的簡單解釋，因為如果每個人都能理解基本原理，經濟決策者在未來就能夠更快、更有信心地做出正確的決定。這個想法讓我錄製了一段三十分鐘影片，就是2013年發布的名為「經濟的機器是如何運作」。除了解釋經濟運行方式之外，還提供了一個幫助人們評估本國經濟的範本，並指導他們在危機中可以做什麼和期望些什麼。結果它的影響比我想像的要大得多，因為有五百萬多人用八種語言在觀看，有些決策者私底下告訴我，他們發現這有助於理解，可以處理他們的問題，以及尋找更好的解決途徑。這對我來說很有意義。

---

❶　原注：德國的政治跟其他地方一樣，存在著彼此鬥爭的對立勢力，決策是透過權力和談判的結合所形成，這使得從政者必須知道誰有什麼權力，願意談判什麼。德國的不同之處在於它對法律技術細節的重視程度。

　　從我和某些國家決策者的接觸中，也學到很多國際關係的運作方式，其中的道理其實跟大多數人想像的完全不同，如果與大多數人認為適合的個人行為相比，國家的行為模式其實是更自我本位、更不周全。當國家進行談判時，彼此像下棋的對手或商人在市場上的交易一樣，把最大化自己的利益當作是唯一目標。聰明領導人都知道自己國家的弱點，所以他們會抓住別人的弱點，並預期其他國家的領導人也這樣做。

　　大多數人跟本國或他國領袖沒有直接接觸，都是透過媒體學到東西，形成了自己的看法，有時候太過天真和偏執。因為戲劇性的故事和八卦通常比客觀性論點更吸引讀者與觀眾；此外，在某些情況下，「記者」也會用自己的意識形態偏見來操作新聞。結果，大多數透過媒體來看世界的人喜歡區分誰是好人、誰是壞人，而不是既得利益和相對權勢是什麼，以及這些因素是如何發揮作用。舉例來說，人們傾向於接受媒體報導說自己的國家有道德，敵國則不道德，而大部分時間各國只是有不同的利益，以最大化自己利益為優先。人民期待的好領導人是能夠權衡合作的利益、有長遠視野的人，能看出政府當下給的福利在未來會帶來更多好處。

　　這些既得利益的衝突不僅僅在國際上，在國內也發生，而且很醒目。雖然大多數決策者都會自以為真誠，以達成每個人最大利益為原則，但這種人非常少。通常他們採取的行動是有利於支持自己的選民而已。例如，高收入的代表會說，高稅收會抑制經濟成長；而收入較低的人則相反。讓每個人都客觀地看待整件事很難，更不用說符合整體利益了。

　　儘管如此，我還是要尊重大多數打過交道的決策者，並為他們

的處境感到遺憾，因為大多數的人都很有原則，卻被迫在沒有原則的環境中工作。決策者的工作在經濟狀況好的時候就夠具挑戰性，在危機期間，做決策更是困難。政治是可怕的，媒體扭曲和不實報導的情況尤其糟。我所遇到的一些決策者，包括德拉吉、金多斯、蕭伯樂、柏南克、蓋特納、桑默斯等等，都是真正的英雄，他們將其他人和自己的使命都看得比自己的事來得重要。不幸的是，大多數決策者在進入職涯時滿懷理想抱負，最終卻抱憾而去。

我有幸受教、也曾幫助過幾位英雄，王岐山是其一。他幾十年來一直都很有影響力。要解釋他是什麼樣的人，以及他如何攀上中國領導高層，可能得占去很大的篇幅，我長話短說。王岐山是一位歷史學家、一位境界很高的思想家，也是非常務實的人。我很少認識一個既聰明又極端實際的人。作為中國經濟幾十年的領導者，他還負責打貪腐，眾所周知，他是一個嚴謹而且可以信賴的人。

每次去中國，我跟王岐山大約都會有六十到九十分鐘的會談，我們談論世界大勢、當前局勢，以及這與幾千年的歷史和人類不斷變化的本性存在著什麼樣的關係。我們還廣泛討論其他議題，像物理、人工智慧等等，我們都非常關心所有事情反覆發生的原因，模式背後的驅動因素，以及在處理這些問題時有效及無效的原則。

我給了王岐山一本約瑟夫‧坎伯（Joseph Campbell）的巨著《千面英雄》（*The Hero with a Thousand Faces*），他是一位代表性的英雄，我認為這本書可能對他有幫助。我還給了他威爾和艾瑞兒‧杜蘭（Will and Ariel Durant）合著的《讀歷史，我可以學會什麼？》（*The Lessons of History*），其中提煉出貫穿歷史的力量，以及由理查‧道金斯（Richard Dawkins）寫的《伊甸園外的

生命長河》（*River Out of Eden*），解釋了進化的機制。他也給了我喬治・普列漢諾夫（Georgi Plekhanov）的經典著作《個人在歷史上的作用》（*On the Role of the Individual in History*），這些書全顯示了同樣事情在歷史上都是一次又一次地發生。

我和王岐山大部分的談話都是在原則層面上，他看到了歷史的韻律，並把我們所說的具體問題都套用在整體的範圍來看。他曾經跟我說過：「遠大的目標才能吸引英雄注意」，因為「有能力的人居安思危；無能者無憂無慮，如果衝突在變嚴重之前就解決了，就不會有所謂的英雄出現」。他的建議幫我勾勒出橋水未來的規劃。例如，當我問他關於權力制衡的問題時，他指出尤利烏斯・凱撒（Julius Caesar）最終推翻羅馬元老院與羅馬共和制度，明確說明任何一個人的權力不強過體系制度，是多麼重要。因此進行橋水制度的改善時，我一直把他的建議放在心上。

我跟王岐山的每次談話，都讓我覺得自己越來越接近破解宇宙法則背後的密碼，因為他是以遠大的視野來看待現在和可能的未來。

可以跟這樣的人在一起，尤其是我又可以幫到他們，對我來說是件令人興奮的事。

回饋

2014年我的兒子保羅推薦我約瑟夫・坎伯的《千面英雄》，是我送給王岐山和我認識的英雄的巨著。大約三十年前，我還沒有讀過坎伯的書，但我在電視上看過他，留下深刻的印象。在這本書中，坎伯考察不同的文化中的「英雄」──有些是真實的，有些是

神話的——並描述了他們典型的生命歷程。坎伯描述的英雄如何成為英雄，和我對塑造者的想法是一致的，而且他讓我更深刻地洞察所認定的英雄以及自己的生活方式。

對於坎伯來說，「英雄」並不只是總是能把事情做好的完美人物，差得遠了。英雄是指「在正常成就範圍以外發現、實現（或做到）一些事」，而且他們「已經將生命奉獻給比自己更重要的事物」。我的一生中遇到過好幾個這樣的人。坎伯的作品最有意思的地方是他描述了這些英雄是怎樣踏上旅程，英雄不是一開始就是英雄，通常是一件又一件環環相扣的事成就了他們，下一頁的圖表顯示了英雄典型的旅程。

英雄一開始也是在平凡世界中過著平凡的生活，但受到「冒險召喚」後，就走上了一條充滿爭鬥、誘惑、成功和失敗的「考驗之路」。一路上，他們受幫助，而且往往都是在考驗旅程中走得更遠的人成為後繼者的導師，當然一路上也有走得不夠遠的人以不同的方式協助。他們會找到盟友，也會有敵人，學會如何以非正規方式戰鬥。而且這一路上，他們會遇到誘惑，也會遇到與家人之間的衝突與和解。他們因為有決心實現遠大的目標而戰勝了戰鬥的恐懼，並且從考驗和教導他們的「戰鬥」，以及其他人身上得到的一些禮物（如建議）中，獲得了「特殊的力量」（即技能）。隨著時間的過去，雖然他們有成功也有失敗，但他們變得更強、追求得更多，因此成功的機會就大大提升，也越來越少失敗。這也帶來更大、更具挑戰性的戰鬥。

英雄們不可避免地會經歷至少一次非常大的失敗（坎伯稱之為「深淵」或「被鯨魚吃進肚」），以測試他們是否具有韌性，更善

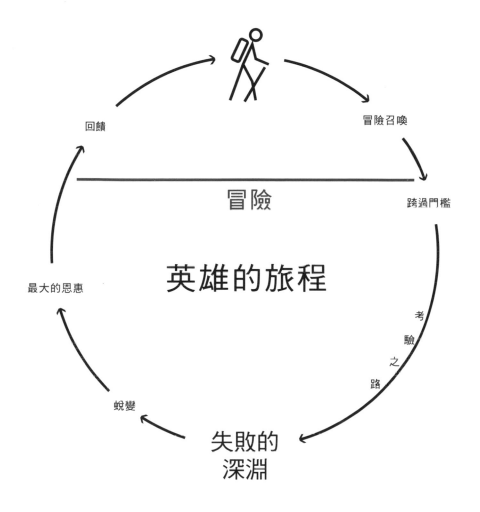

冒險

英雄的旅程

回饋

冒險召喚

跨過門檻

最大的恩惠

考驗之路

蛻變

失敗的
深淵

戰並有更大的決心。如果他們做到，會經歷一次變化（稱之為「蛻變」），在這個過程中他們會恐懼，承受恐懼可以保護他們，又不會失去推動前進的積極進取。勝利總能帶來收穫，雖然在戰鬥中他們並沒有意識到這點，但是英雄的最大收穫就是坎伯所說的「恩惠」（boon），這是英雄在旅程中悟出的成功秘訣。

　　對英雄們來說，在生命的最後階段能傳授經驗給其他人，遠比贏得更多的戰鬥和獲得更多的回報來得興奮——就如同坎伯所說的「回饋」。一旦回報恩惠給他人，英雄們就可以自由地生活，然後自由地死去，或者如我所看到的，從生命的第二階段跨到第三階段（一個人可以自由地享受生命，直到死亡）。

　　在閱讀坎伯的著作時，我看到英雄像塑造者一樣有大有小，但他們都是真實的人，我們也都認識一些。我還發現，英雄不如想像的一帆風順，會遭受很多打擊，甚至許多人在勝利之後還遭到攻擊、羞辱或者殺害。事實上，擔任英雄角色不一定是理性選擇，但我可以看出某些類型的人正開始或者已經在往英雄之路邁進。

　　雖然坎伯對英雄旅程的描述和我自己的人生旅程，以及我所說的塑造者的許多旅程的本質類似，但我不會用「英雄」這個詞來描述自己，也不會把我的成就與坎伯所寫的英雄相提並論❷。但是，了解英雄的旅程確實幫助我理解了自己在旅程中的位置，以及下一步該做的事。在「回饋」的部分我們心有靈犀，坎伯好像知道我正遇到什麼問題似的。我受其啟發，我發現我的生命將在較短的時間內

---

❷　原注：我想先澄清，我不認為沒有比那些「英雄」或「塑造者」更好的人或比他們走過更好的路徑，所以沒有意願參加這樣的旅程是明智的。我認為最重要的是了解自己的本性，並始終如一地堅持下去。

結束，而我想留下的可能更重要、更具持續性，也影響更多人，而不僅僅在橋水內部或是我的家人而已。我更明白，需要傳承我在去世後能夠幫助他人的東西，最重要的是這本書的原則，還有我的財富。

俗話說：「人死什麼都帶不走」。所以我應該開始思考誰應該得到什麼，不僅僅是因為我走入老年，以及我需要花時間把這件事做好，這也出於直覺。隨著時間的流逝，我所關心的人、事、物範圍擴大，從年輕時候只關心自己，到為人父母時需要關心我和我的家庭，到我成熟時擴及到整個社群，現在已慢慢擴大到社群以外的人和整個社會。

努力做公益

第一次接觸到公益事業（或慈善事業）❸是在1990年代末期，那時候我已近五十歲。麥特當時十六歲，會說中文，還去一家中國孤兒院擔任義工，他得知在那裡500美元的手術可以救一個人，或是改善一群人的生活，於是我和朋友們給了他一筆錢去幫助這些需要的人。然後，我朋友保羅・都鐸・瓊斯指導麥特創建一個501(c)(3)基金會，而剛剛上國中的麥特在2000年時創建了中國關愛基金會，麥特也把家人帶到孤兒院，所以我們和這些特殊需要的孩子有密切的接觸，喜歡上他們。我們也看到麥特的掙扎，因為錢不夠救所有人。想像一下，是要進城參加宴會或要救孩子的命。這其實是我們

---

❸ 原注：「公益事業」這個詞在描述我們所做的事情方面並不妥當。我們所做的就是幫助我們所關心的事情，因為它給我們帶來的快樂，就像幫助朋友得到快樂一樣。在我看來，「公益事業」的含義聽起來更為官方，例如，有些人透過判斷是否符合稅法規定來認定是否為公益事業，但當我們做公益，應該只看到我們樂於幫助的人和事。

經常面臨的抉擇。這次經驗讓我們更投入慈善，所以在2003年，我們建立自己的基金會，以更有組織的方式支援。我們把一起從事公益當作家庭活動，而且這樣效果很好。

弄清楚如何妥善運用善款，就好像知道如何賺到錢一樣的複雜。雖然我們現在比剛開始的時候了解更多，但是仍然無法做出最好的決定，所以我和家人正繼續摸索。舉幾個例子說明我們一直思考的問題，以及對這些問題的認識是如何演變。首先，我家該存多少錢，多少錢該捐出去，特別是給那些更遙遠、更迫切需要的人。

早在我很有錢之前就決定，希望我的孩子有足夠的錢去享用好的教育和醫療，並有一筆創業基金。白手起家的經驗影響了我，要我奮鬥並且堅強，我希望家人也一樣，所以在賺許多錢之後，我決定捐一部分出去。

一天又一天，我們在公益領域累積經驗，我了解到用錢速度有多快，而且不足夠照顧所有我們關心的事。另外，當我的第一個孫子出生的時候，也促使我去思考到底要庇蔭多少代後輩。我在與其他成功人士交談時，發現即使最有錢的人也覺得錢不足夠做想做的事。所以我研究了其他家庭怎麼解決該自留多少、該捐贈多少、捐贈頻率等問題。雖然我家對這些問題仍然沒有確切答案，但我知道我願意捐助的數額會超出為自己留下的。

我們捐贈給誰是另一個大問題。芭芭拉最熱中於幫助康乃狄克州公立學校最窮困的學生，特別是那些「失學和失聯」[4]的學生。她資助的一項研究顯示，22%高中學生屬於這兩類，這令人擔憂，因為這兩類人在長大成人後可能生活困苦，成為社會負擔，而不是熱情的貢獻者。也因為芭芭拉和這些孩子以及老師有很多直接接觸，

她理解他們的需要，當她得知有一萬個學生沒有冬衣禦寒時，她覺得有必要提供。她跟我說的這些讓我大為訝異，在這個「機會之國」，怎麼連衣服和營養都如此嚴重不足？我的每個家人都認為，機會均等是最基本的人權之一，教育機會也應該均等——但教育機會卻不平等。不投資於改善教育條件，將耗費越來越大的經濟和社會成本（因犯罪被捕入獄）。雖然積極提供幫助，但是我們發現，相對於問題的規模來說，其實只是杯水車薪。

我熱愛大自然，尤其是海洋。海洋是世界上最大的資產，覆蓋了地球72%的表面，及99%的生存面積。支持探索海洋的科學家以及在採訪海洋環境的媒體，都讓我滿懷熱情。我的使命是宣揚海洋勘探比太空探索更為重要、更令人振奮，為海洋爭取更多的支持，有更合理的管理。更讓我興奮的是，我兒子馬克（Mark）是野生動物影片製片，他和我一樣感受到這股熱情，所以我們一起去追求。

麥特的熱忱是帶給發展中國家便宜、有效率的電腦，以擴展並改善教育及醫療；保羅則是致力心理衛生，而他妻子正在對抗氣候變遷。戴文現在雖然聚焦在事業而不是公益，但他妻子非常關心動物福利。我家人繼續支援在中國有特殊需要的兒童，亦資助一家中國公益學院，傳授公益人士最佳公益經驗與做法。我們還提供處境艱困孩子以及有創傷後壓力症候群（PTSD）的退伍軍人冥想的教學、尖端心臟研究、小額信貸和其他社會企業的指導等。

我們把捐款看作是投資，希望確保錢做到很大的公益回收，因

---

❹ 原注：失學是指想去上學但無法上學的學生；失聯是指不去上學，而系統也無法追蹤的學生。

此，我們要討論的另一個大問題是如何衡量這些回收。一個企業的效率可以用營收減去成本來評判，其實比較容易。有鑑於此，我們優先支持有持續性的社會企業。不過，看到許多公益投資在經濟和社會上都得到回報，而我們的社會卻置之不顧，這讓我很苦惱。

我們也在考慮公益組織應該有多大，該採取什麼樣的管理機制，以確保決策品質。我用在〈工作的原則〉中寫的方式來處理這些決定——為我們的決策制定正式的原則和政策。例如，當我們求助者越來越多、無暇應對時，我授權不審查不請自來的請求，這樣工作人員就有足夠時間管理我們想要關注的領域。我們正持續不斷改進我們的原則和政策，我夢想著為公益事業建立決策程序，儘管目前還無法實現。

正如你可能猜到的，我們也向最有經驗、最受尊重的人尋求建議。參與了比爾和梅琳達・蓋茲（Melinda Gates）、巴菲特（Warren Buffett）發起的「公益承諾」計畫，得到很多啟發。其他如尤努斯、保羅・瓊斯、傑夫・斯科爾（Jeff Skoll）、「奧米迪亞網路」（Omidyar folks）以及TED同仁都非常有幫助。我們學到最重要的事情是，推廣公益事業，儘管有很多錯誤的方法，但沒有唯一正確的方式。

在我生命中的這個階段，把一生中獲得的錢和做得好的東西都捐出去，是一種樂趣、一種挑戰，也是件該做的事。

橋水進入第四十個年頭

2015年6月的橋水四十週年紀念日，我們舉辦一場盛大聚會來慶祝這了不起的里程碑。我們有很多事值得慶祝，因為從各種標準

評估，在所屬行業中，很少有像我們這麼成功的公司❺。公司成立四十年來、全程參與旅程的關鍵人物都有發言，分享他們每一位的眼中看到這些年來公司的發展──有些事情變了，有些維持不變，最重要的是，我們的文化是透過極度真實、極度透明的方式在工作與人際關係上精益求精。他們講述了我們如何以獨門方式反覆地嘗試新事物、失敗、從失敗中學習教訓、改進和嘗試，以此形成良性循環。當輪到我說話的時候，我想表達我一直試圖給橋水員工的東西，以及我希望他們在未來沒有我的時候能擁有的東西：

> 一個社群，你永遠有權利和義務去理解事物，一個進程，讓你在異議中求進步──也就是說，一套真正的、有效的創意擇優。我希望你能夠思考，而不是跟隨，同時認識到自己可能是錯的，而且有缺點──我想幫助你盡可能得到最佳答案，即使你本人不相信那是最好的答案。我想給你極度開放的思想和創意擇優，讓你不必被困在自己的腦中，而是去接觸世界上最聰明的人，幫助你為自己、為社會做出最好的決定。我想幫助你們所有人好好奮鬥，不斷進化，發揮生命最大的價值。

雖然還有些重要的事要做，但當時我覺得已經成功完成轉型。當時我不知道隔年會遇到多少困難。

---

❺ 原注：2015年1月，我們推出了十多年來的第一個新產品，這是一檔我們稱之為「最適化投資組合」（Optimal Portfolio）的基金，它將阿爾法和貝他結合，極度適合利率幾乎為零的全球總體環境。這次發行是避險基金行業歷史上規模最大的成功。

第 7 章
最後一年與最大的挑戰
（2016－2017）

雖然在橋水四十週年紀念日之前，我們就預料到轉型並不會像想像中那麼順利，果真在之後的幾個月裡問題爆發，我們感到措手不及。雖然橋水的投資部門持續進步，但技術與招聘的部門卻出現下滑。

我不再是執行長，所以管理公司已經不是我的職責。身為總裁，我的工作變成監督執行長，以確保他們把公司管得很好，但當時的兩位執行長葛列格·詹森與愛琳·穆雷（Eileen Murray），顯然無法勝任。我們一致認為公司沒有得到完善的管理，但也不知道該怎麼辦。雖然對於改善方法意見分歧，但這也是在預料之中，因為我們一直希望每個人都能獨立思考、爭取他們所認為最好的做法，這就是為什麼我們要設立原則和解決分歧的程序。

在接下來幾個星期，高層交換了意見，幾個關鍵人物對我們的管理委員會和利益關係委員會（實際上就是橋水董事會）各自提出觀點和建議，最終我投票表決。在過程中，最重要的決定公布

於2016年3月：葛列格將不再擔任共同執行長的角色，好將注意力集中在共同投資長的職責（由葛列格、巴布‧普林斯跟我一起擔任），而我暫時加入愛琳擔任共同執行長，同時實施了必要的結構調整，使未來橋水可以在沒有我的情況下運作良好。

雖然這不是我當初期待卸下執行長、移交他人的結果，但並非完全出乎我的意料。我們努力了一段時間，也嘗試了各種運作方式，我們也知道領導層轉型從來就不容易，所以我們一直是嘗試、失敗、分析原因、重新設計，然後再嘗試，這就是我們正在做的，現在是改變領導階層的時刻。

對於葛列格和我來說，這種失敗是痛苦的。我意識到，我希望他能同時擔任共同執行長與共同投資長的角色是一項沉重的負擔。我很遺憾，這個錯是我在橋水經營時犯下的最大失誤，因為這對我們和公司都會造成傷害。我不僅提攜葛列格，甚至近二十年來把他當作自己孩子一樣，他跟我都期望有一天他能管理這家公司。同時，因為媒體出現了聳人聽聞和不準確的報導，加深了這次失敗造成的傷害，特別是對葛列格來說。報導裡把這件事描述成兩個巨頭之間的決鬥，這不是事實，那其實是關愛橋水的人在創意擇優之下解決意見分歧的方式。這是葛列格在他自己的英雄旅程中墜落深淵的經歷，也是我和其他公司領導人的經歷，雖然我們感到痛苦，但也帶我們走向大幅進步的蛻變。

葛列格小我二十五歲，我經常在想自己在這個年齡的時候的水準，期間學到了多少東西，我知道葛列格會用自己的方式去爭取最後的成功。我高興的是，我們都經歷這次失敗的歷練，更高興的是，我們的系統在確認和解決問題的能力一直非常優異。雖然我們

有不同的觀點,但我們還是重申信念,透過集體合議的創意擇優所產生的結果,會比任何單人的決策都來得好。正是這樣一個機制和我們深厚的關係,使我們維持團結。

我再次意識到,我不知道的事比我知道的多,就像這次不知道該如何從創始領導人的角色引退一樣,我向認識的專家諮詢。我覺得最好的建議來自於管理大師吉姆‧柯林斯(Jim Collins),他告訴我們,「想要成功轉型,只要做到兩件事情:一是找到有能力的執行長;另一則是要有一套在執行長無法勝任時替換他而代之的治理機制。」這是我沒有做、而現在正在嘗試的事,所以,我開始思考之前沒想過的公司治理問題。

簡單地說,治理是一種制衡機制,確保組織可以在任何時間、任何領導人之下都能正常運作。因為我是公司創辦人,所以在經營橋水的三十五年裡,並沒有一套正式規則來檢驗跟制衡我(雖然我已經建立了一個非正式的治理機制,規定我向我們管理委員會進行報告,作為對我決策的制衡)。

儘管這種非正式制度對我有用,但在沒我的情況下就行不通了。很顯然,我們需要建立新的治理機制,好讓橋水可以在任何人的管理之下,都能保留其獨特的風格和不妥協的高標準,並且有足夠的彈性來更替公司的管理階層。我希望在別人的幫助下完成這件事,現在正持續進行中。

我了解到,一個人在某個角色扮演得很好,並不代表也能扮演其他角色,或一個人操作成功的模式也並不代表適用於其他人。這艱辛的一年讓我了解很多在我身邊的人,尤其是大衛‧麥考密克和愛琳‧穆雷,他們和大多數的人一樣,展現出對我們共同使命的承

諾。雖然有些失敗是本來不應該有的，但是由於我們獨特反覆嘗試跟從錯中學的文化，有這些結果是可以預料的。多虧了我們所做的改變，我得以在一年後的2017年4月卸下共同執行長一職。

　　我在2017年寫下這些話時，把這一年看作是我從生命的第二階段跨入第三階段的最後一年，而在這一年我把一路走來所收集到的知識傳授完成，接下來就如坎伯所描述的，我將自由地生活，並自由地老去。但現在我沒有考慮老去的那部分，我正在思考如何自由地生活，我對此很興奮。

第 8 章

從更高的層次反思

當我回首過往，反思我的觀點如何改變，是相當有趣的。剛開始回想時總覺得，無論是在市場還是平常生活中，我遇到的每一個波折，看來都很巨大且戲劇性，就彷彿攸關生死那樣的獨特經歷，不斷襲來。

隨著時間和經驗的發展，我把每一次的情況都看作是「情景再現」，可以冷靜地分析。就像生物學家在叢林裡遇到一頭具威脅性的生物：首先，先識別牠的物種，然後利用既有知識預測其行為，做出適當反應。當我遇到過去曾經歷的類似情況時，我利用了學到的「原則」處理這些情況；但是我碰上未曾見過的情況時，一開始我會感到非常吃驚。去研究探討第一次的不好經驗，我也學到，就算沒有發生在我身上，大都也會在其他時間和地點發生在其他人身上。我有了尊重歷史進程的正向態度，渴望去理解一般來說現實層面上會如何運作，想總結出永恆、普遍的處理原則。

看著同樣的事情一再發生，我開始把現實看作一具恆常運轉

的機器，因引起了果，而果又成為了新的因，持續循環。因此，我意識到，現實即使不完美，我們都應該面對。當我面對任何問題或挫折，都會有效處理，而不單只是抱怨，這些努力更有建設性，我也開始明白，過往遭遇是對我的性格和創造力的考驗。隨著時間過去，我開始體會到我在龐大系統中是如此渺小的過客，理解這件事，對我本身以及與整個系統良好地互動，都很有益處。

從這個角度來看，我開始以全然不同的方式來體會那些痛苦的時刻。我不會沮喪或不知所措，痛苦反而提醒我還有某些重要的東西得學。遇到痛苦，找出想給我的教訓，對我來說就像一場遊戲，我玩得越起勁，就越會玩，痛苦就會減輕，而思考、發展、善用原則並從中獲益的過程，就變得更有意義。我學會熱愛自己的痛苦，我認為這是一種健康的觀點，就像學習愛上鍛鍊身體一樣（即使我還做不到）。

在我創業初期曾仰慕那些成功者，我認為他們的成功來自於不平凡。但在親自認識這些人之後，我意識到，他們當中的每一個人，都像我一樣會犯錯，而且都會受困於自己的缺點，我不再覺得他們特別優秀。他們並不比一般人快樂，因為他們遇到的困難與挑戰會比一般人多得多，即使已經實現了瘋狂的夢想，他們的痛苦奮鬥比獲得的榮耀多得多。對我亦然。幾十年前我的夢想已實現，但至今仍在奮鬥。我意識到，成功的滿足感並非來自於實現你的目標，而是來自於努力過。要理解這個意思，你可以想像一下你的最大目標，無論是賺大錢、贏得奧斯卡獎、管理一個大組織或當運動明星。現在想像瞬間它已經實現，起初你會很開心，但相信過不了多久，你很快就會發現自己需要去爭取與奮鬥別的東西。看看那些

早早實現夢想的人——童星、樂透得主、早年成功的職業運動選手，除非有了更大、更好的目標，否則通常不會過得很開心。生活有起有落，奮鬥不僅僅是讓你好的時候更好，也會讓你在失落的時候比較不糟糕。我還在奮鬥，會堅持到離開世界的那天，因為即使我想躲開，困境仍會上門來。

感謝所有的努力和學習，讓我做了想做的一切、去了任何想去的地方、遇到了想見的人、得到了想要擁有的一切、有了一段令人著迷的職涯，最值得的是，擁有許多美好的人際關係。我經歷了一切，從無到有、從沒沒無聞到成為一號人物，我懂這天壤之別。雖然我的經歷是從無到有，而不是從有到無（這樣比較好，可能也影響了我的看法），但我的評估是，擁有很多甚至處於上流階層的人，得到的邊際效益也不像大多數人想像的那麼好。最基本的需求諸如睡個好覺、好的人際關係、美食甚至是良好的性關係，才是最重要的。你有很多錢的時候，這些東西不見得變得更好，當錢變少時，這些也不見得會變糟。高居社會頂層時遇見的人，不一定比處在中下層時遇到的更特別。

邊際效益通常滿快速地下降。事實上，錢太多比剛好更糟，會帶來非常沉重的負擔。處於上流階層，你會有更大的選擇空間，但這也需要你投入更多，因此考慮所有條件，當名人可能比無名小卒更差。雖然有能力帶來正面影響有時是件好事，但相對而言，那影響力也沒啥大不了。故而我不能說有成就的緊張人生就會比輕鬆、享受的人活得好，但我認為，強壯勝於軟弱，而且奮鬥會給你堅強。我本性如此，不會改變，但我不能告訴你什麼最適合你，因為那是你的選擇。我所看到的是，最幸福的人是了解自己的本性，而

且活得適情適性。

　　現在，我對幫助別人成功的渴望已經遠遠超過自己成功，這成了我現在的奮鬥目標。我非常清楚，我的目標、你的目標和其他任何事情的目標會持續進化，並一點一滴地為進化做出貢獻。我原本沒有整體的意識，只追求自己想要的，但隨著我一路走來的進化，現在我與你分享這些原則，幫助你進化。我了解到傳承知識就像遺傳DNA一樣，比個人更重要，因為超越了個體生命的限制。以下是我想幫助你成功的方法，把我所學到關於如何正確拚搏的知識傳遞給你，至少幫助你從每一次努力中收穫最大。

原則

好原則是處理現實的有
效方法。為了總結出自
己的原則，我花了很多
時間反思，我不僅僅要
說明我的原則，也會分
享背後的思考邏輯。

我相信，隨著時間推移，所發生的一切都有著重複循環、持續發展的因果關係。宇宙大爆炸創造所有法則和力量，並隨時間推進相互作用，就像一組複雜、環環相扣的機器：星系的結構、地球的地理和生態系統的構成，乃至於我們的經濟與市場，以及每一個人。個別來說，我們都是機器，是由不同零件（循環系統、神經系統等）組成的機器，它們產出我們的思想、夢想、情緒以及獨特個性的方方面面。所有機器都一起進化，進而產生我們每天遇到的不同現實情況。

● 看看那些影響你事物的規律，以便了解驅動它們的因果關係，並且學習有效的處理原則。

這樣做，你將會開始理解這些「情景再現」其背後機制是如何運作的，並且形成一幅對應它的心理地圖。隨著理解程度加深，就更能看出隱藏其後的重要關鍵；你會注意到你正在面對的是哪一種

情況,並本能地運用正確原則來渡過難關。反過來看,現實會向你發出警訊,指出你的原則帶來的結果是獎勵或懲罰,你藉此學會微調原則。

擁有良好的處理問題原則,是我們妥善應對現實問題的關鍵因素。我不是指所有的人都有相同的遭遇。世界各地不同的人面臨的挑戰各異。但是,大多數的問題都會歸入某種類型,這些類型其實並不是很多。如果你記下每次遇到什麼問題屬於哪種類型(例如,孩子的出生、失業、人際紛爭),編成一份清單,那麼可能只有幾百項,其中對你來說又只有幾個是比較獨特的。你可以試列清單,你不僅僅能判斷我說的是真是假,還可以開始列出你需要思考,需要發展出處理原則的東西。

我的成就都來自我遵循的原則,而非我有什麼獨到之處,任何遵循這些原則的人都可能產生大致相同的結果。儘管如此,我不希望你盲目地追隨我(或任何人)的原則。建議你思考不同來源所獲得的原則,蒐集成你自己的一套原則,往後當現實生活中情景再現時,就可以運用。

生活原則和工作原則由三個不同的層次大綱形式所組織,可以根據你的時間和興趣來瀏覽或精讀。

1 最高層次的原則,也就是章節

的標題，前面是一個數字。

1.1 中層原則包含在每一個章節中，用兩個數字表示：前一個表示上層原則，下一個表示本章出現的順序。

　　a. 次原則隸屬於中層原則，以字母標註。

　　所有三個層次的原則都有如上述的解釋。幫你快速瀏覽全書，我在〈生活的原則〉的結尾與〈工作的原則〉的開頭都列出原則的總結。我建議你從最高層次的原則和解釋的文本開始，再加上中層原則和次原則的標題。〈生活的原則〉需要完整閱讀，而〈工作的原則〉比較大的作用是作為參考。

第二部分

生活的原則

1 擁抱現實，
沉著應對

世界上最重要的事就是了解現實運作的原理和找出解決問題的方法。在這個過程中，你的心態決定了成敗。我發現，把人生看作一場遊戲，把生活中各種疑難雜症當成必須解開的謎題，很有幫助。藉由解開謎題，我得到了寶貴經驗，日積月累變成做事的原則，幫助我避免日後重蹈覆轍。持續累積這些寶貴經驗，改善了我的決策，我才能在人生的遊戲中一路過關斬將，遊戲的難度越來越高，賭注也越來越大。

玩遊戲時會產生各種情緒，這些情緒有利有弊。如果我能夠巧妙調和理性思考和情緒，便能做出更好的決策。

學習現實世界的運作原理，想像我想要開創的願景，然後親手打造出來，是無比痛快的事。我追求偉大目標的路途中經歷失敗，為了繼續前進，我得學習創新。我發現置身在快速學習的回饋循環，有一種快感——就像衝浪客喜歡乘風破浪，即使有時會從浪頭摔下。別誤會，我仍然害怕跌倒，依舊覺得跌倒很痛。但我會正面

看待，我知道這些挫折終究會過去。面對挫折，自我反省❶，提供我學習的主要養分。就像長跑選手撐過痛苦的階段，終於體驗到「跑步者的愉悅感」（runner's high）❷。大多數時候，我把犯錯的痛苦拋諸腦後，盡情享受從錯誤中學習的愉悅感。我認為，經由學習，可以改變習慣，最後體驗到如出一轍的「錯誤學習者的愉悅感」。

1.1 當個超級現實主義者（hyperrealist）。

了解現實，接受現實以及在現實人生中奮鬥，是務實而且美好的事。我已經成為一個超級現實主義者，學會了欣賞現實世界的美麗，甚至是苛刻的美麗，而且開始鄙視不切實際的理想主義。

別誤會：我相信夢想可能成真。對我來說，人生當中沒有比這更美好的事。追求夢想讓人生有了滋味。我的看法是創造偉大事物的人並非光說不練的夢想家：他們的夢想是以現實為基礎。奉行超級現實主義可幫助你明智地選擇夢想，進而達成夢想。我發現下面這段話可謂至理名言：

a.夢想+現實+決心=成功的人生。取得成功、推動進步的人十分了解影響現實的因果關係，並掌握箇中原則，來實現夢想。反之亦然：不切實際的理想主義者會製造問題，而不是進步。

成功的人生是什麼樣子？我們各有各的需求，所以我們每個人都必須自己決定成功的定義。我不在乎你想當宇宙主宰者，還是

---

❶ 原注：我確信練習近半個世紀的「超覺靜坐」，有助於我的心情沉澱，沉著面對挑戰。

❷ 譯注：是指當運動量超過某一階段時，體內便會分泌腦內啡，持續有氧運動超過三十分鐘即有可能產生一種特殊的愉悅感，並且能暫時舒緩乳酸堆積引發的疼痛。

沙發馬鈴薯，或有別的願望——我真的無所謂。有些人想要改變世界，有些人安於平淡，品味生活，享受人生。這兩者沒有優劣之分。我們每個人都要決定什麼對自己最重要，並選擇走哪條路來實現夢想。

下面的量尺把你該思考的選項化繁為簡。花點時間仔細想想你會把自己放在量尺上的哪一個位置？

品味生活　　　　　　　　　　　　　　發揮影響力

你該思考的問題不只是個別夢寐以求的程度，還要思考你要付出多少努力去兼得兩者。我每一個都想要，也很努力朝兩者兼得的目標邁進。我發現，它們大致上是同一件事，而且相輔相成。久而久之，我體認到人生不是付出多少，就得到多少。這是工作績效的問題，因為工作有績效，可以事半功倍。我不在意你想要什麼，或你想要付出多少心力去達成。這得由你來決定。我只試著跟你分享如何提高工作績效的經驗。

然而最重要的一點，我領悟到一個不爭的事實：

1.2 事實——或者更確切地說，就是對現實有精準了解——是任何良好結果不可或缺的基礎。

大多數人不敢面對他們不想看到的現實。這很糟糕。了解出了什麼狀況，沉著應對，這更重要，因為好的局面不用你動手處理。

你同意我的看法嗎？如果不以為然，下面的內容便不可能讓你獲益。如果你贊同，讓我們繼續讀。

1.3 態度要極度開放，極度透明。

　　沒有人生下來就知道什麼是真的；要嘛我們自己去發掘，不然只能跟著別人走。所以知道走哪條路會得到更好的結果是關鍵[3]。我相信：

　　a.**態度要極度開放，極度透明，這對增進快速學習和有效改變來說彌足珍貴。**學習是一系列持續不斷即時回饋的循環，我們做出決定，看到結果，讓我們更加了解現實。抱持極度開放的態度，可提高這個回饋機制的效率。因為這讓你自己和別人都十分清楚你在做什麼，以及為什麼這麼做，不至於產生任何誤會。你的態度越開放，就越不可能欺騙自己，別人就越有可能給你誠實的回饋意見。如果他們是「可信任」的人（知道誰是「可信任的」非常重要[4]），你可以從他們身上學到很多。

　　極度透明，極度開放，可以加速學習進程，但要做到可不容易，因為必須要卸下心防，勇於接受別人的批評。害怕被批評乃人之常情。可是如果你不開誠布公，就學不到東西。

　　b.**不要在意別人的眼光，讓它阻礙你成功。**倘若你認為最好的辦法是採用獨特的方式行事，你一定要勇往直前——你這麼做，別

---

[3] 原注：你不該認為你永遠是為自己做決定的最佳人選，因為那個人經常不是你。雖然我們知道自己想要什麼，但別人可能比我們更知道要如何達成目標，因為我們的弱項正好是別人的強項，或者別人的相關知識和經驗比你豐富。譬如，你的身體出狀況，這時聽從醫師的建議可能比自作主張來得好。這本書後面的章節，我們將探討人類大腦的不同運作方式，以及我們對自己思考方式的了解，會怎樣影響自我決策，應該把哪些事情的決定權委託給別人。知道何時不該自己做決定，是你可以發展的最重要技能之一。

[4] 原注：在後面的章節，我將詳細解釋「可信度」的概念，但簡而言之：可信任的人是那些一再成功完成某件事，並且對於如何辦到，能提出很好解釋的人。

人必然會有回饋意見，你一定要虛心接受，自我省思。

　　學習極度透明，就像學習公開發言。一開始覺得彆扭，但次數越多，就越自在。對我來說，正是如此。例如，這本書中的我是極度透明。我的本能依然覺得不自在，因為公開自己的個人資料，勢必引來注意與批評。可是我還是堅持，因為我的學習經驗顯示這是最好的做法，如果讓恐懼阻礙我前進，我會對自己不滿。換句話說，長久以來我已經體驗過極度透明的好處，所以現在我不開誠布公，反倒會覺得難受。

　　極度透明給了我自由，讓我能做自己，也讓我了解別人，讓別人了解我。清楚彼此的理念和想法，做起事來效率會提高許多，而且更樂在其中。設想，如果人與人之間開誠布公，不隱瞞真實的想法，會減少多少誤解，這個世界運轉會提高多少效率，我們也能更認清現實。我現在講的不是透露非常私人、隱藏在內心深處的秘密；我講的是分享對彼此以及對現實的看法。一如你所見，我親身經歷這種極度真實和極度透明，對於我的決策和人際關係的改善有多大的幫助。所以每當面臨抉擇時，我的直覺是要開誠布公。我把它當成一項原則來行事，建議你如法炮製。

　　c.擁抱極度真實與極度透明使工作和人際關係更有意義。我觀察過成千上萬的人嘗試這個方法，絕大多數人獲益良多，而且心情愉快，試過之後很難改用其他方法。

　　這需要練習以及改變個人習慣。我發現，通常要十八個月左右。改變大多數習慣需要這麼長的時間。

1.4　向大自然學習現實如何運作。

　　大自然形成所有的現實規律，這不是人類創造，可是藉由了解這些自然法則，可以促進我們進化，達成我們的目標。譬如，我們能夠搭機環遊世界或發送手機訊號，就是因為對現有的現實法則──主宰自然界的物理定律或原則──有所了解，並加以應用。

　　我花大部分時間研究最直接影響我的現實環境──市場、經濟以及我打交道的人的驅動因素──同時也花時間探究大自然。我不禁藉由觀察、閱讀以及請教這個領域的權威人士，來反思自然界如何運作。結果發現觀察人類與自然界其他部分有哪些共通或不同的法則，很有意思也很重要。這樣做大大影響了我的生活態度。

　　首先，我明白了大腦的進化讓我們能夠省思現實的運作方式，這是多麼酷的事情。人類最大的特質就是擁有獨特的思考能力，能夠從較高的角度看現實，將我們對現實的了解加以綜合整理。其他物種都是按本能生活，只有人類可以從更高層次思考自身所處的時空環境（包括出生之前和之後）。例如，我們會思考自然界大大小小的飛行機器、游泳機器和數十億種其他機器，彼此交互作用所形成的秩序與演化過程。這是因為大腦進化給了人類一個更加發達的新皮質，讓我們擁有抽象思考和邏輯思考的能力。

　　我們的高層次思考是天地萬物獨有的能力，這也讓我們困惑。其他物種活得很簡單乾脆，不像人類會深陷好壞是非的糾結。相對於動物，大多數人苦於情緒和本能（來自其動物腦部分）與理智（來自更發達的人類腦部分）難以協調。這種內心掙扎導致一般人把期望的現實跟實際狀況混淆不清。讓我們檢視這個困境，設法了

解現實如何運作。

　　無論是經濟、市場或天氣，要了解任何事物都可以從兩個角度看：

1.　由上往下：試著找出一體適用的一個法則／規律。例如，如果想要了解市場，可以研究普遍法則，比如影響所有經濟和市場的供給與需求。如果要了解物種，可以關注遺傳密碼（DNA）對所有物種的作用。

2.　由下往上：研究每個具體的案例及其適用的守則／法則。例如，小麥的市場或使鴨子異於其他物種的DNA序列的特定法則。

　　由上往下看是在宏觀、全體適用法則的背景之下，了解我們自己與現實最好的方法。這並不是說不值得花力氣以由下往上的角度思考。事實上，若要正確地理解這個世界，這兩個角度都不能少。透過由下而上的角度檢視每件具體個案，可以明白其與相關法則的理論是否相符。如果研究的個案支持我們的理論，就沒什麼問題。

　　從上往下看大自然，我們可以看到很多所謂的人類想法其實是動物本能。那是因為人腦與其他物種共有數百萬年的基因進化，由於我們和動物有同樣的祖先和共同法則，我們與其他動物擁有類似的屬性和限制。例如，雄性／雌性的有性生殖過程、使用雙眼進行深度知覺，還有其他許多系統，皆為動物王國的許多物種所共有的特徵。同樣地，我們的大腦也有一些「動物」的部分，動物在演化意義上比人類更久遠。這些我們共同擁有的法則是最高指導原則。

如果我們的眼中只有自己，就容易對這些法則視而不見。

倘若你只看一個物種如鴨子，試圖藉此來了解放諸四海皆準的法則，你會失敗。同樣地，若只看人類來了解普世法則，也會失敗。人類僅是數千萬物種當中的一種，也是古往今來原子結合、分解背後的力量，所顯現的幾十億種表象中的一個。然而，大多數人就像螞蟻，只關心自己，和牠們的蟻丘；他們相信宇宙以人類為中心，對適用宇宙萬物的普遍規律漠不關心。

在試圖找出現實的普遍規律以及應對原則的過程中，我發現從大自然的角度來看事情是有幫助的。雖然人類是萬物之靈，但是與整個大自然相比，簡直有雲泥之別。我們無法設計創造出蚊子，更不用說宇宙萬物了。所以我以大自然比我更聰明為前提，開始試著讓大自然教我現實運作的道理。

a.不要固執己見，堅信事情「應該」如何，不然會錯失了解真實情況的機會。 不要讓偏見妨礙我們的客觀判斷。為了獲得良好結果，我們需要理性分析而不是意氣用事。

每當看到大自然中我（或人類）認為是錯誤的事情時，我就假設是**我**錯了，然後設法弄清楚大自然為什麼會有此安排。大自然教導我許多，也改變我的一些想法：（1）什麼是好的，什麼是壞的，（2）我的人生目的是什麼，（3）抉擇的關鍵時刻，我應該怎麼做。為了幫助說明箇中緣由，我舉一個簡單的例子。

幾年前我去非洲的時候，看到了一群鬣狗圍攻一隻年輕的牛羚，牛羚不支倒地。我的本能反應是對那隻牛羚的遭遇感同身受，認為我剛剛目睹的事情很可怕。而我覺得可怕是因為這件事真的可怕，還是因為我先入為主認為它可怕，而其實事情本身是很美妙？

這讓我開始思考。假如我剛剛看到的事沒有發生，這個世界會變得更好還是更糟？這讓我進一步思索其後續和更後續結果，因此我明白答案是這個世界會變得更糟。我現在意識到，大自然優化是為了整體，而不是為了個體，但大多數人判斷好壞的標準，只根據事情對自己的影響。我看到的是大自然的演化過程使整體更進步，其成效讓人類的任何發明望塵莫及。

　　大多數人講某件事不好，是因為這件事對他們或對他們關愛的人產生不利影響，未考慮到整體利益。這種傾向從個人延伸到群體：每個宗教都認為自己的信仰才是好的，別的宗教信仰都是邪魔歪道，各自的信徒互相排斥乃至互相殘殺，彼此都堅信這樣做是在替天行道。通常碰到信念或利益衝突，會使人無法將心比心。這不是好事，也不可理喻。我能理解人們趨利避害的心理，但單就某件事物對個人的影響，來論斷它是絕對的好或壞，不合情理。除非假設個人的想望，比整體的利益更重要，不然說不過去。對我來說，大自然對於「好」的定義，似乎是對整體有利，並盡可能使之完美，這樣的界定是可取的。所以我開始相信一條通則：

　　b.一定要符合現實的法則，並對整體的進化做出貢獻，才能算是「好」事；那也是最值得做的事。例如，如果你想出對世界有價值的構想或計畫，不獲得回報也難。反之，現實往往懲罰那些不好好做事且妨礙進化的人、物種和事情[5]。

　　藉由檢視一切事物的真實狀況，我開始相信：

---

❺　原注：有許多被人類認為是「好的」事物，就是無害、善體人意，但是不能給予想要的（就像共產主義的口號「各盡所能，各取所需」）。大自然顯然認為這些事物是「壞的」，我認同大自然的啟示。

c.演化是宇宙中唯一最強大的力量；唯有它是永恆的，它推動一切❻。從最小的次原子粒子到整個銀河系都在演化。顯然萬物最後都會死亡或消失。其實它們只是改變形態，重新組合。請記住，能量不滅，只會改變形式。所以相同的東西是不斷解體再凝聚，變成不同形態，這背後的力量就是演化。

舉例來說，每個生物存在的主要目的，就是充當讓生命演化的DNA載體。從遠古時代起，每個生物個體體內都存在DNA，個別載體消逝後，DNA繼續以不停演化的形態長存於世❼。

在研究演化時，我意識到除了生命，它還以其他形式存在，除了DNA，它還透過其他傳遞機制進行。科技、語言和其他一切都在演化。例如，知識就像有DNA在裡面，世代相傳並演化；知識對世世代代的影響相當於甚至大於遺傳基因。

演化是好的，因為演化是適應生存環境的過程，通常會朝進步的方向演化，所有的事物，比如說產品、組織以及人類的能力，也以類似的方式演變。演化只是天地萬物一定要適應環境和進步，否則會被淘汰的過程。對我來說，演化的過程看起來就像你在右邊看到的。

演化包括不斷的適應／發明，適應／發明帶來即時的好處，但價值不斷下降。這份痛苦引發重新適應和重新發明，進而使新產品

---

❻ 原注：演化以外的一切最終都會瓦解；我們和其他的天地萬物都只是演化的工具。例如，我們把自己看作個體，但本質上我們是基因的載體。我們的基因已經存活了數百萬年，不斷使用和拋棄我們的身體軀殼。

❼ 原注：我推薦理查·道金斯和愛德華·威爾森（E. O. Wilson）關於演化的著作。如果只能選一本，我會推薦道金斯的《伊甸園外的生命長河》。

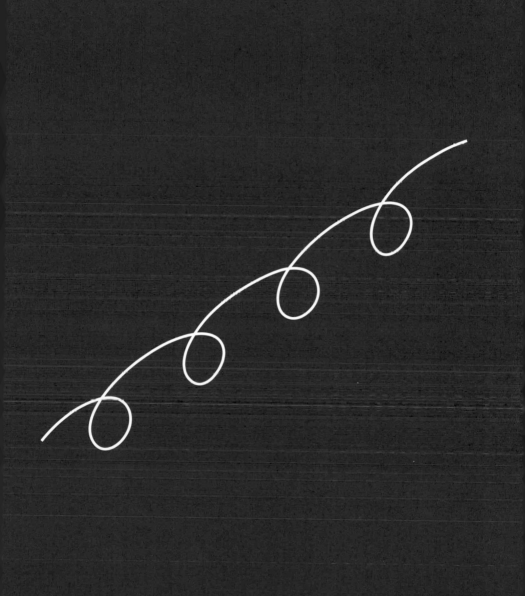

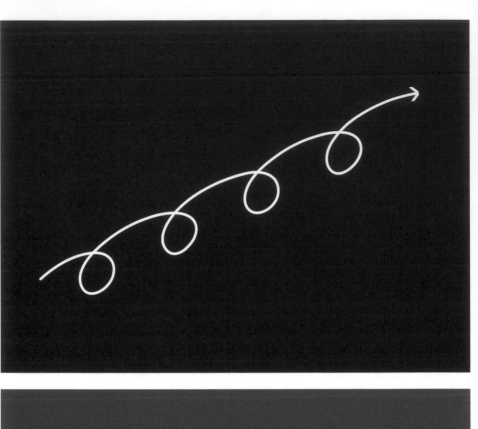

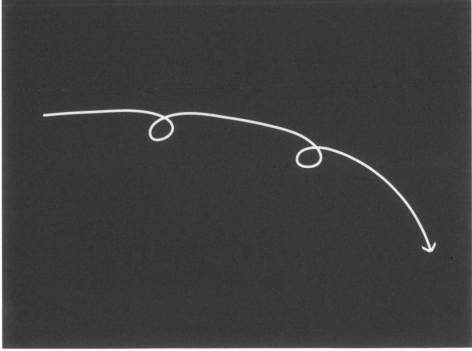

和組織的發展以及人類能力提升至新的更高境界（如左邊的上圖所示）；不然就是衰亡，如左下方的圖。

　　想想你所知道的任何一個產品、組織或個人，就會明白這是事實。過去多少偉大的事物走向劣化和失敗；只有極少數能夠不斷自我改造，登上新的巔峰。所有機器最終都會故障、分解，然後零件被回收來創造新的機器。我們人類也包括在內。有時會覺得悲哀，因為我們已和機器有了感情，但如果你從更高的層次來檢視，觀察機器的進化，真的是很美好。

　　從這個角度來看，我們可以了解完美並不存在；它是一個目標，它會激發一個永無止境的進化過程。如果大自然或其他種種都完美無缺，就不會進化。有機體、組織和個人總是高度不完美，但是有能力改進。所以，找到不完美之處，努力改進，才有意義，而不是陷入隱藏錯誤、假裝完美的泥淖。要從錯誤中學到寶貴的教訓，不畏困難奮勇向前，以及為成功做更充分的準備，不然你將嘗到失敗的滋味。

　　俗話說：

　　d.**不進化，就死亡**。這樣的演化週期不僅僅適用於個人，也適用於國家、公司、經濟，所有的一切。對總體來說，它是自然地自我修正，對個體則未必如此。例如，如果市場上商品供給過剩，造成浪費，價格會下降，企業會倒閉，接著產能被削減，直到供給和需求取得平衡，這時演化週期開始朝相反的方向移動。同樣的，如果經濟變得太糟糕，主管官員就需要推動政治和政策方面的變革，不然就得下台，換別人來接手。演化週期是連續、以合乎邏輯的方式展開，往往是自我強化（self-reinforcing）的循環。

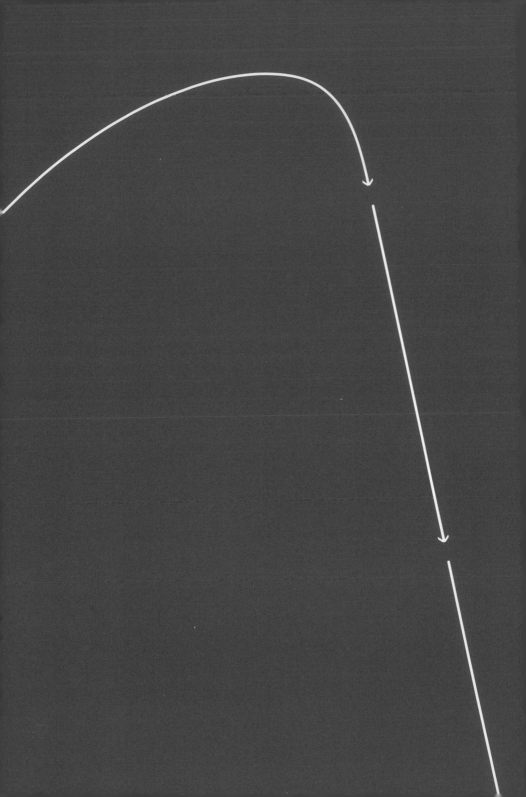

　　進化的關鍵是要經歷失敗、學習和迅速改進。如果不斷學習與改進，演化的過程看起來是上升趨勢。不改進的結果看起來就像你在左邊看到的。

　　我相信：

1.5　進化是人生最大的成就和最大的回報。

　　我們的本能就是如此，那也是為什麼大多數人被它吸引的原因。換句話說，想要把事情做得更好是我們的本能，我們還研發新科技輔助。歷史已經證明，每個物種不是滅絕，就是演化成其他物種，雖然我們的壽命有限，很難見到。但我們確實知道，所謂的人類只是大約二十萬年前DNA演化成一種新形式的結果。我們也曉得，未來人類肯定不是滅絕，就是演化成更高等的生物狀態。人類發明的科技能夠分析大量的數據，「思考」也比我們更快更好。我個人相信，借助高科技，人類很有機會開始加快演化速度。我想知道，如果我們沒有先自我毀滅的話，需要幾個世紀才能演化成一個接近無所不知的更高等物種。

　　自然界的偉大奇蹟之一是這整個系統充滿只顧自身利益的個體生物，在沒人知道發生什麼事，或無人指引明路的情況下，整體的運作和演化竟能如此美妙。雖然我不是這方面的專家，但看得出來這是因為進化產生了（a）誘因和互動，導致個人追求自身利益，同時促成整體進步，（b）自然選擇的過程，和（c）快速的實驗和適應。

　　a.個人的誘因必須與群體的目標一致。大自然創造誘因使個人追求自身利益，同時帶動整體的進步。馬上舉一個例子，看看人類

的性生活和自然選擇。大自然給了我們一個很厲害的誘因,讓我們在性中得到很大的快樂;即使性的目的是為了促成DNA進化。這樣,我們個體各取所需,同時促進整體進化。

　　b.**現實的優化是為了整體——不是為了個體。**對整體有所貢獻,你很可能得到回報。自然選擇導致更好的品質被保留下來,並傳遞下去(例如,更好的基因,更強的養育能力,更好的產品等)。結果是整體獲得改進,而且持續不斷循環。

　　c.**透過快速嘗試錯誤的過程來適應生存環境,難能可貴。**自然選擇的嘗試錯誤過程,讓現實環境可以在沒有人了解或指引的情況下獲得改善。這同樣適用於我們的學習。至少有三種促進進化的學習方式:記憶式學習法(透過自己的意識儲存訊息,日後才能回憶);潛意識學習法(從經驗中獲取的知識,從來沒有進入我們的意識,會影響我們的決定);和完全未經思考的「學習法」,好比將物種適應性編碼的DNA改變。我曾經以為有意識的記憶式學習法最強大,但是觀察自然界後,領悟到記憶式學習法得到的進展,要比試驗和適應來得慢。舉例說明未經思考的自然界生物如何進步,只需要觀察人類(集體智慧)與病毒(甚至沒有大腦)鬥智的艱辛歷程。病毒就像厲害的西洋棋高手,藉由快速演化(結合不同病毒株的不同遺傳物質),讓全球衛生單位疲於應付。對這方面有所了解格外有助益,因為在這個時代,電腦可以複製生物演化過程,進行大量的模擬分析,有利於我們了解什麼管用,什麼發揮不了作用。

　　下一章我將描述一個讓我獲益匪淺的過程,我相信也能幫助你快速進化。但首先我要強調,看事情的角度攸關你決定什麼是你人生中重要的事,什麼是你追求的目標。

d.知道你既舉足輕重，也微不足道——並決定你想成為什麼樣的人。 我們既舉足輕重，也微不足道，這句話聽起來自相矛盾。用我們的眼睛看自己，我們是最重要的。例如，人一死，一切煙消雲散。所以對大多數人（和其他物種）來說，死亡是最糟糕的事情。擁有最美好的生活對我們是最重要的。但是，當透過大自然的眼睛看自己的時候，我們絕對是無關緊要的。真實的情況是，我們每個人只是現今世上約七十億種活著的生物中的一種，人類僅是地球上約一千萬物種之一。地球只是我們銀河系中約一千億顆行星中的一顆，而宇宙中約有兩兆個星系。我們的一生僅占人類存在時間的三千分之一，人類存在的時間只有地球歷史的兩萬分之一。換句話說，人的生命是十分渺小和短暫，不管我們成就什麼大事，影響力就是微乎其微。但這在同時，想要有出息與進化是人的本能，我們**可以**每天做一點點，最後積少成多，推動宇宙的演化。

現在的問題是我們要**如何**讓生命的存在有意義以及**如何**進化。我們對別人來說重要嗎（用宏觀的角度來看，別人也是滄海一粟）？或者，其實我們永遠都達不到人生的目的？又或者，我們的生命是否有意義這個問題根本不重要，所以乾脆把它拋諸腦後，只要享受人生就行了？

e.你將來是什麼樣子，取決於你看事情的角度。 你的人生何去何從，端視你如何看事情，對什麼人以及什麼事物（你的家庭、你的社區、你的國家、人類和整個生態系統種種）最心有戚戚焉。你要決定：你願意為別人的利益犧牲自己到什麼程度，及選擇為哪些人這麼做。因為你未來會經常陷入被迫做這樣選擇的處境。

或許你不喜歡做這樣的決定，但需要更廣泛地儲備知識。日後

你會在有意無意間做出這樣的決定，而且這些決定非常重要。

　　就我個人而言，擁抱現實，從大自然的角度看自己只不過是滄海一粟，這個發現讓我振奮不已。我現在的人生目標只要進化，以及為進化略盡綿薄之力。同時，我最熱愛的事情──我的工作和人際關係激勵著我。因此我認識到現實和自然的運作之美，包括我和天地萬物如何分解與重建，儘管我覺得生離死別在情感上是難以承受的。

1.6　了解大自然教給我們的現實教訓。

　　我發現了解大自然和進化如何運作，在許多方面對人類有所幫助。最重要的是，它幫助我更有效地認清現實，做出困難的選擇。在面對現實時，我開始從現實規律來思考，而不是從應該如何的角度來看事情，我這才意識到最初我以為「不好」的事情，比如雨天、弱點、甚至死亡，大都是因為我已經有先入為主的觀念。隨著經驗累積，我了解到以前我最初的反應是因為看不到整體，沒有考慮到現實是為了整體優化，而不是為了我自己。

　　a.盡可能將你的進化發揮到極致。先前提到了更高等的邏輯和抽象思考能力是大腦新皮質的功能。人腦這個區域比其他物種發達，使我們能夠反思自省，並主導自己的進化。因為能夠採取有意識的記憶學習法，所以比其他物種演化得更多也更快，不僅世代間有所改變，自己的人生也出現嬗變。

　　這種不斷學習和改進的動力讓我們樂於變得更好，快速進化讓我們雀躍。雖然大多數人認為他們是在努力追求某些能讓他們開心的東西（玩具、更大的房子、金錢以及社經地位等等），但對於大

多數人來說，耗費心力追求才到手的滿足感，比不上把事情做好所帶來的成就感❽。一旦我們追求的東西得到之後，我們要延續滿足感很難。名利地位只是誘餌。追求的過程迫使我們進化，對我們和我們周遭的人來說，重要的是進化而不是報酬本身。這意味著對於大多數人來說，成功就是盡可能有效地奮鬥和進化，也就是快速學習認識自己和周遭環境，然後改變求進步。

根據報酬遞減法則（the law of diminishing returns）❾，這是自然而然的事。就拿賺錢來說，錢越賺越多，多到一個程度之後，從中獲得的邊際效益（marginal gains）變得很少甚至沒有，甚至帶來負面的後果，如同其他形式的過量，譬如暴飲暴食。這時一般心智健康的人會開始求新求變，或者從老東西中尋求新深度，這個過程會讓人變得更強大。誠如佛洛伊德所說：「愛與工作是人性的基石」。

我相信佛洛伊德所說的工作不一定是一個職位，不過我認為，就一般情況來說，職位會更好。工作可以是任何一種長期的挑戰，導致個人的進步。你可能已經猜到，我相信需要做有意義的工作，與人類天生渴望進步息息相關。而人際關係是與他人的自然連接，使人與人之間的距離縮短，更貼近社會。

b.記住「一分耕耘，一分收穫」（no pain, no gain）。我們追求的東西雖然美好，但不能延續幸福感。我體認到我們天生想要進

---

❽　原注：當然，我們經常對相同的事物感到滿意——人際關係、事業等等——如果是這種情況，通常是因為這些事物發生新的變化，讓我們獲得新的樂趣。

❾　原注：在經濟學中，指在投入生產要素後，每單位生產要素所能提供的產量增加發生遞減的現象。

化，於是致力朝進化和為進化略盡綿薄之力的目標邁進。雖然我們不喜歡痛苦的現實，但天地萬物都有它存在的意義，痛苦也有它存在的意義。所以痛苦的意義何在？痛苦讓我們提高警覺，幫忙指引方向。

　　c.為了得到力量，必須把自己逼向極限，然而挑戰極限是痛苦的，這是自然的基本規律。卡爾‧榮格（Carl Jung）有一句名言：「人類需要困境，困境是心理健康的必需之物。」（Man needs difficulties. They are necessary for health.）然而逃避痛苦是大多數人天生的本能。不管是鍛鍊身體（例如舉重）或心智（例如挫折、內心掙扎、尷尬和羞愧），尤其當人在面對自身不完美的殘酷現實時，更讓人覺得痛苦，只想要避開。

1.7　痛苦＋反省＝進步。

　　痛苦避免不了，特別是如果你滿懷雄心壯志，追求理想。信不信由你，能夠感受到這種痛苦，而且處理正確的話，那你很幸運，因為這是一個信號，暗示你需要找到解決方案，這樣你才能進步。如果每次面對心理的痛苦，能夠痛定思痛而不是逃避，結果就是快速學習／進化❿。明白勇於面對因為問題、錯誤和軟弱所造成的痛苦，對於促進學習和進化有多大的效用之後，我相信你不會選擇逃

---

❿　原注：你獨特的反省能力──你看自己、你周圍的世界以及你和世界的關係的能力──意味著你能深度思考並權衡輕重，然後藉由學習，做出明智的選擇。把痛苦的根本原因告訴可信任的人，徵詢他們的意見，通常對加強省思很有幫助，尤其是向那些持相反意見，但跟你一樣有興趣發掘真相而不是執著證明自己是對的人請教。如果你能深刻反思你的問題，幾乎所有問題都能迎刃而解，因為你幾乎每次都可以找到一個更好的處理方式，而不是逃避。

避。你只需要把做法養成習慣。

　　大多數人在痛苦的當下無法省思，痛苦過去時又把注意力放到其他事情上，因此錯過了透過反省吸取教訓的機會。倘若你能在經歷痛苦時好好反省（這也許是苛求）很好。但如果你能記得在事過境遷時，痛定思痛，那也是難能可貴〔我研發出一款「痛苦按鍵」（pain button）應用程式，幫得上你的忙，我將在附錄的部分敘述〕。

　　你面對的挑戰將試煉你，讓你變得更強大。如果你不經歷失敗，你不會挑戰極限，不挑戰極限，就不會充分發揮潛力。挑戰極限，有時失敗有時成功，無論失敗或成功都會有收穫，可是這樣的過程並非人人適用，如果適合你，可能會讓你興奮到極點，甚至讓你上癮。人生難免會經歷這種時刻，你是否想要迎接更多的極限挑戰，決定權在你。

　　個人進化經常是痛苦的過程，如果你選擇再痛苦也要熬過去，自然會不斷「升級」。你登高俯瞰，會發現近距離觀看周遭的事物時，那些事物似乎比實際來得嚴重許多；人生大多數事情只是「情景再現」。你越升級，就越能有效地認清現實，幫助你達成目標。原本千絲萬縷、理不清頭緒的複雜問題就變得簡單。

　　a.甘願承受痛苦而不是逃避。如果你不讓自己鬆懈，總是對痛苦甘之如飴，就能加速蛻變。人生就是這樣。

　　遭逢痛苦，就處於人生的重要關頭，你可以選擇健康而痛苦的事實或不健康但舒適的妄想。諷刺的是，如果你選擇走健康的路線，痛苦很快就會變成快樂。痛苦是信號！就像你原本不運動，後來規律運動，如果養成擁抱痛苦的習慣，從痛苦中學習，「將讓你

到達新境界」。

我所說的「到達新境界」，意思是你會迷上：

· 確認、接受和學習如何處理你的弱點，

· 寧願你周圍的人對你說實話，也不願意他們隱瞞對你的負面想法，

· 做你自己，軟弱的時候，不必假裝堅強。

b.擁抱嚴格的愛（tough love）。我希望在自己的人生當中，能夠幫助別人面對現實，完成心願，尤其是我所愛的人。為了達到目標，我會經常拒絕給他們「想要」的東西，因為這樣他們才有機會奮鬥，才能培養他們靠自己努力實現夢想的能力。在情感上，這可能難以做到，即使理智上了解他們需要磨練才能成長茁壯，任由他們予取予求只是削弱他們的能力，最終導致需要更多的幫助❶。

當然，大多數人希望自己不要有弱點。受後天教養和經驗的影響，我們覺得顯露自己的弱點很尷尬，必須加以掩蓋。但人最快樂的時候，是可以做自己。如果你坦然面對自己的弱點，會讓你感覺更自由，更有利於檢討改進。奉勸你不要為自己的問題感到尷尬，因為每個人都有弱點。面對弱點有助於改掉壞習慣，培養好習慣，而且你會獲得真正的優勢和合理的樂觀。

---

❶ 原注：我先講清楚，我不是說不該幫助別人。我相信助人的方式應該是給他們機會，並教導他們需要變得夠強大，才能在機會來臨時充分利用。俗話說得好：「天助自助者」。但是這並不容易，尤其是對你在意的人。為了有效地幫助他們從痛苦的經驗中學習，你必須一再清楚解釋你這麼做其實用心良苦。一如你在〈我從哪裡來〉讀到的內容，這是我為什麼不得不解釋我的原則的主因。

這種有創造性的適應和進步的演化過程——尋找、得到並且追求越來越雄心萬丈的目標——不僅僅關係到個人和社會如何向前進，也與人生中難以避免的挫折調適息息相關。在人生的旅途中，你可能遭遇重大挫折。也許工作失敗、家庭失和、因車禍或疾病痛失親人，或是發現你夢寐以求的生活遙不可及。人生不如意事十之八九。在這種時候，你會沉浸在痛苦中，可能以為自己沒有力量繼續走下去。但是，你幾乎沒有過不去的坎。最終能不能成功，將取決於你對這個事實的體認，即使在痛苦的當下可能覺得人生無望。

這就是為什麼許多人在遭受挫折打擊的時候沮喪頹廢，但最後他們成功調適，變得跟原先一樣快樂（甚至更快樂）。你的人生品質就看你在那些痛苦時刻所做的選擇。越快適應越好[12]。不管你想從人生得到什麼，能不能快速且有效地適應，向前邁進，完成個人進化過程，將決定你一生的成功和幸福。如果調適得好，你的心態可以轉變，把痛苦變成你渴求的東西。

1.8 權衡後續和更後續結果。

意識到大自然進化是為了更高層次的後果後，我開始明白過度重視直接結果，忽略後續、甚至更後續結果的人，很少能達成目標。這是因為直接後果和後續後果的渴望性經常是相反的，容易使人在做決策時犯下大錯。例如，健身的直接後果（痛苦又費時）通常不討人喜歡。而其後續後果（身體更健康以及外表變得更有吸引

---

[12] 原注：快速學習和處理的能力是根據你的感知與推理，而你對局勢變化的了解和適應的能力，更會隨著你的感知與推理而改變。

力）則是人們渴望的。同樣的，可口的食物往往有害健康，反之亦然。

直接後果往往充滿誘惑，吸引我們放棄真正想要的目標，有時成為阻擋我們進步的障礙。大自然好像在惡作劇，拋給我們好壞後果兼具的選擇，懲罰那些單憑直接後果做出決定的人，透過這種方式來篩選我們。

相比之下，那些選擇他們真心想要的、避開誘惑，並戰勝痛苦的人，擁有成功人生的機率大得多。

1.9 為結果負責。

基本上，生命付託你做許多決定，也給你非常多的機會糾正錯誤，如果處理得宜，人生會十分精彩。當然，有時候會有我們無法控制的事情，嚴重影響我們的生活品質，例如：我們出生的環境、意外和疾病等等，但是大致來說，甚至連最糟糕的情況都可以透過正確的方法改善。比方說，我有一個朋友跳進游泳池，撞到頭，結果四肢癱瘓。但他調整心態，變得像其他人一樣快樂，因為通往幸福的途徑有很多條。

我的重點就是：無論人生有什麼際遇，如果你為自己的決定負責，不怨天尤人，比較可能取得成功並找到幸福。心理學家稱這是有「內部控制點」（internal locus of control）。研究也一致地發現，那些擁有內部控制點的人，表現勝過那些沒有的人。

所以用不著擔心你喜不喜歡你的處境。生命完全不在意你喜歡什麼。你想要什麼、規劃需要怎麼做，然後鼓起勇氣執行到底，這一切要由你決定。下一章，我將告訴你幫助我了解現實和進化的五

步流程。

1.10 從更高的層次看這部機器。

　　從更高的層次往下看是我們人類獨有的能力，這種能力不只應用在理解現實和現實的因果關係，也適用於理解你自己和你周遭的事物。這種超脫自己和他人的情境，客觀思維的能力，我稱它為「高層次思考」（higher-level thinking）。高層次思考讓你有能力學習和影響生活中大小事物的因果關係，進而獲得你想要的結果。

　　a.把自己想像成一台在機器內運作的機器，並且知道你有能力改變你的機器，進而產生更好的結果。你已經設定好目標。為了達成目標所採取的操作方式，我稱它為你的機器。這台機器包括了設計（必須完成的事情）與一個團隊（完成指定任務的人）。團隊成員包括你和協助你的人。例如，假設你制定的是軍事目標：攻占敵人的一個山丘。你設計的「機器」可能需要兩名偵察員、兩名狙擊手以及四名步兵等等。雖然精準的設計不可或缺，但這只成功了一半。把適合的人擺在每一個位置上同樣重要。一個團隊需要不同特質的成員，來完成各自的工作，譬如：偵察員要很能跑，狙擊手必須槍法準，這樣機器才能生產你尋求的結果。

　　b.將操作的結果和訂好的目標做比較，可以確定如何修正你的機器。這個評估和改進的過程正好反映了我前面描述的進化過程。這意味研究如何改進或變更原本的設計或團隊成員，以達成你設定的目標。這個過程是一個回饋循環，請參閱下頁的示意圖。

　　c.區分擔任機器設計師的你和機器操作員的你。因為當局者迷，人身在其中（即機器），很難客觀地看待自己，所以你可以擔

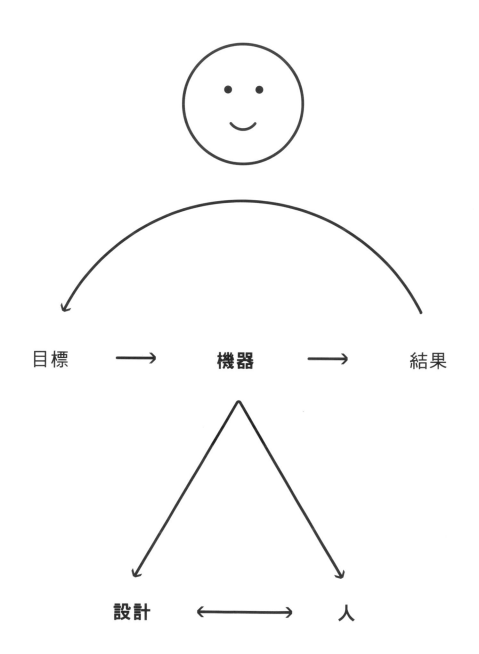

任機器的設計師和管理人。大多數人的思維依然把自己當作機器內的一名操作員。倘若你能認清楚這些角色的不同，知道做一個掌握自己人生的優秀設計師／管理人，要比做一個優秀的操作員重要得多，那你就走在正確的道路上。想要成功，「設計師／管理人的你」必須客觀看待「操作員的你」的真實性格，不要過度相信他，或讓他做不該做的工作。大多數人沒有從這個戰略角度去思考，而是按情緒和當下的情況操作；他們的人生是一連串漫無目的的感性經歷，隨波逐流。如果你想在回顧你的一生時，覺得心願已了，你就不能那樣操作。

　　d.**大多數人犯的最大錯誤就是無法客觀地看待自己和別人，導致他們一次又一次地碰撞自己和別人的弱點。**這樣的人失敗，是因為他們固執己見，如果他們能夠接納別人的意見，就可以充分發揮潛力。

　　這就是為什麼高層次思考是成功的要素。

　　e.**成功的人能夠超越自我、客觀地看待事物，並管理這些事物來塑造改變。**他們能夠接受別人的觀點，不會被自己的偏見困住。他們能夠客觀理解自己和別人的性格優點和缺點，並讓適合的人扮演適當的角色，進而達成目標。一旦你明白如何做到這一點，就會發現世界上幾乎沒有你辦不到的事。你只需要學習如何面對你的實際情況，並善用所能掌握的全部資源。例如，如果「設計師／管理人的你」發現「操作員的你」做得不好，就需要解除你的操作員職務，換一個稱職的人來做，但保留主宰自己人生的設計師／管理人的角色。如果發現自己不擅長做某件事，不應該覺得不安，反倒應該高興，因為你知道了這件事，並妥善處理，達成願望的機率將會

增加。

如果因為自己無法做好每一件事而感到失望，就太天真了。沒有人無所不能。你想要愛因斯坦加入你的籃球隊嗎？他運球投籃技巧欠佳，你會對他感到失望嗎？他應該覺得丟臉嗎？想像一下愛因斯坦不擅長的領域，再想像一下在他出類拔萃的領域，他是要多麼努力奮鬥才能超越別人，成為世界權威。

看到大家掙扎奮鬥，讓別人看到你掙扎奮鬥，可能引發各種以自我為中心的情緒，比如：同情、可惜、尷尬、憤怒或防衛。你需要克服這種種情緒，不要把奮鬥掙扎看成負面的事情。人生的大好機會泰半來自奮鬥掙扎的時候，就看你要不要充分利用這些對創造力和性格的考驗。

遇到你的缺點時，你有四種選擇：

1. 你可以否認（這是大多數人的做法）。
2. 你可以接受，並努力改進，嘗試把弱點變為強項（成功與否取決於改變的能力）。
3. 你可以接受你的弱點，並且想辦法繞路。
4. 或者，你可以改變正在追求的目標。

你做的選擇攸關未來的人生方向。最糟糕的是第一種。只會讓你不斷地栽在弱點上，讓自己痛苦不已，原地踏步。第二種──接受你的弱點，同時努力把弱點變成強項──如果能夠成功，這可能是最佳選擇。不過有些事情永遠不會變成你的專長，而且改變需要耗費許多的時間和心力。你是否應該走這條路，最好的線索就是你

正試圖做的事是否符合你的天性（即你天生的才能）。第三種是接受你的弱點，同時想辦法繞開它。這是最簡單、通常也是最可行的做法，但最少人採用。第四種改變你既定的目標，這也是很好的選擇，不過你要懂得變通，拋棄原有想法，只要找到適合自己的目標就好。

f.你的弱項要找在這方面有專長的人來幫你，無論如何，截長補短是你應該培養的一門重要技能，因為它會幫你建立起防護欄，防止你做不該做的事。所有成功的人都有這個本領。

g.因為人很難客觀地看待自己，所以需要仰賴他人的意見和完整的證據。我知道自己的人生充滿了錯誤，得到很多很好的回饋意見。只有從更高層次審視這種種證據，我才能糾正錯誤，追求理想。因為我一直在做這方面的練習，我知道我仍不能客觀地看自己，因此我持續仰賴別人的建言。

h.你只要心態夠開放包容，而且有決心，幾乎可以心想事成。所以我當然不想勸阻你追求夢想。同時，我敦促你省思你所追求的是否符合你的天性。無論你的天性如何，世界上有很多條路適合你走，所以不要只專注一條。一旦某條路不通，你要做的就是找到另一條符合你天性的康莊大道（至於如何確定你的天性，你會在第4章〈了解每個人的思考方式差別很大〉學到很多）。

但是大多數人都沒有勇氣面對自己的弱點，也不敢做出這個過程所需的艱難選擇。最終，歸根結蒂，就是下列五點決定：

1. 別把你希望的真實情況，與真正的真實情況混淆了。
2. 別擔心面子問題，而是要擔心不能達成目標。

3. 相對於後續和更後續的後果，不要過度重視直接後果。

4. 別讓痛苦阻礙進步。

5. 壞的結果只能怪自己，不能歸咎別人。

劣

逃避
「殘酷的現實」

優

面對
「殘酷的現實」

劣

擔心沒面子

優

擔心不能達成目標

劣

根據直接後果
來做決定

優

根據最直接、
後續以及更後續
後果來做決定

劣

讓痛苦阻礙進步

優

了解如何管理痛苦，才會有進步

劣

不要求你自己承擔責任，也不從別人那裡找原因

優

要求自己和別人承擔責任

2 用五步流程
實現理想

在我看來，個人進化的過程——我在上一章描述的循環——包含五個清楚的步驟。只要你能做好這五件事，幾乎一定會成功。簡單地說就是：

1. **制定明確的目標。**
2. **找出妨礙你實現目標的問題，而且不要容忍這些問題存在。**
3. **準確地診斷問題，查明問題根源。**
4. **設計解決方案。**
5. **徹底執行。**

這五個步驟連續不斷，形成一個循環，如同下一頁的圖。我們來仔細看看這個過程。

首先，你必須選擇你想要追求的**目標**。你所選擇的目標將決定你的方向。你朝目標前進時，會遇到**問題**。有些問題會讓你不得不

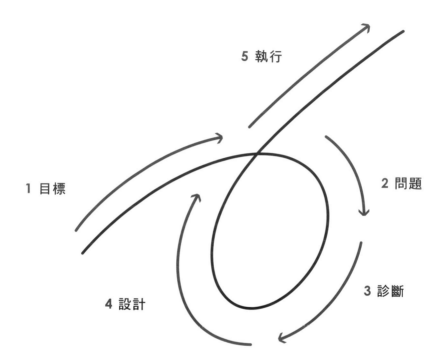

5 執行

1 目標

2 問題

3 診斷

4 設計

面對自己的弱點。面對弱點所產生的痛苦，你要如何因應，由你決定。如果想達到目標，你一定要冷靜分析，才能準確地**診斷**問題，**設計**解決問題的計畫，並徹底**執行**。然後結果出爐，你再重複一次同樣的過程。為了快速進化，你非得這樣做不可，而且要快速和持續不斷，設定的目標一次比一次高。

你需要做好全部五個步驟，才能成功，而且必須一次一個步驟，按順序進行。例如，在設定目標時，只需要設定目標，你不要考慮如何達成，抑或要是出錯了怎麼辦。在診斷問題時，不要思考如何解決，只需要診斷問題。步驟模糊不清容易導致結果不盡理想，因為這會妨礙你發現真正的問題。這個過程是疊代的：認真執行每個步驟，會提供你繼續下個步驟所需的訊息，幫助你把下個步驟做好。

操作這個過程，必須頭腦清晰，保持理性，從更高的層次、無情誠實地看待自己。如果你的情緒戰勝理智，就先後退一步，停下來，直到你能想清楚為止。必要時向冷靜、思慮周到的人諮詢。

為了幫助你保持專注和獲得良好的結果，不妨把你的人生當作一場比武或一場遊戲，目的是要克服挑戰，達成目標。一旦你接受了遊戲規則，你會習慣不斷出現的挫折感。你永遠無法把每件事都處理得完美無瑕：錯誤無可避免，重要的是要承認錯誤，接受這是生活的現實。令人鼓舞的是，你犯的每一個錯誤都可以教導你一些事情，所以學無止境。你很快會發現「那不容易」或「這似乎不公平」，甚至「我做不到」之類的藉口是沒有用的，覺得破關（完成最後關卡）是值得的。

那麼如果你不具備成功所需的所有技能呢？別擔心，因為每

個人都一樣。你只要知道何時需要這些技能，以及如何獲得這些技能。經過不斷練習，最終即使在逆境中玩這個遊戲，心境也會冷靜平和。擁有實現夢想的能力會讓你振奮不已。現在我們來看看如何一一操作這五個步驟：

2.1 制定明確的目標。

a.理出優先順序：雖然你幾乎可以擁有任何你想要的東西，但不能擁有你想要的一切。人生就像琳琅滿目的自助餐，還有很多超出你想像的美味供你選擇。選擇一個目標往往意味著你為了某些你更想要或更需要的事物，而捨棄其他東西。有些人甚至還沒開始，就在這個時候失敗了。他們不敢選擇更好的，放棄好的，試圖一次追求太多的目標，結果一事無成。別氣餒，不要讓自己被各種選擇弄得心力交瘁。除了快樂，你可以擁有其他東西。做出選擇，繼續下一步。

b.不要把目標與渴望混淆了。正確的目標是你真的需要去達成的事情。欲望則是你想要的東西，但會阻止你達成目標。通常，渴望是直接後果。例如，你的目標可能是身材健美（physical fitness），而你的欲望是吃可口但不健康的食物。不要誤會我的意思，如果你想成為沙發馬鈴薯，我無所謂。你可以追求任何你想要的目標。但是，如果你不想成為沙發馬鈴薯，那麼你最好不要打開那包洋芋片。

c.藉由協調你的目標與欲望，來決定你真正想要的人生。以激情為例，沒有激情，生活會枯燥乏味；沒有激情，你會了無生趣。但關鍵是你如何運用激情。你是被激情沖昏頭，做出不理性的行

為，還是善用你的激情來鞭策自己，追求自己真正想要的目標？只有在欲望和目標兩個層次，你的感覺都對了，這樣的事情才能讓你滿足。

d.不要誤以為成功的表象就是成功本身。成就導向很重要，但是迷戀1,200美元的一雙鞋子或名貴汽車的人很少覺得非常快樂，因為他們不知道自己真正想要的是什麼，因此也不知道什麼可以滿足他們。

e.絕對不要因為認為某個目標無法達到，就否決它。要大膽行動。總是有一條最好的道路。你的職責就是找到這條路，勇敢前進。你認為可以達到的目標，只是根據你當時所知道的狀況。一旦你展開追求，你會學到很多，尤其是如果你與他人合作，你從未見過的道路就會出現。當然有一些不可能或幾乎不可能辦到的事情，比如你明明個子矮，卻奢望在職業籃球隊擔任中鋒球員，或者妄想在七十歲的年紀用四分鐘跑完一英里。

f.記住，超高的期望會激發出超高的才能。如果你畫地自限，限制自己的目標在你**知道**能夠達到的水準，你訂的目標就太低了。

g.如果你能做到（a）靈活變通，（b）自我承擔，幾乎沒有什麼能阻止你成功。靈活變通讓你願意接受現實（或知識淵博的人）的教導；自我承擔很重要，因為如果你真的相信沒有達到目標就是你個人的失敗，失敗就是一個提醒，你會明白要是你達不到目標，便是顯示你的創意、靈活度或決心不夠。然後你會有更大的動力，去尋找成功之路。

h.知道如何妥善處理挫折，和知道如何前進一樣重要。有時候你曉得前面要穿過一場大挫折，沒有辦法避免。人生中你將遭遇這

樣的挑戰，其中有些挑戰讓你當下很崩潰。面對險惡的情勢，你設定的目標可能是持盈保泰，盡量減少損失率，或僅僅處理不能挽回的損失。你的職責是每次都做出最好的選擇，你知道這樣做會有回報。

2.2 確認問題，而且不要容忍問題存在。

a.**把棘手的問題看作潛在的改善機會**。雖然一開始不會有這種感覺，但是你遇到的每一個問題都是一個機會；因此必須把問題找出來。大多數人不喜歡這麼做，特別是如果這會暴露自己或自己在乎的人的弱點，更避之唯恐不及，可是成功的人知道他們必須找到問題根源。

b.**不要因為問題深植於令人不快的殘酷現實，就迴避問題**。思考那些難以解決的問題可能會讓你焦慮，但**不思考（因此不處理）**應該會讓你更焦慮。當問題是因為自己缺乏才能或技巧所造成時，大多數人都會感到羞愧。要克服這種心理障礙。特別重要的一點：承認弱點和向弱點投降不一樣。這是克服弱點的第一步。你感受到的痛苦是考驗你的性格的「生長痛」，只要通過考驗，就會得到回報。

c.**要具體明確地指出問題**。你需要精確，因為要對症下藥，不同的問題有不同的解決方法。如果問題是技能不足，可能需要額外的培訓；若是因為先天的弱點，你可能需要尋求別人的幫助，或改變你所扮演的角色。換句話說，如果你不擅長會計，就聘請會計師代勞。如果問題是因為別人的弱點所造成，就找你需要的專才取而代之。就是這樣而已。

d.**不要弄錯問題的原因與實際的問題**。「我睡眠不足」不是一個問題；這是一個問題的潛在原因（或許是結果）。為了釐清你的思緒，試著先找出不好的結果；例如：「我的工作表現不好」，睡眠不足也許是這個問題的原因，也可能有其他原因——不過為了確定原因，你需要知道究竟出了什麼問題。

e.**區分大問題和小問題**。你的時間和精力有限；如果問題獲得修正，確定你花在探索問題的時間和心力，可以獲得最大的回報。在此同時，花足夠的時間處理小問題，確保它們不是更大問題的症狀。

f.**一旦發現問題，不要容忍**。容忍問題與沒有找到問題的後果一樣。不論你是因為相信這個問題不能解決、因為你不在乎這個問題，還是你無法取得解決問題所需要的足夠資源，只要你沒有成功的意願，就沒有成功的希望。你需要培養一種不管問題輕重，絕不容許任何差錯的心態。

2.3 診斷問題，找出根本原因。

a.**在決定「如何解決問題」之前，先把重點放在「問題是什麼」**。我們常犯的錯誤，是發現一個難題，就立刻提出解決方案。策略思維需要診斷問題和設計解決方案。良好的診斷通常要花十五分鐘到一個小時，看你要做到多好，以及問題有多複雜。這涉及詢問相關人員以及一起查看證據，以確定問題的癥結。就跟原則一樣，根本原因在看似不同的情況一再出現。追查根本原因，妥善處理，會獲益匪淺。

b.**區分近因與根本原因**。近因通常是導致問題的行動（或缺乏

行動），所以是以動詞描述（**我錯過了火車，因為我沒有查火車時刻表**）。根本原因要深入得多，用形容詞描述居多（**我沒有查火車時刻表，因為我健忘**）居多。只有治本，才能真正解決問題。要做到這一點，必須區別症狀與疾病。

　　c.**要了解別人（包括你）的人格特質，才能知道你對他們可以有什麼期待。**如果想要你自己周遭的人擁有你需要的特質，就非得克服不願意評估別人的心理。你也要評估自己。人幾乎很難正視和接受自己的錯誤和弱點。有時候是因為沒注意到，但大多數時候是自尊心作祟。你的同事多半同樣不願意指出你的錯誤，因為他們不想傷害你。你們全都需要克服這一點。尤其是，那些發揮潛力的人願意客觀地看待自己和別人，並了解遭遇阻礙的根本原因。

2.4　設計一個方案。

　　a.**前進之前先回頭。**回顧一路走來你的經歷（或者你做過的事），然後構思未來你和別人必須做的事情，有了腹案你才能達成目標。

　　b.**把你的問題想像成一台機器產生的一系列結果。**練習高層次思考，由上往下看你的機器，思考如何改造機器，才能產生更好的結果。

　　c.**記住，通常達成目標有很多途徑。**只要找到一條行得通的就好。

　　d.**把你的方案想像成一個電影劇本，你可以想像誰在什麼時間做了什麼事。**這個方案一開始是粗略的勾勒（例如「雇用優秀的人才」），之後再補充具體細節。你應該從宏觀角度開始切入，再細

化到具體的任務以及預估的時間（例如，「在未來兩個星期，選擇人才招聘顧問公司，幫忙物色優秀人才」）。在設計方案時，現實世界的成本、時間和人事問題自然會浮現，你再進一步改進設計，直到機器所有零件運作順暢為止。

e.**寫下你的方案，讓大家看到，並評估你完成目標的進度。** 內容敘述誰需要執行什麼任務，什麼時候去做等所有具體細節。任務、敘事和目標是不同的，所以不要混淆。記住，任務把敘述和你的目標連結起來。

f.**設計一個好的方案不需要花很多時間。** 一個方案可以在短短數小時內粗略勾勒、琢磨推敲，也許數天或數週完成。這個過程關係重大，因為這決定了將來你必須做什麼，才能有效達成目標。太多人犯了幾乎沒有花時間設計方案的錯誤，因為他們滿腦子想著執行。記住：先設計方案再付諸行動！

2.5 徹底執行。

a.**計畫做得再好，不去執行，終究一事無成。** 你需要執行，你必須自律，跟著你的劇本走。記得你設計的任務和這些任務應該達成的目標之間的關聯，這很重要。當你覺得自己忽略了這一點的時候，停下來問自己「為什麼？」，你忽略了問自己「為什麼」，一定會迷失你的目標。

b.**良好工作習慣的價值被嚴重低估。** 方案成功執行的人都有待辦清單，對該做的工作排出合理的優先次序，並確認每一項都依序完成。

c.**建立明確的指標，確保你依照方案進行。** 理想情況下，除了

你之外，應該還有一個人客觀地評估，根據你的進度提出報告。如果你沒有達到你的目標，那就是另一個需要診斷和解決的問題。有很多有創意的成功人士並不善於執行。他們成功是因為他們與十分可靠的執行者建立合作關係。

成功的訣竅不過如此而已！

請記住，所有五個步驟都是出自於你的價值觀。你的價值觀決定你想要什麼，也就是你的目標。另外，請記住，這五個步驟是疊代的。當你完成一個步驟，你所獲得的資訊很可能會導致你修改其他步驟。五個步驟全部完成時，你再設定一個新的目標。如果這個過程發揮作用，你的目標改變的速度會比你的設計來得慢，你的設計會比你的任務改變得更慢。

最後一個重點：你需要好好地綜合與塑造。前三個步驟：設定目標、確認問題及診斷問題，是我所謂的綜合（指知道你的目標，以及真實情況）。設計解決方案並確定方案落實，則是塑造。

2.6 記住，如果你找到了解決辦法，弱點就無關緊要。

你幾乎肯定無法做好所有的步驟，因為每一個步驟都需要不同類型的思維，幾乎沒有人是全才。例如，目標設定（例如：確定你以後想要過什麼樣的生活），必須善於高層次思考，像是視覺化以及區分優先次序。確定問題而且不能容忍問題存在，則需要洞察力、善於綜合整理以及堅持高標準；診斷需要邏輯思考，能夠看到多種可能性，並願意與他人進行高難度的對話；設計方案需要想像力和現實感；執行你設計的方案需要自律、良好的工作習慣和結果

導向。你知道誰具備這所有的特質？大概沒有這樣的人。然而做好所有五個步驟是真正成功的必要條件。所以你會怎麼做？首要任務就是要**謙卑，這樣你才能從別人身上獲取你需要的東西！**

每個人都有弱點。弱點通常顯現在犯錯模式中。了解你的弱點是什麼，正視它們，是邁向成功的第一步。

a.仔細檢查你的犯錯模式，確認你通常在實現理想五步流程的哪個步驟失敗。沒有人能完全客觀地看待自己，所以也要徵詢別人的意見。

b.每一個人至少會遇到一個阻礙成功的重大障礙；找到你的絆腳石，妥善處理。寫下你遇到的這件事（如：發現問題、設計解決方案、徹底執行），事情發生的原因（你太感情用事、你預見的可能性不夠多）。雖然你和大多數人遭遇的重大阻力可能不只一個，如果你可以移除或解決一個真正的大障礙，你的生活將大大改善。如果下了工夫，幾乎肯定能夠圓滿解決。

你可以自己搞定，或者尋求別人的協助。有兩條成功的道路讓你選：（1）自己擁有處理問題所需要的能力或資源，或是（2）從別人身上取得。如果選第二條路，你必須謙虛。謙虛與自己擁有優勢同樣重要，前者甚至比後者重要。兩者兼具最好。下一頁提供有些人覺得有用的圖表解析。

2.7 了解你自己和別人的心理地圖以及謙虛的程度。

有些人就是比別人清楚自己該怎麼做；他們擁有良好的心理地圖。這也許是經由後天的教導，也可能是他們天資聰穎。無論如何，他們自己知道更多的答案。同樣地，有些人就是比其他人更謙

卑，態度更開放。如果虛心求教使你找到的答案，比自己絞盡腦汁想到的辦法還要好，那麼擁有一顆謙卑的心會比擁有良好的心理地圖更重要。然而虛懷若谷又有良好的心理地圖，是最強大的。

　　為了傳達這個簡單的概念，想像你用一到十分評定一個人的心理地圖好壞程度以及謙虛程度，參照下一頁的圖。Y軸顯示心理地圖（換句話說就是認知能力）的好壞，X軸表示謙虛／態度開放的程度。

　　每個人都是從左下角開始，心理地圖欠佳，而且大部分人傲慢地、悲慘地卡在那個位置。透過提高Y軸心理地圖（學習如何把事情做得更好）的分數或從X軸態度轉趨開放方面來突破，你可以改善局面。無論X軸或Y軸，任何一邊都能幫助你了解接下來該怎麼做。如果你有良好的心理地圖，但態度不夠開放，算還不錯，但稱不上很棒。你仍然會錯過很多重要的東西。同樣地，如果你態度開放，但心理地圖不好，可能會在請教正確人選以及觀點時面臨挑戰。擁有良好心理地圖和態度開放的人，每次都會打敗缺乏這兩項特質的人。

　　現在花一點時間思考要如何讓自己更有成效。你會把自己放在這個圖表上哪個位置？問別人會把你放在哪裡？一旦你了解自己錯過了什麼，願意抱持開放的態度，接受別人的幫助，就沒有什麼事情是你做不到的。

　　大多數人大多數時候無法做到這一點。下面的章節，我將探討箇中原因以及如何改正。

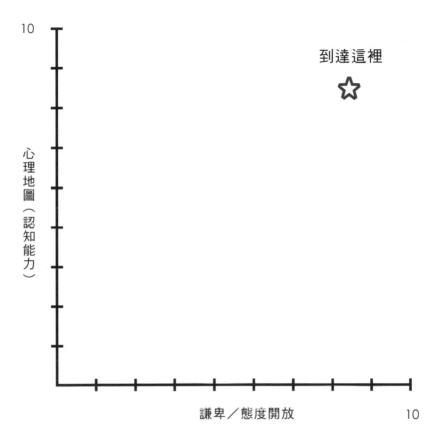

3 抱持極度開放的態度

這大概是全書最重要的一章，因為這章說明如何克服大多數人在實現理想的道路上會遇到的兩大障礙。這些障礙存在是因為我們大腦的運作方式，所以幾乎人人都會遇到。

3.1 認識你的兩大障礙。

妨礙你做出良好決定的兩個障礙是你的自我意識（ego）和你的盲點。自我意識與盲點作祟，使你難以客觀看待真實的自己與現實，無法好好借助別人做出最好的決定。如果你能理解這台機器，也就是人類大腦如何運作，你就可以理解這些障礙為什麼存在，如何調整行為使自己更快樂、做事更有成效，與他人的互動更如魚得水。

a.了解你的自我意識如何從中作梗。所謂的「自我意識」，指的是你的潛意識的防禦機制。這個機制使你很難接受自己的錯誤和弱點。你最深層的需求和恐懼——比如需要被愛和害怕失去愛，需

要生存和害怕死亡，需要被人重視，擔心自己的存在可有可無——源自於你大腦的原始區域，例如：杏仁核，那裡是顳葉的情緒處理中心。因為你感知不到大腦的情緒中樞，所以幾乎不可能知道這個區域想要什麼，以及如何控制你。這些區域過度簡化事情，而且基於本能做出反應。它們渴望讚美，甚至當大腦高層次思維區域明白建設性的批評是為你好的時候，情緒中樞依然把批評當成攻擊，讓你啟動心理防禦機制，尤其涉及對你個人的評價時，更容易引發情緒反應。

同時，高層次的意識存在於大腦的新皮質，更具體地說是前額葉皮質區，也是大腦中最獨特的人類特徵；相對於大腦其他部分，人類的新皮質比大多數其他物種更發達。這個區域讓你感知到自己在做決策（所謂的大腦「執行功能」）、邏輯的應用和推理。

b.**有兩個「你」搶著控制你。**就像《化身博士》的傑基爾醫生與海德先生（Dr. Jekyll and Mr. Hyde），雖然高層次的你並未意識到低層次的你。這種矛盾衝突是放諸四海皆準；如果你夠細心留意，其實可以知道人的大腦有不同區域正在爭吵。例如，當有人「對自己生氣」時，表示「他的前額皮質正與他的杏仁核（或其他低層次的大腦區域❶）爭論」。當有人問：「為什麼我會放任自己吃光那塊蛋糕？」答案是「因為低層次的你戰勝思慮周到、高層次的你」。

---

❶ 原注：大腦是一個高度互相連結的器官，有許多不同的結構區域，掌管我們的想法、情感和行動。在解釋這些事情時，我採用了一些慣例，比如把杏仁核描述為人類產生「戰鬥或逃跑」情緒反應的唯一原因，嚴謹的神經解剖學是更加複雜。這一點我會在下一章詳加說明。

一旦你明白（a）邏輯／意識的你和（b）情緒／潛意識的你彼此爭吵，你可以想像兩個你和別人交涉，而對方也有他們自己的兩個「他們」，會發生什麼狀況？結果是一團糟。低層次的自我就像鬥犬一樣，即使高層次的自我想要把事情弄清楚，它們還是想打架。這令人感到非常困惑，因為你和你正在交涉的人通常甚至不知道有這些低層次的野獸，更別說他們試圖綁架每個人的行為了。

我們來看看當有人提出異議，要求你解釋自己的想法時，會發生什麼事。因為你的人腦運作方式，會把這類的挑戰當成攻擊，所以你會動怒，儘管想聽取對方的觀點的行為更合邏輯，特別是如果對方冰雪聰明。你嘗試解釋你的行為，但你的解釋沒有一點道理。那是因為低層次的你試圖透過高層次的你說話。你那深藏不露的動機受到控制，所以你不可能合理解釋「你」的行為。

通常連最聰明的人也是這樣的，真悲慘。為了獲得好的結果，你不能總是相信自己是對的，找出什麼是真實的更重要。如果你太自以為是，會學不到東西，做出不理想的決定，也無法充分發揮潛力。

c.了解你的盲點。除了自我意識作怪之外，你（和其他人）也有盲點──你的思考方式阻止你正確地理解事物。就像人有不同的辨音和辨色範圍，我們看到的事物和了解事物的範圍也不一樣。我們每個人都有自己看事物的方式。例如，有人自然會看到全貌，遺漏小細節，其他人則自然注意到小細節，疏忽大局。有些人使用線性思考法，有些人思考發散等等。

當然，人不能領會他們看不到的事物。不能辨識出規律和無法綜合處理問題的人不知道看得出規律和能夠綜合處理問題是怎麼回

事，就像一個色盲者不知道能辨色是什麼感覺。我們大腦運作方式的差異比我們身體的運作差異更不明顯。色盲者最終會發現他們是色盲，可是大多數人永遠都看不到或不了解他們思考的盲點。更難的是，縱然人都有盲點，但我們都不喜歡面對自己或別人的盲點。當你指出某人的心理弱點，得到的反應通常就像你指出他的身體缺點一樣。

　　如果你像大多數人一樣，不知道別人如何看事情，不善於洞悉別人的想法，那是因為你只想要告訴對方你自己的想法是正確的。換句話說，你專斷獨行，採取封閉的態度；預設立場太多。這樣閉門造車會付出極大的代價；它會使你錯過各種奇妙的可能性，以及別人預見的危險威脅，把具有建設性甚至性命攸關的批評拒於千里之外。

　　這兩個因素從中作梗，最終意見分歧的雙方堅信自己是對的，往往不歡而散。這是不合邏輯的，而且導致決策不理想。畢竟，當兩個人得出相反的結論時，一定有一方是錯的。難道你不想確定那個錯的人不是你嗎？

　　這種聽不進別人意見的情況，不僅發生在意見分歧時；當遇到問題試圖解決時，也會出現類似情形。大多數人思考解決辦法時，都是自己絞盡腦汁，而不是集思廣益。結果，他們不斷在自己的盲點上撞牆，直到他們適應現實。適應現實的方式有（a）訓練大腦以反直覺的方式運作（例如：充滿創意的人透過紀律和練習，變得有條有理），（b）使用補償機制（如：使用電腦程式提醒），和／或（c）截長補短。

　　人與人之間思維上的差異可以共生、互補，不互相干擾破壞。

比如：富創意的人常思考發散，這可能導致他們辦事不牢靠，而線性思想的人往往比較可靠；有的人比較情緒化，有的人則比較有邏輯。這些人如果不善用別人的強項來彌補自己的不足，做任何複雜的計畫都不可能成功。

亞里斯多德將悲劇定義為一個人致命的缺陷所產生的可怕結果。假如這個缺陷被修復，反倒會得到一個美妙的結果。在我看來，自我意識和盲點這兩個障礙是阻止聰明努力的人充分發揮潛力的致命缺陷。

你想要學習如何克服嗎？你辦得到的；大家都可以。方法如下：

3.2　練習極度開放的態度。

如果你知道你看不到，你可以想辦法讓自己看到，然而如果你不曉得自己看不到別人看到的事物，你會繼續遇到同樣的問題。換句話說，如果你能意識到自己有盲點，願意抱持開放心態，捨棄成見，接受別人看問題可能比你看得更透徹，別人試圖指出的威脅和機會確實存在，就可能做出很好的決定。

願意極度開放，是因為你真的擔心你可能遺漏最好的選擇。有效地探索不同的觀點和不同的可能，不被你的自我意識或盲點所蒙蔽，是一種能力。你必須改變自以為是的心態，學習認清現實而且樂在其中。極度的開放讓你逃離「低層次的你」的掌控，確保高層次的你看到並考慮所有好的選擇，做出最佳決策。一旦掌控這種能力——經由練習，你能做得到——你就能夠更有效的處理現實的各種狀況，翻轉你的人生。

大多數人不明白什麼是極度的開放。他們將態度開放理解為「歡迎指教」，但卻固執己見，不去積極了解其他觀點背後的推理。態度要極度的開放，你一定要：

a.真心相信你可能不知道最好的選擇是什麼，並承認善用「一無所知」的能力比你無所不知更重要。大多數人做出糟糕的決定，是因為他們堅信自己是正確的，所以根本看不到更好的選擇。提出正確的問題，請教其他聰明睿智的人，極度開放的人知道這與無所不知一樣重要。他們明白，不暫時在「一無所知」的世界探索，便做不出很棒的決定。那是因為「一無所知」的領域浩瀚無垠，裡面存在的事物比任何已知的事物，更令人興奮。

b.要知道決策分成兩個步驟：先吸收所有相關資訊，然後做決定。大多數人不願意接受不符合他們結論的訊息。我問為什麼，普遍的答案是：「我想要自己作主」。這些人似乎認為考慮相反的意見，反正就是會危害到他們的自主能力。大錯特錯。為了考慮別人的觀點，先吸收採納，絕不會減少你的獨立思考與自己做決定的自由，只會擴大你的視野。

c.不要擔心丟臉；要擔心不能達成目標。通常人們會試圖證明他們很有辦法，即使他們一點辦法都沒有。為什麼他們做這麼徒勞無功的事？因為他們相信偉大的人無所不知，而且沒有任何弱點，這種想法很愚蠢但很常見。這種觀點不僅與現實不符，而且阻礙他們進步。努力做出最好決策的人很少確信他們有了最好的方案。他們承認自己有弱點和盲點，進而總是努力學習，克服缺點。

d.你不能只出不進。大多數人似乎愛產出（抒發己見），更勝於輸入（學習）。即使訂定的主要目標就是發表評論，這也是錯誤

的。因為除非充實自己，否則也提不出什麼高見。

　　e.**想知道別人的觀點，必須暫停下判斷，唯有設身處地，才能正確評估別人的觀點。**心態開放不意味著你要接受你不相信的事，而是意味著考慮別人的推理，不剛愎自用。你要做到極度開放，需要願意接受自己可能是錯的，並且歡迎賜教。

　　f.**請記住，你是在尋找最好的答案，不只是你自己想出來的最好答案。**你搜索枯腸也未必能得到最好的答案，但你可以向別人請益。如果你真的客觀，你必須承認你不太可能每次都想得到最好的答案，即使你真的想到了，在別人測試你之前，你也無法有十足信心。所以知道自己不知道什麼，極為寶貴。問問自己：這只是我自己的觀點嗎？如果是，那麼你應該知道這對你很不利。

　　g.**你是在與人爭論，還是在設法了解別人的觀點，你的心裡要有數。同時根據你和別人的可信度，考量哪一個觀點最合適。**如果雙方旗鼓相當，那麼適宜辯論。但如果有一方明顯地學識更淵博，那麼最好是學識差的人向對方請教，有如學生向老師虛心學習。此外，你還必須了解可信度的概念。我將可信任的人定義為多次成功完成正在規劃的事情──起碼要有三次成功紀錄──而且被問及成功的秘訣時，能提出很好的說明。

　　如果正在談論話題，你與可信任的人有不同見解，或者至少對方比你更可信任（比如說，你在和醫生討論你的健康狀況）──你應該清楚表明是你提問，是因為你正在設法了解他們的觀點。反之，如果你明顯是可信度較高的一方，你可能要客氣地提醒對方，並建議他們問你問題。

這些策略全部都要加倍努力練習，如果你想要心態變得極度開放，一定要掌握住上述重點。

3.3 深思過後的意見分歧是門藝術，要領會並感激。

當兩個人意見不一時，可能其中一個人是錯的。搞清楚錯的那個人不是你，是值得的。這就是為什麼我認為深思過後的意見分歧是門藝術，要懂得領會與欣賞。你經過深思之後提出異議，目的不在於說服對方承認你是對的，而是要找出誰的觀點正確，並決定如何處理。雙方都經過充分思考，然後表達不同的觀點，會這麼做都是因為真的害怕遺漏了重要角度。在交換意見的過程中，你真的越來越理解對方的見解，他們也真的越來越明瞭你的想法——你們倆的「高層次的你」都試圖弄清楚事情真相——雙方受益匪淺，可能開發出無限潛能。

要做到這一點，在對話時，應該表明你只是想要了解對方的看法[2]。還有最好採用提問的方式，而不是意見陳述。要心平氣和地就事論事，鼓勵對方也一樣理性討論。記得，不爭論；只是公開探討什麼是真實狀況。你願意講道理，同時期望別人講道理。如果抱持冷靜、願意共同商議和尊重別人的態度會更棒。多加練習，就能得心應手。

對我來說，因意見不合而怒目相向是沒有意義的，因為大多數

---

[2] 原注：其中一個方法就是提問，例如：「你想要我坦白說出心中想法或疑問，還是埋藏心裡就好？」「我們是要說服對方承認我們是對的，還是聽取對方的觀點來弄清楚真實狀況，以及如何處理？」或者「你是要跟我爭辯，還是想了解我的觀點？」

的意見不合並不是威脅，而是學習的機會。經由學習而改變心意的人是贏家，那些冥頑不靈、拒絕學習的人則是輸家。但這並不意味著你應該盲目接受別人的結論。應該態度開放，不抱成見，同時又有主見——你應該保留並分析互相衝突的可能選項，再根據你對狀況的了解調整想法，選出任何可能適合的方案。有些人可以輕易地做到，有些人則不行。有一個不錯的練習方法，就是對意見不同的人再重新敘述一遍對方的想法。如果他們認為你已經充分了解，那麼你就很清楚狀況。我也建議雙方遵守「兩分鐘規則」，不准打斷彼此的發言，讓雙方暢所欲言。

有人擔心這樣操作很花時間。處理歧見不是一蹴可幾，但這大概是你最值得花時間去做的事情。關鍵是你要確定事情的輕重緩急，花時間做什麼事，以及花時間在誰身上，排出優先順序。如果有許多人不同意你的觀點，所有人的意見都要聽，就毫無效率可言。不該把每一個人的觀點列入考慮。你應當花時間與你所能接觸的最可信任的人討論彼此的想法。

如果你們發現討論陷入僵局，那就商定一個你們尊重的人，邀請他來幫忙主持討論。最沒效的是自己悶著頭想發生了什麼事情，大多數人傾向這麼做，或是浪費時間爭論不休。發生這種情況時，就要轉向一個有成效的方式，那就是達成互相理解，未必是共識，例如，你們可能同意彼此有不同的意見。

為什麼人們不用這樣的深思過後的意見分歧的討論方式？因為大多數人出於本能，不太願意提出不同意見。例如，兩個人去一家餐館，一個人說他喜歡店裡的某樣食物，另一個人很可能會說「我也喜歡」，或默不作聲，即使說的不是真心話。不願意表示異議，

是因為「低層次的你」把不同的意見錯誤詮釋為衝突。這就是極度開放不容易做到的原因：你需要自學這門技巧：以不會引發你自己和別人這種反應的方式進行交流。既然巴布、吉賽兒和丹告訴我說，別人覺得被我看扁了，我非得重新學習這門技巧不可。

　　滿腦子錯誤的想法，然後根據錯誤的想法做出糟糕的決定，而不是經過深思之後提出不同意見，乃人生最大的悲劇之一。能夠在深思後提出不同的意見，很容易促成所有領域的決策，包括公共政策、政治、醫學、科學、公益事業以及人際關係等等，獲得大幅改善。

3.4　向願意表達不同見解的可信任之人請益，採用多方歸納法綜合分析。

　　單獨請教專家，並鼓勵他們審慎思考之後，向彼此提出不同意見，讓我可以傾聽和詢問相關問題，透過這種方式，提高了我做出正確決定的機率，也長了不少知識。當專家不同意我的觀點，或我們各持己見時，這個方法最適用。能夠深思並提出異議的聰慧之人是最棒的老師，遠勝過站在黑板前對著你講課的教授。我獲得的知識逐漸發展成為我在日後出現類似情況應用的原則。

　　有些案例的主題對我來說太複雜，無法在有限時間內了解，這時我就交給比我可信度高的有識之士來決定，可是我仍然想要聽取他們提出不同的看法。我發現，大多數人不這麼做，他們寧願自己做決定，甚至在他們沒有資格做出所需要的判斷的時候，自作主張。而這麼做是向低層次的自己屈服。

　　多方歸納可信度高之人的觀點，對生活會有深遠的影響。這

個方法對我來說可是攸關生死。2013年6月，我到約翰霍普金斯大學做年度體檢，醫生告訴我，我罹患巴瑞特氏食道症（Barrett's esophagus）合併有高度表皮異常增生，這是一種癌前病變。表皮異常增生是癌症發展的早期階段，演變成食道癌的機率偏高——每年大概15%的發病案例。食道癌會致命，所以如果不處理，可能三到五年變成癌症，然後死亡。像我這樣的案例，標準的治療程序是開刀切除食道，但礙於我的情況有點特別，並不適合外科手術。醫生的建議是觀察和等待。

接下來幾週，我開始為生病可能導致的死亡做計畫，同時努力活下去。我喜歡：

a.做最壞的打算，做最好的準備。我深感幸運，因為這個疾病的預後給了我足夠的時間，確定如果有一天我不在了，我最關心的人還是會好好的過日子，確定我在有生之年能和他們一起體會生活。我會有時間去了解剛出生的第一個孫子，但不敢保證時間夠多。

但是誠如你現在所知，我喜歡諮詢可信度高的人，然後用多方歸納法綜合他們的看法，而不是別人說什麼最好，就照單全收，即使是專家的建議也一樣。所以我請我的私人醫生格雷澤（Glazer）博士居間安排我和四位這個領域的專家會面。

我第一個拜訪的是一家大型癌症醫院的胸腔外科主任。她解釋說，我的病情快速惡化，然而跟第一個醫生的說法相反的是，她認為外科手術治療應該可以治癒。這個手術要切除我的食道和胃，再把我的腸子和剩下小部分的食道連接。她估計我死在手術台上的機率為10%，殘障的機率70%，但是開刀可增加存活的機率，所以她的建議顯然值得慎重考慮。當然，我希望她和最初診斷我的醫生談

一談。那位約翰霍普金斯大學的醫生建議我觀察和等待。我當場打電話給原本的醫生，看看兩人對於對方的建議有什麼說法。結果真的令我眼界大開。這兩位醫生當面告訴我的話，跟他們在電話中講的完全是兩回事，他們盡量縮小歧見，並顧全對方的面子，把同行之間的禮貌看得比討論最佳解決方案更重要。儘管如此，他們的意見不一致毋庸置疑，聽取了他們的意見，讓我有更深入的了解。

第二天，我會晤第三位醫生。他是世界著名的專家，在另一家備受推崇的醫院擔任研究員。他告訴我，只要每三個月做一次內視鏡檢查，我的身體情況基本上沒有問題。他解釋說，我的病情就像皮膚癌，但是長在體內，如果定期追蹤，任何新的組織增生在轉移至血液之前被切除，就不會有事。據他的研判，患者以這種方式追蹤觀察，結果與那些開刀切除食道的患者沒什麼不同。簡單地說：他們沒有死於癌症。除了偶爾要接受檢查和一些醫療程序之外，他們的生活如常。

長話短說：在四十八小時的過程中，我經歷了可能被判死刑、可能有辦法治癒，而這個辦法基本上需要開腸剖肚，然後終於發現了一個只有輕微不便的簡單療法，也就是追蹤觀察異常增生，在可能造成任何傷害之前，將病灶切除。難道最後的這位醫生是錯的？

格雷澤博士和我繼續會晤另外兩位世界級的專家。他們兩人一致認為，做內視鏡檢查沒有害處，所以我決定接受這個醫療程序。在這個過程中，他們從我的食道切下一些組織，送到實驗室化驗。幾天後，距離我的六十四歲生日還有一週的時間，我拿到了化驗報告。至少可以說，結果令人震驚。切片檢查後發現，原來我根本沒有高度表皮異常增生！

連專家也會犯錯。我只是強調以極度開放的態度,多方歸納聰明人的看法,這麼做是值得的。當初要不是我積極徵詢其他人的意見,現在我的人生可能不同。我的重點是,只要抱持開放的態度,多方歸納可信任之人的看法,你就可以大大提高做出正確決定的機率。

3.5 你應該留意的態度封閉和態度開放的特徵。

分辨態度開放的人與態度封閉的人,方法很簡單,因為他們的行為截然不同。下面有一些線索可以告訴你,你或其他人的心態是否封閉:

1. **態度封閉的人不希望他們的想法受到挑戰。**要是得不到對方的認同,通常他們的反應是沮喪,而不是好奇為什麼對方有不同的意見。判斷錯誤讓他們感覺糟糕,他們感興趣的是證明自己是對的,而不是徵詢別人的觀點,從中學習。
   態度開放的人比較好奇為什麼意見會不一致。有人提出異議,他們不生氣。他們知道總是有出錯的可能性,值得花一點時間考慮他人的意見,以確保他們沒有疏漏或犯錯。

2. **態度封閉的人,大都是陳述意見,而不是提問。**雖然可信度高的人有權在某些情況下表述,但真正態度開放的人,甚至連我認識的最信得過的人,總是會問很多的問題。低可信度的人經常告訴我,他們的表述其實隱含了提問,話雖如此,但其表述算是信心不足的陳述。儘管有時他們說的是真的,但根據我的經驗往往不是。

態度**開放**的人真的相信他們可能是錯的；他們發自真心提出問題，同時進行相對可信度的評估，來決定他們扮演的主要角色應該是學生、教師或同儕。

3. 態度**封閉**的人比較在意自己是否被理解，而不是自己是否理解別人的觀點。出現意見不合時，他們容易不假思索地認為別人不了解自己，而不會覺得他們才是不了解對方觀點的人。

   態度**開放**的人覺得必須從別人的角度看事情。

4. 態度**封閉**的人會說「我可能是錯的……但我認為」之類的話。這是我經常聽到的典型暗示。這通常是一種敷衍的說法，相信自己態度很開放，卻又堅持己見。如果你的陳述以「我可能是錯的」或者「我說的可能不是真的」開頭，接在後面的應該是一個問題，而不是主張。

   態度**開放**的人知道何時表述，何時提問。

5. 態度**封閉**的人會阻止別人說話。如果對話時，看似沒有留給對方講話的餘地，可能就是阻止你說話，為了避免這種情形發生，執行我前面提到的「兩分鐘規則」。

   態度**開放**的人總是善於傾聽；他們鼓勵別人發表意見。

6. 態度**封閉**的人難以接受兩種想法同時存在，他們不能容納別人的見解。

   態度**開放**的人可以接受別人的想法，同時不失獨立思考的能力——他們可以接受兩種或兩種以上互相矛盾的意見，審慎評估它們的相對優點。

7. 態度**封閉**的人不懂得謙卑。心存謙卑通常是因為經歷過重大

挫折，領悟到人外有人天外有天的道理。

態度開放的人戰戰兢兢，生怕自己做錯。

一旦你分辨得出態度開放與態度封閉的人的不同，你會希望在自己身邊的是態度開放的人。這不只會使你的決策更有成效，你也會學到很多寶貴的經驗。幾個好的決策者群策群力，遠勝過一個好的決策者孤軍奮鬥──甚至最好的決策者，在其他優秀的決策者協助下，也能大幅提高決策品質。

3.6　了解如何才能讓態度變得極度開放。

不管你現在的心態有多麼開放，你都可以不斷學習。練習方式如下：

a.**經常用痛苦來引導自己好好的反思。**精神上的痛苦往往因為是太執著於一個觀念，當這個觀念受到挑戰時，便非常難受。如果對方針對你，直言你的弱點，更會讓你情緒失控。這種精神上的痛苦是一個訊號，暗示你可能是錯的，你需要好好思考這個問題。若要好好思考，首先必須讓自己冷靜下來。這可能有點困難：你大概會察覺到你的頭部肌肉收縮、身體緊繃，或是出現厭煩、惱火或易怒的情緒，這顯示你大腦的情緒中心「杏仁核」被啟動。注意這些情緒何時來襲。留意這類心態封閉的訊號，偵測到訊號就是暗示你應該控制行為，引導自己虛心受教。經常這樣做，將加強「高層次的你」的掌控能力。你做得越多，內心就變得越強大。

b.**讓態度開放成為習慣。**你的生活不過是你習慣養成的結果而已。如果你一直把憤怒／沮喪的感覺當作暗示，告訴自己要冷靜、

慢下來，三思而後行。久而久之，你會發現，你負面情緒出現的次數會大幅減少，會直接進入我剛才提到的練習虛心傾聽。

當然，當下很難做到，因為「低層次的你」的負面情緒能量十分強大。令人欣慰的是，即使你在當下難以控制自己，這種「杏仁核綁架」❸的狀態也不會持續太久，你不要在情緒來襲時馬上反應，給予「高層次的你」好好反思的空間，也可以請你尊重的人來幫你。

c.**了解你的盲點**。你抱持封閉的態度，而你的意見又落在你的盲區時，可能導致要命的結果。由於你沒有看到別人看到的事情，使你一再做出糟糕的決定，所以花一些時間把失誤的情況記錄下來。請別人幫你找出盲點，尤其是那些曾經發現你失誤的人。列一張清單，貼在牆上，盯著它看。如果你真的發現自己即將做出決定（特別是重大的決定），符合其中一項，而且沒有諮詢他人，你就要知道自己冒了很大的風險，不要心存僥倖。

d.**如果一些可信任的人說你做錯了，而你是唯一一個不覺得有錯的人，就要設想你可能存有偏見**。這時要客觀！雖然有可能你是對的，他們是錯的，你也應該從吵架模式切換到「提問」模式，比較你與他們的可信度，必要時請你們都尊重的中立者出面協調，打破僵局。

e.**靜坐冥想**。我練習「超覺靜坐」，幫助我心態更加開放、以更高的層次看事物、平心靜氣以及創意思考。靜坐冥想幫助我放緩

---

❸ 心理學家兼科學記者丹尼爾‧高曼（Daniel Goleman）在《EQ》（*Emotional Intelligence*）一書發明了這個名詞。

腳步，讓我保持冷靜，遇到混亂局面也能沉著應對，宛如忍者在街頭打鬥中一樣從容。我的意思不是你非冥想不可。我只是告訴你，冥想對我和許多人有所幫助，我建議你認真考慮研究這個方法。

f.你的決策要以證據為基礎，鼓勵別人比照辦理。 大多數人並未仔細思考事實，客觀地衡量證據後得出結論。相反地，他們根據深層潛意識的願望篩選證據，以符合他們的願望。你可以透過訓練意識到這種潛意識過程正在發生，及時懸崖勒馬，或是讓別人攔阻你。當你快要做出一個決定時，捫心自問：你能說出致使你抱持此一意見的明確事實（即可信任的人不會反駁）嗎？如果不能，你的決策可能不是以證據為基礎。

g.盡量幫助別人也做到態度開放。 以冷靜和講道理的態度提出你的意見，有助於避免引發其他人的「戰鬥或逃跑」動物本能／大腦杏仁核反應。你願意講道理，預期別人也願意講道理。請他們指出支持他們觀點的證據。請記住，這不是爭論；這是公開探討什麼是真實的。證明你理解他們說的話，會有助益。

h.善用以證據為基礎的決策工具。 我提出的這些原則旨在幫助你控制低層次／動物的你，由更好的高層次決策腦負責掌控。

假如你能夠完全關閉大腦的下半部，改成連接一台決策電腦，這台電腦會傳送給你邏輯推論的指令，就像我們的投資系統的電腦程式一樣，你覺得如何呢？假設這台以電腦為基礎的決策機器過往的成功紀錄遠勝於你，因為它可以做更多的邏輯運算，處理的資訊更多更快，做決策時不會被情緒綁架。你會用這台機器嗎？在職業生涯中，我遭遇諸多挑戰，一路走來我創造出這樣的工具，我相信沒有它們，我不會那麼成功。我深信在未來的幾年，這類「機器思

考」工具將繼續發展，聰明的決策者將學習如何將它們融入他們的想法。我奉勸你了解這些工具，並考慮使用它們。

　　i.**知道什麼時候最好停止爭論，要對你的決策過程充滿信心。**獨立思考且為信念而戰很重要，但是有時候，停止為自己的觀點據理力爭，接受可信任的人認為最好的做法，才更有智慧。這點可能極難做到。但態度開放，相信你信得過的人一致的見解比你的想法更好，才是明智之舉，而且最終的結果對你更有利。如果你不了解他們的觀點，你可能只是對他們的想法視而不見。如果所有的證據和可信任的人都不認同你，你卻一意孤行，那麼你的自大將帶來風險。

　　真實的情況是，雖然大多數人的態度可以變得極度開放，可是有些人即使已經多次嘗到自以為是的苦果，卻依然冥頑不靈❹。不學習極度開放的人不會經歷蛻變，蛻變才能讓他們進步。我自己不得不從失敗中記取教訓，尤其1982年差點破產，讓我學會了謙卑。開放的態度並不意味著失去主見。事實上，由於態度開放增加了決策正確的機率，應該更有自信。對於經歷過慘賠的我來說，確實如此，這也是我能夠降低風險，創造更多成功的原因。

---

❹　原注：有一些可能是所謂的鄧寧—克魯格效應（Dunning-Kruger effect）的結果。鄧寧—克魯格效應是一種認知偏差，那些能力差的人認為自己比真實情況更優秀。

要成為真正態度開放的人需要時間。就像所有真正的學習一樣，抱持開放的態度主要是習慣問題；你多做幾次，幾乎成為本能反應，你會發現自己不能容忍別的做法。前面提到，這通常需要大約十八個月的時間，這點時間對人的一輩子來說根本不算什麼。

你準備好迎接挑戰了嗎？

對我來說，人生中只有一個重大選擇：你願意努力發掘真實情況嗎？你深信追求真實攸關你的幸福嗎？你真的覺得有需要找出你或其他人做錯了什麼事，阻礙你達成目標嗎？如果其中任何一個問題你的答案是否定的，就承認你永遠發揮不了潛力。另一方面，如果你願意接受挑戰，變成一個態度極度開放的人，踏出的第一步是客觀地看自己。在下一章〈了解每個人的思考方式差別很大〉，你有機會做到這一點。

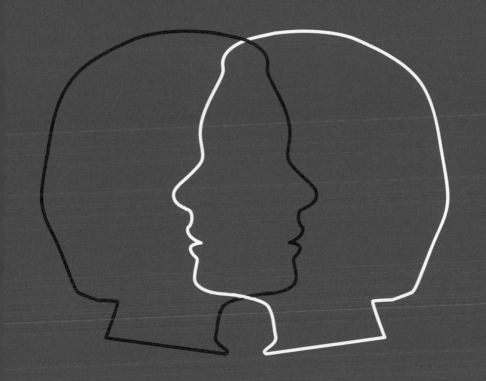

4 了解每個人的思考方式差別很大

因為每個人大腦的運作方式不同，所以我們也以不同的方式體驗現實，基本上以任何單一方式體驗到的都是扭曲的現實。我們需要承認這一點，加以因應。所以如果你想知道什麼是真實的狀況，該做些什麼，必須了解自己的人腦。

恍然大悟之後，我向許多心理學家、精神病學家、神經科學家、人格測驗專家和以及這個領域值得信賴的人請教，也看了很多書。我發現，對我們所有人來說，天生有不同的強項和弱項，比如：在常識、創造力、記憶力、融會貫通和注意細節等方面，而這是顯而易見的，但是連客觀檢視這些差異都會讓大多數科學家感到不自在。但這無損其必要性，所以這幾十年來，我努力從事這方面的研究。

結果，我學到了很多，對我有所幫助，相信也可以幫助你。事實上，我把自己的成功歸因於我對大腦的了解，一如我對經濟學及投資的了解。我將在本章分享一些令人驚奇的學習經驗。

為什麼我向神經科學尋求解答

　　離開商學院兩年後，我創立了橋水投資管理公司，必須管理員工，這還是頭一遭。起初，我以為雇用聰明的人，比如頂尖學校的高材生，應該就會找到能幹的員工，但多半事與願違，結果並非如此。通常「很會讀書」不是我需要的聰明類型。

　　我希望與具備獨立思考、創造力、概念能力以及常識性強的人共事。但是我很難找到這樣的人才，即使找到了，他們大腦的運作方式似乎不一樣，讓人傻眼，我們彷彿雞同鴨講。好比概念型、不求精準的人與做事一板一眼、講究精確的人，各說各話。當時，我們歸因於「溝通問題」，其實彼此的差異遠大於此。那對大家來說，都是痛苦的經驗，尤其在試圖合作完成重大計畫的時候，更是苦不堪言。

　　我記得多年前有一個研究專案，雄心勃勃地企圖將我們對債券市場的全球解析系統化。巴布·普林斯是專案負責人，雖然我們當時已經就工作目標以及接下來要做的事，達成概念上的共識，最後卻半途而廢。我們與巴布及其團隊開過會，商定了工作目標，並制定達成目標的策略，可是執行時毫無進展。原來問題出在概念型的人籠統地想像應該做什麼事情，他們期望一板一眼的人自己想出執行的方法。若一板一眼的人做不到，概念型的人就怪他們缺乏想像力，而一板一眼的人則認為概念型的人不切實際。更糟糕的是，雙方都不明就裡——一板一眼的人以為自己和概念型的人一樣抽象思考，反之亦然。總之，我們陷入了僵局，每個人都覺得是別人的錯——跟一群盲目、固執，或者愚不可及的人有理說不清。

當時開會對每個人都是痛苦的事。因為沒有人清楚什麼是自己的強項和弱項，大家對每一件事都表達了意見，卻沒有條理。我們討論了為什麼這個團隊失敗，這使我們進一步注意到巴布挑選的團隊成員，反映出他自己在用人方面的優點和缺點。這個過程需要彼此坦誠和聽取別人的意見，我們向前邁進了一大步，可惜沒有記錄下來，有系統地轉化成合理的改善措施，所以同樣的人一再犯下同樣的錯誤。

我們的思維方式、情緒反應都不相同，而且沒有辦法處理這些問題害慘了我們，這不是很明顯嗎？我們應該怎麼做，不處理嗎？

我敢肯定，你一定與人發生過爭執——人與人的觀點不同，對於什麼是對的無法達成共識。立意良善的好人大發雷霆、情緒激動；這令人沮喪，而且爭論到最後經常變成人身攻擊。大多數公司為了避免這種狀況出現，便阻止公開辯論，讓職位最高的人定奪。我不希望我的公司變成那樣。我知道需要深入追查我們團隊績效不能提升的原因，找出問題放在檯面上研究。

橋水投資公司大約有一千五百名員工，各司其職。有人解析全球市場；有人開發技術；還有一些為客戶服務，管理醫療保險，和其他員工福利，還有提供法律指導，管理資訊科技和設施等等。所有這些活動都需要不同類型的人分工合作篩選出最好的構想。組織團隊截長補短，就像指揮一支交響樂團。如果演奏得好，音樂美妙動聽，如果演奏得不好，就荒腔走板很可怕。

早在我開始研究大腦之前，就聽過「認識你自己」（know thyself）和「對你自己誠實」（to thine own self be true）的基本信條，可是我不知道如何著手去獲得相關知識或如何採取行動，直

到我發現每個人有不同的思考方式。我們越了解自己,就越能認識到可以改變什麼、如何改變、**不能**改變什麼,以及我們能夠怎麼處理。所以不管你準備做什麼事情——無論是你自己一個人,作為組織的成員,或是主管——你都需要了解你和別人的思維方式。

4.1 了解你和別人如何思考,才能擁有力量。

正如我在本書第一部分所說,年輕時我帶著孩子去接受蘇·昆蘭博士測驗,那次忽然領悟到每個人的思維方式不同。我發現測驗結果很值得注意,因為她不但證實了我自己對於小孩當時心智活動的觀察,同時也預測將來會如何發展。例如,我有一個小孩看到算術就頭痛。可是測驗發現他的數學推理能力很強,昆蘭就告訴他,只要熬過了小學階段所要求的死記硬背的無聊過程,隨著年齡增長,他會愛上他所接觸到的更高層次概念,果然如此。這些獨到的見解讓我茅塞頓開。幾年後,我試圖理解員工和同事不同的思維方式,便向她和其他人請益。

一開始,這些專家給我的建議有好有壞。許多人似乎更在意是否讓人感覺良好(或不覺得糟糕),而不是弄清楚事實真相。更令人吃驚的是,我發現大多數心理學家不太了解神經科學,而大多數神經科學家不太了解心理學 ──雙方都不願意承認人類大腦的生理差異與人類的才能及行為不同有關。但是最終我找到巴布·艾興格博士,他幫我開啟了心理測驗世界的大門。使用MBTI性格分類法和其他評估工具,我們發展出一個更明確、更數據導向的方式,有助於我們了解不同的思維類型。

我們的歧見不是溝通不良的結果,應該是反過來。我們不同的

思維方式導致了溝通不良。

　　藉由與專家的對話和我自己的觀察，我了解到許多心智方面的差異其實是生理因素。就像我們的身體條件決定了體能的極限。有人身材高大，有人矮小，有些人肌肉發達，有些人瘦弱。我們的大腦先天已經設定好，每個人擁有不同的心智能力。就像體能一樣，大腦的某些部分不會因為外部經驗而產生重大改變（好比拚命健身，你的骨架也不會出垷太大改變一樣），而其他部分可以透過後天的鍛鍊強化其功能（本章稍後會對大腦可塑性做更多的說明）。

　　這是我看著兒子保羅與躁鬱症奮戰三年的感想。儘管他的行為令人恐懼和沮喪，我逐漸意識到這是他大腦內的化學物質在作怪（具體來說，是大腦的血清素和多巴胺分泌不平衡）。我陪著他一路走過那個可怕的歷程，我因為試著和一個不能好好思考的人講道理，而覺得沮喪和憤怒。我經常得提醒自己，生氣沒有道理，因為他扭曲的邏輯是生理疾病所導致──我親眼看到，接受醫生的藥物治療後，他回復到頭腦清楚的狀態。這段經驗不只教我認識大腦如何運作，也讓我知道為什麼創意非凡的天才常常瀕臨精神錯亂的邊緣。有很多多產和創造力卓越的人罹患躁鬱症，舉凡歐內斯特・海明威（Ernest Hemingway）、貝多芬（Ludwig van Beethoven）、柴可夫斯基（P. I. Tchaikovsky）、文森・梵谷（Vincent van Gogh）、傑克遜・波洛克（Jackson Pollock）、維吉尼亞・吳爾芙（Virginia Woolf）、溫斯頓・邱吉爾，以及心理學家凱・雷德菲爾德・傑米森（Kay Redfield Jamison），她還公開自己的躁鬱症病史，並把對抗病魔的親身經歷寫成《躁鬱之心》（An Unquiet Mind）一書。我學到了，我們之所以不同，乃是因

為這部機器，也就是我們的大腦，運作的方式不一樣——幾乎有五分之一的美國人經臨床診斷患有精神疾病。

我明白這一切都是生理因素使然後，許多事情豁然開朗。雖然我以前曾經因為別人的選擇而動怒和沮喪，我逐漸明白他們並不是故意要把事情搞砸，他們只是根據大腦運作，把看到的事情完成。我也意識到，他們做的一些事情在我眼中是大錯特錯，而我在他們眼中也是一樣。唯一明智的做法，是以相互諒解的態度，超越自我中心的局限看待彼此，這樣我們就可以客觀地理解。這不僅使我們的意見分歧不那麼令人沮喪，也可以讓我們把組織的效能發揮至極致。

每個人都像一組由不同特質組合而成的樂高積木，每一個組件反映大腦不同部位的運作。所有的組件組合起來決定每個人的性格，要是你知道對方的性格，你就會很清楚能夠對他們有什麼期待。

a.**我們與生俱來的特質，有利有弊，全看你怎麼用。**大多數特質就像兩面刃，可能帶來好處，也可能帶來危害。天生的特質越極端，產生的結果好壞也越極端。比如，一個富有創意、目標導向的人點子多，可能會忽視也很重要的日常生活細節；他可能一心追求長期目標，以至於不屑那些專注日常生活細節的人。同樣地，一個任務導向、對細節在行的人可能會低估創意的重要性，然而更糟糕的是，可能會為了追求效率，而壓制創意。這兩種不同特質的人可能組成一個很棒的團隊，但若要善用雙方互補的優勢，可能得費一番工夫，因為他們大腦的運作方式使得彼此難以看到對方思考方式的價值。

　　倘若不清楚別人或自己的性格，便對他們（以及你自己）有所期待，肯定不會有好日子過。我是備嘗艱辛，才悟出這個道理。多年來我歷經很多令人沮喪的談話，以及因為對方受到先天限制做不到，導致期待落空的痛苦。我相信我也帶給他們很多痛苦。久而之，我意識到需要系統化的方法留存並記錄我們的差異，這樣在進行「橋水」公司人事安排時，才能積極列入考量。

　　「棒球卡」因此誕生。棒球卡是我最有價值的管理工具之一，在本書的第一部分提到過。棒球卡彙整棒球選手上的相關數據，幫助球迷了解這名球員的專長和弱點，我覺得這對我們同樣有幫助，於是決定效法，為「橋水」所有員工製作類似的卡片。

　　為了我們的棒球卡，我自行設計了個人特質的類型，採用一組已經用來形容人的形容詞，比如「概念型」、「可靠型」，「創意型」和「果決型」；採取或不採取的行動，例如：「追究責任型」和「徹底執行型」；套用人格測試的術語，如：「外向型」或「判斷型」。卡片編製完成，我還自創一套讓員工互相評價的程序，在每項領域獲得評價最高（例如，「最有創意」）的人，在該領域對其他人的評比可以加重計分。過去在某個領域的表現已經獲得肯定的人，可以在該領域得到較高的可信度或決策分量。把這些特質記錄在他們個人的棒球卡上，以前從未與他們合作過的人，就可以知道對他們可以有什麼期望。當他們的個人特質出現改變，評價也會跟著改變。如果沒有改變，我們甚至更確定對他們的期望。

　　當然，當我介紹這個工具時，因為種種原因，大家心存疑慮。有些人害怕，這些卡片不準確；有些人認為，這麼明顯地展露自己的缺點，感覺不舒服，或者擔心被貼上標籤，妨礙他們的成長；還

有人認為這太複雜，不實用。想像一下，如果你被要求對所有同事就創意、果決或可靠程度，進行強制分級評等，你做何感想。起初大多數人都覺得這樣做會很可怕。

我知道我們在記錄和考慮個人的人格特質時，態度需要極度開放，而且如果我們把流程處理得合情合理，大家的疑慮就可以化解。如今在「橋水」工作的人大多數覺得員工棒球卡不可或缺。我們已經採用一整套的工具，幫助我們更了解員工的性格，以及在哪些方面，誰是可以信任的，其他的工具將在〈工作的原則〉中進一步敘述。

已經提到，我們獨特的管理方式和累積的珍貴數據，引起一些世界級的組織心理學家和研究人員的注意。哈佛大學的羅伯特‧凱根、華頓商學院的亞當‧格蘭特、維吉尼亞大學的愛德華‧赫斯寫了很多關於我們的文章，我也從他們身上學到了很多。我從來沒有想過，我們嘗試錯誤的探索過程，竟讓學術界認為我們開風氣之先，在組織內促成成員的個人發展。正如凱根在《人人參與的文化》（*An Everyone Culture*）一書中的敘述：「從每次一對一會議的個別經驗、討論問題和棒球卡……科技整合過程，到整個公司每天更新進度匯報和案例的做法，橋水已經建立了一個生態系統，來支持成員追求個人發展。這個系統幫助公司裡的每個人勇於面對事實，認清真實的自己。」

我們的探索之旅正值神經科學蓬勃發展的時代。由於大腦成像技術以及收集、處理大數據的能力日新月異，我們對這方面的了解已經加速前進。如同所有的科學隨時會有新突破一樣，我相信現今很多我們以為是真實的事情，很快會升級換代。不過我真的領略

到，了解我們兩耳之間的思考機器如何運作，有多麼的美好和受用。

以下是我學到的一些東西：

人類大腦甚至比我們所能想像的還要複雜。估計大腦有八百九十億個微型計算機（稱為神經元），透過數兆個被稱為軸突和化學突觸的「電線」，相互連結。正如大衛・伊葛門（David Eagleman）在他的大作《躲在我腦中的陌生人》（*Incognito*）的描述：

> 你的大腦由所謂的神經元和神經膠質細胞的細胞構成，有數以千億個。每一個細胞如同一個城市般複雜……這些細胞（神經元）連結在一個令人咋舌的複雜網絡中，複雜到人類的語言無法形容，新的數學定理也難以計算。每個神經元之間約有一萬個連結。倘若有數百億個神經元，這意味著一立方公分的腦細胞，裡面的神經連結多到如同銀河系的點點繁星。

我們的大腦與生俱來先人累積數億年的學習經驗。例如，維吉尼亞大學的研究人員指出，很多人看到蛇會害怕，但沒有人看到花會害怕。人類大腦天生就知道蛇是危險的，花沒有危險性。這是有原因的。

所有的哺乳類動物、魚、鳥類、兩棲動物和爬行動物的大腦擁有一套宏偉的設計，在近三億年前就有，然後一直不斷演化。就像汽車有不同的車型，如：轎車、休旅車、跑車等等，都是從大致相

同的基本零件演變出來，所有脊椎動物的大腦也有類似的區域，做類似的事情，但會順應各個物種特定的需求而變化調整。例如，鳥類大腦的枕葉（occipital lobes）較優越，因為牠們需要從高空發現獵物（和掠食者）。我們人類認為自己整體上優於其他物種，是因為我們過度強調自身優勢的重要性，其他物種也可以仗著自身具備的優勢，理直氣壯地說自己是萬物之靈——鳥類能夠飛行、視覺敏銳，利用感受地磁的能力作為導航依據；大多數動物嗅覺靈敏；還有幾種動物顯然特別能享受交配的快樂。

「所有脊椎動物共有的大腦」是從下而上演化。在腦的演化史上，下層的區域最古老，而最上層的區域則出現得最晚。腦幹（brainstem）調控人類和其他物種維持基本生命機能的潛意識過程，包括心跳、呼吸、神經系統，以及警醒和警覺程度。往上一層是小腦（cerebellum），負責接收來自感覺系統的訊息，將這些訊息與肌肉進行協調，讓我們能夠控制肢體運動。然後是大腦（cerebrum），其中包括基底核（basal ganglia，掌管習慣）和邊緣系統（limbic system）的其他區域（控制情緒反應和一些運動）以及大腦皮質（cerebral cortex，掌管回憶、思想和意識）。最晚出現也最進化的大腦皮質，乃是皺褶彎曲成一團，看起來像一堆腸子的灰質，被稱為新皮質（neocortex），負責學習、計劃、想像以及其他高層次思考的功能。人類新皮質所占大腦灰質比例遠高於其他物種。

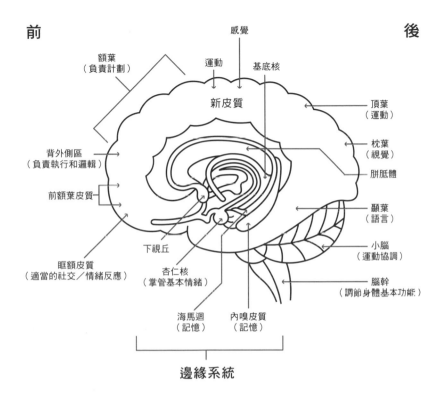

前　　　　　　　　　　感覺　　　　　　　　　　後

額葉
（負責計劃）　　　　運動　　基底核

新皮質

頂葉
（運動）

枕葉
（視覺）

胼胝體

背外側區
（負責執行和邏輯）

前額葉皮質

顳葉
（語言）

小腦
（運動協調）

腦幹
（調節身體基本功能）

眶額皮質
（適當的社交／情緒反應）

杏仁核
（掌管基本情緒）

下視丘

海馬迴
（記憶）

內嗅皮質
（記憶）

邊緣系統

4.2 有意義的工作和有意義的人際關係，不僅是我們自己的好選擇，也是天生的需求。

神經學家、心理學家和進化論者一致認為，人天生有與社會互動、互助合作的需求，而且也樂在其中。我們的大腦有此需求，然而有了社會合作行為，大腦演化得更好。從社會合作中獲得有意義的人際關係，讓我們活得更快樂、更健康而且更有創造力；社會合作也是有效工作不可或缺的一部分。互助合作是作為人類的基本特徵之一❶。

倫納德‧曼羅迪諾（Leonard Mlodinow）在他的大作《潛意識正在控制你的行為》（*Subliminal*）中寫道：「我們通常認為我們（與其他物種）不同在於智商。但是我們的社會智力（social IQ）才應該是主要不同的特質。」他指出，人類具有獨特的能力，能夠理解其他人的人格特質，以及他們可能的行為表現。大腦內建了發展這種能力的程式；大多數孩童四歲時，就能看出別人的心思。人類的這種理解與合作，正是我們作為一個物種能夠有此成就的原因。曼羅迪諾進一步解釋：「例如：打造一輛汽車需要數千人參與，這些擁有不同技能的人，在不同的地方，執行不同的任務。像鐵之類的金屬必須從地下挖出提煉並加工；玻璃、橡膠和塑膠必須利用許多化學前驅物製造、塑型；必須生產電池、散熱器和無數其他零件；必須設計電子和機械系統；這所有的東西必須匯集在一起，經過多方的協調，送到一家工廠，才能組裝成一輛車。甚至今天早上你在開車上班的路上，可能喝咖啡，吃貝果，咖啡和貝果都是世界各地人類活動的結果。」

普利茲獎得主愛德華‧威爾森（Edward O. Wilson）在其著作《人類存在的意義》（*The Meaning of Human Existence*）中推測，一、兩百萬年前，我們的祖先介於黑猩猩和現代智人（homo sapiens）之間，大腦在演化的過程中發展出互助合作的概念，這樣

---

❶ 原注：許多數據顯示，人際關係是最大的回報。人際關係對健康和幸福的重要性，是其他東西比不上的。舉例來說，哈佛大學針對各式各樣社經背景的成年男性，追蹤調查其生活長達七十五年。主持這項格蘭特及葛魯克研究（Grant and Glueck study）的羅伯‧沃丁納（Robert Waldinger）教授說：「你可以擁有錢財、成功的事業，健康的身體，所有你想要的一切，可是沒有友情、親情和愛情，你不會快樂……美好的生活是建立在良好的關係上。」

人類可以從事打獵和其他活動。這導致人類前額葉皮質（prefrontal cortex）區域的記憶和推理中樞，比其他靈長類近親更發達。由於群體的力量比個人更強大，我們的大腦經由演化，發展出管理大型群體的能力，群體之間的競爭變得比個人之間的競爭重要，展現合作精神的群體，表現優於不互助合作的群體。這也導致利他行為、道德意識、良知和榮譽感的產生。威爾森解釋說，人類與生俱來的兩股極端力量的衝突也永遠停止，因為「個體選擇助長罪惡，群體選擇提升美德」。

　　組織裡面這兩股力量（自我利益或集體利益）爭鬥，最後哪一方會勝出，因組織文化而異，組織文化又會因組織成員而異。但顯而易見，集體利益是最佳選擇，不僅僅對組織如此，對組織裡面的個人也是如此。如同我稍後在〈工作的原則〉解釋的那樣，大家合作把餅做大，所得到的回報大於以自我利益為中心，所謂的回報不僅僅是每個人得到的有多少，還有我們大腦運作產生的心理報酬，使我們活得更快樂、更健康。

　　藉由了解大腦的演化史，我們可以鑑往知來。顯然大腦已經從不思考、以自我為中心，朝更抽象、更關注全世界的方向演化。例如，我所描述的大腦演化，讓我們（有些人超過其他人）有能力，從更高層次、全方位地看待自己和自身的處境。有時候，甚至把整體看得比自己更重要。

　　幾年前，我與達賴喇嘛有過一次對話，我向他解釋當代神經科學的觀點，即我們所有的思維和感覺都是因為生理機能（換言之，我們的大腦像一台機器般運作，也就是大腦裡面的化學物質、電力和生物學）的緣故。這暗示靈性的產生，是由於這些生理機制，而

不是來自神的力量，所以我問他對此有何想法。他毫不猶豫地回答：「非常正確！」他並告訴我隔天他將會晤威斯康辛大學神經科學教授，而這位教授曾經幫助他了解這一點，他邀請我同行。遺憾的是，我無法一起前往，可是我向他推薦一本我讀過的相關書籍《精神大腦》（*The Spiritual Brain*）（我也向你推薦這本書）。在我們的談話中，我們繼續討論靈修與宗教之間的相似與差異。他的觀點是，禱告和冥想對大腦的影響類似，都會產生共同的靈性感覺（超脫自我，感覺到與天地有更大的連結），可是除了這種共同感覺之外，各宗教都各自增加了不同的迷信。我無意在這裡用三言兩語總結達賴喇嘛的想法，如果你有興趣進一步了解，我推薦達賴喇嘛的著作《超越生命的幸福之道》（*Beyond Religion*）。

　　想像一下我們未來的思考會是什麼樣子，仔細想想人類可以自行改變大腦的運作方式也是有趣的事，當然這要借助醫藥和科技。有鑑於基因工程方面的進展，基因工程師為了不同的目的，混合和搭配不同物種大腦的特徵指日可待。比方說，想要提高視覺的敏銳度，基因工程師可能操縱人類的大腦，使大腦的視葉（optic lobes）長得更像鳥類。但是因為這類事情不會很快發生，所以我們就回到實際的問題，想想如何幫助我們跟自己以及別人有更好的互動。

4.3 了解大腦激烈的主控權之爭，和如何控制戰局，得到「你」想要的結果。

　　以下部分探討你的大腦為了控制「你」所使出的各種招數。我將提到神經生理學家認為掌控特定思考和情感功能的大腦具體區

域，不過實際的生理學要複雜得多，而且科學家才剛開始了解這個領域。

a.要知道，意識和潛意識在交戰。 在這本書的前面，我介紹了「兩個你」的概念，解釋了「高層次的你」可以用什麼方式看待「低層次的你」，以確保「低層次的你」不會暗中破壞「高層次的你」想要做的事情。雖然我經常在自己和別人身上看到這「兩個你」在交戰，直到我經由學習知道它們為什麼存在，才真正了解它們。

像動物一樣，影響我們決策的許多因素，表面上看不出來。動物不會「決定」要飛行或打獵、睡覺或打架，不像我們會選擇要做什麼事，動物只是聽從大腦潛意識區域發出的指示行事。來自大腦相同區域同類型的指示，有時理由充分，為了進化，有時對我們不利。我們潛意識的恐懼和欲望，透過愛、恐懼和靈感等情感，驅使我們採取行動。然而這是生理的機制。比如，愛就是腦下垂體（pituitary gland）分泌的多種化學物質（如：催產素）的混合體。

我以前一直以為合乎邏輯思考的對話是讓人了解真實狀況最好的方式，可是對大腦有了這層新的認識之後，我開始明白我們的大腦有很多區域做的事情都不合邏輯。例如，我了解到當一般人提到他們的「感受」，譬如說：「我覺得你對我不公平」，通常指的是來自大腦潛意識、情感區域的訊息。我也了解到，雖然我們有些潛意識區域屬於獸性，可能帶來危險，可是也有些潛意識區域比有意識區域更聰慧敏捷。我們腦中的靈光一現經常來自潛意識。我們經歷創意突破的美好時刻，往往是在心情放鬆，腦袋放空，通常是未啟動大腦新皮質區的時候。當你說「我剛剛想到了某件事」時，你注意到你的潛意識告訴你的意識某件事。經由訓練有可能打開這個

溝通的管道。

許多人只看到有意識的心智，並不知道把意識與潛意識連結的好處。他們相信，要更有成效，就要把更多的思想塞進意識中，讓意識努力工作，往往結果適得其反。雖然似乎違反直覺，可是停止思考才是取得進步的最佳途徑。

知道了這一點，我現在明白了為什麼我放鬆（像淋浴）的時候，會靈機一動，以及冥想如何幫助打開意識和潛意識的連結。因為它是生理的，實際上我可以感覺到創意巧思從別處流入我的意識中。了解其運作方式，令人興奮。

但是值得注意的一點是：潛意識的想法和指示出現時，不要立刻依照指示採取行動，我已經養成習慣，會用我有意識的邏輯思考再詳加檢視。我發現，這麼做除了幫助我弄清楚哪些想法是有效的，為什麼我會採取行動，也開啟我的意識和潛意識的溝通大門。記錄這個過程與結果是有幫助的。事實上，我的「原則」就是這樣問世的。

如果你不清楚本章的重點，請注意你的潛意識，注意它會如何傷害你和幫助你，以及如何透過意識來反思潛意識發出的指令，也許在別人的幫助下，你可以活得更快樂，做事更有成效。

b.**要知道，感覺和思考一直在鬥爭。**沒有什麼戰鬥比人類感情（主要由大腦的杏仁核掌管，透過潛意識運作）和理性思考（主要由前額葉皮層掌管，有意識地運作）之爭更精彩。如果你明白兩者的矛盾如何產生，你就會了解為什麼協調你的潛意識與意識那麼重要。

那該死的杏仁核，深藏於大腦一個小小的杏仁形狀構造，卻是

你大腦最強大的區域之一。它控制你的行為，即使你根本沒有察覺到。它如何運作？當我們對某件事物感到不安的時候──可能是一種聲音、一種景象或僅是一種直覺──杏仁核就告訴我們的身體準備戰鬥或逃跑，這時心跳加速、血壓升高、呼吸急促。在與人爭論時，你經常發現自己的反應類似恐懼反應（例如，心跳很快和肌肉緊繃）。如果意識到這一點，你的意識中心（位於前額葉皮質）就可以拒絕服從杏仁核的指示。通常「杏仁核綁架」來得急去得快，僅少數例外，譬如經歷一樁特別可怕的事件，或因一連串的事件而罹患創傷後壓力症候群的人。知道杏仁核綁架後，你就明白如果你讓自己在衝動之下做出行為反應，容易反應過度。你也可以安慰自己，不管你心裡有多痛苦，過沒多久都會煙消雲散。

c.協調你的情感與思考。對大多數人來說，生活就是大腦這兩塊區域之間永無止境的戰鬥。杏仁核的反應來得急也去得快，前額葉皮質的反應則漸進、恆定。能引導自己進行個人進化並達成目標的人，與不能個人進化並達成目標的人之間的最大差別，在於求進步的人會反省哪些事情會誘發自己出現「杏仁核綁架」現象。

d.好好選擇你的習慣。行為習慣可能是大腦的工具箱中最強大的工具。習慣係由大腦底部高爾夫球大小的組織「基底核」驅動，深植於大腦，屬於本能反應，我們沒有意識到它的存在，儘管習慣控制我們的行動。

如果你一而再、再而三做一件事，經年累月，會養成一種控制你的習慣。好的習慣是「高層次的你」想要做的事，壞的習慣就是受到「低層次的你」控制、會阻礙「高層次的你」達成目標的事。如果你明白大腦的這個區域如何運作，你可以創造一連串更好的習

慣。例如，你可以培養一種習慣，讓你「需要」去健身房運動健身。

培養習慣需要一些工夫。第一步是認識習慣是如何養成。習慣基本上是慣性行為，這是一種會讓你繼續做你之前一直做的事（或不做你以前沒做的事）的強烈心理傾向。研究顯示，如果你堅持一種行為大約十八個月，你會建立一種幾乎永遠堅持下去的傾向。

有很長一段時間，我不了解習慣控制人的行為到什麼程度。我在橋水體會到公司裡的人理論上同意我們的工作原則，但行動上卻難以貫徹。我也觀察朋友和家人，也發現他們心裡想要實現理想，可是其行為模式並不符合自身最佳利益。

後來我拜讀查爾斯・杜希格（Charles Duhigg）的暢銷書《為什麼我們這樣生活，那樣工作？》（*The Power of Habit*），真的讓我眼界大開。如果你對這個主題有興趣，建議你親自閱讀。杜希格的核心思想認為每種習慣是三個步驟形成的「循環迴路」。據杜希格的說法，第一步是一個線索，某個「啟動裝置，告訴你的大腦進入自動模式和使用哪種習慣」。接著出現一種常規，可能是生理上、精神上或情感上。最後會有回報，協助你的腦袋釐清，為了你的未來著想，這個特定的迴路值不值得牢記在心。久而久之，線索、常規、獎勵的循環變得越來越自動反應。這種期待和渴望是動物訓練師所說的「操作制約」的關鍵。操作制約是動物訓練師使用的一種正面強化（positive reinforcement）訓練方法。例如，馴狗師就是利用聲音（通常是一個響片），讓狗把這個聲音，與牠渴望得到的獎勵（通常是食物）聯想在一起，來強化行為，直到狗只要一聽到這個聲音，就會執行馴狗師的指令為止。杜希格說，對人類

來說，獎勵可以是任何事情，「從食物、引發身體感覺的藥物，到情感的回報，如：獲得稱讚而感到自傲或得意」。

習慣會使你的大腦進入「自動駕駛」狀態。以神經科學的術語來說，由基底核接管大腦皮質的工作，所以你可以不假思索的行動。

杜希格的書教導我，如果你真的想改變，最好的做法是選擇要培養哪些習慣，要改掉哪些習慣，然後開始執行。我建議，寫下對你傷害最大的三個壞習慣。立刻行動。現在挑其中一個習慣，下定決心努力戒除。你做得到嗎？執行的結果影響深遠。如果你把三個壞習慣全部改掉，你的生活軌跡將大大改善，你也可以選擇想要培養的習慣，進一步養成。

我自己養成最有價值的習慣，是利用痛苦激勵自我反省。如果你能夠養成這個習慣，就會知道什麼事情會令你痛苦，思考如何調適，這對工作成效的影響卓著。

e.用慈愛和毅力來訓練「低層次的你」，建立好習慣。我曾經以為，「高層次的你」需要與「低層次的你」搶奪控制權，但時間一久，我明白了更有效的方式是像教導小孩般堅持用慈愛循循善誘，來訓練潛意識和情緒性的你，進而養成正確的習慣。

f.了解右腦與左腦思考的差異。正如你的大腦，上半部是有意識的區域和下半部是潛意識的區域，它也分為左右兩半，被稱為大腦半球（hemisphere）❷。你可能聽說過有的人慣用左腦思考，有的人慣用右腦。這可不是隨便說說。加州理工學院羅傑・史佩里（Roger Sperry）教授因研究大腦左右半球分工理論而榮獲諾貝爾醫學獎。簡單地說：

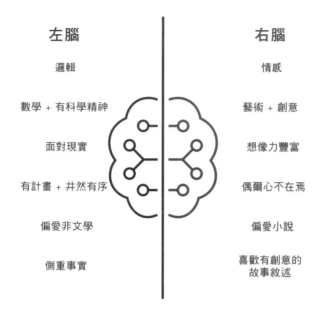

1. 左腦善於推理、處理細節，以及線性分析。「左腦型」或「線性」思考的人，分析能力強，常被人說「聰明」。

2. 右腦思考善於觸類旁通，認識主題，以及綜觀大局。「右腦型」或「發散」思考的人，較有街頭智慧，常被人說「機靈」。

上邊的圖表總結「右腦」或「左腦」思考類型的特點。

---

❷ 原注：丹尼爾·品克（Daniel H. Pink）寫了一本關於這個主題的好書《未來在等待的人才》（*A Whole New Mind*），羅伯·李·霍茨（Robert Lee Hotz）在《華爾街日報》（*The Wall Street Journal*）撰寫了〈錯亂的思維能洞察一切〉（A Wandering Mind Heads Straight Toward Insight）的好文。雖然大腦的許多區域分成兩半，但研究顯示，只有最晚發展、占大腦四分之三的皮質，其左邊與右邊有功能上的差異。

大多數人慣用一邊的大腦思考，使得他們難以理解使用另一邊大腦思考的人。我們的經驗是左腦思考的人往往覺得右腦思考的人「空洞」、「抽象」，而右腦思考者容易覺得左腦思考者「死板」、「狹隘」。了解自己和別人的性格傾向、明白兩種思考方式都很重要，並善用左右腦的功能，這麼做會產生美妙的結果，我親眼見證過。

　　g.**了解大腦結構和功能可改變與不可改變的程度**。這時我們遇到了一個重要問題：我們的大腦可以改變嗎❸？我們可以學習新知和技能，但我們也可以藉由後天學習來改變慣用的思考方式嗎？答案是在某些條件下可以改變。

　　大腦可塑性指的是人腦改變其「神經連結」的能力。長期以來，科學家相信，只要過了兒童發展的某個關鍵期，大部分的大腦神經連結已經定型，極不可能出現改變。但最近的研究顯示，透過腦力運動、學習和冥想等各式各樣的練習，可造成大腦出現物理和生理的改變，影響我們的思考和記憶能力。威斯康辛大學的一項研究發現，用一萬多小時練習打坐的佛教僧侶腦中的伽瑪波（gamma waves）明顯較強；伽瑪波與知覺和解決問題能力有關❹。

　　這並不意味著大腦的可塑性無限大。如果你偏好某種思考方

---

❸　原注：這是一個重大的問題。專家都致力研究這個問題，可是沒有權威性的答案，當然我的答案也不具權威性。但了解大腦的結構和功能會因生活經驗出現什麼變化，對於管理自己與別人很重要，我已經深入研究大腦可塑性的問題。我會將學習心得搭配自身經驗，與你分享。

❹　原注：根據哈佛大學附屬的麻薩諸塞州綜合醫院研究人員的一項腦部成像研究，經過八週的靜坐冥想，大腦會出現物理變化。研究人員發現，大腦掌管學習、記憶、自我意識、同情和內省的區域活動更頻繁，而杏仁核區域的活動減少。

式，也許可以訓練自己換另一種方式思考。久而久之，你會發現變換思考方式做起來比較容易，但你不可能改變天生的偏好。依此道理，你或許可以訓練自己變得更有創意，但如果你不是天生創造力強的人，你能做的可能有限。那就是現實，所以我們不妨接受現實，並學習如何處理。我們可以運用一些技巧克服，譬如：有創意但沒有條理的人，這時可以養成設定鬧鐘的習慣；不擅長某種思考類型的人，可以訓練自己仰賴跟你專長互補的人提供意見。最好的改變方法是勤做腦力運動。除非像前面討論的先把行為習慣的循環迴路建立起來，把獎勵與行動連結，「改變大腦的線路」，讓自己愛上學習和有益的改變，否則做腦力運動就像做體能運動一樣，會覺得很痛苦。

請記住，接受弱點是違反本能的行為，因為你的大腦一直幻想自己完美無缺。所以做任何降低本能防禦的事情需要一再的練習，並且需要在一個加強開放自我的環境中操作。

進入到〈工作的原則〉，你將會看到我已開發出一些工具和技巧，幫助個人和跨組織克服這種阻力。我不期待你或其他人改變，我發現最有效的做法通常是承認自己的弱點，並建立明確的防範之道，避免做出不該做的事。這通常也是加快成功的速度和機率的途徑。

4.4 發現你和其他人的人格特質。

由於我們與生俱來就存有偏好，所以我們的自我評量（以及對他人的評量）往往失準。使用心理測驗作為評估工具要可靠得多。心理測驗用在招聘的過程以及聘用期間，對於探索求職者的想法，

有很大的幫助。雖然心理測驗不能完全取代面談和查核背景履歷，但比起傳統的篩選方法要強得多。如果想要確實了解求職者的人格特質，我不得不在心理測驗或是傳統面試之間做選擇，我會選擇心理測驗。幸好我們不必二擇一。

我們使用四種主要的評量工具，分別為邁爾斯－布里格斯類型指標（MBTI）、職場人格量表（Workplace Personality Inventory）、團隊面向量表（Team Dimensions Profile）和分層系統理論❺（Stratified Systems Theory）。但是我們不斷在實驗中〔例如，使用五大人格特質量表（Big Five）〕，所以我們的評量工具組合肯定會變動。無論什麼工具組合，都能揭露個人在思考和行動方面的偏好。這些評量也為我們提供了新的人格特質和術語，幫助我們釐清和闡釋那些先前在自己身上發現的特質。我將在下面概略敘述，那是根據我的親身經驗和學習心得，很多方面有別於評量公司的官方描述❻。

a.**內向還是外向**。內向者關注內心世界，從想法、記憶和經驗獲取能量，外向者關注外部環境，從人際互動獲得能量。內向和外向也與溝通風格的差異有關。如果你有一個喜歡「高談闊論」的朋友（如果沒有朋友在旁邊幫他理清頭緒，他或她甚至很難把事情徹底想清楚），他或她可能是一個外向的人。內向的人通常會覺得這樣的談話痛苦，寧願自己想清楚之後才與他人分享。我發現以每個

---

❺　原注：這個測驗有助於了解如何在不同層級遊走，以及他們自然而然到達的級別。

❻　原注：如果你想親身體驗，知道自己的評估結果，請上網站assessments.principles. com。

人覺得最舒服的方式溝通很重要。例如，內向的人多半喜歡以書面形式（如：電子郵件）溝通，而不是對著一群人說話，他們也比較不願意公開批判性想法。

　　b.**直覺型**（intuiting）**還是實感型**（sensing）。有些人重視大局（森林），有些人關注細節（樹木）。依MBTI分類法，直覺型和實感型分別是這兩種性格傾向的最佳代表。你可以透過觀察，來了解一般人的偏好。比方說，在閱讀時，實感型的人注重小細節，會挑出錯字，譬如把「there」拼成「their」。直覺型的人甚至不會注意到這個錯誤。那是因為直覺型的人重視的是文章的前後文，細節放在其次。你會希望準備你的法律文件的人是實感型，而不是直覺型，畢竟法律文件的每一個字都馬虎不得。

　　c.**思考型**（thinking）**還是情感型**（feeling）。有些人會邏輯分析客觀的事實做決策，他們考慮到特定情況所有已知、可證明的相關重要因素。這是偏重思考的一個指標。你會希望你的醫生在做診斷時，也是這種思考方式。還有一些人比較重情感，在意人際關係的和諧。他們更適合需要大量同理心、人際交往、建立關係等行業，例如：人力資源和客戶服務。在做性格評估確定思考型與情感型的人做決定的方式不同之前，這兩種類型的人之間的對話真令人沮喪。現在明白這是怎麼一回事，我們碰上了性格差異，就一笑置之。

　　d.**規畫型**（planning）**還是理解型**（perceiving）。有些人喜歡凡事有計畫、有條理，有些人則喜歡有彈性和隨性❼（MBTI分類法的「判斷型」）的做事方式。規畫型的人喜歡訂計畫，依計畫行事。理解型的人則傾向於關注周遭發生的事情，隨機應變。理解型

的人，其決策方式是由外而內；他們看到事情發生，然後後退一步思考事情發生的原因和因應對策；他們也看到了很多的可能性，加以比較，從中選擇，但經常因為選擇太多，無所適從。相較之下，規畫型的人，其決策方式則是由內而外，他們會先想清楚要達成的目標和做法。規畫型和理解型的人難以彼此欣賞。理解型的人看到新的事物，經常改變方向，令規畫型的人感到苦惱。而規畫型的人在決策時，參考了很多以前類似的案例。他們認定，如果以前曾經以某種方式達成目標的話，現在應該比照辦理。同樣地，規畫型的人似乎太過僵化，不夠靈活變通，令理解型的人惴惴不安。

　　e.創造者、精鍊者、推動者、執行者還是機動者。發現個人的天分和偏好，可以把他們放在適才適性的職位。在橋水投資公司，我們使用「團隊面向量表」（TDP），幫員工搭配首選的角色。TDP測驗的結果分成五種類型：創造者、精鍊者、推動者、執行者和機動者。

- 創造者提出新的構想和原始概念。他們偏愛非結構式和抽象的活動，喜歡創新和非常規的做法。
- 推動者負責新構想的溝通與推行。他們運用感情和人脈，並管理人的因素，善於營造工作熱情。
- 精鍊者挑戰新構想。他們分析計畫的缺點。然後以客觀的角

---

❼ MBTI量表中，這種性格傾向被稱為「判斷型」（judging）（相對於「理解型」）。不過我比較喜歡用「規畫型」（planning），因為「判斷」還有其他的意涵。根據MBTI的敘述，「判斷」不等同於「評斷」（judgmental，包含主觀及衝動的意思），而理解（perceiving）亦不意味著感知（perceptive）。

度分析，去蕪存菁。他們喜歡事實和理論，並採取有系統的
方法。

・ **執行者也可以被認為是實施者**。他們確保重要活動的開展以
及目標的完成；他們聚焦在細節和最後結果。

・ **機動者是上述四種類型的結合**。他們能因時因地制宜，而且
從各個不同角度思考。

　　我使用多方歸納法把每次測驗的結果綜合整理，最後得到的
訊息會加深或質疑我腦海中勾勒的人物樣貌。例如，MBTI的測驗
結果顯示是「實感型」（注重小細節）和「判斷型」（有計畫）的
人，「團隊面向量表」的答案顯示為執行者，那麼他們很可能注重
小細節，非慣用右腦和想像力豐富的人，這意味著他們可能更適合
那些模糊地帶少、任務結構和權責較明確的工作。

　　f.注重任務還是注重目標。有些人注重日常例行工作，有些人則
關注於他們的目標以及如何達成。我發現這兩者的差異，與直覺型
和實感型很類似。那些偏重目標，以及「視覺化」能力很強的人，
經過一段時日，可以綜觀全局，更可能做出有意義的改變，為未來
可能發生的事情預做準備。目標導向的人可抽離例行公事，退後一
步反思自己現在所做的事，以及做事方法。他們最適合開創新事物
（組織、計劃等）和管理歷經大變革的組織。他們通常是最有遠見
的領導者，因為他們有能力從宏觀的角度做整體考量。

　　相比之下，那些偏重日常例行工作的人，更擅長管理改變不
多或需要確實執行的事物。任務導向的人傾向於參照已經存在的事
物做漸進式的改革。他們脫離現狀的速度較慢，而且遭遇突發事件

時，比較可能毫無防備。但從另一個角度看，他們往往較為可靠。雖然他們關注的事情看似比高層次思考的人狹隘，可是他們的角色同樣重要。如果我沒有和那些精通小細節的人合作，這本書永遠無法出版，我也幾乎完成不了其他值得做的事情

　　g.職場人格評量。我們使用的另一個評估工具是「職場人格量表」。這項測驗根據美國勞工部的數據，挑出某些關鍵特徵／特質，包括毅力、獨立性、抗壓性和分析性思考，來預測個人的行為、與工作適配度和工作滿意度。這個量表幫助我們理解接受測驗者的價值觀，以及他們在權衡事情的重要性時，如何取捨。例如，成就導向低、高度關心他人的人，可能不願意為了完成目標而得罪別人。同樣地，不善於守規矩的人也許更擅長獨立思考。

　　我們發現差不多二十五到五十個特質就可以描述一個人的性格。每樣特質都有不同的強度（如同色調一樣）。如果你知道具備哪些特質，正確地組合，就可以相當完整地描繪出一個人的模樣。我們的目標是使用測驗結果和其他資訊，來了解　個人的真實自我。我們更喜歡與當事人合作，因為這有利於提升準確度，同時對他們客觀地看待自己很有幫助。

　　某些特質的組合經常產生容易識別的原型。如果你仔細想一想，可能會想到一些你在生活中一再遇到的人物原型：空洞、不切實際的藝術家；一絲不苟的完美主義者；為了完成使命奮不顧身的拚命三郎；信手拈來奇妙創意的先知。久而久之，我還創造了其他的原型，包括塑造者（Shaper）、英國腔（Chirper）、微調者（Tweaker），和願意聽取別人意見的學習者（Open-Minded Learner），以及推動者（Advancer）、創造者（Creator）、貓的

牧人（Cat-Herder）、愛八卦者（Gossiper）、忠誠的執行者、明智的法官等等。

　　我要先聲明，原型並沒有比透過各種評量所得到的詳細資訊更管用。原型不夠精確，比較像簡單的漫畫，但是在組建團隊時就派得上用場。個別的人物總是比形容他們的原型複雜得多，而且速配的原型很可能不只一個。例如，空洞的藝術家也許是或不是一個完美主義者，或者可能也是拚命三郎。我不一一討論所有的原型，不過我將對最能代表我的「塑造者」多加著墨。

　　h.塑造者可以把想法變成現實。 在本書的第一部分，我寫了很多有關我稱之為「塑造者」的人。我用這個詞來形容有能力勾勒獨特價值的願景，往往無視別人懷疑的眼光，成功落實願景的人。塑造者既能看到大局，又能兼顧細節。依我的看法，塑造者＝遠見者＋切合實際的思考者＋堅毅者。

　　我發現，塑造者的共同特質包括：有強烈的好奇心，非把事情弄清楚不可，獨立思考幾近於離經叛道的地步，追求突破傳統的遠大夢想，並在實際可行的情況下排除萬難，堅持達成目標，以及了解自己與別人的弱點和優勢，以便籌組團隊達成目標。也許更重要的一點，他們可以讓互相矛盾的想法同時存在，並從不同的角度分析。他們通常喜歡與聰明的人談天說地，在大局和細節之間輕鬆自如地遊走，認為兩者同等重要。

　　人類在這個世界上可用的思考方式夠多。塑造者雖然很罕見，但其他天生適合做其他事的人，他們的思考和做事方式也不可或缺，如果塑造者不與別人合作，可能永遠無法成功。

　　了解人類如何思考，是人生旅程必要的第一步。不管你打算過怎樣的人生，只要你所做的符合你的本性和志向就行。我曾與世界上最有錢、最有權勢、最受敬重的一些人來往，也曾和世界最陰暗角落的最貧窮和最弱勢族群相處，我可以向你保證，只要超越了一個基本水準，快樂的程度和傳統的成功指標之間就沒有相關性。一個從木作的過程中得到最深刻滿足感的木匠，可以輕鬆過日子，生活美滿的程度相當於甚至超越美國總統。如果你從這本書學到了一點東西，我希望你能了解每個人都有優點和缺點，天生我材必有用。你最需要鼓起勇氣去做的事情不是戰勝別人，而是不管別人怎麼說，都要忠於最真實的自我。

4.5 無論你選擇什麼目標，把對的人放在對的位置是成功的關鍵。

　　無論是生活還是工作，你與其他人一起合作的最好方式，就是每個人都搭配性格互補的人，創造出最佳的個人特質組合，完成任務。

　　a.管理好自己，協調別人，以達成目標。你面對的最大挑戰，是讓深思熟慮的「高層次的你」管理情緒性「低層次的你」。最好的辦法是常常做對你有好處的事，有意識地養成習慣。在管理別人方面，我想到可以用大型的交響樂團來比喻。總其成的人是塑造者，好比不「做事」（例如：不演奏樂器，但嫻熟樂器）的樂團指揮，可是他或她能視覺化演出結果，務必使每名團員都能發揮所長。指揮要確認團員知道自己的優點和缺點以及各自負責的工作。每名團員不僅要表現出自己最好的一面，也要互相配合，讓樂團的

整體表現優於團員單獨演奏加總的效果。身為管弦樂團指揮最難做和最吃力不討好的工作之一，就是汰換那些個別演奏狀況一直不佳或無法好好與他人合作的團員。最重要的一點，指揮要確保團員依樂譜演奏，分毫不差，演奏出來的樂曲就像其腦海中出現的樂音般悅耳動聽。他說：「樂曲聽起來要像這樣」，然後確認確實如此。「低音提琴撐起整體架構。這些要連結得巧妙，這兒要有靈魂。」樂團的每一部各有其領導者──樂團首席、各個樂器的首席──也幫忙帶出作曲家和指揮的想法。

以這種方式處理事情讓我獲益匪淺。例如，我之前提到的債券交易系統化專案，有了這個新觀點，讓我們更明白彼此的差異，以及我們需要什麼。對我來說，巴布是個優秀的夥伴，掌握到我們想要解決的問題重點，可是他設計解決方案的能力略遜。他自己的身邊也沒有安排對的人。他傾向與性格類似的人合作，所以這個專案的主要副手，對他來說就是一個很棒的陪練夥伴，能在白板上擘劃重要構想，但下一步需要誰在什麼時候做什麼事，來落實構想，這方面的方案設計能力不足。這位副手的評估結果為「機動者」，意味著無論巴布想往哪個方向走，他都能隨機應變，可是他欠缺讓巴布繼續走在正確道路上所需要的明確、獨立看法。

原地踏步幾回合之後，我們採用新的性格評估工具，再根據評估結果調整人事，催促巴布換新副手。他的新副手特別擅長在不同層級穿梭遊走，擅長於宏觀的構想，以及實現構想所需要的不連貫、較小型專案。與原副手的棒球卡相比，新副手擅長獨立與系統性思考，對於如何推行巴布的重大構想有清楚的方案，這是達成目標不可或缺的能力。她還帶來其他層級的輔助者，包括一個專案經

理。這位經理不重視概念，注重具體任務的細節和最後期限。根據新團隊成員的棒球卡紀錄，可以很快發現他們的強項在於凡事有計畫、具體、推行到底，而這些都是巴布的弱項。全新的團隊到位，這個專案真的開始動了起來。達成我們的目標需要一整組的「樂高積木組合」，只要用心觀察這個樂高組合——然後出去找到缺少的積木——就能水到渠成。

　　我們以坦誠和開放的態度來了解員工的性格，無數專案因此順利推行，債券交易系統化專案只是其中之一。先聲明，我對人的心智運作如何不同，只略知一二。

　　下一章，我會把你迄今閱讀的所有內容做一番總整理，解析決策要領。有些決定你應該自己做，有些決定則應該委託給更可信的人。無論你試圖做什麼，運用自我認識（對你本身和你的能力的認識）來了解其中哪些是成功的關鍵。

5 學習如何有效地做決策

身為一個專業的決策者，我這輩子都在研究如何有效地做出決定，並且不斷尋找能提高我的準確度、最終達成我所追求一切目標的規則和系統。

我所了解的最重要事情之一，是日常決策的過程大部分屬於潛意識，這比人們普遍理解的要複雜。例如，你開車時如何決定並維持與前車的安全距離。現在請你仔細描述這個過程，好讓從未開過車的人能開得跟你一樣好，或將這過程寫成控制自駕車的電腦程式。我打賭你辦不到。

現在請思考以下的挑戰：採用一套系統化、可重複的辦法，妥善地做出你所有的決定，然後能夠清晰準確地描述過程，好讓其他人可以在同樣情況下做出同樣品質的決定。這就是我期望做的，即使結果不甚完美，也非常有價值。

儘管沒有最好的決策方法，但有些通用的規則可以做出好的決定，依序如下：

5.1 要了解：（1）有害的情緒是做出良好決策的最大威脅；（2）決策是兩個步驟的過程（先學習，再決定）。

了解必先於決定。就如第一章所解釋，你的大腦將不同類型的學習儲存在你的潛意識、你的背誦記憶庫（rote memory bank）和你的習慣裡。但不論你如何獲得知識或把知識儲存在何處，最重要的是，你按自己所知所描繪出真實且豐富的現實畫面，將影響你的決定。這就是為什麼在你學習的時候，抱持極度開放的態度並向其他可信度高的人請益，總是有好處。許多人會遇到情緒問題，妨礙他們學習做出更好的決定。提醒自己，聽聽反對意見，反正沒什麼壞處。

做決定，是選擇該運用哪些知識的過程——既包括這個特別的「是什麼」的事實，也包括你對此事基本因果機制的宏觀理解——然後加以權衡、確定做法，也就是「怎麼做」。這涉及依時間推進，考慮不同的場景，想像要如何得到一個你想要的結果。為了做到這一點，你需要權衡直接與後續、更後續結果。要做好這件事，你做決定不能只看到短期的結果，還要看到長遠的結果。

許多令人痛心的糟糕決定，是因為沒考慮到後續和更後續結果。如果你遇到的第一個不良的決策強化了你自身的偏見，尤其要命。在你提出問題並探究之前，千萬不要緊抓著第一個可用的選項不放，不管它看起來有多好。為了避免落入這個陷阱，我會確實地問自己：我有夠了解嗎？在做決定的時候我是否已充分掌握知識？經過一段時間，你會自然而然不存偏見地收集所有相關資訊，這樣

一來，你可以避免一開始就墜入不良決策的陷阱，也就是不會下意識先做出決定，然後再精挑細選資料，來支持這一決定。

但是，人要如何才能有良好的學習成效？

良好的學習成效

對我來說，準確掌握真實狀況最終可歸納為兩點：能夠準確地綜合整理（synthesize）以及懂得如何綜合考量各層級（navigate levels）。

綜合整理是把大量資訊轉換成一幅精確圖像的過程。綜合整理的品質將決定你的決策的品質。這就是為什麼將你的觀點和你所知道擅長綜合整理的人的意見加以彙整歸納，總是有好處。這會提高綜合分析能力，即使你覺得你已自行搞定。明智的人不應該拒絕一個可信之人的觀點，即使不擔心自己會出錯。

要做好綜合整理，你必須：（1）綜合現有的情況，（2）隨著時間演進綜合情況，（3）有效地綜合考慮各個層級。

5.2 綜合現有的情況。

每天你都要面對數不清的事情。我們稱這些事為「點」。為追求績效，你需要能分辨哪些點重要，哪些點不重要。有些人一輩子終其一生都在收集各種零零碎碎的觀察和意見，而不是只保留他們所需要的。他們有「細節焦慮」，老是擔心那些不重要的事情。

有時候，小事情可能很重要，例如，汽車引擎傳來的嘎嘎聲響，可能只是一塊塑膠片鬆脫，但也可能是車子的正時皮帶即將斷裂的先兆。重要的是擁有更高層次的視角，以便能對真正的風險做

出迅速和正確的判斷，而不致糾結於細節。

切記：

a.你能做的最重要決策之一，就是決定你請教的對象。要確定他們能完全掌握狀況且可以信賴。不管你想了解什麼，找到負責可靠的人並詢問他們。聽取狀況外的人的見解，要比完全沒有答案更糟糕。

b.不能全然相信你聽到的一切。意見多得是，幾乎每個人都會跟你分享他們的想法。許多人說得跟真的一樣。可別錯把意見當成事實。

c.近在眼前的每件事看起來都很不得了。從生活各方面看，今天發生的事，似乎要比日後回顧這件事時要重要許多，這就是為什麼要退一步以獲取更好的視角，有時過一段日子再做決定，會更好。

d.不要過度重視新的事物。例如，當你選擇要看哪部電影或讀哪本書時，你會選擇備受認可的經典作品或最新出爐的鉅作？我認為，選擇偉大要比選新的更聰明。

e.不要過度執著細節。一個點只是某個時刻的一份數據；你在綜合整理資訊時要記住綜覽全局。正如你需要見微知著，了解在整個過程中那個時刻發生什麼事，你需要知道自己從任何一個點能學到多少知識，不過度看重各個點。

5.3　綜合分析變化中的情況。

要了解這些點如何隨著時間推移連結起來，你必須收集、分析，並把不同類型的資訊分門別類，這做起來不容易。舉個例子，

讓我們想像一下，某一天有八件事有結果，其中有好有壞。我們用圖例來說明這一天，每一類事件都用一個字母來表示，結果的好壞則用字母所在位置的高度呈現。

好

為了用這種方式看待這一天，你必須根據事件類型（以字母表示）和品質好壞（在圖表中排列的位置越高，代表越好）將結果分類，這需要對每項結果進行大致的評估，再了以綜合整理（為了讓這個例子更為具體，想像你正經營一家冰淇淋店，W代表銷售額，X代表客戶體驗評分，Y代表新聞報導和評論，Z代表員工投入情形等等）。記住，我們所舉的是一個相對簡單的例子：只是一天裡發生的八件事。

從右邊的圖表可以看出，這　天銷售情況很好（因為W在最頂端），顧客體驗卻是很糟的（X）。你可能會猜想為何如此——也許是人潮創造出銷售佳績，卻也讓客人大排長龍。

善於將這類事件的模式理出頭緒的人極罕見，但就像大多數能力一樣，能綜合分析變化中的情勢的能力，只有部分是靠天生，就算你不擅長，也可以經由反覆練習而有所

不好

改進。只要遵循接下來的原則，就能增加成功的機會。

現在讓我們看看一個月的工作天會是什麼樣子。
感覺很困惑？

好

成果好壞

壞

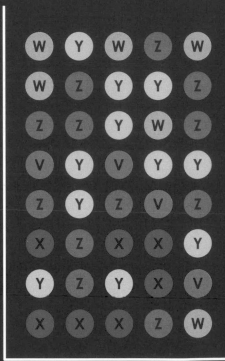

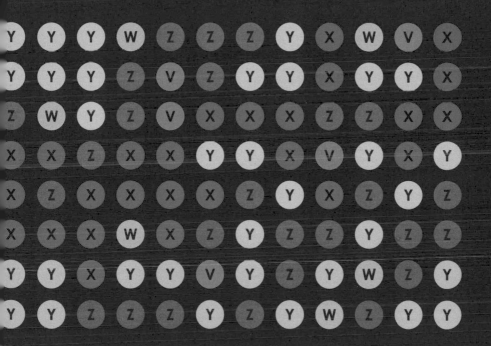

時間

下圖只顯示 X 類型的點，
你會看到情況在改善。

好

成果好壞

壞

X   X   X

                    X

X   X   X

時間

　　a.**牢記在心改善事物的速度和水準，以及兩者之間的關係**。當你在決定某樣事物可被接受的改善速度時，它的水準與改善速度之間的關係很重要。我常見到有人忽略這一點。他們說「情況越來越好」，卻沒注意到落在標準線下多少，以及改善速度能否在可接受的時間內達到標準。假如有人考試得到三十和四十幾分成績，幾個月後分數提高到五十多分，若說他們正在變好確實沒錯，但他們仍嚴重落後。你生活中所有重要的事物，都需要以夠快速度不斷改善，超越平凡，朝著卓越前進。下一頁圖表中，各條直線顯示隨著時間推移，點與點之間如何連接。A軌跡讓你在經過適當的時間之後，跨越平凡；B軌跡則辦不到。要做出好的決定，你需要了解正在發生的實際情況，是兩種中的哪一種。

　　b.**不必過於精確**。了解「大體上」（by-and-large）的概念，並使用粗略估算的做法。我們的教育制度講求精確，因此粗略估算的能力不是很受到重視。這妨礙了概念思維。例如，在面對38×12這樣的題目時，大部分的人會以緩慢且困難的方式去計算，而不是簡單地將38增加到40，把12減少到10，迅速得出答案約為400。看看冰淇淋店的例子，快速了解點與點之間的大致關係，以及花時間去思量所有細節，你可以想像兩者的價值差異。為求精確花許多時間很愚蠢，但大多數人正是這樣做。你需要在「大體上」這個層級了解大部分事物，以做出有效的決策。每次只要提出宏觀的「大體上」說法，有人回應「不盡然」，我的本能反應是，我們可能要開始深入細節，也就是討論例外情況，而不是規則，在這過程中，我們會忘了規則的存在。為了協助橋水公司員工避免這種時間的浪費，我們一位大學剛畢業的同事創造了一句我經常複誦的話：「當

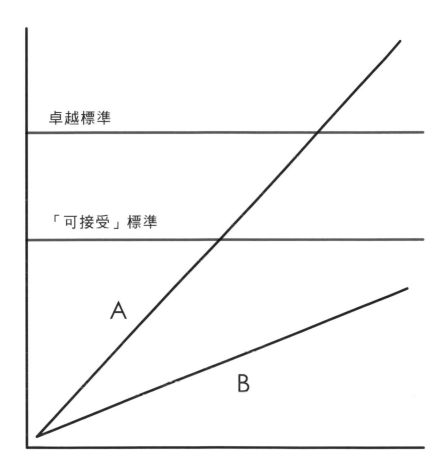

你問某些人某件事是否屬實，他們告訴你這不完全是對，那可能大體上是對的。」

c.記住80／20法則，並且知道20%的關鍵是什麼。 80／20法則指出，你可以從某件事物的20%資訊或你付出的努力，得到80%價值（當然你也可能付出80%努力獲得最後20%價值）。一旦你已盡可能學會如何做出好的決定，了解這一規則可讓你避免糾結於不必要的細節。

d.當個不完美主義者。 完美主義者花費太多時間在旁枝末節的小差異上，犧牲掉重要的事物。在做決定時，通常只有五到十個重要的因素需要考慮。充分了解這些很重要，即使對重要事物進行研究，越過臨界點之後，邊際效益也有限。

5.4 有效地綜合考慮各個層級。

現實有各個不同層級，每個現實都提供你不同、但有價值的觀點。重要的是，當你綜合整理並做出決定時，要記住所有這些現實，並知道如何在不同層級之間轉換。

比如說，你用谷歌（Google）地圖查看你的家鄉。放大到夠近，可以看到建築物，但你就無法看到你所住城鎮的周圍區域，這些區域能告訴你一些重要訊息。也許城鎮緊臨一處水域。放大到太近，你就無法判斷它是瀕臨河流、湖泊還是海洋。你需要知道該考察哪個層級以便你做決定。

無論我們是否明白，做得好或不好，或者我們的對象是實體的東西，還是想法、目標，我們都會不斷在不同的層級觀看事物，並在各層級間轉換。例如，你可以從你的價值觀這個層級，跳到你平

日為落實這些價值觀所做的事。以綱要的方式呈現會像這樣：

1　**高層級全貌**：我想擁有能充分學習的有意義工作。

　1.1 **次級概念**：我想當醫生。

　　• **下一級要點**：我需要上醫學院。

　　　• **再下一級要點**：我需要在科學科目取得好成績。

　　　　• **再再下一級要點**：我今晚得待在家念書。

要觀察你自己生活中這方面表現如何，留意你的談話。我們說話時，容易在不同層級間轉換。

a.**使用「基準線上」（above the line）和「基準線下」（below the line）等詞彙來確定談話是在哪個層級**。基準線上的談話，針對的是主要要點，基準線下的談話關注的則是次要要點。一條推理線之所以混淆不清，往往是因為說話者糾結於基準線下的細節，而未將細節連接回主要要點。基準線上的談論應該以有條不紊、準確的方式朝結論進行，只有在必須詳細說明某個主要要點時，才來到基準線下。

b.**記住，決策需要在適當的層級進行，但不同層級的決策也應保持一致**。例如，你若想擁有健康的生活，就不應在每天早餐吃十二條香腸加一杯啤酒。換言之，需要不斷將你在不同層級收集到的資料融會貫通，以全盤了解具體情況。就像一般綜合分析能力，有些人天生在這方面做得比別人出色，但是任何人都能靠學習達到一定水準。要做好這件事，必須要：

好的情況

A → B → C → D → E → F → G → 綜合整理

1   1   1   1   1   1   1

2   2   2   2   2   2   2

3   3   3   3   3   3   3

4   4   4   4   4   4   4

5   5   5   5   5   5   5

更主要的有效次序

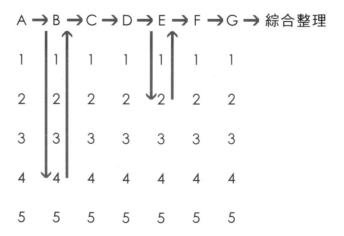

合邏輯並探討具體細節的有效次序

壞的情況

A → B C D E F G
1 1 1 1 1 1 1
2 2 → 2 2 2 2 2
3 3 3 → 3 → 3 3 3
4 4 4 4 ← 4 4 → 4 → 無綜合整理
5 5 5 5 → 5 5 5

一個隨機、脫軌的案例

A B → C D E F G
1 1 1 1 1 1 1
2 2 2 2 2 2 2
3 3 3 3 3 3 3
4 4 4 4 4 4 4
5 5 5 5 5 5 5

沒有綜合整理

一個落入瑣碎細節、無成果的案例

1. 記得，所有主題皆存在多重層級。
2. 要知道你正在檢視的是特定主題的哪一個層級。
3. 有意識地於層級之間轉換，而不是將各個主題視為可以隨機瀏覽、一堆沒什麼內在區別的事實。
4. 使用上一頁綱要式的範本，來繪製你思考的流程。

當你用極度開放的態度來做所有這些事，你不僅會注意到你看到的，還會看到你沒看到、甚或其他人沒看到的。這有點像爵士樂手即興演出；知道你在哪個層級，可以讓每個人用同一個調子演奏。當你知道自己看事情的方法，且對別人的方法持開放態度，你們就可以一起創作出優美的概念型爵士樂，而不是互相尖聲叫囂。現在讓我們上到更高的層級，檢視如何做決定。

妥善地做決定

使用決策邏輯以產生最好的長期結果已經成為一門結合概率和統計學、賽局理論和其他工具的科學。儘管許多這類工具很有幫助，但有效決策的基本原理卻相對簡單，而且沒有時間性——事實上，這些原理在不同程度上被基因編碼在我們大腦裡。觀察野生動物，你會發現牠們出於本能會盤算花在覓食所付出的精力的期望值，希望付出能得到最大的回報。這方面做得好的動物經過物競天擇的過程得以生存繁衍，把基因傳遞給下一代；那些做不好的動物只有走向滅亡。人類在這方面居劣勢者大都不致滅亡，但他們肯定會在經濟的汰弱過程中遭到懲罰。

如前所述，制定決策可分為兩大類：根據證據／邏輯（來自較

高層次的大腦）以及根據潛意識／情緒（來自低層次的動物腦）。

5.5 邏輯、推理和常識是綜合現實和了解如何應對的最佳工具。

　　對於依賴這些之外的一切，要很審慎。很遺憾，心理學家做的大量實驗顯示，大多數的人大部分時候都是遵照低層次的指示行事，他們還不自知地做出低劣決定。就像榮格說的：「除非你意識到潛意識，否則潛意識將指引你的生活，而你會稱它為命運。」更重要的是，常一群人一起工作時，得根據證據和邏輯做決策。否則，這個過程必然被權力最大的人而非最有真知灼見的人所掌控，這樣不僅不公平，而且結果不盡理想。成功的組織擁有的文化，是根據證據做決策已成常規，而非例外。

5.6 按照期望值的計算來做決定。

　　把每一個決定都想成一次賭注，有其選對的機率和獎勵，以及選錯的機率和懲罰。在正常情況下，贏的決策具有正面的期望值，也就是獎勵乘以選對的機率大於懲罰乘以選錯機率，最好的決策就是期望值最高的決策。

　　好比選對的獎勵是100美元，機率是60%，而選錯的懲罰也是100美元。假如你把獎勵乘以選對的機率，你可以得到60美元，若把懲罰乘以選錯的機率（40%），則為40美元。你把獎勵減去罰金，差額便是期望值，在這個例子中，期望值為正值（20美元）。你一旦了解期望值，你也就了解，賭最有可能選對的，不一定是最好的。例如，假設只有五分之一的機會（20%）賭贏，但獎勵卻是

你賭輸（100美元）的十倍（好比1,000美元），它的期望值是正的（120美元），因此你只要能夠承擔損失，雖然失敗機率更大，這卻可能是個明智的決定。一次又一次熟練這些機率，久而久之你肯定能嘗到勝利的成果。

儘管我們大都不會明確進行這類計算，但我們常憑直覺去做。例如，即使下雨的可能性只有40%，你仍決定帶雨傘出門買東西，或是你幾乎確定要走哪條路，你還是會檢查一下手機以確認某個地方的方向。你所做的，就是期望值計算。

有時，選對的機會很渺茫，但選錯所付出的代價與選對得到的獎勵相較，微不足道，那麼就算機率對你十分不利，碰碰運氣也是明智之舉。就如俗話說的，「問問又沒關係」。這個原則對我自己的生活產生很大影響。多年前，我剛剛成家，看見一棟十分適合我們的房子。問題是，房子並沒有要出售，我問的每個人都告訴我，屋主沒有賣屋的意思。更糟的是，我很確信我申請房貸，一定會被拒絕。但我認為，打個電話給屋主，看能不能談一談，反正我沒有損失。結果證明，他不但願意出售，還答應借錢給我！

同樣的原則也適用於一些做錯狀況可能變得很糟的事。例如，即使你罹患癌症的機率很低，但只要你有了症狀，去做個檢查確認一下也值得。為了做好期望值計算，請記住：

a.不管你選對的機率有多高，能再提升選對的機率還是很有價值。我常觀察到有人只要選對的機率超過50%，他們就會做出決定。他們沒注意到的是，他們要是能進一步提高自己的機率，會有多好（藉由獲得更多資訊，你幾乎一定能提高自己的選對機率）。將選對機率從51%提高到85%（即增加34%），所獲得的期望值

會比將選對機率從49%（即有可能選錯）提高到51%（選對的可能性只多了一點點）高十七倍。把這個機率用來衡量你有可能多常出錯。把選對的機率提高34%，意味你的投注有三分之一將由輸轉贏。這就是為什麼你就算非常確定你是對的，讓你的想法接受壓力測試是值得的。

b.**了解何時不要下注，與了解哪些賭注值得下，同樣重要。**假如你只對你最有信心能獲得回報時才押注，你就能大大提高你贏的機率。

c.**最好的選擇是利大於弊，而不是那些全然無弊的選擇。**留意那些只要找到某件事物任何缺失便加以反對、而不會妥善權衡利弊得失的人。這樣的人往往是差勁的決策者。

5.7 評估取得額外資訊的價值以及不做決定的成本，依事情的輕重緩急排列優先處理次序。

有些事情最好在取得更多訊息之後再來做決定；有些事情最好當機立斷。就像你綜合分析正在發生的狀況時，需要不斷從小事中挑出大事，你也需要不斷評估收集更多資訊的邊際效益以及延後做決定的邊際成本。善於依事情的輕重緩急排列優先處理次序的人，很了解下列幾件事：

a.**在做你「想做事項」以前，必須先搞定你所有「必做事項」。**將你的「必做事項」與「想做事項」分開，不要錯將任何「想做事項」排入優先要務清單上。

b.**你很可能沒時間處理不重要的事情，這總比沒時間處理重要的事情來得好。**我常聽到有人說：「做這個或做那個難道不好

嗎？」他們很可能有所分心，無法專注於需要好好處理的更重要事情。

　　c.不要錯把機率當成可能性。任何事都有可能發生。重要的是機率。一切都必須根據其機率來衡量並區分優先次序。能正確區分機率及可能性的人，一般而言有很強的「實踐性思維」（practical thinking）。與他們相反的是「哲學家」類型，這一類的人很容易在可能性的迷霧裡迷失方向。

成為一個好決策者的捷徑

　　好的決策者不會死背所有這些步驟，再機械式地執行，但他們確實遵循了步驟。那是因為經過時間和經驗的累積，他們已學會反射動作般地實行大部分步驟，就像一位棒球選手毋需思考該怎麼做就能接住一記飛球。假如他們必須從記憶中調出每一個原則，然後透過他們緩慢的意識來加以運用，那麼他們不可能處理好所有的事情。但他們的確有意識地執行了一些事情，而你也該如法炮製。

5.8　簡化！

　　去掉不相干的細節，讓重要的事物和它們彼此間的關係凸顯出來。俗話說：「任何蠢蛋都能把事情變複雜。要把事情變簡單需要的是天才。」想想畢卡索。他從年輕時就能畫出美麗的寫實派畫作，但隨著事業蒸蒸日上，他不斷簡化其作品。並非每個人都有這樣的頭腦，但不能因為你無法天生就做到，就意味你做不到——你只是需要創造力和毅力。若有必要，你可以尋求別人的協助。

5.9 使用原則。

　　使用原則是簡化和改進決策的一種方式。儘管現在對你來說似乎顯而易見，但值得再次提醒，要知道，幾乎所有「眼前情況」都只是「情景再現」，找出是哪一類「情景」，然後應用深思熟慮的原則加以處理。這將讓你大量減少必須決定的數量（我估計是以十萬計），並引領你做出更好的決定。要做好這一點，關鍵在於：

1. 放慢你的思考速度，以便你注意用來做決定的標準。

2. 把標準寫下，作為原則。

3. 當你有了成果要進行評估時，想想這些標準，並在下一個「類似情境」出現之前，加以改進。

　　確認每件事物是哪一個「其中之一」，就像確認某個動物屬於哪一個物種一樣。確認之後再配以適用的原則，就像玩遊戲一樣，這會很有趣，也很有助益。當然這也可能很具有挑戰性。許多我所說的「眼前情況」屬於混合型。當一個眼前情況包含若干「類似情況重演」時，就必須針對每一個情況採用不同的原則，並使用心理地圖，來呈現我所遇到不同類型事物該如何處理。為幫助大家做到這一點，我創造了一個名為「教練」（Coach）的工具，在附錄中有解釋。

　　你可以使用自己的原則，也可以使用別人的，只要盡可能使用最好的。你若是不斷以這種方式思考，就會成為一個卓越的有原則思考者。

5.10 **對你的決策進行可信度加權。**

我發現，向可信度高且願意在深思熟慮後提出不同意見的人請教，並多方歸納法綜合他們的見解，一直都能夠增進我的理解，且強化我的決策品質。這通常引導我做出更好的決策，也提供我刻骨銘心的學習經驗。我鼓勵你這樣做。

要做好這一點，必須避開幾個常見的險境：（1）評估自己的可信度時，超出邏輯；（2）對於可信度高或低，不加以區分。

當你與其他人意見分歧時，先看看你們能否就應該使用哪些原則做決定達成共識。這種討論應包括探討不同原則各自所用推理方式的優劣。你們若達成一致意見，就將原則運用到現有的案件裡，將得到每個人都能接受的結論。你們若不同意這些原則，那就嘗試根據你們各自的可信度，來解決你們的分歧。我會在第三部分〈工作的原則〉中，就這一點做更詳細的解釋。

這種依原則及可信度加權（believability-weighted）做決策的方式很吸引人，與典型的決策迥然不同，而且決策品質好很多。試想，假如我們用這種方法來選擇總統。大家一定會很想知道我們用哪些原則來決定怎樣才算是個好總統，以及誰的判斷最值得信任。我們是否會得出一人一票的結論？或不一樣的結果？如果不一樣，會在哪些方面？這當然會導致非常不同的結果。在下次選舉，我們可以在正常選舉進行的同時來演練這件事，這樣我們就能看出其中的差異。

可信度加權的決策方式聽起來很複雜，但你可能一直都這麼做——尤其每當你問自己：「我該聽誰的？」但你若是在這方面多一

些思考，幾乎肯定你會做得好很多。

5.11 把你的原則轉換成演算法，讓電腦陪著你一起做決定。

假如你能做到這一點，你就能把決策力帶到另一個層次。你可以測試這個原則在過去或在各種不同情況下運作的情形，這有助於你改進它，而它能增進你對狀況的了解，其他方式都辦不到。這樣做也能排除情緒因素。演算法在描述你想做什麼時，運作就像文字一樣，只是它們是以電腦能夠了解的語言編寫的。你若不懂如何使用電腦語言，你該學學，或找一個能為你翻譯的人。你的小孩和他們的同儕必須學會這種語言，因為很快它就會跟任何其他語言一樣重要、甚至更重要。

透過與電腦中的你建立夥伴關係，教學相長，這遠比你獨自做決定更有力量。你也能透過電腦加入很棒的集體決策，這種決策遠比個人決策更有力，且幾乎肯定能增進人類的進化。

系統化和電腦化的決策模式

未來，人工智慧（artificial intelligence，簡稱AI）將對我們生活中每一個層面所做的決定產生深遠影響——尤其與我們訊息極度透明的新時代相結合，影響更是無遠弗屆。現在，不管你喜不喜歡，任何人都能輕易取得你的數位資料，了解你的個性愛好等等，這些資料可被輸入到電腦裡，用來預測你的行為，從你可能想買的東西，乃至於你的人生觀等。雖然對許多人來說這聽起來很可怕，

思考

↓

原則

↓

演算法

↓

好的決策

但在橋水公司，我們已經結合極度透明以及演算法的決策模式超過三十年，而且取得了顯著的成果。事實上，我相信不久的將來，我們將仰賴這種電腦化的決策指引，幾乎接近現今的人腦。

人工智慧的概念並不新鮮。早在1970年代，當我首次嘗試電腦化決策時，它就已存在近二十年（1956年達特茅斯學院的一場會議上，首次提出「人工智慧」一詞）。從那時至今，出現了許多變化，但基本概念維持不變。

告訴你一個電腦化決策如何運作的簡單例子，假設你在家使用暖氣是根據兩個原則：當溫度降到攝氏二十度，以及午夜到清晨五點之間關閉。你可以用一個簡單的決策公式，來表達這些標準之間的關係：**假如**溫度低於攝氏二十度，**且**時間不在清晨五點和午夜之間，**就**開暖氣。藉由收集許多這樣的公式，就有可能創造出一套決策系統，這套系統能收集資料、應用和權衡相關標準，並提供決策建議。

在演算法中詳列我們的投資決策標準，且透過它們來處理歷史資料，或在演算法裡詳列我們的工作原則，並使用它們來協助經營管理的決策，這當然比前述的智慧溫度調節裝置更大、更複雜。比起我們單靠自己做決策，它們能讓我們更快速做出更精明、更少情緒化的決策。

我相信這樣做的情況會越來越普遍，電腦程式設計會變得跟寫作一樣重要。有朝一日，我們會像現在靠機器收集資訊一樣，用機器來幫忙做決策。這些機器在幫助我們的時候，會了解我們的性格──我們重視什麼，有哪些長處和短處──會在我們的弱項自動尋求這些方面學有專精的人協助，提供適合我們的專屬建議。很快

地，我們的機器助理就會與別人的機器助理溝通，並用這種方式進行合作。事實上，這種情形已經開始。

想像在一個世界裡，你可以使用科技連接到一個系統，可以將正在處理的問題輸入系統，就你該怎麼做及其理由，與世界一流的思考者進行交流。我們很快就能做到這一點。不久的將來，你面臨的幾乎每一個問題，都可以取得最高品質的想法，並且從能夠權衡各種不同觀點的電腦化系統獲得指導。例如，你可以依據自己的人格特質，詢問你該選擇哪一種生活方式或職涯，或根據特定的人格特質，詢問如何與對方進行最佳互動。這類創新將幫助人類跳脫個人的想法，開啟驚人的強大集體思維形式。我們現在正在這樣做，且發現它遠比傳統的思考方式更好。

這種觀點常引發人工智慧與人類智慧互相競爭的討論，但我認為人類和人工智慧更有可能搭檔合作，因為這會產生最好的結果。電腦若要複製許多大腦所能做的事，在想像、綜合分析以及創造等方面，可能還需數十年時間，甚至可能永遠辦不到。因為大腦基因中包含經由億萬年進化而來的能力。許多電腦系統凸顯的決策這一門「科學」，其價值仍遠不如「藝術」。人類在做最重要的決定時，仍比電腦出色。關於這一點，只要看看那些特別成功的人就曉得。所有的回報並不歸軟體開發人員、數學家和賽局理論建構人員，而是歸那些常識、想像力最豐富以及最有毅力的人。

提供電腦模型適當的輸入，需要解讀，而只有人類智慧可以運用這種解讀。舉個例子，電腦不能告訴你如何衡量你花在與所愛的人相處的時間，以及你花在工作上時間的價值，或兩者如何搭配，才能讓你在每項活動都獲得最好的邊際效益。只有你才知道你最重

視什麼，你想與誰一起生活，你想待在什麼樣的環境，以及最終如何做最好的選擇，來實現這些願望。此外，我們的思維有太多是來自潛意識，以我們不了解的方式運作，我們若想完整建立那種思維的模型，就跟從來沒有體驗過抽象思考的動物，卻想要定義和複製那種經驗，同樣不可能。

然而，大腦在許多方面也無法跟電腦競爭。電腦比任何人都有更大的「毅力」，因為它們可以不分晝夜一直為你工作。電腦可以處理海量的訊息，處理得比你期待的更快、更可靠、更客觀。電腦能提出數百萬個你想都沒想過的可能性。或許最重要的是，它們不會偏袒也不會隨著眾人的想法起舞。它們不在乎自己的看法不受歡迎，也從不惶恐。在九一一恐怖攻擊事件發生後的那段可怕的日子，整個美國深陷在恐慌情緒之中，或者是在2008年9月19日到10月10日之間那幾個星期，道瓊指數下跌了3,600點，我數度緊緊擁抱電腦。不管發生什麼事，電腦都能保持冷靜。

這種人與機器的結合很美好。人的思維與科技結合運作的過程能夠讓我們的生活更上一層樓——正因為如此，我們才能從農業經濟，進入到現今的資訊時代。正因為如此，懂常理、想像力和決心，懂得自己重視什麼以及想要什麼，並且使用電腦、數學以及賽局理論的人，才是最好的決策者。在橋水，我們使用公司的系統，就像汽車駕駛使用全球衛星定位系統（GPS）一樣：不是用來取代我們的導航能力，而是作為輔助。

5.12 如果未深入理解，不要盲目信任人工智慧，要謹慎以對。

　　如果使用者未深入了解，就貿然接受機器學習所產生的演算法推測的因果關係，甚至更糟糕的情況是根據其預測直接然採取行動，我擔心依賴人工智慧可能帶來危險。

　　在解釋箇中原因之前，我想釐清一下我所用的專有名詞。現在「人工智慧」和「機器學習」兩個詞彙經常被混用，被當成同義詞，儘管它們大大不同。我把電腦輔助決策系統分為三大類：專家系統、模仿（mimicking）和資料探勘（data mining）（這是我做的分類，而不是科技業通用的分類）。

　　橋水公司使用專家系統，設計人員根據他們對一套因果關係的邏輯理解，來制定標準，然後預測不同的情況下會出現什麼結果。

　　但電腦也可以觀察潛在的模式，將其應用於決策，對決策背後的邏輯並沒有任何的理解。我把這種方法稱為「模仿」。當事情確實一再發生，而且不會變動，比如：設定了嚴謹規則的遊戲，這個方法可能有效。但是真實世界的事情千變萬化，所以這個系統可能容易和現實脫節。

　　近年來機器學習朝資料探勘的方向迅速發展，強大的電腦收集分析海量資料，尋找潛在模式。這種方法很受歡迎，但未來可能與過去不同，所以這是冒險的做法。未深入理解機器學習的內涵，過度依賴機器學習的投資系統是危險的，因為當一些決策規則被廣泛相信，使用上變得普遍時，就會影響到商品的價格。換句話說，一個深刻洞察在眾所周知之後，價值隨著時間而消失。沒有深入的理

解，你將不知道過去發生的事情是否真正有價值，即使有價值，你也無法分辨價值是否已經消失，或變得更糟。有些決策規則變得十分受歡迎，結果把商品價格推到相當高的水準，因此反向操作才是更聰明的做法，這種例子屢見不鮮。

請記住，電腦不懂常識。例如，人早上睡醒，然後吃早餐，電腦很容易誤解成睡醒導致飢餓。我寧可在我滿懷信心時，押注較少（最好是彼此不相關的押注），也不願意在我沒什麼信心時下重注，而且如果我無法解釋任何一項決策背後的邏輯，我絕不能容忍這樣的決策。許多人盲目相信機器學習，因為他們覺得這樣做比深入理解容易得多。對我而言，這種深刻的理解必不可少，對我做的事情尤其重要。

我可不是暗示這些我稱之為模仿或資料探勘的系統沒有用處。其實我相信應用在未來發生以前曾經出現過相同形態事件的情況下，系統對決策極為有用。如果有足夠的運算能力，就能周詳考慮所有可能的變數。例如，西洋棋高手在某些情況所走的棋步，或者傑出的外科醫生在某些類型手術的開刀方式，藉由分析相關數據，可以寫出對下西洋棋和外科手術可說是彌足珍貴的電腦程式。早在1997年，超級電腦「深藍」（Deep Blue）擊敗當時世界排名第一的國際西洋棋士卡斯帕洛夫（Garry Kasparov），正是使用這個方法。但是如果未來不同於過去，你又對因果關係的了解不夠，這種方法會失敗。因為我對這些因果關係有深刻的了解，才能讓我避免犯下與別人同樣的錯誤，最明顯的例子是2008年金融危機。幾乎每個人都以為未來會和過去類似。嚴格聚焦在合乎邏輯的因果關係，才能讓我們明白究竟發生了什麼事。

　　當你開始認真思考，我們的大腦基本上就是以某種方式內建程式的電腦，吸收資訊，發出指令。我們可以在兩台電腦上運用邏輯程式，一台電腦是我們的頭腦，另一台作為我們的工具，兩台電腦一起工作，甚至彼此查核。這樣做非常棒。

　　例如，假設我們想要推論一個解釋物種進化的普遍法則。理論上，具備足夠的運算能力和有足夠的時間，這應該是可能的。我們需要理解電腦產生的公式，當然要確保這些公式是不是運用資料探勘技術獲得的無意義數據，我的意思是因素之間只有相關性，而無因果性。我們會不斷簡化這些規則，直到精確無誤。

　　當然，由於我們大腦的能力和處理速度有限，要充分了解所有與演化相關的變數，可能需要窮盡畢生之力。我們在專家系統中所使用的簡化和了解真的有必要嗎？也許沒有必要。檢測的資料中沒有出現的變動仍可能發生，當然會有風險。但仍可以這麼說，倘若我們以資料探勘技術為基礎的公式，**看來**能夠解釋自古以來所有物種的演化，比起擁有一個看來成立但不能完全理解的公式帶來的益處（而且最起碼這可能證明對科學家治療遺傳疾病確實有用）要大得多，依賴這些公式預測未來十年、二十年或五十年，風險根本算不了什麼。

　　事實上，我們可能太擔心有沒有理解。有意識的想法只是理解的一部分。也許有朝一日我們研究出一套「變動公式」，用它來預測尚未發生的事就夠了。我自己發現，了解因果關係所得到的興奮感、降低風險和教育價值，比起依賴我不懂的演算法，更能吸引我，所以我往這條路走。但拉著我往這個方向前進的是「低層次的我」的偏好和習慣，還是我的邏輯和推理？我不清楚。我期待諮詢

人工智慧領域的頂尖人才（並請他們來質問我）。

　　人類天生的好勝心很可能使我們越來越信賴電腦的發現，即使因果關係超出我們的理解，仍大膽押注於電腦，而且賭注越來越大。有時賭贏，有時賭輸。我猜想人工智慧將出現突飛猛進的進展，但我也擔心這可能導致我們的滅亡。

　　我們正迎向一個令人興奮又危機四伏的新世界。那是我們要面對的現實。和往常一樣，我相信我們最好做足準備，妥善因應，而不是懷抱鴕鳥心態。

為了創造美滿的人生，
你必須
（1）知道什麼是最好
的決定，以及
（2）鼓起勇氣做出最
好的決定。

生活的原則總結

在〈生活的原則〉部分，我說明了幫助我做到上述兩件事的一些原則。我相信，由於同樣的事情一而再再而三地發生，所以可讓你用來處理人生大小問題的實用原則項目不多。然而，你從哪裡取得這些原則並不重要，重要的是你要充分掌握這些原則，經常應用——而且永遠不停地琢磨推敲，加以改進。

要獲取有用的原則，你得**擁抱現實並沉著應對**。一般人經常希望現實不是真的，或是希望自己面對的現實與眾不同，切勿落入這樣的陷阱。相反地，要擁抱現實，有效地處理問題。畢竟，人生就是要善用形勢。這包括開誠布公，毫不隱瞞自己的想法，並以開放的態度接受別人的意見回饋。這麼做可以大大增進你的學習效益。

在人生旅程中，難免經歷失敗的痛苦。要明白，痛苦可以成為加速你個人進化的動力，也可以毀了你，完全取決於你如何看待痛苦。我相信，演化是宇宙中最偉大的力量，我們基本上全都以相同的方式演化。從概念上講，演化看起來像是一個又一個循環，呈現

不斷改進的上升趨勢或者持平在原地打轉，也可能呈現下降趨勢，走向毀滅。你自己的演化循環是要往上或往下發展，由你來決定。

你的進化過程可以形容為**實現理想五步流程**，包括制定明確目標、找出妨礙你達成目標的問題，絕對不要容忍問題存在、正確診斷問題、設計解決方案，然後執行。切記，沒有人能獨自做好所有的步驟，可能得靠別人助一臂之力。人盡其才，物盡其用，才能創造出成就大事的最強大機器。

如果你勇於面對現實，接受隨之而來的痛苦，並遵循五步流程，驅策自己朝目標邁進，便走上成功的道路。然而，大多數人做不到，因為他們固執己見，只需要跳脫個人的主觀意見，客觀地權衡自己和他人的想法，就可輕易扭轉。這正是我認為**心態一定要極度開放**的原因。

我們無法做出好的決定，要歸咎於自我意識和盲點作祟。我們天生的自我意識是渴望自己聰明能幹，獲得別人肯定。盲點是主觀看待事物的結果；這兩樣從中作梗，讓我們無法看清事情的真相。解決之道便是調整心態，徹底開放。願意極度開放，是因為你真的擔心可能遺漏最好的選擇。極度開放的態度讓你能夠有效地探索不同的觀點和不同的可能，不被自我意識或盲點蒙蔽。

至於做法，你需要練習深思之後提出不同意見。這是向見解不同的睿智人士請益的過程，也能更深入了解別人的觀點，形成更深刻的見解。虛心求教可提升做出好決定的機率，你也因此上了寶貴的一課。如果能夠抱持極度開放的態度，練習深思後提出異議，學習將突飛猛進。

　　最後，你得準確評估你自己和他人的長處和短處。這時就要理解大腦如何運作，各種心理測驗和評量可以幫助你發現自己的人格特質。為了讓你和別人充分發揮潛能，你必須**明白每個人大不相同**。

　　簡而言之，學習如何做出最好的決定，學習如何鼓起勇氣做出最好的決定，在這個過程中（a）追求理想，（b）遭遇失敗，以極度開放的心態，痛定思痛，以及（c）蛻變／進化，變得更有能力，更無所畏懼。在這個部分的最後一章〈學習如何有效地做決策〉，我分享了一些細部原則，告訴你如何做到上述原則，並在具體情況下，如何衡量各種選擇，決定正確的路徑。

　　你當然可以獨自完成，但是如果你了解極度開放的概念，應該很清楚一個人的能力有限。我們需要別人的幫助，用多方歸納法整理其他人的看法，盡可能做出最好的決策──幫助我們客觀地了解自身的弱點，截長補短。最重要的一點，周遭的人以及你的人際互動方式會影響你的人生。

　　你與志同道合的人一起合作，共同實現理想的能力遠勝於孤軍奮戰。然而我們還沒有談到群體應該如何運作才會最有效。這是我們在〈工作的原則〉討論的主題。

　　〈工作的原則〉講的是群策群力。因為群體的力量遠遠大於個人的力量，後面講的原則可能甚至比之前談到的原則更重要。事實上，為了幫助別人理解我管理橋水投資公司的方式，我先寫下〈工作的原則〉，然後才寫〈生活的原則〉。我的工作的原則基本上就是將你剛剛閱讀的生活的原則應用在組織。我會逐一說明工作的原

則，告訴你可行且實用的可信度加權決策系統，如何把獨立思考轉化成有效的群體決策。我相信這樣的制度可提升企業、政府、公益事業等任何一種組織的工作成效和認同感。

我希望這些原則
能幫助你
好好奮鬥，
和享受人生。

生活的原則摘要表

第三部

工作的原則

工作的原則摘要表

在此列出了工作原則摘要，你可以瀏覽、選擇你最有興趣的部分，或是跳過這部分並從正文看下去。

打造和更新機器……

464

任何組織或機構

如果要順利運轉，

它的工作原則

就必須契合成員的

生活原則。

我並不是說它在每件事情上都必須契合，而是說它在最重要的事情上必須一致，像是肩負的使命和彼此要怎麼相處。

假如組織中的人感受到這種契合，就會看重本身的關係並共事和諧；文化會滲透到他們所做的每件事情裡。假如感受不到契合，就會為了相異且常常有所衝突的目標而工作，並且搞不清楚怎麼共處。因此，不管是公司、政府、基金會、學校、醫院等等，清楚而明確地闡述原則與價值觀，並始終如一地貫徹，對所有的組織都有好處。

這些原則與價值觀並不是籠統的口號，像是「顧客永遠優先」或「我們應力求成為業界頂尖」，而是一套任何人都能了解、遵循與執行的具體指令。隨著我們把目光從生活的原則轉移到工作的原則上，我會解釋橋水是如何融合兩種原則，而那又如何影響了我們的成果。但首先，我想要解釋一下我對組織的看法。

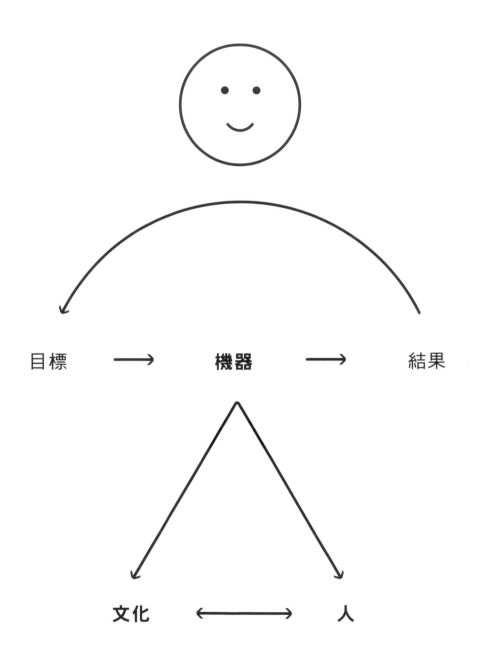

● 組織是由兩大部分——文化和人——所組成的機器。

　　兩者會彼此影響，因為構成組織的人塑造它的文化，組織的文化則決定了它會選用哪幾種人。

　　a.優秀的組織會兼具優秀的人與優秀的文化。 能持續進步的公司會兩者兼具。沒有什麼比文化和人更重要，也沒什麼比這還困難。

　　b.優秀的人會兼具高尚的品格和出色的才能。 我所謂高尚的品格是指極度真實、極度透明、對組織的使命有深切的承諾。出色的才能則是指有能力和技能把職務做到卓越。人少了其中一樣就很危險，應該從組織中淘汰。兩者兼具的人員則很罕見，應該珍視與善待。

　　c.優秀的文化會把問題與歧見端上檯面並好好解決，喜愛發揮想像力和開創先河。 這麼做能夠與時俱進。以橋水來說，我們是靠創意擇優來做到這點，以透過極度真實和極度透明來力求有意義的工作和有意義的人際關係。我所謂有意義的工作是指人們會熱情投入的事業，有意義的人際關係則是指會彼此真心關懷（就像大家庭）的關係。我發現兩者相輔相成，而且對彼此極度真實和極度透明，會使工作和關係都變得更好。

　　藉由不斷分析機器，管理階層就能客觀地拿它所產出的結果來跟目標比較。假如結果與目標相符，那機器就有效運轉；假如結果與目標不符，那就是機器的設計或操作員出了差錯，而需要去診斷問題才能修改。如同〈生活的原則〉第二章所提及，這最好透過五步流程來落實：（1）有清楚的目標。（2）確認妨礙目標達成的問

題。（3）診斷機器有哪些部分（也就是哪些人或設計）運作不順。（4）設計修改方案。（5）採取必要行動。組織要有所改善，這就是最快與最有效率的方式。

我把這個化問題為進展的過程稱為「反饋圈」（looping），右側的圖勾勒了它的軌跡。在第一幅圖中，所發生的問題使你偏離了目標，也達不到你的計畫。

假如你確認了下滑趨勢，對引發它的問題加以診斷，獲知了根源所在，提出改進措施，然後加以落實，軌跡就會繞回原本的樣子，並繼續往上升，就像是第二幅圖那樣。

假如你沒有確認問題，所設計的解決之道不盡理想，或是沒能有效實施，下降就會繼續，如最底下的那幅圖所示。

管理階層能在結果與目標不符時看出端倪，即時調整方案，並召集人手彌補，是組織能脫穎而出的關鍵。管理階層越常、越有效地做這件事，往上的軌跡就會越陡。

我在〈生活的原則〉中解釋過，我相信所有生物、機構的演進就像是這樣的過程。擁有這樣的文化和人，對發展至關重要，因為世界變化得很快而且無從預料。我確信各位可以想到有些公司沒能及時發現、因應問題，到最後便以衰退收場（看看黑莓機與Palm），始終如一都順利運作的則是鳳毛麟角。大部分都做不到。例如在四十年前，橋水差不多就是在那時候成立，道瓊三十的組成公司至今只有六家仍在道瓊三十裡。其中有多家如美國罐頭（American Can）、美國菸草（American Tobacco）、伯利恆鋼鐵（Bethlehem Steel）、通用食品（General Foods）、英高（Inco）、伍爾沃斯（F. W. Woolworth）已不存在；有些公

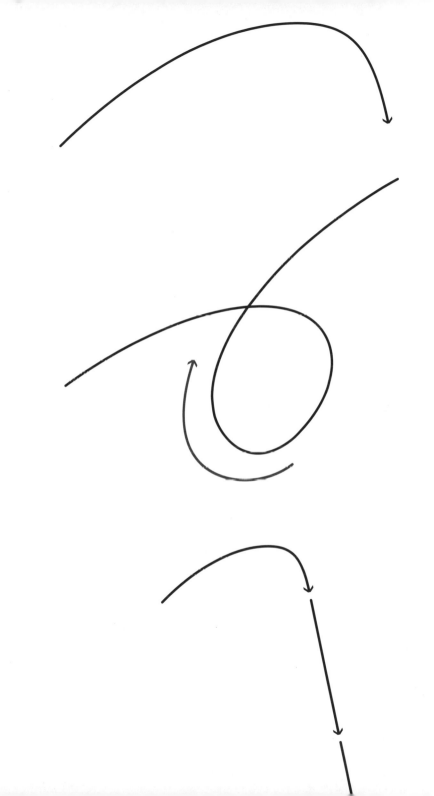

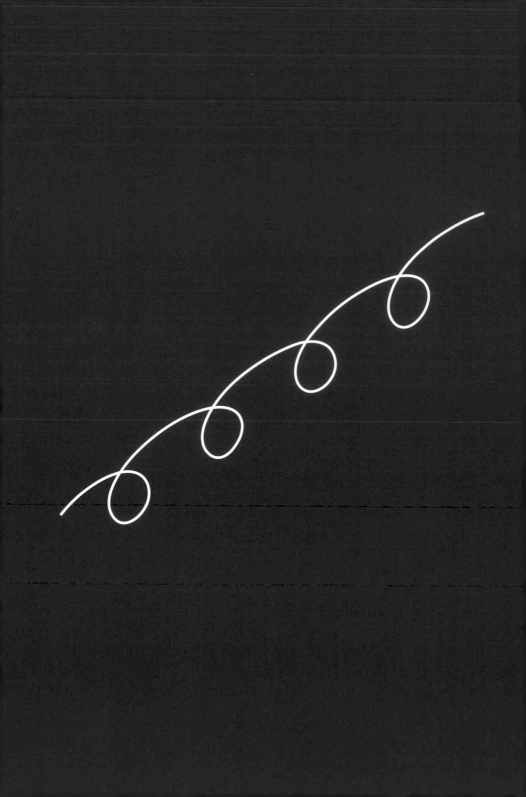

司〔西爾斯羅巴克（Sears Roebuck）、約翰斯曼維爾（Johns-Manville）、伊士曼柯達（Eastman Kodak）〕是變到幾乎認不出來。如今在道瓊指數成分股的佼佼者有很多則是還沒創立，如蘋果、思科（Cisco）。

能順利演進數十年的少數企業在發展的過程上都很成功，而橋水在四十年來逐步地益發成功也是沿著這種過程。這就是我想要傳達給各位的。

我在前面提過，沒有什麼會比優秀文化和人來得重要，也沒有什麼比這更困難。在橋水，我們不管有過怎樣的成功，都是把這兩點做好的成果；不管有過怎樣的失敗，都是因為沒有好好做到這兩點。這看似古怪，因為有人或許會想說，身為全球總體經濟的投資者，最重要的就是必須在經濟學和投資上做對。確實。但為了做到這點，我需要先有優秀的文化和人。而且為了激發自己去做的熱情，我需要有意義的工作和有意義的人際關係。

身為橋水的掌舵者、創辦人，我自然是把它塑造成與自己價值觀和原則相符的公司。我追求自己最渴望的事物，靠的是看似對我最自然的方式，以及我所挑選來搭配的人，因此，我們和橋水一起成長。

假如你問我，我初創橋水時的目標是什麼，我會說是跟我喜歡的人開心共事。工作是我帶著熱情去玩的遊戲，而且我想要跟自己欣賞、敬重的人玩個盡興。我在自家公寓成立橋水時，夥伴對市場沒經驗，但他是我的橄欖球友，而我們所聘用的助理也是朋友。我在當時當然沒想過管理。在我看來，管理就是穿灰色西裝、用投影片簡報的人所做的事。我從來就沒著手去管理，更不用說會有工作

和管理上的原則。

　　看過了〈生活的原則〉，各位就知道我喜歡天馬行空想像和建構新奇、務實、創新的概念。我尤其愛跟使命與我相同的人一同完成任務。我很看重與他們深入思考所產生的意見不合，以藉此來學習並提高做好決策的機率，而且我想要與我共事的人全都是我的「搭檔」，而不是我的「員工」。概括來說，我就是在尋找有意義的工作和有意義的人際關係。我很快就學習到，如果要做到這點，最好的辦法就是跟優秀的人成為出色的搭檔，去做了不起的事。

　　對我來說，出色的搭檔是來自共同的價值觀和共享的利益，以類似的做法來追求它，以及對彼此講理和善待。同時，搭檔必須願意對彼此秉持高標準並突破歧見。所有正常關係裡的人都難免看法不同，出色搭檔的主要考驗並不在於彼此是否意見不合，而是在於他們能不能把歧見端上檯面來好好說個分明。事業搭檔、婚姻和其他所有形式的夥伴，都必須以清楚的過程來有效率、明確地化解歧見。

　　我追求這些東西，便吸引到了認同者，一起把橋水塑造起來❶。我們有五個人時，跟我們有五十人時完全不一樣，又跟我們有五百人和一千人時迥然不同。隨著我們成長，除了核心價值和原則外，方方面面都不復舊貌。

　　當橋水還是小公司時，我們依循的原則是藏在心裡，不必明

---

❶　原注：我們把這些操作方式應用到了投資和管理的事業上。在投資的過程中，我對事業和經濟的成功因素培養出了務實的了解；在管理公司的過程中，我則必須對要怎麼把事業管理好培養出務實的了解。而且我所喜歡的地方在於，我對這些課題的了解可以透過我們的投資績效還有事業績效來客觀衡量。

言。但隨著越來越多的新人進來，我就不能理所當然認為他們會去了解和遵守。我體認到需要把我們的原則明確地寫成文字，並解釋背後的邏輯。我還記得這項轉變確切發生的那刻，就是橋水的人數超過六十七人時。在此之前，每位員工的過節禮物我都親自挑選，並寫落落長的個人卡片給他們，但那年試著這麼做，我累垮了。從那時候起，與我沒有近距離接觸的人數有增無減，所以我不能假定他們會了解我的創業初衷，或者我的目標是什麼，而那就是建立在嚴格的愛上的創意擇優。

● 嚴格的愛有助於優秀的工作表現與良好的人際關係。

要表達我所謂的嚴格的愛的意思，不妨想想文斯‧隆巴迪（Vince Lombardi）。對我來說，他就是偉大人格的化身。從我十歲到十八歲為止，隆巴迪都是綠灣包裝工隊（Green Bay Packers）的總教練。憑著有限的資源，他帶領球隊拿下了五屆的美式足球職業大聯盟（NFL）冠軍。他贏過兩次NFL年度最佳教練獎，有不少人還稱他為史上最佳教練。隆巴迪很愛隊員，並鞭策他們要做到最好。對於他的不肯妥協，過去我很欽佩，到現在還是。他的子弟兵、球迷和他自己全都獲益良多。真希望隆巴迪有把他的原則寫下來，好讓我拜讀。

a.如果要成就一番事業，對不容妥協的事就要堅守立場、永不妥協。然而，我卻一直看到有人在妥協，通常是為了避免讓別人或自己覺得難堪。這不僅是本末倒置，更是適得其反。把舒服擺在成功之前，會造成更糟的結果。我既愛與我共事的人，也會鞭策他們

要做到最好,並期待他們也如此對我。

打從一開始,我就覺得在橋水與我共事的人是這個大家庭的一分子。當他們自己或家人生病時,我會請我的私人醫生幫忙,以確保他們得到妥善的照顧。在週末我會把他們全都邀來我位於佛蒙特的家住,如果他們接受邀請我會很快樂。我會在他們結婚生子時一同慶祝,並在有親人過世時前去弔唁。但要說清楚的是,這不是溺愛。我們也對彼此嚴格,這樣才能做到最好。我所學到的是,我們對彼此越關心、就會對彼此越嚴格,表現也會越好,並會有越多報酬可以共享。這個循環會自我增強。我發現以這種方式來操作,會使公司在低潮期提振表現,高峰期表現更優異。在某些逆境中甚至可以扭轉局勢,比順境時在某些重要方面做得更好。

想想人生中一些最艱苦的經驗。我敢說,你我都一樣,跟相互關心的人為同一使命奮鬥,共渡難關,會有無比的價值。儘管艱難,回頭來看這些艱辛挑戰,卻是我們最寶貴的經驗。對大部分的人來說,加入優秀團隊,完成共有的使命,比賺錢更有收穫。諸多研究顯示,人的幸福感和所累積的錢相關性很低,甚至是零,和人際關係品質卻是高度相關。

1996年,我在橋水的備忘錄裡闡明了這點:

> 橋水不要在一般般的標準上打轉,而要為追求高標準打拚,然後為了努力所帶來的超級成就而喜悅。
>
> 我們的首要目標是卓越,或者更精確來說是精益求精,成為一家在方方面面皆屬上乘、不斷求進步的公司。
>
> 追求卓越時遇到衝突是好事。不應有年齡或資歷上的

層級之分。誰講得有理，應該要取決於邏輯站得住腳而非職位高低。無論是誰想出來的，好的構想最重要。

在改善的過程中，（出於自己和別人的）批評是不可或缺的，然而處理不當就可能會壞事。應該要客觀來處理批評。提出或接受批評時，不應考慮職位高低。

團隊工作和團隊精神很重要，包括不容忍未達標準的表現。這是指（1）認清自己有責任幫助團隊達成共同的目標。（2）願意為了這些共同的目標而幫助別人（在團體內共事）。我們的命運緊密相連。應該要知道可以尋求別人幫助。必然的結論就是，對未達標準的表現絲毫不能容忍，因為它會害到每個人。

長期關係既本來就（a）令人喜悅，又能（b）提高工作效率，應該要刻意培養。有人員異動就必須重新培訓，對公司不利。

金錢只是表現卓越的副產品，而不是目標。我們在橋水的首要目標是追求卓越和精益求精。要說清楚一點，並非要賺大錢。這點當然並不是要你安於拮据。相反地，你應該要期待賺大錢。假如我們始終如一以這樣的理念行事，應該會有高績效，公司也應該進帳豐碩。它跟年齡或資歷上的高低沒什麼關係。

橋水的每個人都應該表現得像老闆，以這種方式做事，也責成別人以這種方式做事。

● 要有效決策，最好的制度就是可信度加權的 創意擇優。

　　隆巴迪的成功是靠選手遵行他的指示，我則需要獨立思考的隊友，踴躍提出不同的觀點，得出好過任何一個人所能自行想出的結論。我需要創造的環境是，人人都有權利和責任來提出自己的看法，並公開捍衛自認的最佳方案，付諸實行。我需要實際的創意擇優，而不是理論上的。這會把聰明的獨立思考者聚在一起，讓他們的歧見互相砥礪，從而得出最佳可能的集體觀點，並以可信度加權的方式來化解歧見。因此創意擇優會優於其他任何決策制度。

　　我們的創意擇優制演進了幾十年。起初，我們拚命在爭論怎樣才是最好，並靠著探究歧見，想出會比個別決定更好的路徑。但隨著橋水成長，我們的歧見內容和解決的需求也改變，對於這樣的創意擇優的運作，也更明確認識。我們需要的決策制度是，既能有效權衡不同人的觀點的可信度，又讓每個人都認同過程明顯是公平的。我知道要是沒有這樣的制度，就會同時失去最好的觀點與最好的思考者，而且我會被馬屁精或隱瞞歧見和心懷不滿的搗亂者給卡住。

　　我相信我們需要對彼此極度真實和極度透明，這一切才會管用，而且到現在依然相信。

極度真實和極度透明

　　我所謂的極度真實，是指不過濾每個人的想法和提問，尤其是關鍵問題；而是假如我們不公開討論議題、並尋找解決路徑，我們

就找不到能集體承擔結果的夥伴。

　　我所謂的極度透明是指，幾乎每個人都能夠看到幾乎每件事。給人的訊息只要不是完全透明，就容易變造，無法自己釐清事情。極度透明會減少辦公室鬥爭之害，避免不當行為的風險，因為不當行為比較容易發生在檯面下，在公開場合就無法隱藏。

　　有人把這種操作方式稱為直截了當。

　　我知道假如極度真實和極度透明不能全面落實，公司的人就會形成兩個階級──消息靈通有權者和不知道內情的人。所以我把極度求真、極度透明都做到了極致。對我來說，完全貫徹的**創意擇優＝極度真實＋極度透明＋可信度加權的決策**。

　　從一小群人漫天爭論什麼是事實和要該怎麼做，我們在過去四十年來發展出做法、技術和工具，這將我們帶到全然不同的境界。我們大開眼界，是極為珍貴的經驗，各位可以在本書尾聲的工具一章中讀到。我們一向不遺餘力地營造這樣的環境，不喜歡的人會自願選擇離開公司。

　　極度真實和極度透明之下，我們會發現各自視角全都不完整或被扭曲。這並非橋水所獨有，看看周遭人，你就會認同。〈了解每個人的思考方式差別很大〉解釋過，每個人對相同事物的看法往往大相逕庭，取決於他們大腦的思維模式。

　　看到這點會有助於你成長。起初，大部分的人還是固執己見，自己的看法才是最好，出差錯的是別人沒有以自己的方式來看。可是等他反覆面對「你怎麼知道錯的不是你？」和「你會用什麼流程來把不同觀點總結成最佳決策？」的問題，他就會被迫正視自己的可信度，透過別人還有自己的角度來看問題。換位思考會產生優秀

創意擇優

=

極度真實

+

極度透明

+

可信度加權的決策

的集體決策。最好的狀況就像「開放原始碼」，最好的構想會自由流動、存活、消亡，並憑著本身優劣而演進。

大部分人最初會覺得這個過程非常不舒服。雖然在理智上認同，但在情緒上覺得受冒犯，因為他們必須擺脫自以為是，試著去看到自己很難看到的東西。只有少數會從一開始就理解而喜愛它，稍微多一點的少數人無法忍受而離開公司，大多數則會堅持下去、與時俱進，到最後變得不想以其他任何方式做事。

以這種方式來操作聽起來或許困難又效率不高，但其實才最有效率。事實上，當大部分的人都不曉得同事到底在想什麼，工作起來才會艱難又沒效率。再者，當人無法開誠布公，就無法做自己。哈佛的發展心理學家羅伯特‧凱根研究過橋水，他說，在大部分的公司裡，人們都是做兩份工作：實際上的職務，以及努力帶給別人好印象的職務。對我們來說，這樣很慘。我們發現，把一切端上檯面就（1）不需要刻意演戲，並且（2）省掉猜測別人在想什麼的時間。如此一來就會形成更有意義的工作和更有意義的關係。

橋水在自我增強和螺旋性發展時，推動力如下：

1. 從一個想要達成遠大目標的獨立思考者，走向一群想要達成遠大目標的獨立思考者。

2. 為了推動這些獨立思考者形成有效的集體決策，我們發明了創意擇優，所依據的原則是在確保我們會對彼此極度誠實和透明，真誠思考下得出分歧觀點，並以創意擇優來超越歧見，進而形成決策。

3. 我們以書面記載了這些決策原則,後來編碼到電腦裡,並據以形成決策。

4. 這個模式讓我們成功過,也失敗過,進而帶來更多學習機會,並總結了更多原則。它們都被編入系統且受到遵循。

5. 這個過程帶出了卓越的工作成果和很好的人際關係,我們的員工與客戶都收穫豐碩。

6. 這使我們得以招募更多目標遠大的獨立思考者,推進自我增強和螺旋式發展。

我們一再地做到,而在橋水四十多年的成功發展路徑便是來自這個循環。它就如下頁的圖所示。

這真的管用!你不必對我的話照單全收。你可以用兩種方式來評估這套做法和衍生出的原則可能產生的威力,你可以(1)看它所產出的成果,還有(2)看它背後的邏輯。

以成果來說,一如隆巴迪和包裝工隊,我們的實績是有目共睹。超過四十年來,我們的精進始終如一,從我的兩房公寓走到了榮登《財星》認證美國第五重要的私人公司,以及全球最大的避險基金,為客戶所賺的總金額比史上其他任何一家避險基金都要多。我們所得到的業界獎項超過一百座,我則拿過三次的終身成就獎,更不用說是可觀的財富和心理報酬了,以及最重要的就是很棒的人際關係。

但比這些成果更為重要的是這些原則背後的深層因果邏輯。在四十多年前,這種行事之道是有爭議、未經測試的理論,在我看來卻合乎邏輯。在後續的篇幅,我會解釋這套邏輯。各位讀者就能自

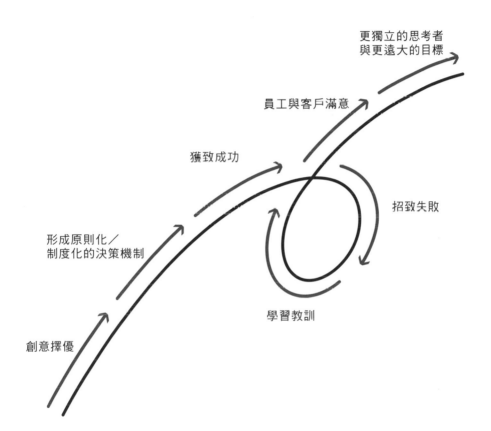

己評斷。

我們的做法無疑是與眾不同。有的人甚至把橋水形容成異端教派。實際上，橋水就是因為恰恰相反才成功。有共通價值的隊友（是很棒的事）和盲目狂熱分子（是很慘的事）在本質上的差異，就在於獨立思考。教派要求的是服從而不加質疑。獨立思考並挑戰彼此的觀念則是與教派背道而馳，而這正是橋水做法的本質。

誰才瘋狂？

有的人說我們的做法瘋狂，但不妨想想：你認為哪種做法是瘋狂的，哪種是明理的？

· 是追求真實而透明的方法，還是大部分人都把真正的想法藏在心裡？

· 是把問題、錯誤、缺點和歧見端上檯面認真討論，還是不明說也不討論的方法？

· 是不分層級都有權批評，還是以上對下為主的批評方法？

· 考核人員是透過大量的數據和廣泛的角度客觀評量，還是武斷地評價人？

· 是組織追求高標準來兼得有意義的工作和有意義的人際關係，還是區分工作的品質和人際關係，以及／或是標準沒那麼高？

你認為哪種組織能使員工發展得比較好，彼此建立較深厚的關係，並產出較好的成果？你寧願看到你的領導人和組織採行哪種做

法？你寧願執掌政府的人遵循哪種行事之道？

　　我打賭在看完本書後，你會同意我們的操作方式比傳統方法要明理得多。但要記得，我最根本的原則是，你必須自己獨立思考。

我為什麼要寫這本書，各位要如何從書中獲益

　　假如你是橋水人，會覺得我是用自己的話來傳達這些原則，你能從我眼中看到夢想和實現方法。橋水從現在的基業繼續成長的依據在於，你和下一代領導階層想要的是什麼，以及要怎麼實現。而本書意在幫助你們，要怎麼運用則由你自己來決定。橋水文化要不要延續下去，也要由你和繼承的領導人來決定。我有責任讓橋水不致為**我**的目標所束縛。最重要的是，你和繼承我的人要自己獨立選擇。就像是家長在子女已成年時放手，我盡了全力把你養成堅強、獨立的思考者，如今是由你接棒而我隱退的時候了。

　　假如你非橋水人，並想著這些原則可以怎麼應用到自身組織，本書的作用是在觸發你的思考，而非給你確切的公式來遵行。你不一定得採用其中任何或所有原則，但我倒是建議你全部考慮一遍。有很多其他組織的經營者採用過部分原則，調整部分，也否決過不少。不管你想要怎麼做，我都沒意見。這些原則只是提供架構，你可以把它修改成適合自己所需。也許你會追求與橋水相同的目標，也許不會；無論如何，你大概都會從原則中獲致一些有價值的東西。假如你認同我，是要讓組織打造成真正的創意擇優，我相信本書對你來說是無價之寶，因為我還沒聽過有哪一個組織像橋水這樣對精英思考模式有如此充分思考與推行。假如這麼做對你很重要，而且你不遺餘力地追求，你會遇到障礙，也能從中找到自己的出

路，並且到達目的地，即使結果並不一定完美。

這些原則大體上是很好的，但重點是要記得，每條原則都有例外，而且沒有一個原則真能取代常識判斷。要把這些原則想成是衛星定位系統。幫助你到達目的地，但假如你盲目照著它走而掉到水中，那有錯的是你，不能怪衛星定位系統。就如同偏差的衛星定位系統可以靠更新軟體來改正，在原則發生例外時，把它指出來討論也很重要，它才能與時俱進。

無論你選擇哪條路來走，組織都是由文化和人所組成的機器，他們的互動會創造出業績，業績好壞則會提供反饋來顯示組織運作良窳。從這樣的反饋中學教訓，會促使你去調整文化和人，好讓組織機器改善功能。

這樣的動態過程很重要，所以我把相關的工作原則彙整成了三部分：培育良好文化、選擇優秀人才、打造和更新機器。這幾部分都是以較高層次的原則來起頭。看過之後，你就會更了解每一條。

在這些較高層次的原則底下有若干的輔助原則，涉及各式各樣需要做的決策。這些原則是作為參考之用。你或許會想把它瀏覽一遍，但我建議等要回答特定問題時，再把它當成百科全書或搜尋引擎來用。例如要是你必須把某人開除（或調職），那就應該使用原則目錄，閱讀相關原則的章節。為了簡化流程，我們在橋水開發了名為「教練」的工具。員工可以鍵入本身的具體問題，以找出相應原則來解決❷。我不久後就會連同許多其他的管理工具一起開放給公

❷ 原注：由於原則會更新，持續增添新原則及修訂舊原則，所以會有所變化。各位可以在我即將推出的原則應用程式中找到相關內容，詳情可參見www.principles. com。

眾使用，各位在書中的最終節就會看到。

　　我的主要目的不是要推銷這些原則給你，而是要分享我在超過四十年的旅程中所學到最寶貴的教訓。我的目標是要你認真思考，在許多情況中如何進行艱難取捨。藉由思考原則背後的取捨，各位就能得出自己的結論，究竟哪些原則對自己最好用。

　　這也帶出了我最根本的工作原則：

● 把熱情和工作合而為一，並和志同道合者一同來做。

　　工作是（1）為了養家餬口而從事的職務，或（2）為了完成使命，或兩者的綜合體。我勸各位要盡可能看成（2），並承認（1）的價值。假如你這麼想，幾乎每件事就會變得比不這麼想來得好。

　　如果對你來說，工作主要是為了發揮熱情和完成使命所玩的遊戲，那〈工作的原則〉就是為你所寫。

培育良好文化⋯⋯

你必須在適合自己的文化裡工作。這是保有愉快心情、績效卓越的基礎。你也必須在能創造出高績效的文化裡工作，否則就得不到精神和物質獎勵，持續激勵自己。在談文化的這部分，我分享要怎麼搭配企業文化和個人需求的想法，並解釋我認同而十分管用的文化類型：創意擇優。

在第一章，我會解釋創意擇優是什麼，並探討為什麼極度真實和極度透明對創意擇優的運作不可或缺。極度真實和極度透明大概是最難實踐的原則，因為跟大多數人的習慣大異其趣。由於這種行事之道屢遭誤解，我盡力講得一清二楚，以及這種方式在實務上是怎麼運作。

第二章轉向為什麼和要怎麼打造文化來培養有意義的人際關係。除了人際關係本身就是種獎勵外，還能帶來極度真實和透明，使我們得以責成彼此、共創卓越。

我相信優秀文化就像是優秀人才，認同犯錯是學習過程的一部

分，組織就是靠持續學習才得以與時俱進。在第三章裡，我們會探討要把這點給做好的原則。

當然，創意擇優所依據的信念就是，集思廣益並對它做壓力測試，所產出的結果會好過自以為是。第四章論及要順利「求取共識」的原則。關鍵在於，要知道怎麼認真思考和處理歧見。

創意擇優是在仔細權衡成員觀點的優劣。由於糟糕的意見很多，而且幾乎人人都深信自己的點子很好，所以了解能好好篩檢出觀點的過程便很重要。第五章會解釋我們的可信度加權的決策制度。

由於即使決策做成後，依然會有歧見，所以人們也需要遵從明確且公認具公平性的原則來化解歧見。我在第六章會具體介紹。

使創意擇優以適合你的方式來運作

你可能覺得原則在落實上艱難又複雜，但假如你跟我一樣相信，沒有什麼決策方式好過讓可信的員工敞開心胸、直言不諱地表達、探討原因和化解差異，那你就會琢磨出這種方式的操作辦法。假如創意擇優效果不好，有錯的並不是概念，而是成員沒有足夠重視，沒有確保它管用。

假如你覺得讀本書沒有收穫，你要再思考一下在創意擇優中讀到的。假如你認同，希望你付諸行動。要不了多久就會了解，它對你的工作與人際關係會帶來多顯著的改變。

做到創意擇優的

方法是：

（1）把真實的想法

端上檯面

（2）認真討論歧見

（3）遵循所達成的共

識，化解過去的分歧

1 信任極度真實和極度透明

要成功就得了解真相，而面對包括錯誤和缺點在內的每件事都極度透明，則有助於加強了解，進而改善。這不單只是理論；我們在橋水實踐了超過四十年，所以我們知道它的效果多好。但一如生活中大部分的事，極度真實和極度透明有弊亦有利，我在本章會盡可能精準地來描述。

對待同事極度真實和透明，並期待同事同樣對你，它就會確保重要的議題搬上檯面，而不會被隱藏。這也有利於良好的行為和良好的思考，因為當你必須解釋自己的觀點，每個人就能公開針對你的邏輯來評斷良窳。無論你處理是否得當，藉由透明的討論，都會一覽無遺，所以它有助於維繫高標準。

如果要做到真正的創意擇優，極度真實和極度透明就是基礎。越多人能看到實情，無論好的、壞的和醜陋的，對他們在決定適當的處理方式時就會越有效。這套做法在訓練上也大有幫助：當人人都有機會聽取他人想法，學習效果會事半功倍。身為領導人，你則

會獲得必要的反饋訊息來學習、持續改善組織的決策規則。親眼看到發生了什麼事和原因，這有助於建立彼此的信任，推動員工獨立評斷創意擇優的結論。

適應極度真實和極度透明的環境

這要靠一點時間來習慣。加入橋水的人幾乎個個在理智上都相信，極度真實和極度透明是自己想要的，也因此他們經過仔細思考後才加入公司。然而，大部分的人卻發現對此難以適應，因為他們會在〈了解每個人的思考方式差別很大〉中所解釋過的「兩個自己」之間交戰。他們「高層次的你」了解這有益處，「低層次的你」卻往往反應是「戰鬥或逃跑」。適應環境一般都要花上十八個月左右，雖然是因人而異，而且有人從來都無法適應。

有些人告訴我，這種行事方式是違反人性──人都需要隔絕於嚴酷的真相之外，這樣的制度在現實上不可能管用。我們的經驗和成功則證明這種說法錯了。我們的行事之道的確有別於大部分人的習慣，但那並沒有違反人性，難道運動員和軍人所做的嚴格體能鍛鍊是違反人性？大自然的原則就是，只受過艱苦磨練才會變得更強。我們的創意擇優並非人人都適用，嘗試過的人當中大約占三分之二的人適應，他們感覺擺脫束縛且很有效，很難想像還會有別的辦法更好。大部分人最喜歡的就是做事可以不兜圈子。

實踐中的極度真實和極度透明

為了讓你知道極度真實和透明長什麼樣子，我要來分享管理委員會在幾年前開始考慮重組後台部門時所面臨的困局。後台部門是

在提供所需要的服務來支援我們的市場交易業務，包括確證交易、清算、維護紀錄、記帳。我們多年前建立起這支團隊，員工努力工作、一絲不苟，是我們大家庭的一分子。但當時我們看到需要新的服務能力，是內部所做不到的。於是我們的營運長愛琳・穆雷便研擬了創新的策略，要把這支團隊劃出去、併入紐約梅隆銀行（Bank of New York/Mellon），為橋水提供專屬服務。起初這只是試探性的討論；我們還不曉得要不要推動，要怎麼推動，或者最終對於後台團隊的成員會有什麼意義。

如果你是管理委員會，會在什麼時候告訴後台團隊，考慮要把他們劃進另一家公司裡？你會等到局勢明朗了再說嗎？在大部分組織裡，這種策略決定一般都會保密到成定局了再公布，因為老闆一般會認為，在員工之間引發不確定性是壞事。我們的想法恰恰相反：唯一負責任的做法就是開誠布公，員工才會知道究竟是怎麼回事，並能幫助我們釐清所產生的問題。在這起個案中，愛琳立刻就召開了後台部門團隊的全員大會。她以橋水領導人的典型作風解釋，她有很多事還不清楚，有很多提問還回答不了。那是個艱困時刻，而且的確引發了不確定性，但要是她遵照傳統的做法而遮遮掩掩，無可避免的謠言和揣測更會使情況糟糕得多。

雖然該組別最終確實被劃了出去，但我們持續和團隊成員保有極佳關係。他們不但在整個轉型期間全力配合，而且照樣參加我們的耶誕晚會和國慶派對，依舊是我們大家庭的一分子。如今我們的後台團隊備受讚譽，就是因為這項創新的成果。最重要的是，由於我們在還沒把事情釐清之際就保持公開透明的作風，所以後台部門團隊便增強了對我們的信心，並將心比心來回報。

　　對我來說，為了避免員工擔憂而不告訴他們究竟是怎麼回事，就像是讓小孩在長大成人後還相信牙仙或聖誕老公公。隱匿真相在短期來說或許會讓員工比較開心，但長期來說並不會使他們變得更聰明或更可靠。員工知道能信任我們所說的話，這才是真正的資產。基於此，我相信有話直說幾乎永遠是比較好的做法，即使在沒有全部的答案或宣布壞消息時也是。英國前首相邱吉爾說過：「糟糕的領導之道莫過於給人虛假的希望，卻轉眼就破滅。」人需要面對嚴酷與不確定的現實，才會去學習應對的本領。而藉由觀察周遭人做得好不好，你也會學到很多。

1.1 不用害怕了解事實。

　　假如你跟大部分人一樣，面對不掩蓋的事實就會使你惴惴不安。為了克服不安，你需要在理智上了解為什麼謊言會比事實可怕，然後透過練習來習慣與事實共處。

　　假如你生病了，自然會害怕醫生的診斷──萬一是癌症或其他某種致命疾病的話怎麼辦？這與事實的結局一樣可怕，但長期來說，知道還是比較好，你才得以去尋求最適當的治療。面對自己優缺點的殘酷事實也是同樣的道理。在橋水，知道事實並據以行動就是我們所謂的「大局」。重要的是，不要被那些充斥著情緒和面子的「小事」牽著鼻子走，它可能會拖累你完成使命。

1.2 要有誠信並要求別人保持誠信。

　　「誠信」（intergrity）是源自拉丁字integritas，意思是「齊一」或「完整」。表裡不一的人就是缺乏誠信，也就是不「完整」

的人；他們是表面一套、背地裡另一套的「雙面人」。口是心非有時在當下可能會比較容易（因為可以避免衝突或尷尬，或是達成某個短期目標），但有誠信和避免當雙面人的後續或更後續結果更可觀。表裡不一的人會自相矛盾衝突，並常與本身的價值觀出現落差。他們很難開心，而且幾乎不可能做到最好。

使所說契合所想、所想契合所感，你會更開心、更成功。純粹去思考事物本身，而不是他人的觀感，你會聚焦於最重要的問題。它有助於你篩檢人和公司出來，因為你會受到開放、誠信的人和公司所吸引。這對你周遭的人也會比較公平：暗自論斷他人，不先問其觀點，既不道德又無濟於事。不遮遮掩掩，就會釋放壓力並建立起信任。

a.**要是不當他的面說，就絕對不要背地裡說他的閒話。**要批評就當別人面指出來。橋水歡迎並鼓勵批評，但沒有理由在別人背後說壞話。那會適得其反，並嚴重缺乏誠信。不會帶來任何有益的改變，而且會破壞當事人和整個環境。就跟說謊一樣惡劣，是我們團隊最忌諱的事。

管理者不該談論不在現場的下屬。假如會議中討論到的事與某人相關，而他並不在場，我們一定會把會議紀錄和其他相關資訊寄給他。

b.**不要因忠誠於個人而妨礙追求事實和組織利益。**在某些公司，員工和雇主會互相掩飾錯誤。這並不健康，而且有礙進步，因為這是在阻止人把錯誤和缺點端上檯面，鼓勵欺騙，並剝奪部屬申訴的權利。

同樣的情況也適用在個人忠誠的問題上。我經常看到有人因為

與老闆的私人關係而待在不適任的職務上，這會使沒有原則的管理者利用個人忠誠來建立勢力範圍。用另一套不同的規則來評價一個人，是隱形的腐敗，對用人唯才有害。

我相信形式比較健康的忠誠是建立在公開探討事實之上。明確、有原則的思考和極度透明，可以對付私相授受的惡習。當人人都秉持相同的原則，決策也公開形成，就很難為了追求一己之利而犧牲組織利益。在這樣的環境中，直接面對挑戰的人最令人景仰；相反地，隱瞞錯誤和缺點，不健康的行為就有機可乘。

1.3 要創造一股氛圍，每個人都有權了解什麼事合理，而且沒有人能心懷異見卻不把話講明。

員工有沒有獨立性和性格來窮究最好的答案，這要看他們的本性，但你可以創造鼓勵的氛圍，使每個人的第一個念頭就是去問：「是真的嗎？」

a.要把話講明，敢做敢當，不然就走人。 在創意擇優之下，開誠布公是責任；你不但有權把話講明、捍衛正義，也有義務要這麼做。這點尤其要擴展到原則上。原則就像其他事物一樣，也需要接受質疑和辯論。不准許私下抱怨和暗地批評，不管是對別人還是在自己腦袋裡想。假如你無法盡這個義務，那就必須離開。

當然，敞開心胸來和別人探討事實跟固執己見是兩回事，即使是在決策機制走完、問題解決並落實之後。無可避免的是，有些情況下，你對某項方針或決定並不贊成，卻非遵守不可。

b.要絕對開誠布公。 對問題要討論到彼此一致為止，或是了解彼此立場而能研判如何解決。如同我一位同事說過：「很簡單，不

要去過濾觀點就行了。」

　　c.**不要輕信不誠實的人**。人說謊的情況超出大部分人所想像。我學到這點是因為身為公司老闆。橋水有一群高職業道德的人，但所有組織都會有不誠實的人，而必須以務實的方式來應對。例如被抓到不誠實的人說自己悔悟了，絕對不會再犯，不要相信，因為他們大概還是會重蹈覆轍。不誠實的人很危險，所以把他們留在公司並非明智之舉。

　　同時我們也要務實。假如我只願與從來不說謊的人共事，那就沒同事了。我在誠信方面固然秉持高標準，但我並不是以非黑即白、一桿出局的角度評估。我會看嚴重性及具體情況，試著了解我所應對的人是不是說謊的慣犯，還會一再說謊，或者基本上是個誠實卻不完美的人。我會考慮不誠實情節是否重大（此人是偷了一塊蛋糕，還是犯了重罪？），以及我們現有關係的本質（說謊的是我的配偶、點頭之交，還是員工？）。這些案子要分別處理才適當，因為正義的基本原則就是應該按罪來量刑。

1.4 要極度保持透明。

　　假如你同意真正的創意擇優的威力強大，那應該會覺得讓人有權自己了解事情，好過強迫灌輸他們接受資訊。極度透明會使議題被迫浮上檯面，最重要（和最讓人不安）的，就是人們所應對的問題和應對的方式公諸於世，使組織得以運用所有成員的才智和洞察力來尋求解決之道。到最後，對習慣它的人來說，活在極度透明的文化裡會比活在不知道是怎麼回事、別人怎麼想的迷團裡更舒坦。而且它非常有效。但要說清楚的是，就跟大部分好東西一樣，它也

有弱點。最大的弱點就是，大部分的人最初會非常難去應對讓人不安的現實。假如管理不當，它可能會將人員捲入無關的事，並可能使無法權衡所有資訊的人得出錯誤的結論。

例如把組織的問題全部公諸於世，並對每個都無法容忍，這或許會使某些人產生錯誤的結論，這個組織裡無法容忍的問題比另一個遮遮掩掩的組織要多。可是哪個組織才比較容易表現卓越，是會把問題凸顯出來並視之為無法容忍的組織，還是隱藏問題的組織？

不要搞錯我的意思：極度透明並不等於完全透明。它只是要比一般情況透明得多。我們的確會對某些事保密，像是個人健康狀況或十分私密的問題、智慧財產權或保安的敏感細節、重大交易的時機，以及要是洩漏給媒體，起碼在短期內就容易遭扭曲、渲染和惡意誤解的事。對於我們發現透明是在什麼時候、為什麼有益處，以及在什麼時候和為什麼不適當，各位在以下原則中會有全面的了解。

坦白說，我開始做到這麼極度透明時，並不曉得會變得怎樣。我只知道這極為重要，必須努力奮戰來設法實現。我做到了極致，並很訝異效果會這麼好。例如當我開始把所有的會議都錄音時，我們的律師便說我們瘋了，因為我們保存證據，一旦有訴訟，可能會被證交會等主管機關用來對付我們。我則搬出理論來回應，極度透明會降低我們做出任何錯事和不當處置錯誤的風險，而且錄音事實上是會保護我們自己。假如我們把事情處理得不錯，公開透明就能向外明確傳遞（前提當然是各方都講理，而這不是想當然的事）；假如我們處理得糟糕，公開透明則會確保我們得到應有的教訓，長期來說對我們也是件好事。

我當時還沒那麼有把握，但我們的經驗屢屢證明了這套理論正確。橋水所遇過的法律訴訟或監理調查狀況少得出奇，主因就是我們極度透明。這是因為在極度透明下，要做壞事比較難，要發現事實和解決糾紛則比較容易。過去這幾十年來，我們從沒有過重大的法律訴訟或監理處罰。

橋水規模擴大、屢獲成功後，所引來的媒體目光自然也比較多，而且記者知道腥羶色和爭議性的報導所抓住的眼球比平凡無奇的報導要多。橋水尤其免不了這種報導，因為我們的文化是把問題端上檯面和在公司內部公開分享，並不擔心走漏消息。難道不透明就可以避免這樣的問題嗎？

我所學到的是，意見最要緊的人就是最懂我們的人，也就是客戶和員工，而且我們的極度透明能提供客戶良好的服務。這不但使我們的業績更好，還建立了員工和客戶的互信，媒體的炒作對他們毫無作用。我們跟他們討論到相關問題時，他們說要是我們沒有透明操作，反而史讓人擔心害怕。

這種理解和支持，推動我們做對的事，這可說是無比寶貴。如果我們沒有這麼堅定地把真實和透明做到極致，我們就不會知道有這些收穫。

a.**要用透明來實現正義。**當人人都能參與討論至決策時，不管是親自參加還是透過錄影紀錄和電郵往來，公正就比較容易落實。每個人要為本身的觀點負責，而且任何人都能根據公認的原則來參與決定誰該做什麼。要是少了這種公開的程序，決策就會是由有權的人在關上門後為所欲為。在保持透明的情況下，人人都要秉持相同的高標準。

b.分享最難分享的事。人們傾向把公開內容限縮在無傷大雅的事情上，但分享最難分享的事格外重要，因為假如不分享，你就會失去其他人對你的信任和夥伴關係。所以在面對決定要分享最難分享的事情時，問題不該是要不要分享，而是要怎麼分享。以下的原則會幫助你把這點做好。

c.要讓極度透明的例外事項減到最少。我固然想要徹底透明，並希望每個人都負責任地處理所握有的資訊，以判斷事實是什麼和要怎麼做，但我也體認到，這是無法全然達到的理想。每條規則都有例外，而且極少的個案不宜極度透明。在這些例外個案中，你會需要想辦法維護極度透明的文化，又不使自己和所關心的人暴露在無端的風險中。

在權衡是否屬於例外時，要用期望值的方法計算，而考量到後續和更後續的後果。問問自己，使個案透明和管理的風險，是否弊大於利。絕大多數的個案都不是。我發現，不宜公開透明最常見的原因有：

1. 資訊涉及隱私、個人或屬於機密，不會大幅影響整體利益。

2. 分享和管理這樣的資訊會危及橋水、客戶的長期利益，或難以堅守原則（比方說我們的獨門投資邏輯或法律糾紛）。

3. 與整個公司共享資訊的價值非常低，所造成的干擾卻很大（比方說具體薪酬）。

我要說的是，我相信該一方面把透明做到極致，一方面保持謹慎。由於我們會把幾乎每件事都錄音公布，包括我們的錯誤和暴

露缺點，所以我們是媒體的箭靶，他們靠聳動或嗆辣的八卦大發利市，並想方設法獲取資訊。有一次，我們所面臨的問題是，有資訊洩漏給了媒體而遭到刻意扭曲，並損及了我們的徵才作業，我們被迫對超敏感的資訊採取監控，只有非常值得信任的人是在第一時間收到，對其他人則是延後發布。該資訊的等級在一般公司裡是只會由一小撮人共有，但在橋水則是由近百位受到信任的人共有。換句話說，在這起個案中，我們的極度透明固然不是徹底落實，但我以務實的方式盡可能擴大知情者的範圍。這對我們助益甚多，因為最需要透明的人立刻就會得到訊息，而且幾乎每個人都了解，連在艱辛的處境中，對透明的承諾依舊非常穩固。大家知道，我的本意是盡可能極度透明，唯一會阻止我的例外就是公司的利益。而且假如我不公開透明，我就會告訴他們為什麼。這種作風就在我們的文化裡，而且這培養出了信任，連在透明度不如我們所願時也是。

d.確保因極度透明而得到訊息的人認清，他們有責任要妥善管理訊息，並聰明地權衡事情。 不能讓人擁有收到資訊的特權，又用這些資訊來傷害公司利益，所以必須訂出規則和程序來確保這件事不會發生。例如我們在橋水內部保持公開透明，條件就是橋水人不得對外洩漏，洩漏者就會依據事由（行為有違職業道德）解雇。此外，要秉持怎麼探討議題和形成決策的原則，由於不同的人有不同的視角，所以遵照既定的解決異見的路徑來決議很重要。例如有些人會小題大作，提出本身的錯誤理論，或是看不出事情發展上的問題。要提醒他們，公司給他們那樣的透明是冒著風險，他們有責任要處理所握有的資訊。我發現，當人員理解公司的用心、並珍視這種透明得來不易時，就會確保他們彼此謹慎行事。

e.**透明是要給善於管理訊息的人，對不善管理好的人則拒絕給予，或是把那些人從組織中剔除。**管理階層有權責決定極度透明要在什麼時候有例外，而非所有員工。管理階層應該要謹慎小心且有策略地決定不透明的範圍，因為每次一這麼做，就會危及創意擇優和人們的信任。

f.**不要提供組織的敵人敏感訊息。**任何組織內外都會有一些刻意傷害組織的人。假如這些敵人是在組織內，要把他們找出來，透過組織既定程序來化解這個衝突，因為和敵人在「大家庭」裡共事，會危害到你和這個家。假如敵人是在組織外，並且用資訊來傷害你們，那就不要與其分享訊息。

1.5 有意義的人際關係和有意義的工作會互相增強，尤其是在極度真實和極度透明的環境下。

當你和別人可以公開對彼此談論每件重要的事，一起學習，共同追求卓越時，能責成彼此的有意義人際關係已然建立。當你和同事有這樣的關係時，就會彼此扶持來挺過難關。此時共同負起艱辛的職責會把你們拉得更近，並強化你們的關係。這種自我增強的循環會帶來成功，使你們得以追求越來越遠大的目標。

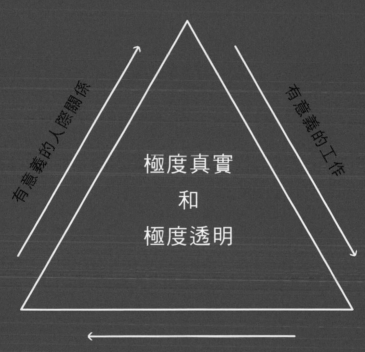

有意義的人際關係

有意義的工作

極度真實
和
極度透明

成功

2 做有意義的工作，發展有意義的人際關係

在建立和維繫卓越的文化上，有意義的人際關係無可比擬，因為它創造出信任和支持，成員藉此互相鞭策去做出一番大事。假如絕大多數人在乎追求卓越，就會著手落實，進而促成更好的工作和更好的人際關係。關係必須來自真心誠意，而不是刻意強迫；在此同時，社群的文化會大大影響到成員有多重視關係，以及他們是如何彼此相待。對我來說，有意義的人際關係是指成員夠關心彼此，每當有人需要支持時就會到場，而且十分享受彼此的陪伴，無論在工作內外都在一起。我對許多同事都是打從心底關愛並深具敬意。

常有人問我，橋水的人際關係比較像是家庭還是團隊，言下之意就是家庭會有無條件的愛和恆久的關係；團隊裡的聯繫則在成員付出越多時，整體就會越強。在回答這個提問前，我想要強調的是，兩個我都覺得很好，因為家庭和團隊都提供了有意義的人際關係，而且都有別於一般公司裡的一般職務，人際關係是功利取向

的。但要是直接回答這個提問，我則會想要橋水像是家族企業。家族成員要嘛表現卓越，要嘛就要出局。假如我有個家族企業，而且家族成員表現不佳，我會想要讓他們走人，因為我相信這對家族成員（因為留在不適合的職務上會妨礙到他個人發展）或公司（因為會拖累整個團隊）來說都不是好事。這就是嚴格的愛。

為了讓你有個概念，橋水的文化是如何形成，以及跟大部分的公司有多不同，我就來談談在早期的員工福利做法。當公司只有我和一小群人時，我並沒有為員工提供健保，因為以為他們會自己投保。可是對於與我分享人生的人，我的確想要在他們有需要時幫上忙。假如我同事生了重病、負擔不起適切的醫療，那我會怎麼做？袖手旁觀或是幫忙？我當然會竭盡所能在財務幫助他們。所以當我開始為員工提供健保時，我覺得是在為自己投保，因為他們要是受傷或生病，我知道要補貼給他們的錢會跟為他們投保的金額一樣多。

由於我想要確定員工會盡可能得到最好的醫療，我提供的保單能確保他們愛選哪一位醫生就選，得花多少費用就花。另一方面，我並不保障他們的小問題。例如我不提供牙科保險，就跟不提供車險一樣的用意，因為我覺得保護牙齒是他們自己的責任，一如照顧車子是他們自己的責任。假如他們真的需要牙科保險，自己掏腰包就付得起。我的主要觀點在於，我並不像大部分的公司那樣，以沒人情味的交易性方式來處理員工福利，而比較像是在為家人提供保障。我在某些福利項目上相當大方，但也期待人們在某些事上自己負起責任。

當我對員工就像對大家庭成員那樣時，我發現他們也通常會以

互敬互愛的方式對待彼此和整個團隊，比純粹的對價關係要特別得多。我算不出來有多少人會竭盡全力為團體／公司付出，而不想離開橋水去別的地方工作。這點是無可比擬的珍貴。

隨著橋水成長擴張，我無法與個別成員維繫親密的關係，但這不成問題，因為整個團隊形成了這種互助的氛圍。這其來有自；我們很努力來推動風氣。例如橋水有一項方針，當成員想要一起聚會同樂時，我們都會在一個上限額內出一半費用（我們現在資助了上百個社團以及運動等同好團體）；有人要在家裡辦參加者自帶一道菜餚的餐會，吃喝費用都由公司出；我們還買了房子供員工活動和慶典之用。我們有耶誕節、萬聖夜、國慶日和其他的派對，通常會邀約攜伴參加。到最後，重視這種關係的成員便會自己扛起了責任，這也蔚然成風，成了文化常規，使我能坐享其成。

要是有人對有意義的人際關係全然不屑一顧，只想投入工作，表現出色，並領到公平的薪酬呢？這樣沒關係嗎？當然沒關係，而且為數不少的員工屬於這一類。不是每個人對團隊都想法一致或深有同感。不參與團隊活動完全沒關係。我們有各式各樣的人，他們只要遵守法律，對人體貼，在公餘時間想做什麼都該予以尊重。但這些人並不會為團隊帶來有力的承諾，而以長期來看，承諾卻是創造卓越所不可或缺的。

無論大家有多努力營造有意義的人際關係，組織內必定都會有一些壞分子（會故意搗亂的人）。姑息養奸對他們或公司來說都不好，所以最好是找出來並加以剔除。我們發現，真正關心組織的人比例越高，裡面的壞分子數目就越少，因為會真正關心的人就會為了保護團隊而去防備他們搞破壞。我們也發現，我們的極度透明做

法有助於分辨成員的良窳。

2.1 要忠於共同的使命，而不是對使命三心二意的人。

有些人對公司使命和要怎麼完成使命上沒有緊密同步，對這類人忠誠，就會造成派系之爭並危害到團隊福祉。忠誠於某個人是常有的，而且是相當美好的事。不過，忠誠於個人卻與組織利益有所衝突，也很常見，而且不是好事。

2.2 要把交往條件講得一清二楚。

如果要有良好的人際關係，你們彼此必須非常清楚對價關係，包括什麼是慷慨、什麼是公平、什麼只是純粹在占便宜，以及你會怎麼彼此相待。

一般來說，人都會在一個重要事件上有所區別，那就是怎麼看待工作。他們工作是只為了薪水，還是追求更多？對於最重要的是什麼，我們各有各的看法。我靠工作賺了很多錢，但在我的眼中，我的工作遠超過賺錢，而是選擇活出卓越、做有意義的工作和維繫有意義的人際關係的價值觀。假如我同事主要是對賺錢感興趣，那每當必須選擇是要堅守價值觀還是輕鬆賺錢時，衝突一定會爆發。不要搞錯我的意思，我當然了解人不單是為了個人滿足而工作，還必須在經濟上過得去。但對於價值觀和想要的人際關係是如何，我們都有既定看法，而且在這類事情上，雇主和員工必須有共識。

　　其中自然會有歧見和協商，但有些事不能妥協，你和員工必須知道是哪些事。假如你所要創造的氛圍是有共通的價值觀、對使命的深切承諾和崇高的行為標準，那尤其是如此。

　　在橋水，我們期待成員的行事要與高品質、重視長期夥伴關係的人看齊，也就是兼顧彼此利益，並清楚各自的責任。在表面上，這聽起來滿好，又一目了然，但這究竟是什麼意思？把它說清楚很重要。

　　舉例來說，有員工的家人經診斷生了重病，或是員工去世使家庭陷入困境。發生這些事遠比我們所希望的都要頻繁。必要的基本撫恤金和福利當然會由慣例和法律來界定（像是個人休假日、長短期失能險和壽險）。但你要怎麼研判除此之外，該給予哪幾種協助？對各種特定情況，要照什麼原則處理才公平？這恐怕不能一概而論。

　　處理這些事都不容易，但以下的原則提供了一些指引。

　　a.員工一定要多體諒別人多過為自己要求。這是一項規定。

　　體諒是指容許其他人做他自己希望的事，只要遵守我們的原則、方針和法令。這是指願意優先考慮別人的需求，再考慮自己。假如爭論雙方以這種方式處理分歧意見，是誰冒犯誰的爭端就會少得多。

　　儘管如此，還是必須有決斷，而且必須把界線畫出來，寫進原則裡。

首要原則如下：如果因為自己受人冒犯就阻止他們行使權利，比起他們任意冒犯你，更算是草率行事。這表示要權衡本身的行為對別人的衝擊，否則就是不周延，所以我們期待成員明理地判斷，不要做明顯會冒犯人的事情。有些行為明顯會冒犯很多人，要有清楚的方針明文禁止。這些特定內容和相關方針是源自具體個案。做法就跟判例法的形成差不多。

b.人員一定要了解公平和慷慨的差別。有時候人們會把慷慨大方誤解為不公平。例如橋水曾安排交通車把住在紐約市的人接送到位在康乃狄克的辦公室，有一位員工就說：「既然住紐約市的人有交通車可坐，我們這些自己開車上下班、每個月花好幾塊加油的人也有補貼，這樣看來才公平。」這種思維就是把大方之舉誤解成了人人應得的福利。

公平和慷慨是不同的東西。假如你買兩份生日禮物給兩個最要好的朋友，一份比另一份貴，收到較便宜禮物的朋友指責你不公平，那你會怎麼說？八成會類似：「我不是非得送你任何禮物不可，所以不要抱怨了。」在橋水，我們對人很慷慨（我本身也很慷慨），但我們覺得沒有義務要被評判和見者有份。

慷慨是好事，見者有份是壞事，兩者很容易就會搞混，所以要清楚界定。決定的依據應該是，確保在特定情況下有正當理由，以及最值得感激的是什麼。假如你想要團體成員兼而具備高素質、維繫長期關係和高度個人責任感，那就不能容許見者有份的想法孳生。

c.**要知道界線在哪，並站在公平的一端。**界線是基於各方之間明訂的對價關係，區分出什麼是慷慨大方之後，再分辨什麼是公平、什麼是適當或必要。前面提過，你應該要期待成員的行事之道與高品質、有長期夥伴關係的人看齊，也就是高度關切彼此的利益，並清楚了解各自的職責。每個人行事都應該站在公平的一端，我的意思是盡可能體諒別人，少為自己要求。這有別於大部分的商業關係，因為他們往往比較關注自身的利益，而不是別人或整體利益。假如各方都說「你該得到更多才對」、「不，該得到更多的是你才對」，而不是「我該得到更多才對」，那你們就比較容易建立慷慨、良好的人際關係。

d.**薪酬與工作相符。**公司和員工之間並非全然是對價關係，但如果要讓關係長久，就必須讓員工在經濟上過得去。公司方針要把這種對價清楚界定出來，一旦有變化，還要再評估，但不必過分追求精確。大體上固然應該謹守公司方針，但也應該認清會有少數、特殊狀況。例如有時候員工需要多休點假，有時候公司會要求員工加班。公司應該獎勵業績高於正常水準的員工，低於正常水平者則減低薪資。給予與獲取隨著時間應該趨近對等。在合理範圍內，應該不必太擔心。但假如一方的需要長久改變了，那就需要重新調整薪酬，以建立適當的新關係。

2.3 要認清組織規模擴大可能會對有意義的人際關係造成威脅。

只有少數幾人時，我們形成有意義的人際關係是因為我們彼此認識、彼此喜歡。等成長到五十到一百人時，我們就成為一個社群；等成長到更大規模，社群感就淡化，因為我們不再是以同樣的方式了解彼此。我就是在這時候體認到，以一百人左右（上下大概會差到五十人）來劃分組別（部門），並依據我們的共同使命來規範，這是建立有意義的人際關係最適合的規模。比較大的公司往往會比較不帶人情味，但這又是另一個必須應對的挑戰了。

2.4 要記得，大部分人會假裝為你而工作，實際上是為自己的利益工作。

例如大多數人都希望出最少的力，賺到最多的錢。

如果要了解這點，可以不監管某個員工，讓他憑自己的工作來跟你請款。當員工給你的建議會影響到他賺得的錢時，尤其要提防這種利益衝突，像是律師在給你建言上收的鐘點費，或是業務員建議你採購物品，再依據你的開銷來收取佣金。你無法想像我曾遇過多少一古腦要「幫忙」我的人。

不要天真。在努力讓員工從事有意義的工作和營造有意義的人際關係的同時，要認清總會有某個比例的員工沒有團隊精神，甚至會傷害團隊利益。

2.5 珍視誠信、有能力、表裡如一的員工。

這種員工很罕見。這樣的關係要花時間去建立，而且只有善待這樣的人，才建立得起這種關係。

3 打造允許犯錯，但不容忍罔顧教訓、一錯再錯的文化

每個人都會犯錯。主要的差別在於，成功者會從錯誤中學教訓，失敗者則不會。把文化打造成敢於犯錯，好讓員工能從中學習，就會快速進步，減少重大失誤。在強調創意和獨立思考的組織裡尤其如此，因為有失敗才會有成功。愛迪生（Thomas Edison）曾經說過：「我不是失敗。我只是發現了十萬種不管用的方式。」

犯錯會使你痛苦，但你不該讓自己或別人逃避痛苦。痛苦是個訊號，代表出了差錯，而它也是稱職的老師，提醒人不該再重蹈覆轍。為了從自己和別人的錯誤中吸取教訓，你必須坦白而公開地承認錯誤，並努力防止再犯。而在這個時候，有很多人會說：「不用了，謝謝，我不吃這套。我寧可不必去應對這些事。」但這並不符合你和公司的最佳利益，而且會阻礙達到目標。在我看來，假如你回頭去看一年前的自己，對於自己做的蠢事並不感到驚訝，那你還沒學夠。儘管如此，會擁抱錯誤的人卻寥寥可數。這樣的狀況應該

要改變。

還記得之前在〈生活的原則〉中，我談到了交易主管羅斯那次忘了幫客戶下單交易的故事嗎？現款就晾在那裡，等發現錯誤時，客戶已虧了（實際上是橋水，因為我們必須賠償損失）**一大筆**錢。損失很慘重，我大可把羅斯開除，以藉此表明公司不容有絲毫差錯。但那樣會適得其反。我會損失一個好員工，而且這只會鼓勵其他的員工隱瞞錯誤，那樣的文化不僅不誠信，還會大大削弱學習與成長的能力。假如羅斯沒有經歷那樣的痛苦，對他和橋水都會更糟。

我沒有把羅斯開除的理由，遠比開除他要來得充分。我向他和其他人證明了，犯錯沒關係，沒有從中吸取教訓則不行。在塵埃落定後，我和羅斯一起建立了「錯誤日誌」（我們現在稱之為「問題日誌」）。交易員會把錯誤和不良後果全部記在上面，好讓我們能追蹤並按部就班地解決。它已成了我們在橋水最強的工具之一。在我們的環境中，成員都了解「那件事你處理得很糟糕」之類的話是為了幫忙，而不是懲罰。

當然，在管理犯錯的員工時，分辨以下的差別很重要：（1）能力強、犯了錯會自我反省並虛心從中學習的人。（2）能力差的人，或能力雖強但是無法擁抱錯誤並虛心學習的人。時間一久，我發現聘用像羅斯這樣會自我反省的人員，是我所能做到最重要的決定之一。

這種人並不好找。我常認為，家長和學校一直過度強調答對的的價值。在我看來，成績最好的學生往往最不會從錯誤中學習，因為他們被制約成把答錯等同於失敗，而不是學習機會。這對他們的

進步是一大阻礙。聰明人善於擁抱錯誤與缺點，表現會遠遠勝過能力相同但過於自負的同儕。

3.1 要認清錯誤是事物演進過程中自然的一部分。

假如不介意在正確的路上犯錯，你就會學到很多，並提高績效。但假如無法忍受錯誤，你就不會成長，把自己和周遭人都搞得很慘，你的工作環境則會充斥著小心眼的中傷和惡毒的酸言酸語，而不是健康、誠懇地追求事實真相。

你對正確的渴望不能超過對事實真相的追求。貝佐斯形容得好：「你必須願意接受一再地失敗。假如你不願意接受失敗，那就必須非常當心自己無法創新。」

a.要把失敗當好事。人人都會失敗。你所看到任何人的成功，只是在你所關注的事情上成功，我保證他們在其他很多的事情上也曾失敗。我最敬重的人是正面看待失敗、吸取失敗教訓的人，對他們甚至比對成功之士還敬重。這是因為失敗是痛苦的經驗，成功是愉快的經驗，與直接成功相比，失敗、改變，最後成功所需要的特質更為豐富。直接成功的人鐵定不會挑戰自己的極限。當然，最糟糕的人就是失敗卻認不清，也不去改變。

b.不要為自己或別人的錯誤懊惱。要珍愛它！一般人都會為自己的錯誤而懊惱，因為目光短淺，只看到糟糕的結果，而看不出犯錯是求進步的必要環節。我曾聘請的一位滑雪教練，也指導過史上最偉大的籃球員麥可·喬丹（Michael Jordan），他告訴我，喬丹沉醉於自己的錯誤，把每個錯都視為改善的機會。他了解錯誤就像在玩小拼圖遊戲，你完成一個，就會功力大增。你從錯誤中學習的

教訓，將來都會避免你犯下成千上萬個類似的錯誤。

3.2 不要擔心一時成敗，而要放眼於達成目標。

　　拋開不安，把心思花在達成目標上。反省並提醒自己，他人精準的批評是你能得到最寶貴的反饋。想像一下，當滑雪教練告訴你說，你跌倒是因為滑行時重心沒有適切轉移時，要是你當他是在指責你，會有多蠢和多無濟於事。這就跟上司指出你在工作過程中的缺失沒兩樣。改錯再往前進就行了。

　　a.不要糾結於「抱怨」與「讚揚」，而把心思花在「精準」與「不精準」上。在意他人「抱怨」與「讚揚」或是「正面」與「負面」的評價，會阻礙你在反覆的工作流程中學習。要記得，已經發生的事就讓它過去，除了吸取教訓，再也無關緊要。也要捨棄聽虛假讚美的需求。

3.3 要觀察錯誤的形態，判斷是不是因缺點而產生。

　　每個人都有缺點，一般都以所犯錯誤的形式體現無遺。成功的捷徑就是從起頭就知道並緊盯自己的缺點。剛開始要把自己的錯誤寫下來，並把之間的點連起來，找出因果關係。然後寫下你面臨的重大挑戰，也就是妨礙你實現心願的最大缺點。每個人至少都有一項重大挑戰。你或許會有好幾項，但不要超過三項。突破障礙的第一步就是承認。

3.4 在經歷痛苦時，要記得反省。

　　要記得這點：**痛苦全都在你的腦袋裡**。假如你想進化，那就需

要直搗問題和痛苦。正視痛苦，你就會把所面對的矛盾和問題看得更清楚。反省並解決問題，你就會長智慧。痛苦和挑戰越大越好。

由於這些痛苦的時刻十分重要，所以你不該快閃而過。要深入探索琢磨，才能建立改善的基礎。擁抱失敗、正視它對你和其他人所造成的痛苦，是真心改過的第一步；這就是為什麼在許多社會裡，認錯之後才有寬恕可言。心理學家稱之為「跌入谷底」。假如鍥而不捨地這麼做，你就會把面對錯誤和缺點的痛苦化為喜悅，並像我在〈擁抱現實、沉著應對〉中所解釋的「浴火重生」。

a.**要自我反省，並確保員工會自我反省。**遇到痛苦時，動物的本能就是「戰鬥或逃跑」。你反而要自己冷靜下來並加以反省。你所感受到的痛苦是起因於事情有衝突，也許你是遭逢了悲慘的現實而不能接受，像是朋友過世；也許你是被迫承認缺點，而挑戰到你對自己的看法。假如你能清楚思考背後的因素，對於了解事實和要怎樣因應，你就會學得更多。自我反省是一種特質，區分人會奮起或一蹶不振。要記得：**痛苦＋反省＝進步。**

b.**要知道，沒有人能客觀看待自己。**我們全都該力求客觀來看待自己，卻不應期待人人都能把這件事做好。我們全都有盲點；人天生就是主觀的。因此，人人都有責任幫助別人去了解真實的自我，方法則是給予誠實的反饋，加以責成，並以開放的心態來解決彼此的歧見。

c.**要教導並強化在錯誤中學習的道理。**如果要鼓勵人員把自身的錯誤開誠布公並加以客觀分析，管理者就需要培養文化，使它成為常態，並懲處壓抑或掩蓋錯誤。我們做到這點的方法是把話講清楚，任何人所能犯下最糟糕的錯誤，就是不勇於面對自己的錯誤。

這就是為什麼橋水規定要使用問題日誌。

3.5 要知道什麼類型的錯誤可以接受、哪些無法容忍，不要讓員工犯下不能接受的錯誤。

為了透過嘗試和錯誤來學習，在考慮你願意容許什麼樣的錯誤時，要權衡錯誤的潛在損害和累進學習的益處。在界定我願意給員工的空間時，我會說：「我可以容忍你刮壞或弄凹我的車，但我不會冒風險讓你把車子弄到面目全非。」

痛苦

十

反省

＝

進步

4 要達到共識並堅持

PRINCIPLES

原則

RAY DALIO

〈各界名家推薦〉

國際推薦

「瑞・達利歐曾給我非常寶貴的指導和忠告，你在《原則》一書中都能找到。」

——比爾・蓋茲（微軟聯合創辦人）

「和他人分享人生經驗很重要，也很有益處，在這本引人入勝的書中，瑞以一種有趣和激勵的方式分享了他的經驗。」

——傑米・戴蒙（摩根大通執行長）

「瑞・達利歐擁有傳奇性的市場嗅覺，但他之所以能領先群倫，是因為他總結並實踐了一套原則。每個有目標和夢想的人都能從《原則》裡獲益。」

——麥可・彭博（彭博新聞社創始人、紐約市前市長）

「《原則》一書對我的領導風格產生了深刻的積極影響——以更真誠的方式生活。」

——里德・哈斯汀（Netflix 創辦人）

「這是一本奇書。每一頁都寫滿了非比尋常的原則，全是真知灼見。我很喜歡瑞・達利歐將自己的故事和生活融為一體的優雅寫作方式。」

——安東尼・羅賓（世界級潛能激勵大師）

「我真的太喜歡這本書了，筆法如此精當，字裡行間充滿智慧。」

——雅莉安娜・赫芬頓（《赫芬頓郵報》創辦人）

「我深受這本書感動。書非常吸引人，讓我深刻思考生活以及如何彼此共處。達利歐如何總結出這些原則的歷程，非常引人入勝。」

——安德魯・羅斯・索爾金（《紐約時報》專欄作家）

「這位富豪投資家創造了我見過最強烈的組織文化：珍視極度透明，而非暗地操弄；珍視創意擇優，而非一人一票、票票等值的民主模式。在這本眾人期待已久的書中，他描述了其所設計的橋水模式如何打造出有意義的工作、有意義的人際關係以及世界最成功的避險基金。」

——亞當・格蘭特（心理學家、華頓商學院教授）

越來越少。因為，這本書比你想像的更加公開、坦白。我們在各種地方都能看到做人的忠告，但這本書並不是老生常談。作者對他的原則有非常深刻的思考，這本書是他人生錯誤的整理。

在閱讀的過程，你很容易把作者所分享的經歷，與自己過往的經驗連結起來，彷彿他在講你自己。藉由作者的經驗，帶出你自己的經驗，接下來他所講的每一條原則，都不斷地刺激你，「如果當時我這麼做，結果會不會更好。」《原則》不只是達利歐回顧自身的一本書，同時也是帶你回顧自身的一本書。

這本書對我影響最大的一章，就是第三條生活的原則，「抱持極度開放的態度」。

我跟他人討論事情時，常帶有很強的分別心，也時常對一段對話感到不耐煩。腦袋裡一直拿著我的標準，替對方打分數：這句話有道理、那句話說錯了。這樣的問題就是，我其實忽略了溝通的本質。

在這個章節中，達利歐直接點出我這個現象的根本原因：「如果你像大多數人一樣，不知道別人如何看事情，不善於洞悉別人的想法，那是因為你只想要告訴對方你自己的想法是正確的。換句話說，你專斷獨行，採取封閉的態度；預設立場太多。」

看到這句話你才赫然發覺，自己只是假裝很謙虛地在聽，但實際上只想證明自己是對的。

達利歐接著說，「這樣閉門造車會付出極大的代價；它會使你錯過了各種奇妙的可能性，以及別人預見的危險威脅，把具有建設性甚至性命攸關的批評拒於千里之外。」

以我自己的經驗，這樣的態度無形中會帶給你周遭的人、甚至是你所在乎的人很大的壓力。

這種壓力是難以描述的，因為在這種不當的溝通中，我不僅占據了高道德標準，還用了看起來很有邏輯的分析，試圖批判或指正對方。但那其實是我在溝通時，我讓他戴上一副眼鏡，透過我的觀點，聽我的分析。

亞里斯多德將悲劇定義為一個人致命的缺陷所產生的可怕結果。假如這個缺陷被修復，反倒會得到一個美妙的結果。

透過達利歐的原則，你能夠更有效、更開放、更真誠地面對自己的缺點，並且

透過他的步驟，一步步彌補這些缺陷。

　　「我認為成功的關鍵在於知道怎麼成長，並正確地失敗。」我相信透過達利歐的《原則》，任何人都能夠更好地彌補自己的缺陷，發現自己更多的可能性，並發揮自己最大的潛力。

百分之百堅守原則，
要比百分之九十八來得容易

王伯達（財經自媒體《王伯達觀點》）

　　作為一位金融從業人員，對於橋水基金以及瑞・達利歐自然不會陌生，然而相較於華倫・巴菲特或是其他投資大師而言，達利歐在一般民眾面前就顯得低調許多，但這並無損於他在金融業界的地位，因為他在四十多年前所創立的橋水基金，現在已是全世界資產規模最大的避險基金了。

　　不過這本書並不是在談橋水基金或是達利歐的投資原則，這部分可能要等到下一部著作問世。但我認為這本書所要帶給讀者的，或許還比投資這件事來得更有價值。

　　這本書講的是，作者為什麼認為「原則」很重要？以及他的原則是什麼？

　　作者認為人生是由不斷的選擇所構成的，而「原則」就是指引我們做出選擇的基礎。否則當你面臨每一次的選擇，你就會被迫對所有事物做出個別反應，就好像我們第一次體驗到每件事一樣，無所適從。相反地，如果你把每一次遇到的情況分類，並建立起處理原則，未來就可以更快速地做出更好的決策，因而獲致更好的生活。

　　讀到這段話，讓我想起了哈佛商學院教授克雷頓・克里斯汀生，他在《你要如何衡量你的人生？》這本書裡的一句話：「百分之百堅守原則，要比百分之九十八來得容易。」

要記得，組織如果要有成效，成員就必須在許多面向有共識，從共有的使命、要怎麼對待彼此，到比較務實面，為了達到目標時成員各自的職責。然而，絕不能視共識為理所當然，因為人的思路人異其趣。我們全都是以獨特的方式來看待自己和世界，所以在追求事實是什麼和處理方法時，要不斷下工夫。

對創意擇優來說，共識尤其重要，所以我們在橋水試著有意識、持續、系統化地努力達成一致。我們把這個尋求過程稱為「求取共識」，問題的根源主要有兩種：起因於簡單的誤會和源自根本的歧見。求取共識就是敞開心胸且直言不諱地化解歧見的過程。

許多人誤解掩蓋歧見是維持和睦最容易的方式。這觀點可說是大錯特錯。人們避免衝突，就是在避免化解歧見。迴避小衝突，到後來會遇到更大的衝突，甚至導致決裂，正面去因應小衝突的人則往往更能維持最好、最久的關係。認真化解歧見很有威力，它有助於雙方看到原本視而不見的事。在過程中敞開心胸、堅定果斷地

進行高品質的反覆討論,有助於透過彼此的眼光來看事情。但它並不容易。在以成敗論英雄的場合,強者會一目了然(因為結果有目共睹,像在體育競賽中,跑最快的人就是冠軍),在創造性的場合中,判斷孰優孰劣則會艱難得多(怎樣才算最好,眾說紛紜,必須有決斷)。要是不決斷而爭執不休,在梳理歧見的過程及知道誰有權決定的問題上沒有共識,討論很快就會變得混亂。有時候人會發火或僵持不下;一場討論的結局可能很容易就淪為兩個以上的人無效地空轉,而無法議定行動方案。

基於這些原因,必須遵照特定的過程與程序。討論的各方都必須了解各自的權利,以及應該要遵照哪些程序來達成決議(我們也設計了工具來協助,參閱本書的附錄)。而且人人都必須了解在求取共識上最根本的原則,那就是人員必須同時敞開心胸且堅定果斷。化解歧見不是打仗;目標不是要說服對方他錯你對,而是要找出事實和行動方案。它也必須不分層級,因為在創意擇優中,溝通不光是不容質疑地由上往下灌輸,也必須下情上達。

例如這封電郵是某位下屬在跟客戶開完會後所寄給我。在橋水,所有的資深人員照例都會受到部屬批評和論斷,包括我在內。

寄件者:吉姆・H

收件者:瑞;萊諾・K;葛列格・J;藍道・S;大衛・A

主旨:ABC會議的反饋⋯⋯

瑞,你今天在ABC會議上的表現應該要拿個「D-」,而且每個與會者都同意要給這麼難看的評分(誤差半

分）。你的表現很令人失望，原因有二：（1）在之前談相同主題的會議中，你表現都很出色。（2）我們昨天開會前會，要你緊扣文化和建構投資組合兩個議題發言，因為開會時間只有兩個小時，由我談投資流程，由葛列格負責研判，由藍道負責講交易實行。你卻一共花掉了六十二分鐘（依我所計時），但更糟的是，你有五十分鐘都耗在我認為是建構投資組合的話題上，接下來才講到文化，只談了十二分鐘左右。在我們所有的人看來，你顯然是毫無準備，因為假如你有準備，就不可能這麼雜亂無章。

同樣地，我要分享的另一起個案，是我們有一位資深經理觀察了當時的執行長葛列格・詹森和一位資淺員工談話，覺得葛列格說話的方式是在打壓異議和獨立思考。她便在給葛列格的反饋中提出了這點。葛列格不同意，直言他只是在對員工提醒相關的原則，其責任在遵從原則或公開質疑。兩人試圖透過一連串的電郵來求取共識未果，他們便把歧見提到管理委員會上。會議中所談到的個案寄給了全公司，每個人都能自己評斷誰對誰錯。這是不錯的學習機會，葛列格和那位資深經理都很珍惜。我們用它來檢視處理類似情況所寫下的原則，他們兩位也得到了很多有用的反饋。假如我們沒有闡明原則，並據此論斷類似的個案，我們就會讓有權力的高層恣意而為，而不是雙方都接受的方式。

以下的原則是在充實我們卓有成效的做法。假如遵從原則，你就會跟其他人保持一致，你的創意擇優也會。假如不遵從，進步就會戛然而止。

4.1　要認清衝突對良好的人際關係不可或缺……

……因為成員就是以衝突來檢驗原則是否一致以及能否化解歧見。每個人都有自己的原則和價值觀，所以在成員該怎麼彼此搭配上，所有的關係必然都會經過一番協商或辯論。你們對彼此的了解，會使你們要不更密切，要不漸行漸遠。假如你們的原則一致，並能透過讓步來消弭差異，你們就會更密切，否則就會分道揚鑣。公開討論差異可確保消除誤解。假如沒有持續這麼做，觀點的歧異就會拉大，直到無可避免大幅衝突。

a.為了求得共識上要不惜時間精力，因為這是你所能做到最好的投資。長期來說，提高效率會節省時間，但很重要的是，你要把它做好。對於你要做什麼事、和誰達到共識，你需要排出優先順序，因為時間有限。最優先的事應該是最重要的議題，以及與最可信、最相關者討論。

4.2　要知道如何求得共識和掌控分歧。

鼓勵歧見的創意擇優執行起來會比由上而下壓抑歧見的獨裁制度來得艱難。可是當分歧的可信各方願意向彼此學習時，他們的進步就會更快，決策也會更好。

關鍵在於，要知道怎麼從處理歧見實現決策。很重要的是，這條路徑要清楚，這樣職責才明確〔我開發了名為爭端化解器（Dispute Resolver）的工具，原因就在於此。它闡明路徑並讓每

個人看清，他們是不是固執己見，或是在往解決方案邁進。可以參閱附錄〕。

不可或缺的是，要知道最終的決策權歸屬何方，也就是從爭論到裁決的路徑有多遠。隨著爭議解決，決定成形，創意擇優裡的每個人都必須保持冷靜並尊重程序。假如創意擇優所產生的決定不如你本身所願，也絕對不要沮喪。

a.要把可能的分歧端上檯面來。假如你和其他成員不提出自己的觀點，就無從化解爭端。你們可以把有歧見的地方非正式地點出來，或是列成清單來檢視。我本身喜歡雙管齊下，但我會鼓勵人員依照優先順序把歧見列出來，好讓我們比較容易在對的時候轉達給相關人。

最嚴重的問題（也就是最大的歧見）就是有待解決的最重要問題，因為這往往關乎人的價值觀或是對重要決定的態度。尤其重要的是，要把這些議題端上檯面，並徹底而不帶情緒地檢驗問題的前提。否則，問題就會惡化並難以收拾。

b.要明辨無聊的抱怨和為了促成改善的批評。有很多抱怨要不是沒能考量大局，就是在反映封閉狹隘的觀點。這就是我所謂的「嘰嘰喳喳」，最好是置之不理。但建設性的批評可能會帶來重要的發現。

c.要記得，每件事都有另一面。智慧就是兩面都看得到，並適當權衡。

4.3 要同時敞開心胸且堅定果斷。

有效化解歧見，有賴於人們敞開心胸（換位思考）且堅定果斷（直言不諱你的看法），並靈活處理這些資訊，進而學習和適應。

我發現，大部分人沒辦法同時敞開心胸且堅定果斷。一般人是堅定果斷多過敞開心胸（因為表達自己比換位思考來得容易，也是因為人往往固執己見），但有些人卻太容易接受別人的看法而犧牲己見。重點是要提醒人們兩者兼顧，並記得決策是兩步式的過程，必須先接收資訊再做決定。也會有所幫助的是，提醒人們會捨棄成見的人就是最大的贏家，因為他們學得到東西，冥頑不靈的人則是輸家。經由練習、訓練和不斷強化，任何人都能把這件事做到好。

a.要明辨敞開心胸的人和思想封閉的人。敞開心胸的人會靠發問來學習；他們會體認到，跟未知的事比起來，自己已知的有多微不足道，而且或許有錯；當周遭的人懂得比自己多，他們會很快樂，這代表有機會學東西。思想封閉的人總是告訴你自己懂得多，即使他一無所知。當周遭的人懂得比自己多，他們都會感到不自在。

b.不要跟思想封閉的人有任何瓜葛。敞開心胸遠比優秀或聰明來得重要。無論懂的事有多少，思想封閉的人都會浪費你的時間。假如必須與他們打交道，那就要認清除非他們敞開心胸，否則幫不了他們。

c.要當心羞於承認自己並非無所不知的人。他們比較關切的八成是外在形象，而不是實際達成目標；這可能會逐漸造成破壞性結果。

d.**確保主事者對別人的提問和意見敞開心胸。**負責決定的人必須要能公開透明地解釋決策背後的思考，使每個人都能了解和評斷。萬一有歧見，則應提交決策者的上級或公認知識淵博的人，普遍來說，這些人就是比決策者見多識廣與資深。

e.**要認清求取共識是雙向的責任。**在任何談話中，雙方都有表述和傾聽的責任。誤釋和誤解隨時會發生。溝通困難常是因為人有不同的思考方式（例如以左腦思考的人和以右腦思考的人）。當事的各方應該要隨時考慮到其中一方或雙方誤解的可能性並反覆溝通，以便能達到共識。非常簡單的技巧可能就有效，像是把你聽到的話重複一遍，確定自己真的聽懂。先假定是自己沒有好好溝通或傾聽，而不要去指責對方。從溝通不良中學習，就不會再犯。

f.**比較要擔心的是實質，而不是形式。**這並不是說，對於不同的人和不同的處境，都要用一樣的形式，但我常聽到有人抱怨批評的方式或語氣，而忽視問題本質。假如你認為某人的溝通方式有問題，先擱在一旁，另案處理。

g.**要講理並期待別人講理。**你在鼓吹自己的觀點時，有責任要講理和體諒他人，而且絕對不該讓「低層次的你」來掌控情緒，就算對方發火了也一樣。他們行為不好，並不代表你也要不好。

假如歧見的各方太過情緒化而失去邏輯，談話就應該中止。在不必立即形成決策的個案中，有時候延後幾個小時甚或幾天再議是最好的做法。

　　h.**提出建議和問題並不等於批評，所以不要把它們混淆**。提出
建議的人不見得斷定**有犯錯**，而可能只是在確保對方已考量到所有
的風險。以發問來確保某人沒有忽略掉某事，不代表他**確實**忽略
了那件事（「小心有冰」對比「你很粗心，沒注意到有冰」）。然
而，我常看到有人是把建設性提問當成指責。這樣就錯了。

4.4　假如會議是由你主持，那就要把談話控制好。

　　會議效率不彰，原因有很多，但常見的是因為對議題和討論的
層次不清不楚（例如是原則或機器層面的問題、當前問題，還是特
定實施層面的問題）。

　　a.**要講清楚會議是由誰主持，以及是為了誰而開**。每場會議的
目的都應該是要達成某人的目標；這個人就是會議的主持人，負責
決定會議的成果和方式。會議沒有明確的主持人，風險則是會沒有
方向和浪費時間。

　　b.**表達要精確，以免有困惑**。最好重講一遍具體問題，以確定
提問者和回覆者對於問什麼和答什麼都一清二楚。在電郵裡，可以
簡單到就是把提問貼到正文裡。

　　c.**基於目標和優先順序來確定採用的溝通方式**。假如你的目標
是要讓意見不同的人深究歧見，以試著逐步求取事實和解決方案
（開放式辯論），那麼會議的方式就和教育訓練會議有所不同。辯
論要花時間，而且時間依與會人數呈現幾何級數增加，所以你必須
精選對的人與適當人數，以符合決策所需。在任何討論中，都要試
著把參與者限縮在對實現目標最重要的人。最糟的選人方式就是挑
觀點跟你契合的。團體迷思（大家不直言獨立觀點）和個體迷思

（個人不採納別人的想法）都很危險。

d.**主持討論時要直言不諱並敞開心胸。**調和不同的觀點可能會困難又費時。會議的主持人則要出面來平衡歧見，打破僵局，並決定要怎麼明智地運用時間。

我常聽到的提問是：要是沒有經驗的人員提出意見，那要怎麼辦？假如談話是由你主持，你就應該去權衡探討他們的意見可能花多少時間，以及評估並深入了解潛在的效益。針對資歷淺、仍在累積經驗的人來探討他們的看法，你就能在他們如何應對不同任務上得到寶貴的見解。時間允許的話，你應該要與他們一同深究其分析邏輯，使他們能了解自己可能會錯在哪。你也有義務要敞開心胸來思索，他們是不是說對了。

e.**要在不同層次的討論間來回對照。**在研討議題或狀況時，討論應該要有兩個層次：眼前個案及有助於你決定機器正常運作的相關原則。你需要在這些層次間來回對照，以便把情況處理好，測試原則的成效，並改善機器，使類似的個案在未來會處理得更好。

f.**要當心「離題」**（topic slip）。離題是指話題隨機飄移，不顧正題。避免的辦法是在白板上列出議程，每個人都能看見討論到哪裡了。

g.**要堅持談話的邏輯。**在有歧見時，人的情緒往往會過於激動。要隨時保持冷靜分析的態度；邏輯清晰的交流比情緒化的交流要難阻斷。還要記得，情緒化可能會阻礙人正確看待現實。例如有時候有人會說「我覺得好像（某事是真的）」，並在接下來的討論中將它當成事實依據，此時其他的人對於同樣問題或許會有不同的解讀。要問問他們「是真的嗎？」，把對話奠基在事實上。

h.要慎防因為集體決策而把個人責任丟在一旁。常見的是，團體決定要做某件事，卻沒有分派個人責任，於是就搞不清楚後續該由誰來做什麼事。在指派個人職責時要講清楚。

i.要利用「兩分鐘規則」來避免老是有人插話。兩分鐘規則就是明訂必須給別人不被打擾的兩分鐘來解釋他的觀點，你自己才能開口。這確保人人都有足夠時間來澄清、表達想法，而不用擔心會遭誤解或被更大的聲音蓋過。

j.要當心強推議題的「快嘴王」。快嘴王是指伶牙俐齒、態度堅決且速度飛快，別人來不及檢驗或反對就強渡關山。快嘴王對付講話慢吞吞、擔心會出洋相的人，會格外有效。不要淪為這種人。要認清你有責任把事情講清楚，否則就不要往下講。假如你感受到來自快嘴王的壓力，那就說「抱歉耍蠢了，但我需要你慢下來，好讓我能搞懂你的意思」。然後巨細靡遺地發問。

k.談話要有始有終。討論的主要目的就是要有共識，做出決定或採取行動。談話沒結論就是在浪費時間。在交流想法時，很重要的是總結。如果有共識就說，沒有共識也要說明。要是決定了進一步的行動，就把這些任務列入待辦清單，分派任務，並明訂截止日期。寫下你們的結論、可行的想法和待辦項目，當成持續進展的對照基礎。為了確保做到，要有專人做會議紀錄並監督各方履行。

如果還有歧見也沒理由發火。成員可以融洽相處卻對某些事有歧見；你們不必對每件事都意見一致。

l.**要用槓桿溝通手段**。公開溝通非常重要，但挑戰在於要省時——你不可能跟每個人一對一談話。找出簡單的分享方式會有所幫助，像是在常見問答欄上發表公開電子郵件，或是把關鍵會議的錄影或錄音寄給大家（我把這類的做法稱為「槓桿溝通手段」）。你的職級越高，挑戰就會變得越大，因為受到你的作為所影響的人數越來越可觀，他們也都各自有意見和問題。在這種狀況下，你就需要更多槓桿溝通手段，區分優先順序（例如把一些提問交給手下能幹的小組來回答，或是要大家標示輕重緩急）。

4.5　偉大的合作如同演奏爵士樂。

爵士樂沒有樂譜：你必須即興演出。在某些時候，你需要暫停，讓別人來帶領；在某些時候則是你單人秀。為了在對的時刻做出對的事，你需要用心傾聽樂團夥伴的演奏，這樣才能了解接下來要如何演奏。

所有偉大的創意合作應該都相同。結合你們不同的技能，就像是組合不同的樂器，發揮創意來即興演出，並同時服膺團體的目標，就會合奏出偉大作品。但重點是要心裡有數，要由多少位合作者一起演奏才是最佳組合。有才華的樂手能在二重奏美妙地即興演出，三重奏或四重奏也行。但要是集合十位樂手，無論個人多有才華，除非用心配合，否則大概都嫌人手太多。

a.**1＋1＝3**。兩個人順利合作的效率會是各自獨立操作的三倍左右，因為各自都會看到對方可能疏忽了什麼，加上能借助彼此的優點，同時責成彼此臻至更高標準。

　　b.三到五位效率優於二十位。三到五位聰明、有概念的人員敞開心胸來討論，通常就會找出最好的答案。建立較大的團隊或許看來不錯，但有太多人合作會適得其反——即使團隊成員既聰明又有才華。團隊增添人員的共生優勢會累進成長（$2+1=4.5$），超過頂點以後，增添人員反而會使成效打折扣。這是因為（1）邊際效益會隨著團隊變得更大而縮減（兩、三個人就能顧到大部分重要的觀點，所以增添更多人並不會擴展視野）。（2）大團隊的互動效率上不如小團隊。當然，在實務上怎麼才最好要取決於人員素質、他們所帶來的觀點，以及團體管理的良窳。

4.6　珍惜志同道合者。

　　世界上沒有人會在每件事情上都有共識，但既然有人和你最重要的價值觀一致，也選擇一致的實踐方式，就要確保最後留在身邊的是這些人。

4.7 假如你發現自己無法調和重大分歧，尤其是在價值觀方面，那就要考慮關係值不值得維繫。

世界上有各種不同的人，許多人對事物有不同觀點和評價。假如你發現自己無法跟某人在價值觀上達到一致，那就應該考慮是否該與其來往。價值觀不同，會導致許多痛苦和其他有害的後果，而且最終或許你們還是漸行漸遠。一看到徵兆，盡快分道揚鑣或許會比較好。

5 做決策時要以可信度來加權

在一般的組織裡，大部分的決策要不是出於獨裁，由領導人自上而下做出，就是出於民主，由每個人分享意見並把得到最多支持的意見付諸實行。兩種決策系統都不盡理想。這是因為最好的決策要靠創意擇優以可信度高低來形成，由最能幹的人和能獨立思考事實、知道要怎麼做的人，來努力化解歧見。

能力較強的決策者在意見上的加權重於能力較弱的決策者。這就是我們所謂的「可信度加權的決策」。那你要怎麼去確定誰在哪方面比較強？最可信的意見是來自：（1）多次成功解決相關問題的人，及（2）能有邏輯地解釋結論背後的因果關係的人。當基於可信度加權的觀點能正確落實且始終如一，就會是最公平、最有效的決策制度。不但會帶來最好的結果，還會維持一致步調，因為連不認同決策的人員都能跟得上。

但如果要做到這樣，可信度的標準就必須客觀建立並受到每個人信任。在橋水，每個人的可信度都有紀錄，受系統性衡量，所用

的工具則像是棒球卡和集點器，以即時記錄和評估他們的經驗與實績。在會議上，我們固定是用集點器應用程式來對各種議題投票，它會顯示出相等加權平均數和可信度加權的結果（連同一人一票、票票等值的民主方式）。

一般來說，假如相等加權平均數與可信度加權投票結果一致，我們就會認定事情有了決議，並往下一個議題前進。假如兩類投票結果相左，我們就會試著解決，解決未果，便採納可信度加權投票來行事。依照決策類型，在有些情況下，單一的「責任方」（RP）可以推翻可信度加權投票；在有些情況下，可信度加權投票則能取代責任方的決定。但無論如何，當有歧見時，可信度加權投票都會受到高度重視。連在責任方能否決可信度加權投票的情況下，責任方都有義務在否決前試著去化解爭端。我在橋水待了四十年，從來沒有做過與可信度加權結論相反的決策，因為我覺得這麼做是傲慢的，並有違創意擇優的精神，雖然我會為了自認是最好而拚命辯護。

有個例子可以說明過程是怎麼運行，在2012年的春季期間，隨著歐債危機升溫，我們的研究團隊曾針對接下來的趨勢，運用可信度加權決策化解了歧見。當時義大利、愛爾蘭、希臘、葡萄牙以及尤其是西班牙政府的借貸和償債金額遠遠超出了他們的還款能力。我們知道，歐洲央行要不是必須前所未見地購買公債，就是得放任債務危機惡化到可能會引發國家違約和歐元解體。德國堅決反對央行出手紓困。很清楚的是，這些國家的經濟命運和歐洲本身的命運就要看歐洲央行的總裁德拉吉領導下的歐洲央行的下一步措施。可是他會怎麼做？

　　這個過程一如分析棋盤，預測不同棋手在棋步中的方向和影響，我們從各自角度研判整個局面。經過多次討論後，我們依舊分成兩派：約有半數認為歐洲央行會印更多的錢購買債券，約有半數則認為不會，因為跟德國決裂會使歐元區更受威脅。這樣真誠而公開的交流不可或缺，但以雙方認可的決議方式來達到一致也至關重要。於是我們便利用可信度加權系統來打破僵局。

　　我們採用集點器工具，它有助於我們針對成員不同的思考特徵來點出歧見的來源，並根據他們的可信度來深究解決之道。成員會因不同素質而有不同的可信度權重，像是對某個主題的專長、創意、綜合能力等等。由哪一方面進行評判則是由混合式評比系統來判定，評分來自同儕和各種不同測試。在看過這些素質，也了解哪些對眼前的局面相關性最大，我們就能形成最好的決策。

　　在這起個案中，我們舉行了可信度加權投票，對主題的專長和綜合能力都是入選的素質。利用集點器，情勢就變得很清楚，可信度較高的人相信德拉吉會違背德國的意思而印鈔票，於是我們便據此做出決策。過了幾天，歐洲的決策單位宣布以大規模計畫買進無限量的國債，所以我們看對了。儘管可信度加權的答案並非總是最佳答案，但我們發現，它比老闆的一人裁決或一人一票、票票等值的公投要容易看對。

　　不管你是用這種可信度加權的技術，或是結構式分析程序，最重要的是你要有這種概念。只要在需要決策時，俯瞰自己和團隊，思索誰最容易看對就可以。我向你保證，這麼做之下的決策會比不做要好。

5.1 要了解每個成員觀點的優點，創意擇優才會有效。

　　要對觀點的優劣分類排序，不但與創意擇優相符，也是不可或缺的。一直要每個人就每件事來辯論，並照樣把自己的工作做好，這根本不可能。對所有的人一視同仁，更容易偏離事實而非接近真相。在此同時，對所有的看法都應該敞開心胸來考慮，只不過要與表達者過往的經驗與實績適切連結起來。

　　想像一下，假如我們一群人正在向貝比‧魯斯（Babe Ruth）學習怎麼打棒球，有個從沒打過球的人卻不停插話來討論要怎麼揮棒。若不考慮個人不同的實績與經驗，對於這群人是有利還是有害？認為每個人的觀點都一樣重要，當然有害並蠢到了極點，因為每個人的可信度高低不同。最高效的做法就是讓魯斯講課不被打斷，課後花點時間來回答提問。但由於我非常相信，重要的是要確實了解原則而非一字不漏地當作教條，所以我會鼓勵打擊新手，不要只因為魯斯是史上最偉大的長打者，就接受他所說的話都對。假如我是那個打擊新手，我會等確信了解事實，才停止挑戰魯斯。

　　a.假如自己辦不到某件事，就不要自認能指導別人該怎麼做才對。我看過有些人在某件事情上一再失敗，卻對該怎麼做才對堅持己見，連本身的意見與一再成功的人相左時亦然。這是愚昧且自大的做法。他們應該發問，接受可信度加權投票表決，幫自己克服頑固的習氣。

　　b.要記得，意見人人都有，但通常不是好點子。要發表意見容易；人人都有一堆意見，而且大部分人都一古腦兒想分享，甚至是

捍衛自身觀點。可惜的是有很多並無價值甚或有害，包括你自己的不少意見也是。

5.2 關注和你觀點不同卻最可信度高的人，試著了解他們的邏輯。

你如果要長見識、提高看對的機率，與有歧見的人敞開心胸對話是最快的方法。

a.要分析人的可信度，以評斷其觀點正確的可能性。 敞開心胸固然有好處，但你也必須加強辨識能力。要記得，你的生活品質多半取決於你追求目標時所做決策的品質。如果要做好決策，最好的辦法就是找更見多識廣的人來多方評量。所以要辨別出該找誰來討論，並提升辨識能力。

你所面臨的兩難在於，既要找出事實而精準判斷，以有效形成決策，又要體認到你聽到的很多意見價值不大，包括你自己的在內。衡量人的可信度，線索則是他們的能力和是否樂意給予建議。對他們的工作表現實績要心裡有數。

b.可信度高的意見最可能源自兩種人：（1）起碼有三次成功解決相關問題；（2）對於所得結論的因果關係有合理解釋。 做不到任何一項的人就是不可信，有一項的人，有一定可信度，兩項都有的人可信度最高。要提防沒有親自上戰場卻夸夸其談的人，以及沒有良好邏輯的人，因為他們對自己和別人都很危險。

c.假如某人是菜鳥，卻有一套看似合邏輯並能接受壓力測試的道理，那務必要試一下。 要心裡有數的是，你是看機率來行事。

d.要關注推理過程，而非結論。 談話的常見情況是，人們是在

分享結論，而不是在探討結論背後的推理。如此一來，對差勁意見深信不疑的情形就會一再出現。

　　e.沒有經驗的菜鳥也能有好點子，有時候還會遠勝於老手。這是因為有經驗的老手可能會卡在舊套路裡。假如你好好傾聽，當菜鳥邏輯不錯，你就聽得出來。就跟聽一個人會不會唱歌一樣，不用花多少時間。有時候只需唱個幾小節，你就聽得出來他唱得好壞。邏輯也是一樣，要判斷某人做不做得到，不用花多少時間。

　　f.每個人都應該信心滿滿地表述對自己的想法。建議就只是建議；堅信秉持的信念就該這麼堅持，尤其是提出者在相關層面上有亮眼實績時。

5.3 考慮你要扮演的角色是老師、學生，還是同事……

　　……以及你應該要教導、發問，還是辯論。人們有歧見時常因為不知道或沒想過該怎麼有效進行，而在歧見上打轉，他們只是想到什麼就脫口而出並據以爭論。人人都有權利和義務要搞懂事實，但討論應該要遵照基本的規則。這些規則和該怎麼遵守則是取決於你的相對可信度。例如要是由比較不懂的人來告訴比較懂的人該怎麼做事，那就不會有效。重點是要依照對主題相對了解的程度，在堅定果斷和開放心胸之間做好平衡。

　　要想想與你有歧見的人是不是多少比你有可信度。假如你可信度較低，就比較像是學生，應該更敞開心胸，以發問為主，以了解可信度高的人的邏輯。假如你的可信度較高，你的角色就更像是老師，要以傳達觀點和回答提問為主。假如你們是可信度近似的同

儕，就應該平等、理性交流。對於誰可信度高有歧見時，就要講理並加以深究。若無法有效獨立完成，則要向雙方認可的第三方尋求協助。

在所有情況下，都要試著換位思考，才能確實了解。各方都應該記得，辯論的目的是為了找到事實真相，而不是為了證明誰對誰錯，而且各方都應該願意依照邏輯和證據而從善如流。

a.雖然都很重要，但學生了解老師比老師了解學生要來得重要。我常看到可信度低的人（學生）堅持要可信度高的人（老師）體諒自己的觀點，並在聽老師（比較可信的一方）表達意見之前，就去證明老師為什麼錯了。這是本末倒置。理清學生的觀點固然有所幫助，但一般會困難又費時，並且著重於學生的觀點，而不是老師的意見。基於這個原因，我們的規矩是，學生要先敞開心胸。等學生消化老師的意見，師生雙方就會更充分理清和探討學生的視角。以這種方式來達到共識也比較省時，並引出了下一條原則。

b.人人都有權利和責任盡力搞懂重要的事，還必須保持謙虛和極度開放的心態。當你可信度低時，在師生關係中就要先擔任學生角色，保持適當的謙虛及心胸開放。不懂的人不必然是你，但你必須假定是這樣，直到能以別人的視角來觀察問題。假如你還是搞不懂，並認為老師根本是在狀況外，那就找其他可信度高的人。假如你們還是無法求得一致，那就應該假定是你錯了。另一方面，假如你能用自己的觀點來說服可信度高的人，那就應該確保自己的思考能被決策者聽到及納入考量，或許要找其他可信度高的人來幫忙。要記得，層級愈高的人，需要幫助的人越多，要得到最有價值的意見。因為有更多人想向其呈報想法，所以他們時間有限，而且必須

隨機行事。假如你的意見受過可信的人的壓力測試,被高層聽取的機率就會比較高。反過來說,層級較高的人必須就合理的建議與基層員工達成共識。對合理建議上達成共識者越多,就會培養越多能幹、重承諾的隊友。

5.4 要了解人們提出意見的過程合邏輯。

我們的腦子在運作上就像是電腦:輸入數據後,便依照本身的設計和程式來處理。任何意見都是由這兩件事所構成:數據和對數據的處理或推理邏輯。當有人說「我相信這件事」時,就問問他:**你所用的數據是什麼?你是用什麼樣的邏輯來得出結論?**

要研判初期、粗略的意見,會使你和其他人都一頭霧水;了解意見是從何而來,有助於你了解真相。

a.無論你對誰發問,他八成都會給出「答案」,所以要考慮該向誰提問。我經常看到有人對全然狀況外或可信度低的人發問,相信他們的答案。這常比不問還糟糕。不要犯這種錯誤。你需要想好問誰才是恰當的。假如對某人的可信度有所懷疑,那就去查清楚。

你自己也一樣:假如有人問你,首先要想想自己是不是回答的恰當人選。假如你的可信度不高,八成就不該對此事發表意見,更遑論分享觀點。

確保你的評論或問題是提給有可信度的一方,或是希望與其討論的人。盡量納入你認為有貢獻的人共同討論。同時要認清,決策將會由別人負責最終結果。

b.**要每個人恣意評論他人意見，既浪費時間又無濟於事。**拜託一下，不要向無關者提問，或者更糟的是，把提問漫無方向地丟出來。

c.**要慎防以「我認為……」開頭的發言。**如果某人只是「認為」，並不代表就是事實。要格外質疑以「我認為我……」來開頭的發言，因為大部分人並不能精準地自我評價。

d.**按部就班來掌握員工的實績，評估其發言可信度。**每天並不都是全新的一天。日子一久，大批的證據會累積並顯示哪些人可靠、哪些人不可靠。實績很要緊，而在橋水，棒球卡和集點器之類的工具可以蒐集並分析每個人的實績。

5.5 處理爭執要有效率。

化解歧見可能會很費時，所以你可以想像到，假如沒有管理好——不只是忍受歧見還要鼓勵歧見——創意擇優就可能起不了作用。想像一下，假如老師在教大班級時，逐一去問各個學生的意見，然後與全部的人辯論，而不是先傳達自身看法再接受大家提問，那會多沒有效率。

想要提出異議的人必須對此心裡有數，並照制度和規矩來做。

a.**要懂得適時停止辯論，並對下一步該怎麼做求取共識。**我看過有人在大局上有共識，卻把時間浪費在爭論小細節上。把大事做好比把小事做得完美要來得重要。可是當成員對辯論某事的重要性有歧見時，這值得辯論一番。不這麼做，基本上就是在把實質否決權拱手讓人（一般都是老闆）。

　　b.**要把可信度加權當成工具，但不能取代責任方的決策。**可信度加權決策系統對責任方而言有補強和挑戰的作用，而非推翻責任方決策。依照橋水現行制度，人人都允許提意見，但可信度是按證據（工作實績、壓力測試結果和其他數據）來加權。責任方可以否決可信度加權投票結果，但需負全責。當決策者選擇以一己之見來對賭可信度高之人的共識時，這是他的大膽宣示，結果將證明對錯。

　　c.**既然你沒有時間親自徹底檢驗每個人的思考，那就要明智選擇具可信度的觀點。**普遍來說，挑三位可信度高的人會最好。他們要對達到好結果相當在乎，而且願意公開討論歧見，並讓本身的分析邏輯受檢驗。當然，三這個數目並不是鐵板一塊；可以更多或更少。理想人數取決於你有多少時間可用、決策有多重要、你在評斷自己和別人決策的能力時有多客觀，以及讓很多人了解決策背後的邏輯是有多重要。

　　d.**在你負責決策時，要把可信度加權決策跟你的想法比較。**要是各方意見相左，你就該致力去化解歧見。假如你認為可信度加權的結論錯了，那再繼續下去前就要謹慎小心。你很可能是錯了，但就算你對了，大概也會因為否決了整個程序而失去眾人敬重。你應該要努力求取共識，而且要能確切指明你是對什麼有歧見，了解出錯的風險，並把理由和邏輯向其他人解釋清楚。假如做不到，你八成就應該擱置自己的論斷，而依照可信度加權表決來行事。

5.6　要認清人人都有權利和責任試著了解重要的事。

深思事情的過程中都會面臨抉擇，看是要要求看法與你不同的人逐漸化解歧見，直到你們達成一致為止，還是要贊同對方，即使他的觀點看來依舊沒什麼道理。如果有歧見的事很重要，我會建議第一個方法，不重要的則採用後者。我了解第一個方法可能很困難，因為對方或許會變得不耐煩。為了預防這點，我建議你乾脆說：「就當我是蠢蛋吧，但我還是需要把這件事搞懂，所以咱們就慢慢來。」

每個人應該要隨時隨地發問，同時記得自己有義務要在後續討論中保持心胸開放。把你們的爭論記錄下來，如此一來，假如無法達到共識或是把事情搞懂，你們就能把意見寄給其他人作為參考。而且當然要記得的是，你們是以創意擇優工作，別忘了自己的可信度高低。

a.溝通的目的是要得到最好的答案，應該要和最相關者溝通。最相關者有你的主管、頂頭上司以及公認的專家。所討論的議題對他們衝擊最大，而且他們也最了解狀況，所以他們是你最需要求取共識的人。假如無法達到共識，你就應該把歧見通報給適當的上級來決策❶。

---

❶ 最適當的人員要不是你們共同的上級（也就是我們在組織圖中所稱的金字塔上層），就是你們都認可的良好仲裁者。

　b.**當溝通的目的是培訓或提升凝聚力，而不僅是獲得最佳答案，那麼參與者越多越好**。在決策時，比較沒經驗、可信度低的人不一定要參加，但假如議題牽涉到他們，而且你與他們觀點不一致，那長期缺乏理解就容易危害士氣和組織效率。假如成員可信度低又十分堅持己見（最糟的組合），這點格外重要。除非跟他們達到共識，否則你沒必要將他們狀況外的意見公諸於眾。另一方面，假如你願意接受挑戰，那就創造出一種環境，使所有的批評得以公開表達。

　c.**要認清你沒有必要論斷每件事**。想想事情是由誰負責（和他的可信度），你對問題了解多少，以及自己的可信度。不要對你一無所知的事發表意見。

5.7 要多關注的是決策制度公不公平，而不是有沒有 照自己的意思走。

　　一所機構是一組共有價值觀和目標的社群。它的士氣和運作順暢永遠應該優先於你的個人看法，況且你的看法可能有錯。當決策制度持續管理良好，並且建立於客觀標準，創意擇優就會比討任何一位成員歡心來得重要，即使那位成員就是你自己。

6 要認清如何化解歧見

讓分歧雙方同樣滿意的解決方式很罕見。想像一下，鄰居的樹倒在你的房子上，你們起了爭執。誰要負責把樹移走？木柴屬於誰家？損害要由誰賠償？你們本身或許化解不了爭執，但司法制度有程序和規則用以研判事實和怎麼處理，而且一旦裁決就定案，即使你們有一方沒有遂行所願也一樣。人生就是這個樣。

在橋水，我們的原則和方針基本上就是以相同的方式來運作，如同你在法庭上見到不一樣的路徑來解決爭端（也比較不正式）。這樣的制度是創意擇優所不可或缺，因為你不能光鼓勵人獨立思考並捍衛所相信的事實，還必須提供方法來超越爭議、往前邁進。

把這件事管理好在橋水格外重要，因為我們的歧見比其他公司要多很多。在大部分情況下，爭議各方都能自行把事情搞定，但常常還是會無法對事實是什麼和怎麼處理達成共識。在這些個案中，我們就會遵照可信度加權投票的程序，並依結論行事。或者當責任方想要照自己的想法、而非投票結論來做，只要他這麼做，其他人

就會接受並執行。

總歸來說，參與創意擇優的人同意遵守我們的方針和程序，以及由此所形成的結論，就有如要是把爭端送上法庭，就必須遵守訴訟程序和判決。他們需要把自己從本身的意見中抽離出來，當判決不利於己時不能動氣。假如有人不遵照既定的路徑走，他就無權抱怨與自己有歧見的人，或是創意擇優制度本身。

要是我們的原則、方針和程序沒有明訂歧見該怎麼化解——這種情形很罕見，把這個事實指出來就是每個人的責任，相應過程才能得到澄清與改善。

6.1 要記得：互相達成協議時不能忽視原則。

原則就像法律，不能只是因為你和另一個人同意違反就違反。要記得，每個人都有義務要捍衛、遵守或完善原則。假如你認為原則無益於解決問題或歧見，就要挑戰來修正原則，而非恣意而為。

a.每個人所適用的行為原則都一樣。 每當有爭端時，雙方都必須拿出同樣的誠信，敞開心胸且堅決果斷，並同樣彼此體諒。法官對各方必須秉持相同的標準，裁決也要與這些標準相符。我常看到的狀況是，反饋因各種原因（對表現較強的人秉持較高的標準、推卸罪責）而沒有適當加以平衡。這樣就錯了。出錯的人需要收到最嚴格的責難。不以這種方式來操作可能會使他相信問題不是由自己所造成，或者是責任雙方各半。當然，責難時應該要冷靜與清楚，而不是情緒化，最有成效。

6.2 要確保人員不會把抱怨、給予建言和公開辯論的權利跟決策權混淆。

　　每個人並不需要相互匯報。我們依照個人處理能力來賦予責任和權力。人得到的權力是為了達到目標，並與其能力相應。

　　在此同時，他們要接受雙向的壓力測試，也就是上級和下屬。我們所鼓勵的挑戰和查核並不是為了質疑他們的每個決策，而是要逐步改善他們的工作品質。獨立思考和公開辯論的終極目標是要為決策者提供另外的視角。它並不代表決策權就要轉交給質疑者。

　　a.在挑戰決策或決策者時，要關照大局。重點是要以盡可能廣泛的思路來看待個別的決策。例如要是受挑戰的責任方關照大局，而引發爭端的決策只牽涉到大局的小細節，就要在這個大局之下來辯論和評估其決策。

6.3 不要留著重大衝突不去化解。

　　在短期來說，迴避衝突固然比較容易，但在長期來說，後果可能會大大壞事。重要的是，衝突要實際解決。這不是靠表面上的妥協，而是靠尋求更重要、精準的結論。在大部分情況下，這個過程都應該對各方相關人（有時候是整個組織）公開透明，以確保決策的品質，並維繫公開解決爭端的文化。

　　a.專心於議定大事，不要為小事操煩。幾乎每個小組在議定大事後，到頭來都會為了不重要的小事而爭論不休，結下梁子，罔顧大事。這種現象就叫作小細節上的自戀。以新教和天主教為例，雖然都屬於基督宗教，有些卻爭鬥了數百年，即使其中許多人對於它們之間的小差異也講不出個所以然，而大部分講得出道理的人都明白，相對於應該要連結彼此的重要大事，差異可說小到無足輕重。我曾經看過親密的一家人在感恩節的晚餐上，為了誰來切火雞而吵

到撕破臉。不要犯下這種小細節的自戀。要了解不會有完美的人和事，關係大致良好就算你走運了。要著眼於大局。

　　b.不要卡在歧見上——要嘛往上通報、要嘛投票表決！只要做到敞開心胸且果決辯論，你們應該能化解大部分的歧見。假如不行，而且爭端是一對一，就該往上通報給公認可信度高的人。在其他條件不變之下，應該會是在呈報層級中地位較高的人，像是你的老闆。當團體無法決議時，會議的主持人就該舉行可信度加權投票。

6.4　決策一旦形成，每個人就應該服從，即使個人有不同意見。

　　若結論不符一己之需的人持續鬧事的話，決策團隊就註定要失敗。在公司、組織、甚至是政治體系和國家裡，這種案例比比皆是。我並不是說人們要假裝喜歡這個決定，或是議題不能在未來重新檢視。我所說的是，為了提高效率，合作的團隊都必須依規矩做事，留時間來探討歧見。但有異議的少數派也要認清，個人觀點一旦遭到否決，團隊的凝聚力優先於個人偏好。

　　團隊比個人重要；不要做危害既定路徑的事。

　　a.著眼大局。你應該站到較高的層次來俯瞰整體中的自己和別人。換句話說，你必須跳脫自己腦袋的局限，把你的看法視為眾多裡的一個，以創意擇優來揀擇各項觀點，而不只是按你一家之言來評斷。從大局來看事情不單是從別人的觀點來看，還要全面關照到每種情況、自己和其他人在每個情況下的狀態，相當於擔任客觀的觀察者來俯瞰全局。假如能把這點做好，你就會將其看作「情景再現」，以另一個人的角度來換位思考，在腦海中勾勒地圖或原則，

以決定要怎麼處理。

　　幾乎所有的人最初都有障礙，很難跳脫自己、從別人的眼光來看事情，於是我便訂出了教練（它能把人的情況連結上原則）之類的工具來協助。靠著練習，有很多人都學會培養這樣的視角，雖然有的人還是完全沒轍。你需要知道自己和周遭人是哪種人。假如你沒辦法靠自己做到，就找人來幫忙。有很多人無法從較高層次看事情，也辨別不出誰做得到和誰做不到。所以要不就把做不到的人汰除，要不就設置更高徵人門檻，讓自己和組織遠離不適任者。

　　順帶一提，對某些事持續有歧見當然沒關係，只要別鬥個不停，進而危害到創意擇優就好。假如持續破壞創意擇優，那就非走人不可。

　　b.千萬不要讓創意擇優淪為無法無天。 在創意擇優中，歧見必定比在一般公司裡要多，但要是走到極端，爭論和挑剔可能危害創意擇優的成效。在橋水，我遇過有些人誤以為自己有資格對一切事物指手畫腳，尤其是資淺的人。我甚至看過有人同聲一氣來反對創意擇優，宣稱是原則賦予了他們這麼做的權利。他們誤解了我的原則和組織內的分際。他們必須遵守制度的規則，也就是依據既定路徑來化解歧見，而不能威脅制度。

　　c.不允許暴民手段。 實行可信度加權制，部分原因就是要在決策時排除情緒影響。人們如果意氣用事，就會想掌控大權。這點必須防止。所有人都有權利主張自己的意見，但沒有權利裁定誰對誰錯。

6.5 要記得，假如創意擇優與組織的福祉有衝突，那必然會造成危害。

　　這純粹是考量可能性。如各位所知，我相信好東西一定帶來好效果，而最最重要的就是要讓公司運作良好。

　　a.只有在罕見或極端的處境下，才頒布「戒嚴令」，暫時擱置原則。 所有原則全都是為了團隊福祉而存在，但或許在某些時候，遵從原則可能會威脅到團隊利益。例如我們就遇過一次，有些在橋水內公開分享的事洩漏了給媒體。橋水人都了解，我們本身的缺點和錯誤都被公布，造成對橋水形象的扭曲和危害，所以我們必須把透明度降低，直到這個問題解決為止。我不只是把透明度降低，還頒布了「戒嚴令」，代表這是暫停完整的透明程度。如此一來，人人就會知道它是例外情況，同時我們也暫停了平常的做法。

　　b.要提防有人為了「組織好」而臨時放棄創意擇優。 當這樣的爭論占上風，創意擇優就會弱化。不要讓這事發生。假如大家尊重創意擇優，就不會有衝突。我是從數十年的經驗中得知這點。不過我也知道，會有人將個人利益置於創意擇優之上，而威脅到這個制度。要把這些人當成制度之敵而汰除掉。

6.6 要認清假如有權力的人不想依原則行事，就會破壞規矩。

　　有權者說了算。任何制度都是如此。例如，一次次證明，政府的制度要運作正常，得靠當權者重視制度背後的原則勝過重視一己之利。當人有權破壞制度，追求一己之利大過制度維繫時，制度就會失敗。基於這個原因，維護原則的權力必須只交給願意按原則行事，而非按個人利益（或派系利益）行事的人之手，而且必須理性善待眾人，這樣絕大多數人才會想要依原則行事，並捍衛原則。

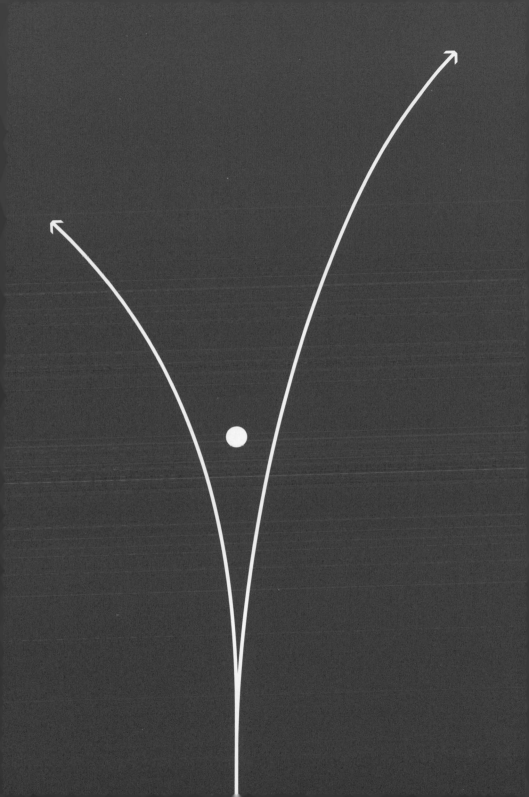

選擇優秀人才……

我們在上一節談到了組織文化，但人更加重要，因為把文化變得更好或更差繫於人。文化和人共存共榮，文化會吸引到某幾種人，接著人便會依照本身的價值觀和偏好來強化或推進文化。假如你選了價值觀對的人，並與他們取得共識，就會相得益彰。假如你選錯人，你就會一起向下沉淪。

　　每個人都認為，賈伯斯是蘋果成功的秘密。他說過：「我的成功秘密在於，我們卯足了全力招募世界上最優秀的精英。」我會在下一章〈要記得，比做什麼事更重要的是找對做事的人〉來解釋這個概念。任何一個成功領導人都會對你說同樣的話。

　　然而，大部分的組織都不善於徵才。從面試開始，面試官挑選自己所喜歡並且像自己的人，而不是聚焦於人的本質，以及他們能否勝任職務和職涯。如我在第八章〈人要聘對，因為聘錯就會倒大楣〉中所描述，如果要用對人，就需要以更科學的流程把人的價值觀、能力與技能拿來跟組織的文化與職涯路徑精確配對。你和應

募者需要了解彼此。你必須讓他們認識你的機構,而且必須誠實傳達,好壞都要,並一清二楚你們能對彼此的期待為何。

但即使如此,在雙方都點頭後,你還是要等到共事一陣子才會知道是不是合得來。「面試」的環節並不是在雇用開始後就結束,而是要轉型為以嚴謹程序來培訓、測試、調適和最重要的求取共識,我會在第九章〈要不斷訓練、測試、評估和調配員工〉來描述。

我相信,客觀自我評估的能力是影響人會不會成功的最大因素,包括認識本身的缺點。而且在健全的組織裡,人應該是跟低層的自我搏鬥,而不是互鬥。你的目標應該是要聘用懂得這點的人,給他們在職務上大顯身手所需的工具和資訊,而不要巨細靡遺地下指導棋。假如在長時間培訓下仍無法勝任,就辭退他;假如勝任,就拔擢他。

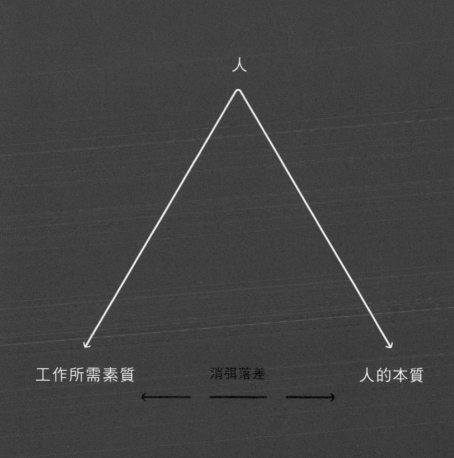

7 要記得，比做什麼事更重要的是找對做事的人

人常會犯的錯誤是聚焦於該做什麼事，而忽略掉更重要的問題，那就是應該由誰負責決定該做什麼事。這是本末倒置。當你清楚要用怎樣的人，並深入了解你所派任的人選，你就能大略勾勒出事情會怎麼走。

我記得有一回，我們有一位才華洋溢、平步青雲的主管訂出了轉型計畫，好讓自己能轉任另一個崗位。他在和管理委員會開會時，文件夾上滿是流程圖和責任分工圖，以詳述他所負責的各個環節，並解釋為了做到萬無一失，他是如何盡可能將其自動化與系統化。這是場令人驚豔的簡報，但情勢很快就變得很清楚，他無法回答，假如事情有變或計畫生變，誰要來接他的位子，又會發生什麼。誰要來監管他所建造的機器，探究問題，以及不斷改善或決定汰除？如果要產出同樣的成果，這樣的人需要什麼素質，也就是我們該以什麼樣的人來配對這樣的職務規格？我們要去哪裡招募這樣的人？

回頭來看，這幾種提問似乎是顯而易見，但我屢屢看到人們忽略問題。不知道把職務做好的必要條件、不知道員工屬於哪類人，這就像試著操作機器，卻不知道它的零件是如何一起運作。

「要聘用比自己優秀的人。」我在比較年輕時，並不是很了解這句話。經過幾十年的聘用、管理和開除人後，現在我了解到，如果要真的成功，我就需要像是員工的指揮，其中許多人（就算不是全部）可能比我更會彈奏樂器。假如我是**真正**出色的指揮，我還要能找到並聘用比我更好的指揮。我的終極目標是要建造出運轉良好的機器，我能直接坐享其成。

對於挑選、訓練、測試、評估和調配人員有多重要，我再怎麼強調也不為過。

總之，你需要做的事很簡單：

1. 記得目標是什麼。
2. 把目標交給勝任的人（這樣最好），或是告訴他們要怎麼做才會達成（這是下指導棋，所以比較不好）。
3. 責成他們。
4. 假如在培訓和給了時間來學習後，還是無法勝任，那就辭退他們。

7.1　要認清你最重要的決策就是選好工作的責任方。

假如把目標交到能好好執行的責任方手上，並講清楚他們要自己負責達成這些目標和完成任務，他們應該就會做出卓越的成果。

你自己也是一樣。假如身為設計師／經理人的你不相信作為工作者的你扛得起既定的任務，還讓自己接下任務，卻沒有去找可信度高的人來督導，你一定是瘋了。要知道，世界上有很多無能者在嘗試自己不擅長的事，所以你很可能是其中一員。現實就是如此，要接受它、應對它，以求取好的結果。

a.要了解最重要的責任方是在最高的層次訂立目標、規劃成果和組織落實的人。我要的是能獨當一面的人，也就是能靠規劃、聘用和調配來達成目標的人，我就會很放心，事情也會順利進行。要妥善選擇和管理這些最重要的人。高層管理者必須有能力在較高的層次來思考，並了解目標和任務的差別，否則你就必須替屬下做事。儘管經驗有幫助，但評斷目標的能力多半是與生俱來。它可以測試出來，只不過沒有完美的測試。

7.2　要知道，最終責任方就是要為行為承擔後果的人。

　　只要你得為失敗承擔後果，你就是最終責任方。例如你或許選擇把處理病情的責任託付給醫生，但挑對醫生卻是你的責任，因為假如他失手了，你就要承擔後果。或者假如你要蓋房子，你會去找建築師說「告訴我，我能蓋哪種房子？」，還是會把你想要住哪種房子告訴建築師？在金錢方面尤其如此。假如你把財務管理權託付給別人，他們通常不會像管自己的錢那樣責成自己，而且假如失手了，他也不會引咎辭職。只有最終責任方能這麼做。

　　把責任交託給某人時，要確保權責相符，而且後果自負。好比說把他的交易規劃好，使他所負責的領域表現良窳，奠基於他本人的作為。這是妥善管理的根本。

　　a.每個人一定都要有上級領導。連公司的所有人都有老闆，就是出錢達成目標的投資人。假如是自有資金，所有人還是必須讓客戶和員工滿意。而且他們逃不掉的責任是，一定要讓成本可以接受、目標可以達到。就算有人的工作是獨一無二，還是需要接受監督。

7.3　要記得事情背後的成因是人。

大部分的人只看表現，不問成因。在大部分情況下，成因就都是具備特定素質、以特定方式來工作的特定人員。改變這些人就會改變事情的發展方式；把創造者換成非創造者，就會使創造停止。

人往往會為組織加上個性（「蘋果是有創意的公司」），卻錯誤地把它的成果去掉個性，因而忽視是由誰努力造就出來。這是種誤導，因為做決定的不是公司，而是人。

所以，在你的組織裡，誰是使成果和文化與眾不同的人？想想他們是誰，以及他們是如何一起工作，造就出眼前的局勢。

8 人要聘對，因為聘錯就會倒大楣

還記得之前在〈了解每個人的思考方式差別很大〉裡，我描述過橋水早期漫無章法的聘用作業？在一開始，我們只聘用自己喜歡的人。但其中有太多人到頭來卻無法勝任。由於喜歡他們，不願意辭退他們，而使事情每下愈況。於是我們開始像大多數公司那樣聘人，看履歷、篩選名單，然後面試，靠直覺選人。可是我們問應徵者的問題並不像是科學建構的性格測驗，所得到的回答就不太容易反映出他們的真實狀況。

我們的所作所為基本上就是從成見來看待應徵者。我們當中的線性思考者往往想要聘用線性思考者，發散思考者往往想要聘用發散思考者。我們全都認為，自己所選的類型能勝任所有職務，結果就是無法精準預測在極不尋常的環境裡，誰會成功，誰又會失敗。下場就是我們不停大量聘錯人。

到最後，我們從錯誤和失敗中記取教訓，聘用結果可以從兩方面來改善：（1）明訂清楚我們究竟要找哪種人；（2）研擬用語

和方法，以便更精準評估人員的能力。本章會闡明我們總結出的原則。儘管在聘用上所犯的錯誤還是太多，但遵循流程已大大降低犯錯的機率，而且我們會持續改善。

在高層次上，我們所找的人員要會獨立思考，敞開心胸且行事果斷，更重要的則是鍥而不捨地追求真相與卓越，好讓自己和組織迅速進步。由於我們把工作當成不只是為了餬口，所以在我們眼中，每位潛在員工不僅是員工，也是我們想要分享生活的人。我們堅持，與我們共事的人要會體諒，並以高度責任感來做困難與正確的事。我們所找的人要慷慨大方，而且對公正的標準要高。最重要的是，他們不能剛愎自用，要有自知之明。

不管你選人是憑這些還是其他特點，最重要的就是要了解到，聘用是高風險的賭博，需要謹慎小心。在招募和培訓新進員工上，就要投入很多時間、心力與資源，才能得知是否勝任。培訓和重新培訓可能會浪費掉數月甚或數年與無數的金錢。這些成本有的無形，包括士氣折損，以及不勝任者彼此銷磨，使標準逐漸降低；有的成本則是容易以金錢衡量的糟糕結果。所以每當你自認準備好要對某人發出錄用通知時，最後一次想想可能有哪幾方面會出錯，以及還能做些什麼來應對風險、提高選對人的機率。

8.1 讓合適的人做合適的事。

在建造「機器」時，有怎樣的設計，就有怎樣的人，因為你所需要的人是依設計而定。你在設計時，要想清楚各人善盡職責所必備的素質。當人沒有必備素質時，把責任交給他就是白費工夫。會引來各方的挫折、發怒，因而損害到環境。

　　為了讓合適的人做合適的事，要訂立規格表，形成一組一致的標準，應用於招募到考核的全程。橋水的規格表是跟我們的棒球卡採用同一套特質。

　　不要因人設事；長期看來，這幾乎都是錯的。你不願意辭退的人拿不出成績時，你傾向找別的差事讓他來做，這屢見不鮮。管理者常無法客觀面對本身的優缺點，以至於去擔任不對盤的角色。

　　a.要想好你所要找的人具備的價值觀、能力與技能（依此排序）。 價值觀是深植的信仰，會激發行為並決定人際相處。人會為了價值觀而戰，容易和價值觀歧異者爭鬥。能力則體現在思考與行為方式上。有的人善於學習、處理問題快，有的是具備從較高的層次來看事情的能力。有的比較關注細項，而有的則是會創意或邏輯思考，或是組織力一流。技能是可以學會的工具，像是能說外語或寫電腦程式碼。價值觀和能力不太可能大幅改變，大部分的技能則可在有限的時間養成（例如對軟體的熟練度可以靠學習而來），而且價值常會改變（現今最夯的程式語言很可能在幾年後就過時了）。

　　你的重點在於，要知道哪些綜合素質應對哪些職務，以及更明確地說，為了使你和員工成功建立關係，他們必備哪些價值觀和能力。在為建立長期的關係挑人時，最重要的是價值觀，其次是能力，技能則最不重要。然而，多數人犯的錯誤是去選擇技能和能力，而忽略掉價值觀。我們視人標準最重要的就是我所謂的三C：品格（character）、常識（common sense）、創意（creativity）。

　　假如員工有團隊精神和使命感，又能力超群，組織就會不同凡響。有的人會重視使命感和團隊意識，有的則不會。在橋水，由於共享的主要價值觀是做有意義的工作和維繫有意義的人際關係、極

度真實和極度透明、願意開放心胸來探討包括自身缺點在內的嚴酷現實、要敢做敢當、勇於追求卓越、願意做困難但有益的事，所以我們所找的人是想擁有這一切的卓越人才。

b.**要以系統化思維與科學化方法招聘人才。**選人的過程應該要系統化建構，並基於事實證據。你需要有聘用人的機器，清楚載明目標，能夠比對機器和應徵者（設計和人），有成果且能不斷改善。

組織一般在聘用員工時，會先獲得應徵者的履歷，由半隨機的人依照半隨機的標準來審查履歷，接著把應徵者邀來，由半隨機的各組人進行半隨機的提問，然後從中選出錄取者，所根據的是他們的共同偏好。你需要確保這些步驟的每一步更有系統性和目的性。例如你應該思考問什麼問題，以及依據應徵者所給的不同答案，按你的想法加以區隔。你也應該要把這些答案全部存查，才能對照後續的行為與表現。我的意思並不是應該要把聘用過程的人性面或藝術給抹殺。個人價值觀和團隊精神部分至關重要，無法完全靠數據來衡量。有時候，眼神一閃和臉部表情就會透露出端倪。不過，那些人主觀的解讀很重要的問題，你還是能用數據和科學的做法來做到更加客觀，例如你可以掌握數據來追蹤評斷那些主觀解讀的實績。

c.**注意：人與職責要相配。**要記得，你的目標是要把合適的人擺在合適的位置。要先了解崗位的責任和履行它所需的素質，再判斷個人是否具備。當你把這點做好時，就能輕而易舉地讓你所聘用的人員搭配他的職務。

d.**找傑出的人，而不只是「隨便湊數」。**有太多人受到聘用都只是為了「湊數」。假如你找的是水電工，或許會傾向於面試的第

一位資深水電工，而不去查明他是否具備傑出水電工的素質。然而，平凡和傑出的水電工可是差得很遠。在審查求職者的背景時，都必須確認他是否在某方面曾表現傑出。最顯而易見的證明就是在傑出的群體內仍表現傑出。假如你對於聘請某人來擔任某項職務不怎麼情願，那就不要勉強。你們可能會彼此拖磨。

　　e.不要動用關係來幫人找工作。用你的私人影響力來幫人找工作是不可接受的，因為這麼做會危害到創意擇優。它對求職者來說不是好事，因為這表明工作不是他爭取來的；它對徵才者來說也不好，因為會危害到他們的權威；對你來說也不好，因為證明了你會為了朋友而妥協標準。這是隱性的腐敗，絕不能容忍。在橋水，你在這方面所能做的頂多就是替你熟知的人寫推薦信。就算橋水是我的公司，我也從來沒違背過這項方針。

8.2　要記得，每個人都有差異，而思考方式不同的人適合不同工作。

　　有些思考方式在某些情況下很適合，有些情況則不適用。建議你深入了解自己和別人的思考方式和它的最佳應用。有些素質會合適某些職務。例如，你或許不會想聘用相當內向的人來當業務員。這並不是說內向者不能做那份職務，只是愛交際的人可能會比較滿足於這個角色，把職務做得比較好。

　　假如你天生就不善於某一類思考，那並不代表你就與某些工作絕緣。不過，你的確必須跟擅長這種思維的人共事（運作起來最好），或是學習改變思維（困難甚或不可能）。

　　另一方面，有時候我看到人們相處時，並沒有意識到這些差

異，尤其是在團體中。他們就像是寓言裡的瞎子摸象，並且在爭論大象是什麼。不妨想想，假如人們能敞開心胸去體認到沒有人看到全貌，該有多好。自說自話的人和考慮別人看法的人，都需要兼顧彼此的差異。這些差異很實在，視而不見可說是很蠢。

a.要了解如何進行性格評量，並清楚結果的含義。性格評量是從能力、偏好和行為風格的角度來獲得快速印象的有用工具。它常比面試來得客觀與可靠。

b.要記得，人往往會挑選像自己的人，所以安排面試者要確保其能發掘你想招募的人。假如你在找有願景的人，那就挑有願景的人來面試。假如你在找混合素質高的人，那就組面試團隊，成員具備各種素質。不要選擇那些判斷力是你信不過的面試者（換句話說，他們一定要有可信度）。

c.選能客觀看待自己的人。每個人都有優缺點。成功的關鍵在於，要了解並成功修正自己的缺點。缺乏這種能力的人就會一再地失敗。

d.要記得，人一般不會有大幅變化。以短期像是一、兩年的時間來看尤其如此。然而大部分的人都想當然耳，某人做了錯事，就會學到教訓並改變。這也太天真了。最好是假定他們不會改變，直到有夠強的證據表明他們會改為止。

在對改變賭一把時，眼見為真，假定為虛。

8.3 要以運動教練的方式對待你的團隊：沒有人能靠一己之力取勝，然而每個人都必須戰勝對手。

　　團隊合作應該要像是職業運動的隊伍，由技能不同的人來打不同的位置。每個位置的選手都表現卓越，就能確保成功，成員不合格或許就需要淘汰。當團隊以這種高標準和共同價值觀來運作時，就容易培養出卓越的人際關係。

8.4 要關注人員的實績。

　　在應聘前，應徵者的性格就大略成形了，而且他們從童年起就到處留下印記。假如你做了功課，要打聽任何人都不難。你必須獲知他們的價值觀、能力和技能：對於他們的職務領域，有沒有過卓越的實績？對於你要他們做到的事，他們有沒有至少成功三次？假如沒有，你就是在下機率較低的賭注，要有夠充分的理由才這麼做。這並不代表你絕對不該允許自己或別人嘗試新事物；你當然應該。但在做的時候，要謹慎小心，且做好防護。也就是說，要派有經驗的老手去指導沒有經驗的菜鳥，包括你自己在內（假如你是菜鳥）。

　　a.要查核資歷。不要只聽信應徵者履歷上的相關資訊：去跟認識他們的可靠人士談談，找找有案可查的證據，向他們的老闆、部屬和同儕問問過去的風評。對於他們為自己所選的路徑，以及一路上是如何發展，你要盡可能得到清楚客觀的圖像。我看過一堆人宣稱在其他地方很成功，在橋水操作卻績效不彰。仔細審查經常發現，他們並不如自稱的那麼成功，要不然就是掠美別人的成就。

　　b.**一個人有沒有你想要的價值觀和能力，不太能從在校成績看出來**。主要是因為在校成績最容易衡量，而決定在校時成功的能力往往是記憶力和調出記憶內容的速度，所以在校表現是這些素質的好判準。對於人追求成功的決心以及堅守志向的意願與能力，在校表現也是不錯的判準。可是在評斷候選人的常識、願景、創意或決策能力方面，在校成績的價值就有限了。既然這些素質最為重要，那你在查明應徵者是否具備時，就必須看在校以外的東西。

　　c.**概念型思維能力強固然最好，但經驗豐富和業績出色也大有關係**。職務有各式各樣，並需要各類型的人。我常有偏見，要找創業家的類型，也就是頭腦好、敞開心胸、好勝心強又會找出最佳解決之道的開創者，卻常以失望收場。另一方面，有時候我發現為求專精而投身數十年的大師級職人，可以完全仰賴。在我的腦海中頻頻浮現麥爾坎·葛拉威爾（Malcolm Gladwell）法則，也就是事情要做到上萬個小時才會打造成專長，以及藉由看打擊率來判斷球員的價值。有一個辦法可以讓你看出有天賦的新手相對於成名的明星，會表現得多好，那就是看他們同場較量的結果。

　　d.**要慎防不切實際的理想主義者**。理想主義者對於人應該怎麼行事會講出一套道理，卻不了解實際上究竟怎麼做，根本有害無益。

　　身為全球總體經濟學家、生意人兼公益家，我在這些範疇內全都一再看到這件事。我所相信的是，不務實的理想主義者儘管有善意，卻是危險又壞事，務實的理想主義者則會使世間變得更美好。如果要務實，就需要找現實主義者，知道人的利益是什麼，以及要怎麼設計機器來產出成果，還有用指標衡量成本與收益。要是沒有

量化，浪費就會多過效益；要是有，效益就會源源不絕。

　　e.不要假定在其他地方成功的人，同樣勝任你要交辦的職務。無論你有多善於聘人，有些聘來的人就是拿不出成績。要知道你所考慮的人怎麼工作，設想這會如何獲致成功。知道他們做過什麼，只有助於你釐清他們是什麼樣的人。

　　f.選用品格好、能力強的人。能幹但人品不好的人總會壞事，因為他的狡猾對你造成傷害，而且必然會侵蝕企業文化。依我之見，大部分的組織都是因為短視聚焦於要搞定職務而高估了能力，並低估了品格。如此一來，就會喪失出色的人際關係的力量，這股力量能帶領它們歷經波折實現目標。

　　不要搞錯我的意思，我並不是說你應該要為了品格而在能力上妥協。品格良好卻能力不佳的人也會造成問題。他固然討人喜歡，但搞不定職務，要開除也難上加難，因為這麼做感覺像是在射殺你再也養不起的忠狗，但他卻非走不可。你需要的同事終究還是要有卓越的品格**和**卓越的能力，而這就是為什麼要找到優秀人才會這麼難。

8.5 找人不僅是做到具體職務，你還要願意與其分享生活。

　　異動既花錢又沒效率，因為人要花時間來認識彼此與組織。與你共事的人和公司本身都會以你預料不到的方向發展，所以要聘用那種你想要長期共事的人才對。優秀人才你總是會用得上。

　　a.所找的人要懂得問好問題。聰明人就是會提出最有思想的疑問，而不是認為自己凡事都有答案。會問問題，比會給答案，更能

作為未來成功的指標。

b.**要讓應徵者看到這份工作的缺陷**。要讓爭取職務的人了解真實的情況，**尤其**是壞的一面。也要讓他們看到行動原則，包括最困難的環節在內，以藉此對他們忍受實際挑戰的意願做壓力測試。

c.**找與你志趣相同者合作，但也敢於批評你**。你所需要的人是要與你分享品味和風格，但也能彼此鞭策和挑戰。不管是音樂、運動還是商業，最好的團隊都會同時做到這些事。

8.6　在考慮薪酬時，要提供穩定性也要看得到機會。

給員工足夠的薪資，免除他們財務上的壓力，但不要多到使他們變得心寬體胖。你會想要員工有求奮鬥的動力，能實現自己的夢想。你不會想要人來工作是因為穩賺大錢、有保障。你會想要他們靠艱難和有創意的工作**賺到**錢。

a.**薪資是付給人，而不是職務**。看在相似工作上有相似經驗與資歷的人是領多少，在此之上增添一些小額津貼，並提列獎金或其他的激勵措施，給予超越的動力。千萬不要光依職稱來敘薪。

b.**薪酬至少要大致與績效指標掛鉤**。你絕對無法全都完整掌握良好工作關係的指標，但應該要能建立起很多指標。把績效指標跟薪酬掛鉤有助於你了解自己給員工的待遇，提供良好的持續反饋，並持續影響人的行為。

c.**薪資要優於一般水準**。對別人慷慨或至少是稍優於一般水準，會同時提升工作水準和人際關係，大部分的人也會將心比心來回報。結果就是我們得到了比金錢更特別的東西，比方互相關懷、敬重與承諾。

　　d.**要多聚焦於把餅做大，而不是到底要怎麼分餅，好讓自己或其他任何人吃到比較大塊。**最好的協商就是我對人說「你應該要拿比較多才對」，他卻反過來爭論「不，你應該要拿比較多才對！」。當人以這種方式相互對待時，關係就會更好，餅也會更大，而且長期來說都會受惠。

8.7　要記得好的合作關係中，體貼和慷慨比金錢重要。

　　貧窮人給一點點，可能就比有錢人給很多要來得慷慨。有的人看重寬厚，有的人看重金錢。你想要的是第一類人，並且總是想要對他們慷慨。

　　在一無所有時，我對人也是盡量慷慨，只要他們珍惜我的慷慨勝過別人給得起更高薪。基於這個原因，他們都跟定了我。我對此永誌不忘，而且只要有機會，我就會盡力讓他們致富。接著當我最需要他們慷慨時，他們則會以自己的方式對我慷慨。我們所得到的東西都比金錢要寶貴得多，而且我們也賺到了錢。

　　要記得，金錢的唯一目的就是讓你得到想要的東西，所以要好好思考你珍視的是什麼，並把它置於金錢之上。你會把良好的人際關係賣多少錢？世上的錢都比不上珍貴的人際關係。

　　a.**要大方並期待別人大方。**假如你不對別人大方，別人就不會對你大方，你也不會有優質的關係。

8.8 出色的人很難找到，所以一定要思考怎麼留住人。

一定要遵照之前的建議，像是建立有意義的人際關係和不斷達到共識。最重要的是，你必須鼓勵人們對本身的情況進展直言不諱。確保他們個人發展順利也很重要。積極主動的導師建言起碼會讓人受用持續一年。

當你了解一個人，

你就會知道可以

從他那裡得到什麼。

9 要不斷訓練、測試、評估和調配員工

人員和設計都必須隨機器進步而成長。當你在個人發展上做對時，回報就會越來越快。隨著員工表現越來越好，他們就更能獨立思考、深入探究，並幫助你改良機器。他們進步得越快，成果就會改善得越快。

在員工的個人成長上，你的作用是從坦誠評斷他們的優缺點來起頭，繼而規劃培訓或輪調來幫他們截長補短。在橋水，這樣坦白和直接的談話常會嚇到新進員工，但這不是人身攻擊，也不是高層指責下屬，也沒有人免得了這種批評。普遍而言，這個過程對管理者和部屬並不容易，但長期來說，這使員工更為滿意，橋水也更成功。要記得，大部分人最滿意的就是不斷進步，和發揮天賦，並有助於自我提升。所以了解員工的缺點（對他們和你來說）就跟了解他們的優點一樣珍貴。

即使是在幫助個人發展，你也必須不斷評斷他們能不能勝任職責。這不容易做得客觀，因為你跟下屬的關係經常很融洽，假如他

們的表現未達門檻，你或許會不願意精準評估。同樣的道理，對於跟你唱反調的員工，你或許會忍不住把他評估得比該有的要差。創意擇優有賴於客觀。我們所開發的管理工具都只是為了這個目的，以便不帶偏見地提供員工表現的樣貌，而不只考慮管理者給的考績。在管理者和下屬對考績意見不一致時，要找別人來化解爭端，此時這些數據就不可或缺。

幾年前，我們有位員工想擔任部門主管。前任的主管已離開公司，所以是由當時的執行長葛列格來評估，這位原本是副手的員工有沒有能力來接下這個職位。這位員工認為自己有；葛列格和其他人則認為他沒有。但這個決定並不是由執行長「說了算」這麼簡單。我們想要讓決策有根據。由於我們的集點器制度會不斷反饋，所以在這份職務必備的素質上，我們等於有數百個數據點，包括綜合推理、了解他所未知的，以及在對的層級上管理。於是我們把這些數據全部放上了螢幕，綜合檢視。然後我們問那位員工，看這一大批證據，反思如果決定要不要在這份職務上聘用他自己，那他會怎麼做。他退一步接受客觀的證據，同意轉調橋水的另一個職務，他更勝任該職務。

要幫人養成技能容易，一般來說提供適當的訓練就行。提升能力則比較難，但卻是長期之下擴展能力去承擔更大責任所不可或缺。而且改變某人的價值觀是絕對不該指望的事。各種關係都免不了的關鍵時刻是，你們必須決定彼此要不要繼續維持關係。這在私人生活和任何秉持高標準的組織裡都很常見。在橋水，我們知道維繫我們的文化不能妥協，所以假如員工在一定時限內無法適應，他就必須走人。

　　每個領導人都必須二擇一：（1）辭退不夠能幹的好人來達到目標，還是要（2）留下不能幹的好人並達不到目標。你能否做出艱難的決策，決定了你本身的成敗。在像橋水這樣的文化中，你別無選擇。即使當下或許很難，你非選擇卓越不可，因為它對每個人都好。

9.1　要了解你和所管理的人都會歷經個人成長。

　　沒有人免得了這個過程。要使它進行順利，人就要能坦白評斷優缺點（缺點則最為重要）。普遍來說，要管理者給予這樣的反饋，就跟要部屬聽進去一樣難，但長期來說，這使人更為滿意，公司也更為成功。

　　a.認清優缺點後，個人會飛速成長，結果是，職涯路徑並非原先所料。 成長的過程就是在發現人的好惡及其優缺點；當人被擺在容易成功的職位，很容易成長，但必須使出渾身解數。每個人的職涯都會依照周遭人對此人的認識來發展。

　　他們應該有足夠的自由來自己學習和思考，同時要受到指點，以免犯下不可接受的錯誤。他們所得到的反饋應該有助於他們反省，本身的問題是可以靠額外學習來化解，還是源自不太容易改變的天生能力。一般來說，要花上六到十二個月來大致認識新進員工，讓他們內化及適應文化則要十八個月左右。在這段期間，應該要有定期的小型審查和多次的大型審查。經過各次評斷後，便應該針對他們的好惡及優缺點來指派新任務。這些互動的過程中，在培訓、測試和調整職務中累積下來的經驗，會把人導向更適宜的職務與責任。在橋水，這一般都是既艱辛又有收穫的過程，使個人加強

自我了解以及對各種職務更加熟悉。當結果是一拍兩散時，通常是因為員工發現自己在公司無法勝任任何職務。

b.**培訓引導個人發展。**受訓者必須敞開心胸；過程要他們放下面子來發現自己有什麼做得好，擅長什麼、不擅長什麼，並決定要怎麼做。訓練者也必須敞開心胸，而且有兩位可信度高的訓練者與受訓者共事，以利於多方評量出受訓者的樣貌。這樣的訓練屬於師徒關係；需要訓練者和受訓者共享經驗，很像是滑雪教練陪在學生身邊滑。這個過程都會使員工的成長、發展和提升更公開透明。人們了解所處的地位、原因，以及該如何改善，不只是個人成長加速，還有組織的成長也會加速。

c.**要教人釣魚，而不是給他們魚，即使這代表要讓他們犯一些錯。**有時候你需要袖手旁觀來讓人犯錯（只要它不會太嚴重），這樣他才學得會。假如你不斷在告訴人該怎麼做，這不好；下指導棋一般都是反映出，受指導的人能力不足。而對你這個管理者來說也不是件好事。與其下指導棋，不如多培訓和測試。對於他們怎麼決定，你可以提出想法，但不要主導。你最好跟他們達到共識，探討他們怎麼做事和為何如此。

d.**經驗會帶來書本學習所代替不了的內化學習。**從書本學習和親身體會的內化學習天差地別。醫學生在醫學院的課堂上學習動手術技巧時，跟已經動過多次手術的醫生學到的並不一樣。擅長書本學習的人往往是調出所學的記憶，遵照指令行事。把學習內化的人則是下意識地把思想轉為行動，就跟在街上走一樣平常。了解這些差異是不可或缺的。

9.2　要不斷提供反饋。

　　大部分的訓練都是來自實作和對工作表現取得共識。反饋應該要反映出哪些東西有助於成功，有哪些東西對實際情況無益，而不是企圖去平衡讚美與批評。要記得，你是要負責達成目標，並想要讓機器發揮預期中的作用。如果要做到這點，由你督導的員工就必須符合期待，而且只有你能幫助他們了解自己是不是日有所進。等他們的優缺點變得更清楚，職責分派就能更適當，好讓機器運作得更好，並加速個人成長。

9.3　評估要精準，不當好好先生。

　　沒人說極度誠實很容易。有時候，誠實評斷感覺就像人身攻擊，尤其是對還不習慣的新進員工來說。提升到較高層次，著眼於較大格局，並引導被你評估的人擴大眼界。

　　a.說到底，精準和善意是同一件事。看似友善但並不精準，對人是有害的，對組織和其他人常常也是如此。

　　b.對讚美與批評要持平看待。這有助於澄清，所討論的缺點或錯誤是否反映出對受訓者的全面評估。有一天，我告訴一位新進研究人員，我認為他做得不錯，以及他的想法有多強。那是非常正面的初步評估。過了幾天，我聽說他在大聊與工作不相干的事，便警告他，假如他老是在浪費時間，對他和我們的發展有什麼損失。後來我得知，他認為自己就快被開除了。我要他專注於工作，這跟我的整體評估毫無關係。如果我們再次坐下來，解釋得比較妥當，他對我的評論就能持平看待了。

c.**要考慮精準度，而不是後果。**常有個案是某人得到了批判性的反饋後，便滿腦子都是後果，而不想想批評是否正確。這樣就錯了。我在後面會解釋，把「是什麼」跟「要對它怎麼做」混為一談通常會導致糟糕的決策。為了幫助其他人釐清，在給予反饋時就要講清楚，你只是在試著了解情況是否屬實。要對它怎麼解決，則是另外的討論。

d.**評斷要精準。**人是你最重要的資源，事實則是達到卓越的基礎，所以個人評估要盡可能精確。這耗時又費力。你在評斷責任方表現如何時，該看的並不是他有沒有照你的方式來做，而是他有沒有以好的方式來做。坦白說，要敞開心胸傾聽，考慮其他高可信度且誠實的員工看法，並試著在員工發生什麼事和原因上達到共識。記得不要對評斷過度自信，因為你有可能會出錯。

e.**要從成功以及失敗中學習。**極度真實不是要你一直從負面看人。以成功的案例和成因為標竿。這會增強行動，並為正在學習階段的人樹立榜樣。

f.**大部分的人都做過的事和正在做的事，實際上並不像他們想得那麼重要。**假如你問組織裡的每個人，他們本身為組織的成功所貢獻的占比有多少，結局會是加起來300%左右❶。現實就是如此，並顯示了為什麼要確保哪項功勞是歸給哪個人。若非如此，你永遠不會知道誰該負責，而且更糟的是，你或許誤信邀功的人。

---

❶　原注：我們在橋水這麼做過，得到的數字是301%。

9.4　在給予關愛時，嚴格的愛既是最難給也是最重要的愛（因為它很不受歡迎）。

你能送人最棒的禮物就是成功的力量。給人奮鬥的機會，而不是給他們所拚搏的東西，他們就會變得更強。

給予讚美容易，但無助於人的進步。指出人的錯誤和缺點（好讓他學習長進）則比較艱難且不受歡迎，但長期來說卻寶貴得多。雖然你所做的事會得到新進員工的感謝，但一般來說，他們起初都會難以了解。如果要有效，你就必須清楚而反覆地解釋背後的邏輯與關懷。

a.大部分的人愛聽讚美，但精準的批評更寶貴。 各位都聽過「一分耕耘，一分收穫」這句話。心理學家表示，最有威力的個人蛻變就是來自體驗錯誤所引發「跌入谷底」的痛苦，沒有人想再經歷這種痛苦。所以在給人或是自己擁有那些經驗作為告誡，不要猶豫。

表揚員工有什麼做得好固然重要，但指出他們的缺點並讓他們改進更加重要。

解決問題比做事更花時間。問題必須經過確認、了解和因應，順利進行的事無須過度關注。我們之所以成就卓越，靠的就是聚焦於有哪裡需要改善，而不是慶祝自己表現有多好。

9.5　不要隱瞞你對人的觀察。

要開誠布公，目標則是要釐清你和你的員工是如何養成，使對的人可以擺到對的職務上。

a.**要從具體細節中綜合判斷。** 我所謂的綜合是指把大量的數據化為精準的樣貌。有太多人在評斷人時，沒有把人連結上特定的數據。當你擁有我們在橋水握有的一切具體細節，點數、會議錄影等等，你就可以而且必須從數據中看出規律。就算沒有這樣的工具，指標、測試和他人貢獻的數據也能幫助你描繪出一個人比較完整的樣貌，同時檢驗他的作為。

b.**要從點數中發掘訊息。** 對人的每則觀察都有可能透露他的行為的寶貴訊息。我在前面解釋過，我把這些觀察稱為「點數」。一點就是一筆數據，對應你對其含義的推論，以判斷某人可能決定過、說過或想過什麼。我們通常都不公開這些推論和判斷。但我相信，假如系統性地蒐集起來，時間一久，等到要綜合考察人的印象時，它們會極有價值。

c.**不要在一點上挖掘過度。** 一點就只是一點；加總起來才有意義。把個別的每一點想成棒球裡的打數。連偉大的打者都會被三振很多次，要是以一次的打席來評估他們就太蠢了。這就是為什麼像上壘率和打擊率這樣的統計數字同時存在。

換句話說，任何一起事件都有許多不同的可能解釋，而行為規律能指出根本成因。找出規律所需的觀察次數多半是取決於每次觀察後形成什麼共識。對於某人是如何及為什麼以某種方式來行事，做一場高品質的討論，應該會有助於你更全面的了解。

　　d.**要用績效調查、指標和正式考核之類的評估工具來記錄人的所有表現**。假如沒有數據，就很難對績效客觀、中立、不帶情緒地來討論，進度也很難追蹤。這就是我創造集點器的部分原因。我也建議，想想其他可以把人的責任化為指標的方式。有個例子，你可以要員工記下自己有沒有依據職務清單來做事，然後算出他們完成任務的百分比。指標會告訴我們事情有沒有照著計畫走。這是客觀的評斷方法，並且會改善人的效率。

9.6　學習過程要做到公開、有成長性和不斷重複。

　　清楚表達你對人的價值觀、能力和技能的評價，要一五一十地說明及與其分享；傾聽他們和別人對你的描述的回應；要擬定培訓與測試計畫；要根據所觀察到的後續表現來重估你的結論。要持續這麼做。經過數個月的討論和實地測試，你和下屬對於他是什麼樣子應該都會有不錯的概念。時間一久，這項做法就會引導出適宜的職務和適當的訓練，或是洩露出此人該離開了。

　　a.**指標要清楚且公正**。為了幫你建造出永動機，要有一套清楚的規則和一套清楚的績效指標，來追蹤人員在這些規則下表現如何，並將實際結果與根據績效指標公式所推斷的預測結果相互對照。

　　規則越分明，對於某人有沒有做錯事的爭議就會越少。例如我們制定了員工如何管理自身的投資而不與為客戶管理資金相衝突。由於這些規則很清楚，所以違規時就沒有爭論的餘地。

　　設立績效指標，讓每個人看到任何其他人的實績，在評估時就會比較客觀公正。人會去做能得分而非扣分的事。當然，由於大部分人做的事重要性不盡相同，必須採用不同的績效指標並適當加權。所蒐集的數據越多，反饋就會越快速與精確。這就是我會打造出集點器的原因之一（提供大量即時反饋）；人們在會議中即時得到反饋，在會議中就能即時修正偏差。

　　有了績效指標，你就能把它與演算法掛鉤，得到運算結果。它可以簡單到說，每做一次X就會賺到Y金額（或積分），或者也可以比較複雜（例如把指標的評分加權後，結合各種演算法，計算獎金或積分的估計值）。

　　這個過程絕對稱不上百分之百精確，但連最粗略的形式也很管用，時間一久，它會令人驚豔。即使有瑕疵，公式化的計算結果也有助於判斷，提供比較精確的績效評估與薪酬建議；假以時日，這會是一部極佳的機器，比你自己管理要好得多。

　　b.要鼓勵人員客觀反省自己的績效。 能從較高層次來看自己是個人成長和達成目標所不可或缺的事。所以你和下屬應該要一起看他們的業績表現；為了做好這件事，你需要許許多多的證據和客觀的認識。有必要的話，就找公認的其他人來多方評量。

　　c.**要關照全局**。在考核員工時，目標是要找出規律、掌握全貌。沒有人能面面俱到（例如要是特別一絲不苟，做事就快不起來，反之亦然）。在考核中的評斷必須具體；所看的並不是人**應該**要怎麼樣，而是事實**是**怎麼樣。

　　d.**績效考核要從具體案例開始，找出規律，並與被考核人一起看證據來求取共識**。應該要不斷反饋，考核一般是定期舉行；它的目的是要把人工作表現的累積證據匯集起來，假如持續反饋做得好，就變得像是在持續考核。考核不應該有出人意料之處，因為你應該對一個人的工作狀況持續理解。假如你認為他們做得很差，那就應該探查表現不佳的根源，列為個案並加以解決。人很難發現自身的缺點；他們需要靠別人就具體情況來適當調查，獲知真相，以及能否勝任職務。

　　有些情況下，要了解人不用很久；有些情況下則會艱難得多。但假以時日並有夠多的實例，他們的實績（發展軌跡達到的水準和陡峭程度，而不是偶發的波動）就很清楚，你將能對他們的表現有明確的期待。假如表現不佳，那要不是因為工作設計有問題（或許是扛的責任太多），就是適應／能力有問題。假如問題是來自能力不足，這要不是因為人有與生俱來的缺陷無法勝任（例如不到五呎二的人在籃球隊裡大概就不該打中鋒），就是因為培訓不夠。好的績效考核，不斷求取共識，就應該能找出問題所在。要確保依據絕對的標準來考核，而不只是進步程度。最要緊的不只是結果，還有如何履行責任。考核的目標是要說清楚，根據人的素質來判斷能否勝任職務。以這個基礎就能研判該怎麼做。

　　e.要記得，評估人時你可能會犯下兩個最大的錯誤就是：對評估過度自信，以及沒能達到共識。假如你相信員工有問題，那你就有責任去確定是真的，而且被評估者也要同意。當然，在某些情形或許不可能達到共識（例如要是你相信某人不誠實，他卻堅持自己沒有），但在極度真實、極度透明的文化裡，你有責任要分享你的看法，讓別人表述他們的看法。

　　f.達到共識，不能分層級。在大部分組織裡，評估都只單向進行，由管理者來評斷被管理者。被管理者一般都會對評斷有意見，尤其要是結果比自評來得差，因為大部分人都把自己想得比實際上要好。在大部分公司裡，被管理者對主管也有意見卻不敢直說，以致產生誤解與不滿。這種不當行為會危害到公司績效與人際關係。以高品質的方式來達到共識便能避免。

　　你的下屬必須相信你不是他們的敵人。你的目標純粹是尋求真相；你正努力幫助他們，不支持他們自欺欺人，扯謊到底，或是逃避責任。要坦誠和透明，假如有人相信自己被貼上了不公平的標籤，這個過程就行不通。身為平等的夥伴，雙方都要找出真相。每一方都是平等的參與者時，就沒有人會覺得遭到打壓。

　　g.要透過坦白討論錯誤和根源來了解員工，並讓他們了解你。你需要向下屬清楚布達評估結果，並敞開心胸來傾聽他們的回覆，這樣就能共同規劃職訓和職涯路徑。指出屬下的缺點並與之溝通，是管理者最棘手的事之一。重要的是，收到反饋的一方要有同理心，因為這並不容易。兩邊的參與者都要有好品格，才能真正理解真實狀況。

h.確保人做好工作，不必巨細靡遺地監督。你只要知道他們是什麼樣的人，並加以抽查就好。定期抽樣檢查具統計信度的案例，就會顯示出員工是什麼樣的人，以及你能對他抱持什麼期待。挑出他們有哪些行動重要到得事先核准，有哪些則可以事後檢驗。但一定要做到稽核，因為人往往會鬆懈，或是沒有查核之下作弊。

i.要認清改變很難。任何改變都很難。然而，為了學習和成長並有所進步，非改變不可。面對改變時要自問：我有沒有敞開心胸？或者我有些頑固？要正視困難，強迫自己去探索困難從何而來，你就會發現自己學到很多。

j.要幫助人找出自身缺點來渡過難關。當意見不合，尤其當談到某人的缺點時，情緒往往都會升溫。溝通要冷靜、緩慢、有理有據。對問題要持平看待，提醒他們，痛苦屬於學習和成長痛，而且知道真相會使他們進步。不妨考慮要他們暫時離開，等冷靜時反省一下，幾天後再接續談話。

總之，為了幫助人員成功，你必須做兩件事：首先讓他們清楚看到自己的失敗，以激勵他們改變，其次，教他們要怎麼改變做事方式，或是在不足之處倚仗其他強者。要是做第一件卻不做第二件，你要幫助的人可能會士氣低落，兩件都做才會會振奮人心，尤其是在他們體驗到好處的時候。

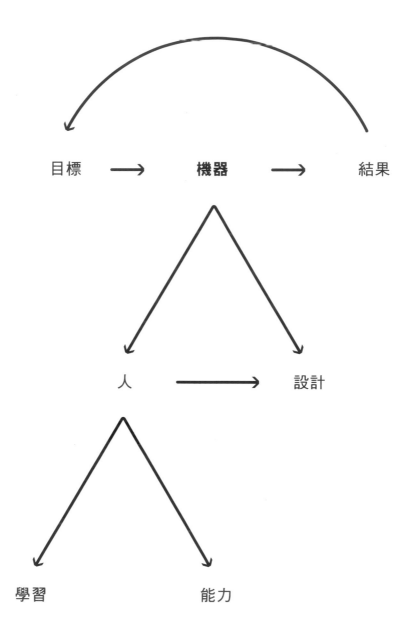

9.7　知道人是如何處事，並能判斷這樣的方式會不會帶來好成果，比知道他們做了什麼更重要。

　　了解員工是什麼樣的人，最能預測他們將來會如何承擔責任。在橋水，我們稱之為「多看揮棒姿勢，少看擊中與否」。由於結果好壞可能是導因於環境，跟個人是如何處埋不見得有關係，所以同時根據員工的推理過程和結果來評估績效會比較恰當。我會以非常坦白的方式來檢查他們的思維方式，不讓他們推卸責任。這麼做讓我學會要怎麼去評斷別人的邏輯，以及要怎麼讓自己更有邏輯。當結果和背後的思考都很糟，而且一再發生時，我就會知道再也不要他們這樣思考問題了。

　　例如要是你是撲克的玩家，而且常玩撲克，你就會有贏有輸。以任何一晚來說，你贏走的錢可能會比不常玩卻手氣好的人要少。要是只以一次的結果來論斷玩家的素質，這樣就錯了。要從長期來看他的方法好不好，以及結果如何。

　　a.假如某人工作績效不彰，要考慮是因為學習不夠，還是能力不夠。工作績效要由兩方面思考：學習和能力，如下頁所示。缺乏經驗或培訓所導致的缺點可以改正，能力不足則很難彌補。無法區分成因是管理者的常見錯誤，因為管理者常常不願意顯得不厚道或嚴苛。再者，他們知道以這種方式評估往往會招致反彈。這是情景再現，讓你必須務實與實事求是。

　　b.培訓和測試績效不佳的員工時，只看他們能不能掌握技能，忽略評估他們的能力，是常見的錯誤。技能馬上就能測試，所以很容易研判。能力則比較難評斷，尤其是右腦的能力。在思考某人為什麼表現不佳時，要放開心胸思索問題是不是出在能力不足。

9.8 當你跟某人就他的缺點取得共識，缺點八成就是真的。

當你們意見一致，就是獲致真相的好跡象，可見切中主題的做法這麼好。被評估者在過程中必須是平等的參與者的主要原因就在於此。當你們確實有共識，要正式記錄下來。這些資訊將是確保未來成功的重要基礎。

a.**在評估時，不用做到「毫無疑點」的地步。**了解不可能完美；追求完美是在浪費時間，阻礙進步。相反地，要朝著雙方皆認同、大致上的了解某人是什麼樣子的方向努力。有必要時，就花時間深入了解。

b.**了解員工是什麼樣的人以及是否稱職，所花的時間應該要不超過一年。**經過六到十二個月的密切接觸、諸多測試和達到共識後，你應該就能大致評斷這位員工的能力。比較有把握的評估大概要花上十八個月左右。這樣的時間表當然要看職務、當事人、與他們的接觸頻率以及達到共識的程度而定。

c.**在員工任職期間持續評估。**等到對員工更加認識後，你就更能培訓和指導他們。最重要的是，你就能更精準來評斷他們的核心價值觀和能力，並確保他們在這些方面與你的互補。不過，不要初步評估就決斷。一定要問自己，假如就現有的了解，你那份職務還會不會聘用他。假如不會，那就把他辭退。

d.**評估員工要跟評估求職者一樣嚴謹。**令我感到費解的是，面試官會肆無忌憚、充滿自信地批評不熟的應徵者，卻不會批評有類似缺點的員工，即使握有更多證據。這是因為他們認為批評對自家

員工是有問題的，對外人卻不那麼嚴重。假如你相信事實對每個人都有利，那就應該看得出為什麼上述想法錯了，以及坦白而持續的評估為什麼這麼重要。

9.9 要培訓、保護或辭退人，而不要矯正。

　　培訓可提升員工的技能，幫助他們演進。矯正則是企圖改變人員的價值觀或能力。由於價值觀與能力很難改變，一般來說，矯正並不切實際。由於價值觀不適當、能力不夠的人會為組織帶來嚴重危害與衝擊，所以應該辭退。假如企圖去矯正，最好由專業人士長時間指導。

　　要記得，假如你期待人員在短時間就有很大進步，你八成是犯了嚴重的錯誤。人的行事習慣可能會繼續，因為行為就是在反映個人。由於人的改變通常很慢，所以你也應該期待進步（充其量）會很慢。你反而需要換個人或改變設計。由於改變設計來適應人的缺點是個爛主意，所以換人會比較好。有時候不錯的員工會「丟掉飯碗」（遭到開除），是因為他沒有盡快成長為責任方。其中有些人或許在別的職位會更不錯，此時就該派任其他職責；有些人沒辦法做到，那就該離開。

　　a.不要養不適任的員工。把人開除或另行派任並不糟糕，把不適任的人留在位子上才糟糕。養不適合的人的成本很高，像是：糟糕的業績；培訓他們所浪費的時間和心力；把待了好一陣子（比方說五年以上）的人開除，相較於讓人在短短一年後就辭退，更令人痛苦。把人留在不適合的職務是很可怕的事，因為這會讓他們活在虛假的現實裡，同時阻礙他們的個人成長。這對團隊也不好，因為

創意擇優會打折扣，每個人都得付出代價。不要讓自己被任何人綁架；總會有適任的人。絕對不要壞了規矩，或是妥協。

b.**要願意「對所愛的人下手」。**要開除在乎的人會非常難。要把跟你建立起有意義的人際關係、但表現不優秀的人淘汰掉很難，因為要結束良好關係不容易，卻是公司為了長期卓越的必要之舉。你或許對他所做的工作有需求（即使做不好），這很難改變。可是當你真正需要他們時，他們就會污染環境並辜負你。

這屬於困難、必要的事之一。最好的做法就是「帶著愛對人下手」，考慮周全，並能真正幫助他們。

c.**當某人「不適任」時，就要考慮有沒有比較適合的缺，或是需要把他請出公司。**要分清楚他不適任是出於哪些特質。你需要去了解這些特質是什麼，並確保不會應用到任何新職務上。再者，假如你得知他沒有向上爬的潛力，那就不要讓他卡位，擋了其他人。

要記得，你試著要挑選的是分享人生的人。每個人都會隨著時間成長。由於比起面試結果，管理者對於新聘人員的優缺點以及能否融入文化會有更深入的認識，所以假如新員工不勝任職責，經評估也可以轉任其他職務。

每當有人不稱職，最重要的是去了解他為什麼不稱職，以及這些原因不會在新職務上造成同樣的問題。

d.**對於讓不勝任原職的人轉任新職要戒慎恐懼。**留意我說的是「戒慎恐懼」。我並沒有說絕對不要，因為這要看情況。一方面，你會想要人使出渾身解數去嘗試新工作。你不會想要優秀人才只因為嘗試失敗就遭到開除。但另一方面，假如你了解大部分的不適任者，你大致上都會後悔留下他們。

這點的原因有三：（1）你要為更稱職的人把位子讓出來，留下能晉升的人比不能晉升的人要好。（2）轉任者可能繼續做他不擅長的事，會有的實際風險是，把職務配給不適任者。（3）回到晉升不了的職務上，員工或許會覺得被打入冷宮與怨恨。留住他們往往在短期內是恰當的，但長期來說八成會是件錯事。這是艱難的決定。你需要深刻了解這位員工，並在決定前仔細去權衡成本。

9.10 要記得，調職的目的是人盡其才，有益於團隊整體。

和管理者達到共識，新職責保證人才受到最好、最高度的運用，否則就要往上通報。想招募此人的管理者要保證不造成公司困擾。可以私下聊聊某人是否對職務有興趣，但在與原本管理者達到共識前，不應主動招募。轉任的時機應該要由原本的管理人與相關各方磋商後決定。

a.要人員「完成揮棒」再去接新職務。除非有緊急事件（比方說員工非常適合另一份需要立刻補上的職缺），否則要保持職缺開放，不中斷正常運作。在迅速發展並期待員工公開發表意見的公司裡，員工自然就會有源源不絕的機會去接任新職務。但假如有太多人頻頻轉職，沒有盡到職責，所產生的不連貫、失序和不穩定，就會對管理者的企業文化和轉任者都不利，因為他們推動完成事情的能力並沒有受到足夠的檢驗。我建議，在洽談新職務前，在原職待過一年才足夠，雖然這並不是標準答案，時間可因具體情況而異。

9.11 不要降低門檻。

所有的人際關係都會來到某一個時刻：決定彼此是否要繼續維持關係。這在私人生活很常見，任何秉持高標準的公司也一樣。在橋水，我們知道對文化的根基不能妥協，所以假如人員在一定時限內無法達到我們在極度真實、極度透明所要求的高標準，他就必須走人。

嚴格的愛

既是最艱難

也是最重要的愛。

打造和更新機器⋯⋯

很多人都會在雜七雜八找上門來的任務裡無所適從。相形之下，成功者則會從瑣碎事物中抽離，從更高層次看到其中的因果關係。這個較高層次的視角使他們得以像機器一樣客觀地看自己和別人，以了解哪些人、哪些事做得好，哪些人、哪些事做不好，以及怎麼組合每個人能產出最好結果。

既然各位了解怎麼對待這部機器的兩個關鍵零件，也就是文化和人，那我就要來談談管理和改善機器的原則了。

在下一章，我所要談的高層次原則是在應用較高層次的思考來把組織看作機器。這不單是思想實驗；以像機器的方式來思考很務實，能幫你管理團隊、設計職務、責任與工作流程。

在第十章〈要像操作機器那樣管理以達成目標〉裡，我會把這套做法應用到最高層的組織設計上。

一旦你了解要怎麼建造和運轉機器，下一個目標就是釐清該怎麼改善機器。我們是透過我所謂的五步流程來做到：（1）確認目

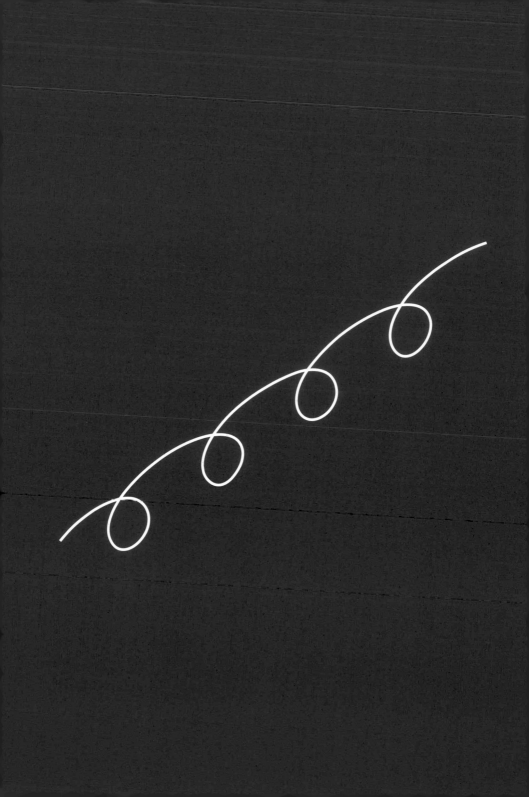

標。（2）發現問題。（3）診斷並發現問題根源。（4）設計改進方案來解決問題。（5）執行任務。任何組織在經歷這樣的演進過程後，都會有某種程度的成功。世上充斥著由盛轉衰的公司，是因為喪失最初設計的優秀品質，以及領導階層沒能好好適應，改變員工和設計。也有少數公司是不停地自我改造，持續攀上新高。

接下來各章在解釋五步流程是如何在組織內運作，以及你需要做什麼事來確保它發揮最大功效。如果要有效，你就必須化身為組織工程師來俯瞰機器，拿產出來跟目標相比，並不斷修改人員與設計，使產出越來越好。最重要的是，你必須安排員工。能夠做好這一點，決定了成敗。

最後兩章是在談日常管理和戰略的層次，都要確保創意擇優依設計來運行。第十五章〈要用工具和準則來指導工作〉所描述的重點在於，要以系統化工具來確保創意擇優發揮預期中的作用。而第十六章〈千萬不要忽略公司治理！〉中，我會解釋，因為我不再執掌橋水日常經營，起初我低估了治理在確保組織持續有效運轉的重要性，我也學到透過治理促進創意擇優的重要原則。

10 要像操作機器那樣管理以達成目標

無論你用什麼方式，到了高層次就是在設定目標，並建造機器來幫忙你達到目標。我不斷把橋水這部機器的實際產出拿來和我腦中的期望結果做比較，並設法改善，以確保機器運轉良好。

對於你要為你公司設定什麼目標，我沒有具體建議。我只是想說，在〈生活的原則〉中所談到設定目標的高層次原則，同樣適用於個人與組織。不過，我會指出在執掌組織時，你和同事必須清楚，要怎麼從較高層次的目標和價值觀裡推演出具體目標，不管是符合成本效益、提高顧客滿意度或幫助窮人，什麼都行。

無論你有多會設計，機器都會有問題。你或其他能幹的技術人員需要去發掘這問題，並查看機器內部來診斷根源。你或任何人在診斷這些問題時，都必須了解機器的零件——設計和人——以及它們是如何合作來產出結果。人是最重要的零件，因為包括設計在內，大部分事都是出自人。除非你在較高的層次上看待機器，看到機器內部及所有零件是如何一起運作，否則診斷無可避免會失敗，

潛能也無法發揮。

在橋水，所有機器的高層次目標都是要為客戶創造出卓越的收益。其中當然有投資報酬率，但也看重彼此關係的品質，以及我們對全球經濟與市場的共同判斷。橋水自始至終對創造卓越有所承諾。堅守極高的標準向來都是挑戰，尤其是隨著我們的成長與轉型加速。在接下來的好幾章裡，我會說明我們的客服品質下滑的個案，並說明我們是如何用五步流程來改善機器。

但首先，我要分享一些建立、改進任何組織的高層次原則。

10.1 要從較高的層次俯瞰機器和你自己。

較高層次的思考並不是要由職級高的人來做，而是要自上而下來看事情。把它想成是從外太空來看你自己和地球。從這樣的制高點，你可以看到大陸、國家和海洋之間的聯繫。然後你可以拉近鏡頭看更多細節，近距離去看自己的國家、城市、鄰里，最後則是眼前的環境。這樣的宏觀視角所帶給你的洞見，遠勝於只靠自己的雙眼來看住家四周。

a.要不斷拿結果來跟目標比較。你在努力達成目標的同時，也要評估機器（人和設計），因為所有的產出都會反映出機器運轉得如何。每當發現機器有問題時，你就需要去診斷，是導因於設計上的缺失，還是人沒有盡忠職守。

樣本的大小很重要。任何問題都可能是單一缺陷，或是呈現出反覆出現的問題的根源。假如你看的問題夠多，就能輕鬆判斷是哪一種情況。

b.出色的管理者基本上就是組織的工程師。出色的管理者不是哲學家、演藝人員、實踐家或藝術家，而是工程師。他們會把組織看成機器，致力於維護和改進。他們會製作流程圖來顯示機器是如何運作，並評估它的設計。他們會訂立量化指標來評估機器的個別零件（最重要的就是人）和整部機器運轉的情況。而且他們會不斷改進設計和人員，使兩者發揮得更好。

他們不是任意的做，而是按部就班來做，對機器運轉的因果關係永遠心裡有數。他們對相關人員關心有加，卻不能讓自己怕傷害感情而妨礙到機器的改善。這樣對團隊或個人都不是好事。

當然，你在組織裡的位階越高，願景和創造力就會越重要，但你還是必須要有妥善管理／協調的技能。有的年輕創業家是從願景和創造力開始，然後隨著公司成長來提升自己的管理能力；有的則是從管理技巧開始，隨職級升高逐漸發展願景。但就像是出色的樂手，所有出色的管理人都是兼具創造能力和技術能力。而且要是沒有組織工程師的技能，任何層級的管理者都無法期待成功。

c.要訂立量化的評量指標。量化的評量指標能提供數字並亮出儀表板上的警示燈，呈現機器運轉的結果。指標是客觀的評斷手段，而且往往會提高生產力。假如指標夠好，你就能相當精準地判斷人的行為和後果。

在建構指標時，要想像你為了了解事物進展需要回答的最重要問題，假設哪些數字會讓你得到答案。不要去看既有數據，也不要為了你的需要虛報數據，因為你不會得到所需要的答案。而是要從最重要的問題開始，去想像能給出答案的評量指標。

　　要記得，任何一個量化指標都可能會誤導；你需要以夠多的證據來找出規律。而且要輸入評估指標的資訊也必須經過評估。可透過看各評分者所打的平均分數來判斷其準確度；給較高平均分數的人或許標準太寬鬆，反之亦然。同樣有幫助的是「強制排名」，管理者必須替同事的表現從最好到最差排序。強制排名基本上跟「曲線式評分」屬於同一類。可以橫跨部門和跨團隊來獨立評分的指標尤其有價值。

　　d.別把精力耗費於應付個別事務，忽視機器本身。假如把焦點擺在完成個別任務上，你無可避免就會忙不過來。相反地，假如重點是建造和管理機器，就事半功倍。

　　e.不要受突發事件干擾。任何專案或計畫無論有多完整，總會有突發事件，看來屬於最為重要、緊急或者需要關注的事。這些突發事件或許是陷阱，分散了你的注意力，害你無法像機器一樣思考，所以要小心以對，不要讓自己受干擾。

10.2 你應對問題的做法都應該要有兩個目的⋯⋯

　　⋯⋯（1）使你離目標更近；（2）訓練和測試機器（也就是人和設計）。第二個目的比第一個重要，因為你打造一個穩健的公司，在所有的情況下都運作良好。大部分的人都比較聚焦於第一個目的，這是大錯特錯。

　　a.每件事都是一個案例。想想它是什麼類型的案例，以及適用什麼原則。這麼做和幫助別人這麼做，會使你在處理反覆發生的問題時更加順手。

b.當問題發生時，討論要以兩個層次來進行：（1）機器層次（為什麼會產出那樣的結果）。（2）案例層次（要怎麼應對）。不要犯下光討論眼前案例的錯誤，因為接著你就會下指導棋（也就是由你來替員工思考，員工會誤以為這樣沒關係）。在討論到機器層次時，要想清楚事情該怎麼樣才對，並深究為什麼沒有這樣發展。假如你急著確定應對策略，必須告訴下屬要怎麼做，一定要解釋你想怎麼做和原因。

c.在制定規則時，要解釋背後的原則。你不會想要與下屬只是把規則掛在嘴上；應該要有高度的職業道德，員工有遵守之責，並責成別人遵守，同時要致力於使規則更完備。要達成這點，有賴於穩健、經過公開討論測試的工作原則。

d.方針應該要是原則的自然延伸。原則有層級之分，有些至高無上，有些比較次要，但全都應該貫徹到方針之中。把這些方針想好，以確保它彼此一致，並探究所依據的原則，這會有好處。

若出現沒有方針可依循時（例如員工的職務是出差，他卻因出差而面臨了潛在的健康風險），你不能隨便拿天馬行空的答案來湊數，而不考慮較高層次的原則。決策者必須跟司法體系形成判例法的方式一樣，在應對具體案例的過程中，要邊應用法律邊加以詮釋，決策者要反覆醞釀，循序漸進地制定方針。

這就是我的行事方式。當案例出現時，我就針對我的處理方法列出背後的原則，並與別人達到共識，看大家是否都同意這些原則，否則就把它修改得更好。大致上來說，橋水的原則和方針都是這樣發展而來。

　　e.好的原則和方針幾乎都會帶來好的指引，但要記得，每條規則都有例外。每個人都有權利自己判斷事情，而且假如與自己相信的最佳做法有所衝突，實際上也有義務要去挑戰原則和方針。這跟有權利去改變原則和方針是兩回事，改變方針必須經過制定的人（或是要負責改善原則的人）核准。

　　在橋水，當有人希望重要方針破例時，就必須起草替代方案，並把要求上報給管理委員會。

　　例外應該要極為罕見，因為政策屢屢破例，效果就不好。管理委員會會正式討論，否決、修訂或採用替代方案。

10.3 要了解管理、下指導棋和不管理的差別。

　　好管理者重視協調，而不是親手完成。就像是交響樂團的指揮，他們並不演奏樂器，而是帶領樂手一起美妙地演奏。相形之下，下指導棋是在交代下屬究竟要做什麼任務，甚至幫他們把任務做掉。不管理是指員工在不受你監督和參與下獨自完成職務。為了成功，你需要去了解這些差別，並在對的層次上管理。

　　a.管理者必須確保自己所負責的領域運作良好。要做到這點，他們可以（1）把別人管理好，（2）往下去做不是由自己負責的工作，因為下屬沒辦法做好，或是（3）把沒辦法管理好的事往上通報。第一個選擇最理想；第二個透露出員工和設計需要改變；第三個選擇儘管比較艱難，卻是非做不可。

b.**管理下屬好比是在一起滑雪。**就像是滑雪教練指導學員，你應該與員工有密切的接觸，在實務工作上評斷其優缺點，再靠試錯來調整，等時間過去，你就能看出他們可以自行處理哪些事，哪些不行。

c.**優秀的滑雪者當教練，會比新手教練更好。**可信度加權也適用在管理上。你的實績越好，當教練就越有價值。

d.**你應該要把具體工作授權給員工。**假如你不停地在細節上打轉，那就是在管理或培訓上出了問題，或是用錯了人。大師級管理者的標誌是，他什麼事都不必親手做。管理人應該要將陷入旁枝末節視為警訊。

在此同時，也很危險的是只想要授權，實際上卻不了解重要的事，基本上就是不管理。好管理者會知道差別所在。加強聘用、培訓和監督，使員工能盡量自行處理妥當。

10.4 了解員工和其工作動力，因為人是你最重要的資源。

要把各個人的價值、能力和技能做完整的評估。這些素質是行為的實際動力，所以詳細了解後，你會知道員工能做好和不能做好哪些職務，應該要避開哪些職務，以及應該要怎麼培訓。這些評估應該要隨著人的改變而改變。

假如你不了解員工，就會不知道該對他們做什麼。你會淪為無頭蒼蠅，而且假如得不到所期待的結果，只能怪你自己。

a.**要定期給各個對你和組織重要的人把脈。**詳細了解關鍵員工，並敦促他們把任何困擾說出來。這些問題可能是你沒察覺到，或是他們自己有誤解。無論是什麼情形，都必須開誠布公。

b.**對員工的信心透過了解而來，不是假設。**管理人不應該把責任託付給自己不了解的人。了解人並決定對他們抱持多少信心是需要時間的。有時候因為管理者對於新員工會完成任務沒有信心。新員工會覺得惱怒，認為這是在批評他們的能力。其實管理者是實事求是，與新員工尚不熟悉、也沒有直接接觸，不足以了解他們。

c.**根據你的信心大小進行不同程度的調查了解。**管理基本上是在細究和探查自己所負責的每件事，以確認可疑的訊號。根據你的了解，你要決定自己了解事物的程度高低，看起來可疑的人和事就多了解，對有信心的人和事可以少做一些。在橋水有一組工具（問題日誌、量化指標、每日更新、檢核清單）會產出客觀的考核數據。管理者應該要定期審查和抽查。

10.5 指派責任要清楚。

不要有含糊不清的期待，確保每個人了解無法完成任務和達成目標，是個人的失敗。團隊裡最重要的人就是為完成使命而扛下全責的人。這種人既有願景，又有完成任務的紀律。

a.**要記得誰要負什麼責任。**這聽來顯而易見，但員工常會無法履行責任。連組織高層有時候也會表現得像是剛在學踢足球的小朋友，追著球跑，努力要幫上忙，卻忘了自己該顧什麼位置。這可能會危害而非改善績效。所以一定要讓人牢記團隊該怎麼運作，並把自己的位置給顧好。

b.**要當心「角色錯位」**。角色錯位是指沒有深思熟慮就變更職務，這通常發生於情勢變化或有臨時需要。角色錯位常會導致由錯的人來承擔錯的責任，使分工變得模糊不清。

10.6 深入探究機器，以了解你能對機器期待什麼。

要不斷責求下屬的工作，確保他們了解把問題與錯誤點出來，對他們自己和其他人來說是件好事。如果要確保成果，就必須這麼做，連對績效好的人也一樣責求（只不過可以多給他們一點發揮空間）。

責求不該只是由上而下進行。下屬人員應該要不斷挑戰你，使你精益求精。這麼做，他們會了解到自己跟你一樣有責任找出解決之道。從頭到尾都當觀眾，會比變成選手上場要容易得多。逼他們上場則會使團隊變強。

a.**要有起碼程度的了解**。在管理某領域時，你需要對周遭的人、流程和問題了解得夠充分，才會做出明智的決策。要是少了這層了解，你就會輕信聽到的故事和藉口。

b.**要避免太過疏遠**。你需要極為熟悉員工，定期提出和接收反饋，並且有高品質的討論。你固然不想受到八卦所干擾，但必須有辦法快速向適當的人打聽消息。你的職務設計需要預留時間來做這些事。假如沒有，你就是冒不管理的風險。我所開發的工具會讓我獲知人員在做什麼和他們的偏好，一有問題就能即時追蹤。

c.**要以每日更新工具來掌握人員所做和所想的事**。我會要各下屬每天花大概十到十五分鐘，簡短的描述當天做了什麼事、與本身相關的問題，以及反饋意見。看了這些更新並多方評量後（也就是了解其他合作者的表現），我就能判斷他們是如何合作、心情如何，以及我該要理出頭緒的線索有哪些。

d.**要問責才會了解問題會不會突然發生**。假如問題出乎你預料，八成是因為你對人和流程太疏離，或是沒有好好了解人和流程可能導致的各種結果。當危機在醞釀時，應該要能夠密切溝通，才不至於發生意外狀況。

e.**要問責到直接下屬的下一等級**。你要知道他們向你的直接下屬報告什麼事，觀察他們是如何行事，否則你就無從了解直接下屬是怎麼管理別人。

f.**允許你直接下屬的下屬儘管將問題越級上報**。這是一種向上責成的好方法。

g.**不要假定員工的答案就是正確**。員工的答案可能會是錯誤的理論或憑空捏造，所以你需要偶爾複查，尤其是聽起來可疑時。有些管理者會覺得這等於在說自己不信任員工，而不願意這麼做。管理者需要了解的是，信任是在這個過程中建立的。假如員工了解到這點，他們表達意見時就會精準得多，你則會得知誰可以信賴。

h.**要明察秋毫**。你總會聽到相同的暗示，說某人對某事有意見，或是沒能適當遵守原則。例如要聽出不指明的「我們」是在暗示某個人很可能是要逃避錯誤。

i.**問責程序要透明，而不要私下**。這有助於保障問責過程的品質（因為別人可以自行評斷），並且會增強極度真實、極度透明的文化。

　j.**要歡迎問責。**歡迎別人問責自己很重要，因為沒有人能客觀看待自己。當你受責求時，一定要維持冷靜。情緒性的「低層次的你」對問題的反應大概是「你是個渾蛋，因為你在跟我作對，讓我覺得不爽」，理性的「高層次的你」則應該要想說「好極了，我們可以像這樣完全誠實，並有這麼真誠的交流能保證我會把事情做好」。要服從高層次的你，並且記住問責是多困難的事。除了讓組織運行順利，以及問責你的人和你的關係良好外，這種困難的問責還會提升你的品格，保持鎮定。

　k.**對事情的看法和思維模式迥異的人，常會難以溝通。**想像一下，你必須向缺乏嗅覺的人描述玫瑰花香味。無論你的解釋有多精準，總是不及實際的體驗。思維方面的差異也是一樣。這就像是盲點，假如你有（我們全都有），可能就很難看到當中有什麼。化解這些差異必須要很有耐心、心態開放，還要找其他人來互相檢證，才能拼湊出全貌。

　l.**要把可疑的線索一一理出。**可疑的線索值得全部找出來，因為：（1）小問題可能預示了大問題。（2）化解小歧見或許能預防更嚴重的歧見。（3）在創造重視卓越的文化時，要不斷指出問題、面對問題，無論問題有多小（否則你所冒的險就是容忍平庸）。

　　對工作排優先順序，可能使你對周遭的小問題置之不理，這就可能是陷阱。對小問題視若無睹給人的觀感是，小問題可以接受。想像一下，如果你房間遍布小紙屑，你要走到另一頭，就得踩過小紙屑。誠然，另一頭有更重要的事要處理，但隨手撿起來對你並不礙事，而且強化追求卓越的文化後，它會有正面的後續、更後續後果，擴散到整個組織。你固然不需要每個都撿，但絕對不該無視於

你正踩過紙屑的事實，況且沿路撿個一、兩個，也沒有你所想的那麼難。

　　m.**要認清解決問題的辦法有很多種。**你在評估責任方把職務做得怎麼樣時，該看的並不是他有沒有照你的方式來做，而是他有沒有用好的方法來做。不要指望以某種方式獲得成功的人，要以不同的方式達成。這就像是堅持要貝比‧魯斯改掉他的揮棒方式。

10.7 要像公司所有人那樣思考，並期待你同事也比照辦理。

　　基本事實是，假如你不受本身行動後果的影響，你就會比較馬馬虎虎。假如你是員工，靠討好老闆來領薪水，你的心態無可避免就會被這種因果關係牽著走。假如你是管理者，一定要設計誘因和懲處，鼓勵員工對自己所做的事負起全責，不只是得過且過。其中簡單直觀的事例如把花公司的錢當成自己的錢，以及確保在非辦公室時間，也不會怠忽職守。當人員認清自己的薪資福利跟公司直接連結，這種像所有人的關係就會產生互惠。

　　a.**休假也不應忽略責任。**要像公司所有人來思考，代表不管遇到什麼事，都一定要善盡職責。休假在外時，你有責任要確保沒有遺漏什麼。只要在假期前良好的規劃與協調，在外時也能掌握情況。這不需要花多少時間，可以少到用一小時檢查一下工作進行狀況，甚至不必每天，所以你可以安排在方便的時候。

　　b.要強迫自己和員工做困難的事。這是自然的法則：假如想要變強壯，就必須鍛鍊體魄。你和員工必須像健身教練和學員一樣，讓雙方都保持健康。

10.8 要認清及應對關鍵人物風險。

　　每個關鍵員工都應該要有至少一個替代人選。最好是把這些人指定為可能的接班人，並且培訓其職能。

10.9 不要對每個人等同看待，而要適當對待、有所區別。

　　常有人說，給人區別待遇既不公平也不適當。但如果要適當對待員工，你就**必須**有所區別。這是因為人和處境有不同。假如你是裁縫師，你為所有的客人量製的西裝可不會尺寸都一樣。

　　不過很重要的是，待人要基於同一套規則。這就是為什麼我努力把橋水的原則不斷充實、深化，考慮各種差別。例如要是某人在橋水工作多年，待遇就會把年資計算進去。同樣地，我固然對所有的不誠實都無法容忍，但我對待所有不誠實的人、不誠實的行為卻不是都一樣。

　　a.不輕易被迫讓步。長年以來，威脅過我的人一大堆，說詞則有不幹了、要提告、要在媒體爆料讓我難看，應有盡有。有些人建議，對這類的事冷處理比較簡單，但我發現這麼做未免短視。讓步不但是在價值觀上妥協，也是在釋出遊戲規則改變的訊號，相同的情況就會接連而來。當然，捍衛對的事在短期內很艱難。但我願意迎戰。我關切有沒有做對的事，而不是別人對我是怎麼想。

b.**要關心員工。**假如你並不是跟自己關心和敬重的人共事,那你的工作就沒有意義。有任何人真的需要我時,我就會到場;當整個團隊都這樣做,就會非常強。在有個人困難的時候,就私人慰問。

10.10 要知道優秀的領導不能只看表面。

我不用「領導力」這個詞來形容我所做的事或是我認為好的事,因為對於許多人所認為的「領導力強」,我並不相信它有效。大部分人會認為,好的領導者就是強人,會激發鬥志並激勵別人追隨,所強調的是「追隨」。這種典型的領導人常把質疑、異議視為威脅,而寧願員工奉命行事。這種情況下,領導人要扛起主要的決策重擔。但由於領導人絕不可能像表面那樣無所不知、無所不能,追隨者往往會招致幻滅,甚至是惱怒。這就是為什麼人們熱愛魅力型領袖,又想要推翻他們。

這種「領導者」與「追隨者」的傳統關係跟我所相信的背道而馳,而發揮最大的效果則是「領導人」最需要做的事。坦承自己的不確定、錯誤和弱點,比假裝它不存在來得務實。有好的挑戰者也比有好的追隨者要來得重要。理性討論和存在歧見才務實,因為這是對領導人的壓力測試,會讓他們重視被遺漏的事情。

依我之見,領導人有一件事不該做,那就是操弄。有時候領導人會操弄情緒來驅使員工去做事,他們在清楚反省後就不會做這樣的事了。在創意擇優中應對的是聰明人,你永遠要訴諸他們的理性思維,而不是基於本能與情緒。

　　最有效的領導人會致力於（1）敞開心胸找出最好的答案。（2）帶領別人一起尋找，學習和達到共識就是這樣來的。真正出色的領導者會有適當的不確定，但隨時能敞開心胸地探討來應對這樣的不確定。在其他條件不變之下，我認為，看起來像是老練忍者的領導人，每次都會打敗那種看起來像是動作片英雄的領導人。

　　a.既要弱，又要強。為了發問來形成判斷可能會被誤認為軟弱和優柔寡斷。當然不是這樣。發問是理性行事的必要條件，並且是堅強和果斷的前提。

　　隨時向明智的人尋求建言，並讓比你厲害的人來指揮。目的是得到最好的了解，以形成可能是最好的領導決策。要同時敞開心胸且堅毅果斷，並與同事求得基本共識，進而認清有時候並非所有人都認同你，甚至是絕大多數的人都不認同你。

　　b.不要擔心員工喜不喜歡你，也不要讓他們告訴你該怎麼做。所要擔心的只有要盡可能做出最好的決策，並認清無論你怎麼做，很多人都會認為你做錯。人性就是這樣，要你相信他們本身的意見，一旦你不相信就生氣，即使他們沒理由相信自己的意見正確。所以假如你領導得好，當人和你有歧見時，你就不該感到訝異。對你來說，重要的在於，評估自己的決策正確與否時，要有邏輯且客觀。

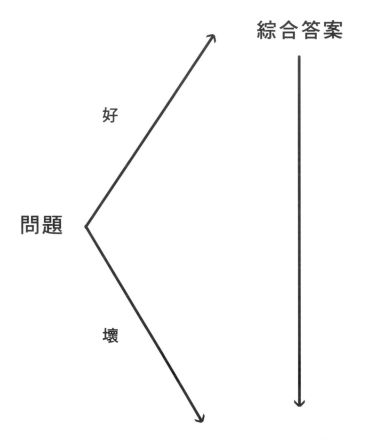

綜合答案

好

問題

壞

我們做了什麼

（1）...............

（2）...............

（3）...............

　　只要你有適當的開放心態，相信自己比一般人要懂並非不合邏輯或自負。事實上，相信一般人的想法會比你和身邊最有洞見的人的想法要好，才是不合邏輯，因為你們下了很多工夫才達到高位，而且你和那些最有洞見的人比一般人要來得見多識廣。假如恰巧相反，那你和一般人就不該站在現在的位子了。換句話說，假如你的見解沒有比較好，你就不該當領導人。假如的確比較好，就不要擔心自己做的事不得人心。

　　所以你該怎麼對員工？你的選擇要不是對他置之不理（這會招致怨恨，你不管他們怎麼想）、沒原則地遂其所願（這不會是好主意），或是鼓勵他們把歧見端上檯面，並公開而理性地討論，使每個人都認同你在思考上相對優越。要把歧見公開，願意展開辯論，且無論輸贏都服氣，只要是由最好的觀點勝出即可。我相信創意擇優不但會產出比其他制度要好的結論，也會確保合理卻不得人心的決策贏得更多認同。

　　c.不要發號施令讓人服從；要努力讓人了解並了解別人，以達成共識。 假如你想要讓人服從，要不是自我中心，就是因為你相信按你的想法來操作比較應急，長期來說，你會付出沉重代價。當只有你在思考時，成果不會好。

　　權威式管理者沒有自己的班底，這代表下屬會依賴成習。長期來說，這對每個人都有害。假如你下太多指令，員工很容易抱怨，而且陽奉陰違。你對聰明人所能發揮的最大影響力，也是他們對你所能發揮的最大影響力，就是持續在真相是什麼和最好的是什麼上達到共識，你們就是在追求一樣的目標。

10.11 要對自己和員工究責，並歡迎他們對你究責。

責求員工代表要充分理解他們和他們的處境，以評斷他們能不能和該不該換一種做法；在這點上跟他們達到共識；假如他們無法做到要求的水準，那就辭退他們。這不是對他們下指導棋，也不是期待他們要完美（要負擔過重的人把每件事都做到卓越就是不務實，更遑論不公平）。

但究責可能會遭到人怨恨，而且你不需要時時告訴他們要做什麼。要跟員工講理，使他們了解你這樣做的價值，但千萬不要讓他們逃避責任。

a.**假如你跟人就某件事的做法達成共識，那就一定要以這種方式來做，除非你們已達到共識要改變做法。**人常會在潛意識中偏向自己想做的而非必要做的事。假如他們無視於優先順序，那就需要重新導引他們。要員工匯報工作進度為什麼重要，有部分原因就在於此。

b.**要明辨兩種不同的失敗，一是違反約定，二是開頭時就沒約定好。**假如沒有把期待講清楚，你就不能責怪員工沒有達到預期。不要假定事情已有默契。常識實際上並不是全都那麼常見，**要明確提出要求。**假如責任老是沒人負，那就要考慮修改機器的設計了。

c.**要避免下沉現象。**這是指管理者被迫要去做部屬的任務，沒意識到這是問題。下沉現象與角色錯位類似，因為這就是管理人跑去做屬於下屬的工作。儘管為了達到目標，角色錯位可能暫時有道

理，但普遍來說，它也透露出機器有零件壞掉而需要修理了。管理者未能適切調整職責，不得不承擔別的領域的職責，而別人應該有才能做好，就叫作下沉現象。當管理者比較聚焦於把任務搞定而不是操作機器時，你就會看到下沉現象。

d.要當心會搞混目標和任務的人，因為假如他們分不清，你就不能把責任交給他們。清楚目標的人員通常也能看到大局。有個測試的方法是，問一個高層次的問題，像是「目標XYZ進行得怎麼樣？」，好的答案就會先綜合出XYZ在整體上進行得怎麼樣，並在有需要時分述各任務狀況，藉此來印證。看到任務卻無視於目標的人則只會描述任務完成情況。

e.要當心缺乏重點且無濟於事的「理論上應該」。「理論上應該」會發生在人員假定別人或自己應該勝任某事，實際上卻不知道能否勝任（就如同「莎莉應該能做到X、Y、Z」）。要記得，如果要真正完成事情，你就需要找相關領域上有過成功實績、可信度高的責任方來執行。

當人們在討論要怎麼解決問題，所說的話籠統且不指明人名，像是「我們應該要做到X、Y、Z」。重點是要指名道姓，確認這些人是誰，而不是籠統的「我們」，並且要認清，研判具體做法是他們的責任。

一群不用負責的人對彼此說「我們應該……」之類的話，尤其毫無意義。這些人反而應該要對責任方說該怎麼做。

10.12 要把計畫溝通清楚，並以明確的量化指標對進展予以評估。

　　員工應該要知道部門內的計畫與設計。假如你決定要偏離既定的路徑，那一定要把想法跟相關各方溝通，並徵求他們的意見，以便把新方向全部說清楚。這可以使人接受計畫，或是表達質疑並建議要改變。這也使目標更清楚，以及有誰堅守職責、有誰做不到。目標、任務和職責應該要在部門會議中溝通，起碼是一季一次，或許可頻繁到一個月一次。

　　a.繼續推進之前要先回顧計畫執行狀況。 在提出新計畫付諸實施之前，要花時間回顧機器到目前為止作用如何。

　　有時候人會沒辦法持平看待現狀或預測未來。有時候他們會忘記，事情進行順利或不順是由誰或什麼事所導致。要他們說說我們是如何走到當前階段，或是由你自己來說，你就可以對照結果，把做得好或做得差的重點項目凸顯出來，描繪出較大的格局和目標。指派人來負責特定的目標和任務，並協助達到共識。如果要讓員工了解計畫，對此給予反饋，到最後建立信心，就必須有辦法把好幾個層次的事項全部連結起來。

10.13 當你無法充分完成職責時，就要往上通報問題……

……並確保下屬也會主動這麼做。往上通報問題是指你自認無法成功處理狀況，所以要把責任方的職務交給另外一個人。你往上通報的對象、也就是你的上司，就能決定是要從旁來指點、由他自己接管、找另外一個人來處理，還是另謀他途。

至關重要的是，不要把往上通報問題視為失敗，而要視為責任。所有的責任方到最後都要面臨這樣的考驗，不知道自己是否處理得來；要把疑慮提出來，使老闆知道相關的風險，而且老闆和上級責任方都能就下一步怎麼做來達到共識。未能把你處理不來的責任往上通報，才是失敗。要確保員工會主動出擊；要求他們在達不到預定的目標或截止期限時，把話講明。這樣的溝通有助於就處理眼前問題和找到接替責任方都達到共識，非常重要。

11 要去發現而不是容忍問題

在通往目標的路上，無可避免會遇到問題。如果要成功，你就必須發現而不是容忍問題。問題就像是火車頭發動機裡的煤，燃燒煤、也就是發明和實行解決之道，會把我們往前推進。你發現的每個問題都是改善機器的機會。確認而不容忍問題是人們最重要和最不喜歡的事之一。

對很多人來說，發現問題很難。大部分人寧可慶賀所有進行順利的事，同時把問題掩蓋起來。這些人完全是本末倒置，而且沒什麼比這更危害公司了。不要為了追求一時好評而危及進步；要開心的是找出進行**不**順利的事，才能使它變得更好。去思考難以解決的問題或許會使你焦慮，但**迴避**問題（因此就不應對）應該會使你更焦慮。

因為可能會出錯而憂慮是很有益處的。正因如此，人才會有動力去發展系統和指標來監控機器所產出的結果，並激勵管理良好的人不斷去測試系統，以及在機器裡尋找問題。在做品管時，經常像

這樣擔心而複查很重要。確保清除小問題很重要，因為任由小問題作怪，就會擴展成大問題。我要告訴你一個案例，最初我們未能確保卓越，後來發掘到問題，找到根本成因，設計變革方法並付諸實行，而產出了卓越的成果。

　　我成立橋水時，事必躬親，包括公司的投資和管理決策，之後建立組織來支持，到最後沒有我仍表現優異。隨著橋水成長，我訂下的標準仍不容妥協且直截了當：我們提供給客戶的分析報告品質始終如一。這是因為當客戶問「我們」怎麼想時，所問的不單是哪個人怎麼想。他們想要知道的是，我和其他共同投資長是怎麼想。為了達成這個目標，橋水的客服部要不是自行處理客戶的提問，就是根據提問的難度，轉給專業度各異的同事，指定其作答。客戶顧問（見多識廣的專業人士，是設計來當成橋水和客戶之間的媒介）對這些提問必須了解得夠充分，才知道該找誰回答，而且在回覆客戶前，需要對回答加以審查，以確保它合乎卓越水準。為了確保高品質，我建立了制衡系統，由我們一些最優秀的投資思考者親擬備忘錄給客戶，同時替同事的答覆控管品質，透過對它評分來提供可追蹤的指標，以便追蹤監控事情發展，並於必要時改變。

　　2011年時，我在部分的管理轉型中，把這個過程交由別人監督。過了幾個月，客服部有一位員工開始發現問題。這是始於有兩位資深投資顧問注意到，有一份備忘錄即使內涵錯誤，照樣發給客戶。這些雖然是小錯，對我來說卻是重要的錯誤。在我督促下，新的管理團隊開始審查其他的備忘錄，並發現這份編纂糟糕的備忘錄

不只是單一事件；它反映出品管機器大範圍的失靈。雪上加霜的是，審查中透露出責任方未能發現和診斷出這些問題。而最令人擔心的是，要是沒有我推一把，有沒有其他任何人會花時間去調查。

最初這次未能發現而不容忍問題的案例，並不是因為不小心才發生；它會發生是因為在這個過程中，大部分人比較關注的是把任務搞定，而不是評斷目標會不會達成。他們變得比較像是橡皮圖章，而不是職人，本該要「嘗嘗湯的味道」來確保品質卓越的高層則是專注在其他的事情上。

發現這件事讓我們全都很失望，因為它顯示出高標準正在下滑，而這麼久以來高標準都是我們取得成功的原因。面對這個現實很痛苦，但最終結果是好的。無論是你的機器在設計上的缺失，還是自己或他人能力不足，像這樣的問題並不丟臉。承認弱點和接受弱點並不是同一件事。為了克服，承認是必要的第一步。無論是丟臉與難堪，還是你無能為力的挫折，你所感受到的痛苦就像是因為肌肉鬆弛而激勵你要去上健身房時所感受到的那般。各位在以下各章會看到，面對這個問題帶來了重要的創新和改善。

以下的原則是關於要怎麼發掘而不容忍你所遇到的問題。

11.1 假如你不擔心，那就要擔心了。假如你會擔心，那就不用擔心了。

那是因為對可能會出錯的事擔心會提供一種保護，對會出錯的事毫不擔心，則會使你無所防備。

11.2 要設計和監督機器，確保能發掘事情做得夠好還是不夠好，要不然就自己動手。

要做到這點，通常要有對的人，也就是會去深究、不容忍工作或產品不盡理想，並有綜合能力的人，還要有好的量化指標。

a.要指派員工去發現問題，給他們時間去調查，並確保他們有獨立的呈報管道，不怕遭到反咬。要是沒有這些機制，你就無法仰賴員工來反映你需要聽到的問題。

b.要當心「溫水煮青蛙症候群」。很顯然的是，假如把青蛙扔進一鍋滾水裡，牠就會馬上跳出來，但假如把牠擺在常溫的水裡逐漸加溫，牠就會在鍋子裡被煮死。不管青蛙是不是這樣，我都看到管理者一直在發生類似的事。人們有強烈的傾向會慢慢習慣不可接受的事，但要是明眼人一看就會大吃一驚。

c.要慎防團體迷思：看似沒有人擔心，不代表就沒有問題。假如你看到一些不可接受的事，別人也知道卻沒有反映，不要認為這就代表沒什麼大不了。這是很容易掉入的陷阱，而且是致命陷阱。每當看到弊端，就要向責任方指出來，並責成他們改進。永遠要說出：「這餐飯餿了！」不要吃。

d.發現問題時，要將結果與目標相對照。這代表要拿機器所產出的結果去比較你的期待，從而發覺任何偏離情形。假如你期待改善要在特定的範圍內（如下圖）……

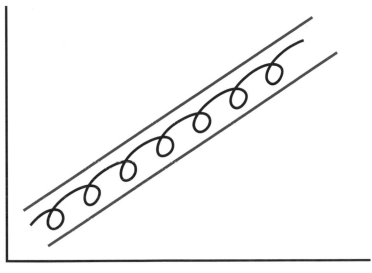

結果卻導致以下情形（如下圖）……

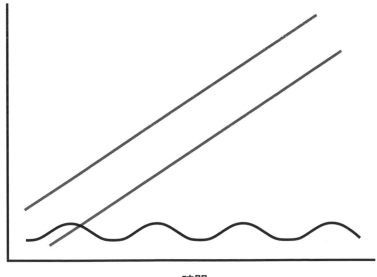

……你就知道需要去了解根源來應對。要不然，原路徑就會繼續下去。

e.要「嘗嘗湯的味道」。要把自己想成主廚，先嘗味道再把湯端出去給客人。是太鹹還是太淡了？管理者也需要為本身所負責的每項工作結果這麼做，或是在公司指派人來做。被託付這項任務的人就叫作「試味員」。

f.要盡可能多找幾雙眼睛來尋找問題。要鼓勵人帶問題到你面前。假如每個部門的人都對部門發展抱有責任感，而且沒有人怕把話講明，你就能在還容易改且危害還小的時候，即時得知。跟最關鍵部門聯繫最密切的人要達成共識。

g.「要把話匣子打開」。你有責任要確保人們不帶包袱地交流意見，所以要給他們夠多機會來把話講明。不要光期待他們定期給你誠實的反饋，而要明確要求他們。

h.最熟悉某些職務的人最有發言權。至少他們能提供你了解問題的視角，所以一定要透過他們的眼光來看問題。

11.3 分析問題要非常具體；不要泛泛而論。

例如不要說「客戶顧問跟分析師溝通不良」，而要明講有哪幾位客戶顧問做得不好，以及是在哪些方面做不好。要從具體事項開始，然後觀察整個模式。

　　a.要避免「我們」和「他們」這種不指名道姓的說法，以掩蓋個人的責任。事情不會憑空發生，會發生都是因為有特定的人做了或沒做特定的事。不要用籠統發言掩蓋個人當責。不要用泛泛而論的「我們」，而要把具體行動歸因於特定的人：「哈利沒有把這件事處理好。」還要避免說「我們應該……」或「我們是……」等等。由於個人是任何組織中最重要的基礎，也由於個人要對事情的發展負責，所以錯誤必須指名道姓地與這些個人連結。某人所制定的流程出了差錯，或是決策有誤。掩蓋姓名只會減緩改善的進度。

11.4　不要怕解決難題。

　　在某些情況下，人會容忍不可忍受的問題，是因為覺得太難改正。然而，比起不解決，去解決不可接受的問題要容易得多，因為不解決會帶來更多壓力、更多工作和更多不良後果，進而可能使你丟了工作。所以要記得管理的第一條原則：你需要了解對機器運作的反饋，去改正問題，或往上通報，有需要的話，就一遍又一遍地解決。把問題端上檯面，並交給好手解決，沒有第二個辦法。

　　a.要了解到，有妥善解決方案的問題有別於沒有解決方案的問題。沒有辨識出問題最糟糕；辨識了問題卻沒有既定解決方案比較好，但非常打擊士氣；辨識了問題並已有妥善的解決方案又更好；把問題解決是最好的結果。知道問題屬於上述哪一類十分重要。在追蹤解決方案的進度時，所用的指標應該要清楚與直觀，成為計畫的一部分延伸。

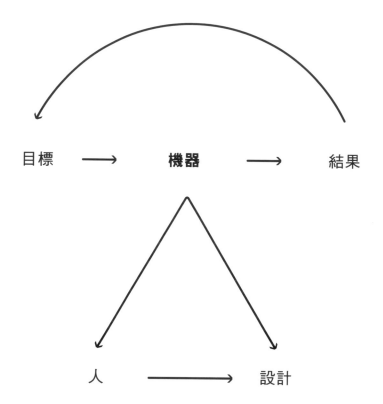

　　b.**要以機器的方式來發現問題。**把這點做好有三個步驟：首先要發現問題，然後研判解決問題的責任方是誰，最後決定要在什麼時候進行討論。換句話說就是找出問題是什麼、誰負責、什麼時候解決。然後如實履行。

12 要診斷問題，
探究根源

遇到問題時，你的目標是剖析問題根源，要具體到哪些人，哪些設計引發問題，深究這些人或設計引發問題是否有模式可尋。

無法妥善診斷的最常見原因是什麼？

我看到人所犯下最常見的錯誤是，把問題當成單一事件來應對，而沒有藉機診斷機器運作得如何，以便能改善機器。他們沒有探夠根源就動手解決問題，這註定會一再失敗。徹底、精準的診斷雖然費時，但未來會人有好處。

人們所犯下第二常見的錯誤是，診斷不指名道姓。不把問題連結上失敗的責任方，也不檢驗造成他們失敗的具體成因，個人或機器就無從改善起。

失敗的第三大原因是，不把在這次診斷中所學到的教訓連結上前幾次的教訓。重點是要研判某個問題（「哈利粗心大意」）是根源於某種模式（「哈利常粗心大意」）或者相反（「哈利不太可能

粗心大意」）。

在我們客服分析團隊的案例中，我知道除非直搗問題根源，否則標準就會繼續降低。橋水的其他領導者都同意。於是我針對該團隊組織了一系列診斷，把各級別的每個人都找來詢問，以查明出了什麼錯。我先在心中猜測，依照我所建造的機器，事情應該是怎麼回事，然後要新進管理者描述實際狀況。糟糕的結果不會**憑空發生**，會發生是因為特定的人做了或沒做出具體的決策。妥善的診斷總是會研判出哪些人做了哪些導致糟糕結果的事。這可能會讓人不舒服，但假如某人對職務不適任，就需要把他解雇，以免相同的錯誤持續發生。當然，不會有完美的人；人人都會犯錯。所以很重要的是，在診斷時要看人員的實績和他們個人的優缺點。

從幾次診斷呈現出的幾件事：高層找來從事客服分析的多位新任部門經理，並不具備監控流程的技能、缺乏綜合能力或不夠細心；而且高層跟基層離得太遠，沒有好好監督，無法確保一切進行順利。這就是「是什麼」──我們所面對的現實導致我們的問題。現實並不美好，但為了進一步來設計改進方案，那正是我們需要知道的事。

以下的原則是關於要怎麼妥善診斷，並以基本的概述來起頭。

12.1 如果要妥善診斷，就要問以下的問題：

1. 結果是好是壞？

2. 結果是由誰所負責？

3. 假如結果不好，是不是責任方能力不夠或者機器設計不良？

　　假如你對這些大哉問心裡有數並時時反思，應該就會做得不錯。接下來要為這些大哉問找出答案，主要是用一系列簡單的是／否問題來得出各步驟的綜合印象。你應該要把這些當成下一步診斷所需要的資料，直至得到最終診斷結論。

　　你可以、但不需要完全遵照這些問題或這種格式。依照具體狀況，你或許很快就能把這些問題問完，又或許需要問一些不同的、比較細微的問題。

　　結果是好是壞？以及結果是由誰所負責？假如你在結果不好和特別是由誰所負責上無法很快達到共識，大概就已經陷入混亂（換句話說就是討論瑣碎、無關緊要的細節）。

　　假如結果不好，是不是責任方能力不夠或者機器設計不良？目標是要得出綜合判斷，只不過要得出綜合結論，你或許需要檢驗機器的運作狀況。

　　機器應該如何運轉？你或許腦中有誰該做到什麼事的概念，又或許需要用其他人的概念。不管怎麼樣，你都需要知道誰是負責做什麼，以及原則是怎麼規定的。不要太複雜！在這個階段，常見的弊病是一頭栽進對程序細節的過度檢驗，而沒有留心機器的層次（誰是負責做什麼）。你應該要能以短短幾句話來勾勒腦中的藍圖，每句話都連結上特定的人。假如你在此陷進了細節裡，就可能走偏正軌。等想清楚後，關鍵的問題就是：

　　機器有沒有以理想方式來運作？有或沒有。

　　假如沒有，是哪些部分運作不良？是什麼故障了？這叫作近因，而且假如你腦中的藍圖夠清楚，這步應該很容易做到。你也能設計是／否的問卷調查，只需要連結上你腦中藍圖的關鍵要素，並

直指工作不力的責任方是誰。

好比說，對於機器本該如何運作，你腦海中的藍圖有兩個步驟：哈利本該（1）按時把差事做完或（2）往上通報他做不完。你所要做的就是指明這兩個步驟。（1）他有沒有按時做完？有或沒有。假如沒有，（2）他有沒有往上通報？有或沒有。

就該這麼簡單。但在這時候，談話常會長篇大論、廢話連篇，有人會陷入對細節過度描述。要記得：你有責任把談話帶向精準與清楚的綜合結論。

你還必須綜合評估問題是不是有意義，也就是在同樣的情境下，能力相當的人會不會犯下相同的錯誤，或者它是不是屬於典型症狀，值得深入挖掘。不要太過聚焦於罕見的案例或瑣碎的問題，不會有完美的人和完美的事，但要確定在機器出現系統性問題時，自己沒有忽略掉線索。

事情為什麼沒照預期方向發展？ 你就是要在這裡綜合分析、追根究柢，以研判責任方能不能勝任，或者問題是否出在設計上。為了得出綜合結論，而不要糾結於細節，你或許：

- 要試著以五步流程來檢視失敗案例。哪一步做得不好？每件事最終都要納入這五個步驟。但你或許需要做得更具體，所以：

- 要試著把失敗案例歸納出一個或幾個關鍵因素。要問是／否的問題：責任方有沒有管理不善？對問題認識不正確？執行不力？

- 重要的是，要自問這個問題：假如下次X因素沒有出現，就

能避免不好的結果嗎？這是不錯的方式來確保你是有邏輯地把因果連結起來。要以這種方式來思考：假如技工把汽車的零件換掉，是不是就會把車修好？

- 假如問題根源是設計有誤，那可不要就此打住。要問出設計有誤的責任歸屬，他們有沒有能力改進設計。

問題的根源是否有模式？（有或沒有。）任何問題都可能是一時差錯，或者可能是病因反覆發作的症狀。你需要研判是哪一種。換句話說，假如哈利因為依賴別人而未能完成任務，那：

- 哈利有沒有總是依賴別人的毛病？
- 假如有，這項工作需要他依賴別人完成嗎？
- 哈利的失敗是源於培訓不夠或能力不足？

因此人／機器該如何改進？根據需要，確保找到解決問題的短期方案。研判在長期的解決之道上所要採取的步驟，以及由誰負責執行。特別是：

- 有沒有責任需要分派或進一步澄清？
- 機器有沒有需要重新設計？
- 人跟職責的配合度是否需要重新評估？

例如要是你研判（1）問題有模式，（2）責任方不符合工作要求，（3）責任方能力不足（而不是培訓不夠），那你很容易就能對

最重要的問題研判出答案：責任方能力不夠，需要調離崗位。

以下的原則是在進一步具體闡述要怎麼妥善診斷。

a.要自問：「還有人能以不同方法完成工作嗎？」我常聽人在抱怨某個結果，對於導致惡果的機器卻不試圖去了解。在很多情況中，抱怨都是來自愛看負面不看正面的人，不曉得責任方是如何權衡利弊來形成決定。由於所有問題最終都來自人和設計，所以自問「還有人能以不同方法完成工作嗎？」就是引導你往正確的方向思考，以後就不會再有這種結果（而不是純粹抱怨）。

b.要確認是在五步流程中的哪一步出問題。假如一再失敗，是因為缺乏培訓或能力不足的關係。是哪一種呢？是在五步驟的哪一步出問題？不同的步驟需要不同的能力，假如你能確認缺乏的是哪種能力，在診斷問題時就會大有斬獲。

c.找出哪些原則被違反。要確認哪些原則適用於眼前個案，複習這些原則，並看看它們有沒有幫助。想想類似的個案用哪些原則來處理會最好。這不僅僅有助於解決當下問題，還能解決其他類似的問題。

d.要避免事後諸葛。在評估過往決策優劣時，不要依據你現在所知道的事，而是在決策時能合理了解的事。每個決策都有利有弊；你在回頭評估決策時，不能不考慮當時的情況。要做到這點就自問：「在那種局面下，有一定素質的人會了解什麼和做什麼？」再者，對做決策的人要有深刻的了解（他們是如何思考、是什麼類型的人、有沒有從中學到東西等等）。

e.不要把某人的處境優劣跟他的應對方法優劣混為一談。這兩者的好壞很容易混淆。當組織創新而且發展快速，問題卻還沒有暴

露時，這樣的混淆會格外常見。

我總是形容橋水「在很差的環境裡努力創造佳績」。近四十年來，我們始終如一地創造超凡業績，卻也在許多問題中掙扎。在不好的環境中，很容易因為情況太差而灰心喪志。但真正的挑戰是去看到這些混亂環境激發出長期成功，並了解這是不斷改進創新的過程所不可或缺。

f.要知道這樣的事實：別人不知道該怎麼做，並不代表你就知道該怎麼做。挑出毛病是一回事；精準的診斷和優質的解決方案則是另外一回事。如前所述，檢測一個人是否善於解決問題，方法是：（1）他能有邏輯地描述要怎麼處理問題。（2）他們過去成功解決過類似的問題。

g.要記得，問題的根源不是行動，而是原因。闡述問題根源時，通常是以形容詞來描述，而不是動詞，所以要不停去問「為什麼」才找得到根源。由於大部分的事做了或沒做，是因為有人決定以某種方式做或不做，所以大部分的根本成因都能追溯到行為有特定模式的具體人員。當然，可信度高的人可能偶爾會有疏失，假如是這樣情有可原。可是當問題是歸因於人時，你就必須去問他們為什麼會犯錯，而且在診斷人的誤差時必須盡量精準，有如診斷機器零件故障一樣來看待。

問題根源的發現過程可能會有以下對話：

問題是因為程式設計糟糕。

程式設計為什麼會糟糕？

因為哈利把程式設計得糟糕。

哈利為什麼把程式設計得糟糕？
因為他沒有受過良好的訓練，而且因為他很趕。

他為什麼沒有受過良好的訓練？
他的主管知道他沒有受過良好的訓練卻照樣讓他擔任職務，還是主管並不知道？

試想這番質疑很大程度涉及個人隱私。不要停在「因為哈利把程式設計得糟糕」。你必須挖得更深才會了解到，是人和／或設計在什麼情況下造成失敗。這對診斷者和責任方來說都很困難，並常導致人們搬出各種不相關的細節。要小心以對，因為人常會設法打迷糊仗來掩飾過錯。

　　h.**為了明辨是人手不足或能力不夠，想像一下假如有充裕的人手，他會表現得如何。**回想一下當職務的人手充裕時，他表現得如何。假如出現過類似情況，那非常有可能是能力問題。

　　i.**要心裡有數的是，經理人通常是基於五個原因中的一個（或更多）而失敗或達不到目標。**

1. 離問題太遠。
2. 辨識不出品質低落。
3. 因為習以為常，感受不到事情的嚴重性。
4. 對工作太自負（或自我意識過強）而拉不下臉來承認自己解

決不了問題。

5. 害怕承認失敗會產生不利的後果。

12.2 持續診斷來保持綜合評估能與時俱進。

假如你在嚴重負面狀況發生時沒有加以調查，你就無法了解它屬於什麼性質的症狀，它是如何與時推移地變化，亦即它是改善了還是更嚴重惡化？

12.3 診斷應該要有結果。

假如沒有，診斷就沒有意義可言。至少，診斷應該要對問題根源說出一套解釋，並釐清如果要找出更多線索，需要蒐集哪些資訊。最好是直接促成解決方案或設計方案來改正問題。

a.假如是由相同的人來做相同的事，會產生相同的結果。按愛因斯坦所說，瘋狂就是把相同的事做了一遍又一遍，卻期待成果會不同。不要掉進這個陷阱，因為你會很難爬出來。

12.4 要用以下的「深挖」技術，對出問題的部門或下級部門形成80 ／ 20法則的了解。

深挖是指深入了解部門或領域中的問題根源，進而設計出改善計畫。深挖並不是診斷，而是廣泛與深入的探究。它的用意不是在揭露每個問題的成因，而是只有20%左右問題，造成80%不盡理想的結果。深挖以兩個步驟來進行，接下來就是設計與執行的步驟。假如做得好，兩個步驟大約四小時就能做完。非常重要的是，深挖

要分開與獨立來做，以免一次朝多方向進行。深挖的過程就由我帶著你走一遍，並為各步驟提供指引與實例。

第一步：把問題列出來。 把所有的核心問題很快盤點出來。要非常具體，因為這是要有效找到解決之道的唯一方式。不要泛泛而論，或是使用「我們」或「他們」之類的集合名詞。要明講遇到問題的人叫什麼名字。

· 要所有受調查部門的相關人員都參與深挖；你會受惠於他們的觀察，也有助於激發他們解決問題的責任感。

· 不要聚焦於罕見事例或瑣碎的問題，不會有完美的事和完美的人，但要確定相關症狀不屬於機器方面的系統性問題。

· 不要急著去找解決方案。這階段僅限於把問題列出來。

第二步：找出問題根源。 對每個問題，都要找出造成問題的行為背後的深層原因。大部分問題會發生都是基於兩個原因之一：（1）沒搞清楚責任方是誰，或（2）責任方沒有好好履行職責。

你必須明辨哪些是近因，哪些是根源。近因是導致問題發生的理由或行動。當你開始描述這些理由或行動背後的特質時，你就會逐步接近根源。

如果要找出根源，就要不停地問「為什麼？」。例如：

問題：

團隊加班個沒完，就快要累垮了。

為什麼？

因為我們沒有足夠的人手來應付交辦任務。

為什麼？

因為我們是在沒有增加人力下承接這項新職責。

為什麼？

因為經理在按下職責前，不了解工作量多大。

為什麼？

因為經理不善於預判問題和制定計畫。（問題根源）

　　深挖程序不要排除任何相關人員：除了聽不到他們的觀點，你還剝奪他們的參與權，並降低他們的當責意識。同時要記得，人往往比較會捍衛而不是剖析自己。身為管理者，你的職務是要求取真相與實現卓越，而不是討好人。例如正確做法可能是開除某些人，用更好的人來代替，或是給他們不見得想要的職務。每個人的目標都必須是要求得最好答案，而不是討好大部分人的答案。

你或許會發現，在第一步中所發掘的問題有好幾個共有相同根源。由於你是在迅速深挖，所以對根源的診斷或許只是暫定，基本上就是某些問題的警訊。

第二步完成後，稍事休息回顧一下，然後就著手制定計畫。

第三步：制定計畫。不受眾人影響，去擬定因應問題根源的計畫。制定計畫就像是寫電影劇本，你要設想隨劇情發展誰要扮演什麼角色。擬定的方式則是反覆考量各種情形，並就成本與風險來權衡目標的達成機率。計畫應該要有具體任務、結果、責任方、追蹤考核指標和時間表。要讓相關關鍵人員徹底討論計畫。並非人人都需要同意計畫，但負責人和其他關鍵人員一定要有共識。

第四步：執行計畫。執行所議定的計畫，而且追蹤進度要公開。至少要按月回報迄今的計畫進展和實際進度，以及對下一階段的期待進展，並公開責成員工要成功、準時地實現結果。為了反映現實，有必要就調整計畫。

12.5 診斷是進步和建立良好的人際關係的基礎。

假如你和同事敞開心胸進行高品質的互動，你們不僅會找到更好的解決方法，還會變得熟稔。這是讓你了解員工及幫助他們成長的機會，反過來，他們也了解你，幫助你成長。

13 改進機器，
解決問題

─────且成功診斷出妨礙目標達成的問題，就需要設計解決路徑。

　　設計需要建立在對問題深刻而精準的了解上（這就是為什麼診斷這麼重要）；對我來說，近乎本能的反映就是盯著問題，並用問題帶來的痛苦刺激我的創意思考。

　　對負責客服分析的團隊來說，尤其是對在當時擔任客服部主管的橋水共同執行長大衛・麥考密克來說，它完全就是這麼回事。做完診斷後，他很快設計改進方案和落實。他開除了容許標準下滑的團隊成員，並深刻反省了可以推行什麼樣的新制度，把對的人擺在對的崗位上。在為客服分析遴選新的責任方時，他挑了一位標準也極高（而且一看到個案在下滑就直言不諱）的頂尖投資分析師，並搭配一位最有經驗的管理者，知道要怎麼建立對的流程，並確保想做的每件事都會精確地照計畫推進。

　　但這並不是全部。在構思設計時，還要花時間來思考，確保你是從最高的層次來看問題。大衛知道，只從該部門的某方面來看

會是個錯誤，因為品質下滑在這裡發生，也很可能會在其他地方發生。他需要以創意思考來構思設計，以便在整個部門營造出全面、永續追求卓越的文化。他發明了半年一次的「品質日」會議，由客服部的成員來模擬簡報和工作介紹，彼此評價，直接反饋什麼算好、什麼不算好。更重要的是，會議提供機會來回顧、評斷品質控制過程運作起來是否符合期待，方法則是找一些標準嚴格的獨立思考者來提出批評，並讓流程往好的方向推進。

當然，大衛轉化改造部門的計畫還有很多的細節。但重要的在於，把心目中高層次的要求擴展為所有的細節和計畫。只有在腦海畫出了藍圖後，才能開始填入具體事項。提出具體事項就是你的任務；要把它寫下來才不會忘記。

最好的設計固然是源自充分了解實際的問題，但剛起步時，常按照所預料的問題而不是實際問題來設計。這就是為什麼以系統化方式來追蹤問題（問題日誌）和員工表現（集點器）會這麼有用：你不必去猜測可能會出錯的是什麼，只要看自己和別人的「打擊率」歷史數據，便可了解並設計改進，而不必從頭開始。

我所認識最有天分的設計師都是能與時俱進的人，廣泛蒐集各類的人員表現，從小團隊的規模到整個組織，並精準預測各種成果。他們擅長設計和系統化分析。因此，本條的高層原則是：要設計機器並加以系統化。創意和個性對這個過程也很重要，因為最重要的問題設計起來常會最難，而且你需要構思出原創的方法來因應，並願意做出艱難的選擇（尤其是涉及人事和安排誰該做什麼）。

以下的原則就是在探索怎麼把設計做好。

13.1 建造你的機器。

如果你聚焦於眼前的各項任務或個案，就會為了逐一應對而被卡住。相反地，在建造機器時，要觀察自己在做什麼和為什麼，從眼前的個案中提煉出相關原則，並把這個流程系統化。比起解決手頭的任務，建造機器一般約耗時兩倍之久，但收益會是好幾倍，因為機器會透過學習和提煉經驗，成就未來的高效率。

13.2 要把原則和落實原則的方法系統化。

假如你有良好的原則來引導，就能把價值觀落實到日常決定，如果缺乏系統化的方法來確保能有規律地落實，那機器的用處就不大。不可或缺的是，要把最重要的原則融入行為習慣裡，並幫助別人也這麼做。橋水的工具和文化就是為了推行原則而設計。

a.為了打造出色的決策機器，要認真思考決策所依據的標準。每當做投資決策時，我都會三思而後行，並思考我所用的原則。我會自問情景再現時要怎麼處理狀況，並把行事原則寫下來。然後我會把它化為演算法。我現在正在管理上比照辦理，我養成在所有決策上都這麼做的習慣。

演算法能確保原則持續運行。我相信，系統化、有證據支撐的決策會大幅改善管理的品質。管理者會不由自主地用未經深思熟慮的標準來處理資訊，並受到個人情緒偏好所影響。這全都會導致決策不盡理想。想像一下，由機器用高品質的決策原則／標準來處理高品質的數據會是什麼樣子。就像是車上的導航系統，不管你對它的建議是不是照單全收，作用都無可比擬。我相信，這樣的工具在

將來會不可或缺，而且在我寫書的同時，網上出現此類工具應該已經不遠了。

13.3 好的計畫應該要像電影劇本。

對於場景的設計想像越生動，演出效果就越容易按你的計畫發生。考慮誰在什麼時候做什麼，以及由此會產出的成果。這就是你腦海中機器的藍圖。要認清有些人善於想像和設計，有些人拙於此道。要精準評估自己和別人的能力，這樣才能用最能幹的人來設計方案。

a.要在痛苦的職務上待一陣子，你才會充分了解自己是為了什麼而設計。不管是親身或隔一手（看報告、職務說明等等），要暫時把你自己放進工作流程中，以便更加了解自己要處理的事務。等到設計時，你就能把所學之事應用上去，並適當地調校機器。

b.要預想替代的機器和運行結果，再從中選擇。好的設計師能以各種方式反覆將機器和它的結果設想出來。首先，他們會想像，哈利、賴瑞和莎莉如何利用各種工具，採用適當獎懲來實現目標；接著把哈利換成喬治之類，並改變其他配置方式，想好產品、人員、資金在逐月（或逐季）會有什麼變化，再從中選擇。

c.要考慮後續或更後續的後果，而不只是直接後果。或許第一層的直接後果是你要的，但後續或更後續結果卻可能相反。所以單單聚焦於直接後果可能會導致糟糕的決策，但人往往會這麼做。例如要是你問我是不是不想要下雨，假如不考慮後續或更後續後果，我大概就會說是。

d.要用定期開會來幫助組織如瑞士鐘表般精準運轉。以定期召

開的會議來確保重要的交流和待辦事項不受忽略，消除無效率的協調，並改善營運效率（因為重複會促成精進）。以標準化的會議議程在每次的會議上問出同樣問題的反饋（像是會議的效果好不好），針對不常發生的事召開非標準化的會議議程（像是季度預算審查），這會有好處。

e.好的機器會考量到人並不完美的事實。要以甚至在員工出錯時也能產出良好結果的方式來設計。

13.4 設計是循環的過程。在糟糕的「現在」和美好的「未來」之間有「不斷努力」階段。

這段「不斷努力」期是包括檢驗不同流程和人員，看出哪些順利、哪些不順利，從中學習，並邁向理想的系統化設計。即使心裡有未來設計的願景，自然也要經歷一些錯誤和學習才會達到美好的「未來」狀態。

人常會抱怨這種反覆的過程，因為現實狀況是，人會比較滿意於無所事事，而不是不完美的感覺，即使接受不完美的事才比較合乎邏輯。這種思考毫無道理，所以不要讓它干擾你。

a.要了解「清除風暴」的威力。清除風暴是少見的自然奇觀，會把在正常情況滋生的蔓生植栽全部清掉。森林需要這樣的風暴才會健康，少了它，就會有較多孱弱的樹木和蔓生植栽，而扼殺掉其他生物的成長空間。公司也是一樣的道理。逆境會強迫公司瘦身，只有最強和最不可或缺的員工（或公司）才活得下來。它無可避免，而且可能很有用，即使當下看似慘烈。

13.5 要依照目標而不是任務來設計組織結構。

給各部門清楚的工作重點和適當的資源配置來達成目標，對資源配置的診斷就會比較一目了然，角色錯位也會減少。有個例子，在橋水，我們的行銷部（目標：行銷）是跟客服部（目標：服務客戶）分開，即使他們所做的事類似，而且一起工作會有優勢。但行銷和服務客戶是兩個相異的目標；假如合併，部門主管、業務人員、客戶顧問、分析師和其他人所發出和收到的反饋就會有所衝突。假如去問客戶服務品質為什麼下滑，答案或許是：「上頭鼓勵我們要拉抬業績。」假如去問他們為什麼不跑業務，合併後的部門或許會解釋說，他們需要服務客戶。

a.**建立組織要從上到下。**組織與大樓相反：組織的基礎是在頂端，所以一定要先聘用管理者，再聘用他們的下屬。管理者可以幫忙設計機器，並挑選人員來與職務互補。部門的責任方需要能策略思考，又能執掌日常管理。假如預料不到會出現什麼，就會危及日常管理。

b.**要記得，人人都必須受到具可信度、擁有高標準的人監督。**沒有強有力的監督，就可能會品管不夠、培訓不夠、對卓越的工作績效不夠認同。千萬不要盲目信任人自然而然會把職務做好。

c.**各金字塔頂端的人一定要有技能和專注力來管理直屬下級，並對下屬的工作有深刻的了解。**幾年前，橋水裡有人提議，後勤組（掌管大樓和場地、餐飲服務、辦公用品等等的人員）應該要開始向技術主管呈報，因為兩者功能有所重疊（電腦也是設施，會用到電等等）。但要負責清潔服務和備膳的人員向技術經理呈報，就跟

要技術人員向負責後勤的人呈報一樣不適當。即使在最廣泛的意義上被視為「後勤」，工作性質與各自的技能卻是非常不同。同樣地，還有一次，我們談到要讓做客戶合約的部門和做對手方合約的部門歸同一位經理管轄。但這會是個錯誤，因為與客戶達成協議的必要技能和與對手方達成協議的必要技能非常不同。要是用「簽約」的大帽子把兩個部門混為一談，那就錯了，因為分別需要特定的知識與技能。

　　d.在設計組織時，五步流程是通往成功的捷徑，而且不同的人善於不同的步驟。要依照天賦來指派特定的人做其中的各個步驟。

　　例如看大格局、有願景的人應該要負責設定目標，「試味員」應該要分派到的職務是辨識問題、不容忍問題、不怕質詢他人邏輯。偵測員應該要去診斷，有想像力的設計師應該要訂出計畫來改善，可靠的工頭應該要確保計畫執行下去。當然，有些人可能擅長的不只一件。普遍來說，人能做好兩三件事，但幾乎沒有人能把它全部做好。團隊的組成人員應該要具備上述能力，並且應該知道哪些步驟是由誰負責。

　　e.不要建立組織來配合員工。管理者常會把在組織裡工作的人當成既定事實，並試著讓組織適應他們。這是本末倒置。他們反而應該要去想像最好的組織，然後確保挑到對的人。工作設計應該要奠基在工作要求上，而不是員工想要做什麼或是有哪些人可用。你總是可以向外部找到勝任職務的人。要先設計出最佳的工作流程，然後畫出組織架構圖，設想出各部分要怎麼互動，並明訂各項職務的員工資格要求。等這些全部做完後，才應該去挑人來填補空缺。

　　f.要考慮組織規模多大為宜。你訂的目標的大小必須要對，才有

足夠的資源可用。例如組織或許並沒有大到足以兼設業務部門和投資分析部門。橋水從一人多工的單一細胞組織成功演進為多層級組織，就是因為我們在成長時保持了集中精力、高效率的能力。

資源不妨暫時共用或輪用，而這並不等於混淆職責。另一方面，組織的效率會隨著人數和／或複雜性增加而下降，所以要盡可能讓架構保持簡單。而且組織越大，對資訊科技的管理和跨部門溝通會越重要。

g.要依照「萬有引力」定律，以最合邏輯的辦法來劃分專業部門和下級部門。有些組別會自然相吸。這股「萬有引力」或許是基於共同的目標、共有的責任或技能、工作流程、地理位置等等。如果不承認這些引力而強行設計部門架構，就容易導致效率不彰。

h.要讓部門盡可能自給自足，以利於所需要的資源。我們會這麼做是因為不想打造官僚作風，來強迫部門從缺乏自身重點的的大鍋飯裡爭奪資源。

i.高層管理者和基層管理者的比例，基層管理者與其直屬下級的比例應該控制在一定範圍，以維護聯絡和溝通暢達。普遍來說，比例不應超過1：10，比較恰當的則是接近1：5。當然，適當的比例會因勢而異，取決於直接下屬的人數、所做職務的複雜度，以及管理者一次處理多人或專案的能力。從上到下的層級數和管理者對直屬下級的比例，將會限制有效組織的規模。

j.在設計時要考量到接班和培訓。這是我希望自己在職涯中能早早就想到的課題。為了確保組織持續實現成果，你需要建造沒有你也能運作良好的永動機。這所涉及的不只是你本身的退休安排，還有挑選、培訓和指導要接棒的新領導人，以及最重要的就是傳承文

化和它的價值。

在做這件事情上，奇異公司、3G資本和中共中央政治局等組織所採取的作為是我看過最好的做法，也就是建立如金字塔般的「接班管道」，讓下一代領導人與現任領導人一起思考和做決策，使他們能兼而學習與接受測試。

k.不要只緊盯本身的工作；而要關注假如你不再任職，工作要如何開展。我在前面提過關鍵人物風險，適用於描述負責層面最廣的人，特別是組織的主管。假如你正是如此，那你就該授權給繼任者，並要他們做你的職務一陣子，接受考驗與測試。這些成果應該要記錄下來，以防你萬一遇上車禍，就能來查閱。假如組織中的關鍵人物全都這麼做，你就會有強大的「後備軍團」，或者起碼是清楚了解組織的罩門和預擬應對計畫。要記得，像是忍者的管理者就是能停下來欣賞風景的人，也就是樂隊指揮。假如你總能雇用對你的職務跟你一樣擅長或者比你還擅長的人，會帶給你轉而去做別的事的空間，又能建立起接班管道。

除此之外，把接班人想好更會帶來啟發與高產能。除了盤點你正在做的事以及琢磨出好人選，你還會開始思考，要怎麼安排最好的人，可能要創造新職缺。知道自己必須測試他們，讓他們在不受你干預之下做你的職務，你就會有動力在測試前適切培訓他們。而且壓力測試當然會幫助你了解、適應，進而帶來更好的成果。

l.要用「做兩遍」而不是「複查」來確保關鍵任務正確完成。複查的錯誤率遠高於做兩遍，做兩遍也就是由兩個不同的人來從事相同的任務，產生兩個獨立的答案。這不僅確保會得出比較好的答案，也會使你看出兩人在表現和能力上的差異。在至關重要的層面

上，像是會有大量金錢曝險的財務部，我都會實施「做兩遍」策略。

而且由於只有稽核人員本身見多識廣，稽核才會有效，所以要記得，只有有能力來做兩遍的人才可擔任稽核。假如複查的人沒有能力親自從事工作，他哪有可能精準評估？

m.在使用顧問時要明智，並當心過度依賴顧問。有時聘用外部顧問對你的設計會更好。你可藉此精確掌握專業技能來排除問題。當你能外包任務時，就不必擔心管理問題，這是很實在的優勢。假如職位是兼職，並需要高度專業化的知識，我寧可找顧問或外人來做。

在此同時，你也需要慎防太頻繁用顧問去做本該由員工承擔的工作。這遲早會使你付出代價，並不利於維護企業文化。你也一定要小心的是，不要請顧問來做他們正常來說不會去做的事。他們幾乎肯定會回頭以慣常方式來做事；他們本身的雇主也會這麼要求。

在評估要不要用顧問時，要考慮到以下因素：

1. **品管**。如果是員工擔任工作時，你就要為他的工作品質負責。可是當擔任工作的人來自別家公司時，你就是依他們的標準，所以要知道他們的標準是跟你一樣高還是比你更高。
2. **經濟考量**。假如需要全職人員，設立職位肯定會比較符合成本效益。每天支付給顧問的費用加起來會遠高於全職人員的薪資。
3. **知識的體制化**。在你的環境中長期待下來的人會認識並認同你的文化，外人則做不到。

4. **安全性**。找外人來從事職務會大大提高安全風險，尤其要是你看不到他們工作的話（無法監控他們有沒有遵照適切的預防措施，像是不要把敏感文件放在辦公桌上）。

你必須去考慮，應該要外包還是在內部培養人才。雖然臨時雇員和顧問有利於迅速改正問題，但長期來說，他們並不會增進公司的能力。

13.6 畫出金字塔的組織圖，而且兩條由頂端往下連結的直線不應該交叉。

整個組織應該要長得像一系列金字塔，但對層數應該要加以限制，使層級最小化。

a.遇到跨部門或跨附屬部門的問題時，要由金字塔交會點的人處理。要把組織圖想像成由諸多小金字塔所組成的大金字塔。

當問題所涉及的各方不屬於金字塔的同一個部分時，最好是把位於金字塔交會點的共同上司給納進來，他會有更全面的視角和知識來權衡利弊，並形成明智的決策。

b.不要替另一個部門的人做事，也不要從另一個部門調人來替你做事，除非獲得該部門管理者同意。假如有這方面的爭端，則需要在金字塔的上層來化解。

c.要當心「部門錯位」。支援部門職責是提供支援，而喧賓奪主去決定本身所支援的工作該怎麼做，就是部門錯位。這種錯誤有個例子是，對於我們應該要配備的設施，後勤組認為該由他們來研判。支援部門固然應該知道本身所支援人員的目標，並針對可能的

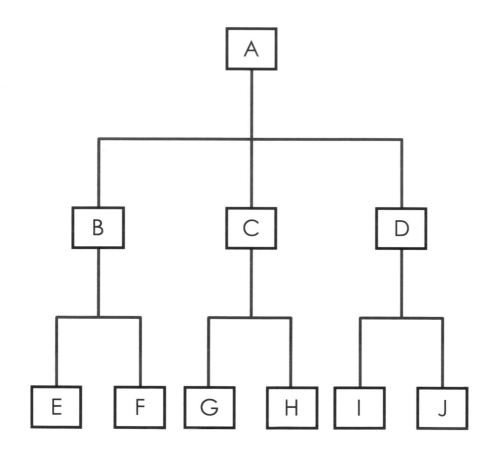

選擇來提供反饋，但不應由他們來決定專業部門的規劃。

13.7 有需要時就設置「防護網」，而且要記得，最好不要有防護網。

就算你發現人和你的設計非常對盤，有時你也會想要在他們周圍架設防護網。不會有完美的人，每個人都有優缺點，而且儘管再認真招募，你還是找不到符合你所有期望的人。所以要俯瞰機器和你所挑選的人，並思考在設計上或許有哪裡需要靠增添人手或流程來補強，以確保各項職務做起來都很好。

要記得，防護網是為了幫助基本上可以把職務做好的人。它的用意是在幫助優秀的人表現更好，而不是幫助失敗的人達到門檻。假如你為沒有核心能力的人建立防護網，助其完成工作，你最好直接開除他，另覓更對盤的人。

好的防護網一般會採取的方式是增加團隊成員，由他們的優點來彌補需要受到防護的團隊成員的缺點。好的防護網關係應該要堅定卻不過度僵化。在理想上運作起來應該要像是雙人舞，等於是彼此在出招，相互交換意見。當然，找需要防護網的人來擔任職務還不如找可獨立完成的人。要力求這樣才對。

a.**不要期待人員會認清和彌補自身的盲點。**我不斷看到人們得出錯誤的意見和做出糟糕的決策，即使他們以前就犯過相同種類的錯誤，甚至知道這麼做既不合邏輯又有害。我曾經以為，當他們意識到自身的盲點時，他們就會避開陷阱，但一般來說並非如此。我很少聽到有人宣稱，因為自己沒有某種專業能力，不宜提供意見。別指望人會自救；要主動出擊來建立防護網，或者更好的是給他們

某些角色，讓他們不可能就自己不懂的領域去下決策。

　　b.**要考慮三葉草式設計**。當你為職責找一位卓越的責任方（能的話總是最好）而找不到時，那就找兩、三位可信度高的人。他們努力於做出佳績，並願意彼此爭論，以及在必要時把歧見往上通報。然後要設計一套制度，讓他們彼此制衡。雖然不算最理想，但這樣的系統有很高的機率可以把問題有效篩檢出來，進一步檢驗和解決。

13.8 策略規畫不變，方法則要視情況微調。

　　橋水的價值和策略目標從沒改變過（透過極度真實和極度透明來產出卓越的成果、做有意義的工作和維繫有意義的人際關係），但四十多年下來，隨著我們從一人公司成長為一千五百人的組織，人員、制度和工具已有所改變。而且隨著世代交替，仍在繼續改變，但價值觀和策略目標始終如一。這種事可能會發生在組織裡，就跟在家庭和社區裡沒什麼兩樣。為了強化這種認識，可取之道是繼續強調傳統和理性，並確保接班的領導人和整個團隊融入價值觀和策略目標。

　　a.**不要把權宜之計擺在策略之前**。人們常告訴我，他們無法處理較長期的策略議題，有太多迫切問題需要立刻解決。但趕著草草解決而放著正事不做卻是「死路一條」。高效管理者能兼顧迫在眉睫的問題和尚未暴露的問題。他們持續感覺被帶往策略路徑的拉力，因為他們擔心會達不到終極目標，決心繼續探索，直到自己達到為止。他們不見得馬上就有答案，也不見得能自行構思出來，但靠著創造力和意志力，他們終將回歸正軌向上循環。

b.**要兼顧大局和細節，並了解它們之間的連結。**要避免緊盯不相干的細節。你必須研判在每個層次上，什麼重要、什麼不重要。例如想像一下，你正在設計房子。首先，你需要有整體藍圖：房子要坐落在土地上，而且你必須想好水要從哪來、房子要怎麼連接電網等等。然後你需要決定要有幾個房間、門要開在哪、哪裡要有窗戶等等。在設計藍圖時，你需要思考所有這些事，並將其串連起來，但這並不表示你真的需要親自出門去挑門用的鉸鏈。你只需要知道自己需要有鉸鏈的門，以及在房子哪裡裝門即可。

13.9 要好好監控，以免受謊言所累。

不要假定員工是為了你的而不是本身利益在工作。有的人一有機會就營私舞弊，比例之高超乎你想像。大部分人有機會選擇公平還是要為自身謀利時，都會選自己的利益。連一絲一毫的舞弊都不能容忍，所以你的快樂和成功就要靠好好監控。我是千辛萬苦才學到了這個教訓。

a.**要去調查，並讓員工知道你要去調查。**進行調查，並告知員工你將展開調查，不要突擊檢查。受檢者不應把安全管制當成誠信度被懷疑，就如同銀行櫃台人員不會因為銀行派人清點他抽屜裡的錢（而不是對櫃台人員的報告照單全收）就代表銀行認為他不誠實。要向員工解釋這個概念，好讓他們了解。

但連最好的監控措施也絕非萬無一失。基於此（還有其他許多），誠信可說是應獲表揚的特質。

b.**要記得，除非設置警察（稽核人員），否則法律就沒有意義。**稽核人員應該要向受稽核部門之外的人匯報，而且稽核程序不

應讓受稽核的人知道（這是我們在極度透明上的少見例外）。

c.**要慎防橡皮圖章。**當員工的角色是在審查或稽核其他人正在做的大量交易或業務時，就會有橡皮圖章的實際風險。風險特別高的例子是審查開支徒具形式。你一定要有方法來對稽核人員執行稽核。

d.**按你意思花錢的人在花你的錢時，多半不會節省。**這是因為（1）它不是自己的錢。（2）很難知道正確價格應該是多少。例如要是員工對顧問費用請款12萬5千美元，為了釐清市場行情多少，然後談到更好的價碼，就會令人不愉快、麻煩又難做到。相對地，不願意向顧問議價的同一個人，在請人來粉刷自己的房子時就會拚命討價還價。你需要有合理的監控，最好組織一個部門來專責。若有零售、有批發，你就會想要盡可能付批發價。

e.**要用「殺雞儆猴」來嚇阻不當行為。**無論你設計監控機制有多仔細，在落實上有多嚴格，壞心和粗心的人有時候就是找得到漏洞。所以抓到違反規則和監控的人，一定要讓每個人都明白後果。

13.10 呈報管道和責任描述要盡可能清楚。

這對部門內和部門間都適用。雙重呈報會造成混淆，打亂優先順序，使目標不夠明確，並打亂督導和問責的管道，尤其是在上司來自兩個不同的部門時。當必須雙重呈報時，就需要通報管理者。嚴格禁止未與所屬部門上司商量，就調用另一個部門的人從事任務（除非要求少於花一小時左右）。不過，假如兩位管理者達成共識，並能互補優點，那個部門或下級部門有共同主管也很好；在這樣的個案中，假如共同管理者適切協調，雙重呈報就能運作良好。

a.指派責任要依照工作流程的設計與人員的能力，而不是頭銜。 只因為某人負責「人資」、「徵才」、「法務」、「程式設計」等等，這不一定代表他就勝任與這些職掌有關的每件事。例如雖然人資部員工是在幫忙徵才、解雇和提供福利，但要是讓他們來研判要聘用和開除誰，以及要為員工提供什麼樣的福利，那就錯了。

b.要不斷思考該怎麼產生槓桿效應。 組織裡的槓桿跟市場上的槓桿並無二致；你就是在尋找事半功倍的方法。在橋水，我一般是以約莫50：1的槓桿來工作，代表我在各下屬人員的身上每花一小時討論，他們就要花約莫五十個小時工作來推動專案。在進行時，我們會檢視願景和交辦事項，而他們就會去執行，然後我們會審查工作進程，他們則會根據我的反饋來往前邁進，並且周而復始這麼做。我的下屬一般都跟他們的下屬有類似的關係，只不過他們的比率一般都落在10：1和20：1之間。我總是想找能把事情做得跟我差不多好（理想上則是要更好）的人，使我的每小時產出最大化。

科技是另一樣提供槓桿的好工具。為了讓培訓發揮槓桿效應，可透過影音或書面形式記載最常見的問答，然後派人整理成冊，並定期更新手冊。

原則本身就是一種槓桿的形式，提升對情況的了解，使你不用每次遇到問題都要付出相同的心力。

c.要認清，雇用少數聰明人並配給最先進的科技方法，遠勝於雇用大量普通人並配給一般的技術要好得多。 優秀人才和先進技術都會提升產能。把他們一起擺在設計良好的機器裡，他們就會讓機器的改善翻倍。

d.**要運用槓桿助手來提升效率**。槓桿助手是指能有效從概念化為實際效果、並盡力把你的概念付諸實行的人。概念思維和管理所花的時間約莫只有實行時所需要的一成，所以假如你有好的槓桿助手，你就可以在最重要的事情投入更多時間。

13.11 要記得，幾乎每件事所耗費的時間和金錢都會超過你的預期。

幾乎沒有事情會照著計畫走，因為計畫沒有預先考慮到出錯的事。我本身都假定事情會耗費約莫一倍半的時間和一倍半的成本，因為我一般的經驗就是如此。你的預期則是取決於你和下屬表現得有多好。

14 按照計畫行事

組織就跟人一樣，必須勇往直前才會成功，而這就是五步流程中的第五步。

我近來清出了一大堆1980到1990年代的工作資料，我還看到一箱又一箱滿滿的研究報告。裡面有成千上萬頁，大部分都有著我的潦草字跡，我體認到它所代表的只是我付出過努力的一小部分。在我們四十週年的典禮上，我拿到刊載近萬則的橋水《每日觀察》。每一則觀察都是在表達我們對市場和經濟最深刻的思考與研究。我還看到了一本書的原稿，由我寫了八百頁，但後來因為太忙而沒有出版；以及其他無數的備忘錄和寫給客戶的信、研究報告、《原則》的舊版本。我為什麼會去做這些事？別人為什麼這麼拚來達成目標？

就我所能看到的而言，我們是為了不同理由而做。對我來說，主要的原因是，我能想像出勇往直前的成果，甚至在我為了達成目標而還在掙扎之際，我就會體驗到成功時的激動心情。同樣地，我

也能想出沒有挺進的悲慘結局。我還受到了責任感所激勵；我曾遭遇挫折，有負於在乎的人會使我難受。但那只是就我而言。別人的動力則是與團隊及價值觀相連結。有的人是為了被認可而做，有的人是為了金錢報酬而做。這些全都是完全可以接受的動力，都該與文化相符並適應良好。

　　把人湊在一起來做這件事的方式才是關鍵所在。大部分的人稱之為「領導力」。為了讓組織勇往直前，領導人所需要做的最重要的事就是，他們必須招募到願意為成功而努力的人。絕妙的新構想或許比較光彩，但成功大部分是來自日常事務而且常常吃力不討好，像是確認和應對問題以及長時間努力推動。客服部肯定就是這樣一路走來。從最初的問題暴露，經過艱困的整頓和努力不懈，多年後客服部門已成為橋水其他團隊的榜樣，客戶滿意度也始終如一維持在高檔。這一切的諷刺在於，我們看到備忘錄出了問題，卻從來沒有客戶注意到，連一位都沒有。把未達標準的報告寄出去很糟糕，我則很欣慰即時改正。但原本可能會糟糕得多，使我們秉持卓越的聲譽受損。這一旦發生，要恢復信任就會更難。

14.1 要為了你和公司會興奮的目標奮鬥……

　　……並思考任務要怎麼連結上這些目標。假如你專注在目標上，對達標感到興奮，並認同有必要執行艱難任務來達成目標，那你的心態正確並有適當的動力。假如你對於工作的目標並不感興趣，那就不要勉強。我本身喜歡去想像令人興奮和美好的事，想將其實現。我挺過艱難時刻，使夢想實現，靠的就是腦海中的興奮感和實現它的渴望。

　　a.**激勵員工協調且一致**。管理團體朝成果勇往直前,可以透過渲染情緒或理性訴求,祭出胡蘿蔔或棒子。人們工作各有本身的原因,但激勵團隊有它獨特的挑戰和優勢。主要的挑戰是需要協調,在追求目標的理由和最佳做法上達到共識。例如你不會想要某一團隊的激勵和酬賞是跟其他團隊落差太大(例如在相同的情況下,某一團隊領到了大筆獎金,另一團隊卻沒有),差別待遇引來問題。優勢在於合作,組成一個涵蓋成功所需的特質的團隊,會比找到一位全才要來得容易。以五步流程而言,有的人很擅長某一步驟,有的人則對那步驟一籌莫展。但哪種情況都無所謂,因為每個人都清楚彼此的優缺點,而且組織團隊就是為了應對這些現實。

　　b.**不要還沒思考就行動**。要花時間來構思行動計畫。對照執行所花的時間,你思考計畫所花的時間壓根就不算什麼,而且思考會使執行更加有效。

　　c.**要尋找有創意、變通的解決方案**。在面對棘手的問題或有任務負擔過重時,人常會認為需要更拚命努力。但假如事情看似艱難、費時又令人挫折,不如花點時間退一步找人多方討論,或許會有更好的處理方式。當然,有很多需要搞定的事都是硬工夫,但常會有的情況是,有比較好的解決之道,你卻沒看到。

14.2 要認清每個人都有太多事要做。

　　要怎麼盡可能做更多的事,這是未解的謎題。除了更長的工時、更拚命工作,還有三種改正問題的方式:(1)排出優先順序和直接拒絕,使工作量變少。(2)授權給適任者。(3)工作效率。

　　有的人花了很多時間和心力,完成的事卻非常少,有的人以相

同的時間量卻做到了很多事。兩者差別就在於創意、品格和智慧。比較有創意的人會發明更有效的做法（比方說找優秀的人、好的技術和／或優秀的設計）。品格好的人比較能應付挑戰和需求。比較有智慧的人則能保持沉著，到較高層次來俯瞰自己和面臨的挑戰，以適切地排出優先順序，做出務實地設計並且理性選擇。

a.不要灰心喪志。假如你現在沒有壞事發生，等一下就會有。現實就是如此。我的人生態度是，問題總會出現。重要的在於，我要去釐清該怎麼做，而不是花時間抱怨並期待不要發生問題。邱吉爾一針見血地說過：「成功就是從失敗走到失敗卻不改熱忱。」你會享受在成敗之間來回的過程，因為它將決定你的行動軌跡。

當你能做的事有這麼多，人生有這麼多美好可以品味時，沒道理灰心喪志。你走過任何問題的路徑就體現在這本書中，其他原則要由你自己來發現。假如你有創意思考，並且有應對困境的品格，那就沒有你完成不了的事。

14.3 要用檢核表。

指派任務時，最好把它列在檢核表上。把檢核表上已完成的項目劃掉，既可提示任務，又能確證任務已經完成。

a.不要把檢核表和個人責任混淆。每個人都應該要期待做好自己全部的職務，而不只完成在檢核表上的任務。

14.4 要留時間來休息和重整。

假如**工作個不停**，你就會燃燒殆盡並熄火。在時程表上要排入停工檢修期，就像你要空出時間來做其他需要搞定的事。

14.5 要慶祝達標。

當你和團隊成功挺進而達成目標時，就要慶祝一下！

15 要用工具和準則來指導工作

光說不練是不行的。觀察到人們為了自身最大利益而努力的過程後，這是我的體會。我跟橋水人共享這些原則並加以精進後，幾乎人人都看出了原則與卓越成果間息息相關，並想要依原則做事。但**想要**做到和實際能做到有很大的差別。假定人會去做在理智上想要做到的事，如同假定人只因為了解到減重有益健康，他就會減重成功。要等到養成好的習慣，才會成事。在組織裡，要成功則要靠工具和準則來幫忙。

　　花一分鐘來思考，這個道理如何應用到你閱讀本書或其他書籍上。你讀了多少本勸你改變的書，你也希望改，後來卻未能如願？假如沒有工具和準則，你認為本書會帶來多少改變？我猜是幾近於零。一如不可能透過看書學到很多本領（要怎麼騎單車、說外語等等），沒有實踐就要去改變行為，幾乎是不可能。這就是為什麼我打算將附錄裡所描述的工具開放給大眾使用。

15.1 把系統化原則嵌入工具裡對創意擇優格外有價值。

這是因為創意擇優需要依照經過公認的原則來操作，並以事實為基礎進行平等討論，而不是遵照執行長和副手下獨裁和武斷的命令。領導者就跟組織裡的其他每個人一樣，都必須根據規則，接受評估、遴選，並在有需要時替換，而不是凌駕在原則之上。跟每個人一樣，優缺點都必須納入考量。這必須去蒐集所有人的客觀數據，而且你需要好的工具來把數據化為眾人認同的決策。進一步說，透過好工具，人和系統共存共榮，彼此砥礪。

a.如果要真正帶來行為上的改變，就要了解必須內化學習或養成習慣。幸虧高科技，跟以書本為主要傳播方式的時代相比，內化學習變得容易許多。不要搞錯我的意思，書本是很有威力的發明。尤漢納斯・古騰堡（Johannes Gutenberg）的印刷機使知識易於散布，幫助了眾人彼此學習成長。但體驗式學習更是威力無窮。科技使創造體驗／虛擬式學習變得這麼簡單，所以我相信，我們將面臨學習品質的改善達到革命性的改進，而且重要意義不亞於古騰堡印刷機。

我們在橋水推動內化學習有很長的時間，所以做法已大幅演進。既然我們的會議幾乎全都有錄音錄影，我們便能製作虛擬案例教學，來讓每個人參與討論，而不用實際出席。人會看到會議進行，彷彿就置身其中，然後暫停案例介紹，問他們對眼前事件的想法。在某些情況下，他們邊看討論，就邊在第一時間提出反饋。他們的意見會被記錄起來，並用專家系統來跟別人的意見比較，以幫

助大家更加了解自己怎麼思考。有了這些資訊，我們就能針對他們的思維方式，讓學習和職務更適合他。

我們開發了若干工具和計畫來幫助員工學習和實踐原則，這只是其中一例。

b.要用工具來蒐集數據，再經處理形成結論和行動。想像一下，公司所發生的每件要事幾乎都能以數據形式記錄，而且你可以建立演算法來引導電腦，就跟引導人一樣，分析這些數據，並按你認可的方式來運用它。如此一來，你和代表你的電腦就能記錄每個人的訊息、洞察每個人的行為，並提供量身設計的指導，就像是衛星定位系統靠著掌握所有的交通形態和路線來為你導航。你不必規定要遵照電腦的指引，雖然你也可以這樣做。普遍來說，系統操作起來就像個教練。教練要能了解團隊情況：針對人員行為蒐集數據，假如他們出現了好或差的表現，就是有用的訊息，學習就會發生並用來促成改善。由於每個人都看得到演算法背後的思考，所以任何人都能依其邏輯和公平性來評估，並參與其中，共同行動。

c.要培養信任和公平的環境，把原則講清楚，運用工具和行為準則來實踐原則，使所得出的結論可以靠追蹤背後的邏輯和數據加以評斷。在所有的組織裡，總是有一些考績被打低分的人會辯解說，判斷有錯。當這種事發生時，以數據和規則為基礎的制度、標準明確的系統，就可以減少這類爭論，大家也會比較相信制度公平。制度雖然不完美，但絕不像大權在握的個人不具體、不公開的決策那麼武斷，更容易檢驗是否有偏見存在。我的理想是，建立一個程序，每個人都可以為良好的決策貢獻一些標準，適當指派一些（具可信度的）人來評斷和挑選這些標準。假如人能在敞開心胸與

堅強果斷上保持好的平衡，了解自己在某些決策上是否可信，那以此來公開討論對員工考評和管理標準，就會發揮強大作用，有助於建立及增強創意擇優。

我們達成這些事的工具尚在初級階段，正力求精進，以使員工管理系統操作起來就跟投資管理系統一樣有效。

我們以證據為基礎來了解、指引與篩選員工，即使並不完美，但比起大部分的組織還在仰賴隨意、主觀的管理制度，這公平和有效得多。我相信，隨著科技演進，大部分的組織會被推向結合人類與電腦的智慧系統，把工作原則編程到演算法中，以大幅改善決策。

在附錄中，我所詳細描述的若干工具和行為準則，就是在支援創意擇優的做法，並促使員工一致實施。它是設計來幫助我們達成下列目標：（1）了解員工的狀態。（2）分享員工的狀態訊息。（3）提供個人化的培訓和發展方案。（4）在具體情況下給予指引與監督。（5）幫助經理人考察員工的能力和工作要求，以便人盡其才或請出公司。

你不需要把這些工具和行為準則套用在自己公司的創意擇優上，但應該要有方法來推行必要的內化學習。我們的原則由來已久，已大幅演進，各位的則不必那麼花稍或強調自動化。例如提供表格和範本，指導人員按必要步驟來管理工作和執行流程，所獲得的成果就會好過他們靠死背或自己釐清。

　　你要自行來決定如何運用工具和行為準則。我的主要重點在於強調它很重要。

16 千萬不要忽略
公司治理！

假如沒有良好的治理，我到目前為止所說的一切就會白費工夫。治理是一套監督系統，淘汰不適任員工、運行不順暢的流程。這是以制衡的過程來確保公司的原則與利益永遠在任何個人或派系利益之上。由於權力才是王道，所以權力必須交到處於關鍵崗位、能幹的人手上，他們要有對的價值觀、做好本職，並且會對別人的權力進行制衡。

直到卸任執行長之後，我才體認到治理的重要性，因為我是創業家和公司的創辦人（以及投資經理人），多半是按自己認為最好的方式做。我雖然根據需要建立了對自己的制衡機制，把我創立的管理委員會列在自己之上，我必須向委員會呈報，但按我的持股，還是有權決定一切，只是從來都沒這樣做過。有些人可能會說我是開明的專制君主，因為我雖然大權（全部的投票權）在握，卻是以創意擇優的方式來行使權力，因為我認為公司好大家才會好，而且我需要受到複查。以橋水的規模來說，我肯定沒有打造出適當的治

理制度。

例如橋水沒有董事會來監督執行長，沒有內部監理機制，沒有內部仲裁體系來讓人員上訴，也沒有強制執行體系，因為我們並不需要。在別人幫忙下，我訂出了規則來加以落實，人人都有權利上訴和推翻我和別人的決定。我們的原則就相當於美國早年十三州時的「邦聯條例」，我們的政策則像是法律，但我從來沒有訂立過像「憲法」或司法體系這種正式的操作方式，以強制執行及化解爭端。結果就是當我卸任而把權力交給別人時，對決定權的理解就出現了混淆。在跟世界上一些最出色的管理大師商量後，我們依照這些原則訂出了新的體系。儘管如此，我想要講清楚的是，我並沒有自認是公司治理專家，對以下的原則也不像對之前的原則那樣敢掛保證，因為在本書撰寫時這些原則還很新。

16.1 如果要成功，所有組織必須建立制衡機制。

我所謂的「制」（check）指一些人監督其他的人，以確保他們表現良好。我所謂的「衡」（balance）則是指權力的平衡。撇開別的原因不談，由於要管理眾多人員，時間又有限，因而必須迅速做出困難的抉擇，連最開明的領導人都容易變得比較獨裁。而且有時候在對爭論失去耐心，他們就會改為下達命令。大部分領導人沒那麼與人為善，不能指望他會把組織利益擺在自身利益之前。

a.即使運用創意擇優，靠觀點勝出也不是分派責任和權力唯一的決定因素。適當的既得利益也需要納入考量。例如公司的所有人毫無疑問會有既得利益，所有人的既得利益或許跟依照創意擇優選出可信度最高的人的既得利益相左。這不該導出所有人因此就把

鑰匙交給那些領導人。這樣的衝突必須加以消弭。由於創意擇優的目的是要產出最好的成果，所以公司所有人有權利和權力來評斷這點，而且他們當然會做出自己的決定，我的建議是要明智選擇。

b.**要確保沒有人比制度有權力，或是重要到不可替代**。對創意擇優來說，尤其重要的是，治理制度比任何個人都要有權力，是由它來指揮和約束領導人，而不是反過來。中國領導人王岐山跟我說過一個古羅馬發生的故事，當時凱撒反叛政府，打敗同袍將領龐培，從元老院手中搶下對共和國的控制權，並自封為終身職獨裁者。即使在他遭暗殺並由元老院恢復統治後，羅馬也永遠不再是原本的樣子了；後來的內亂對羅馬的傷害比任何一場對外戰爭都慘重。

c.**要慎防拉幫結派**。團隊和部門有向心力，有共同目標固然很棒，但個人對老闆或部門主管的忠誠，不能和對整個組織的忠誠有所衝突。拉幫結派會適得其反，並與創意擇優的價值觀背道而馳。

d.**設計組織架構和規則時，要確保制衡機制運作順利**。每個組織都有自己的制衡方法。下頁的圖所畫的是我概念中橋水的制衡機制，橋水目前是個約有一千五百人的公司。不過，不同機構所遵照的原則是舉世皆然；我相信所有的機構都需要在這個基本結構下發展制衡機制。

董事會有一到三位執行長與七到十五位董事，並由幕僚支援，目的主要是在評斷：（１）公司的管理階層有沒有能力。（２）公司有沒有依照既定原則和形式準則來運作。董事會有權力選用和替換執行長，但不插手公司或對管理者下指導棋，只不過萬一情勢緊急，他們仍可扛起比較主動的角色（他們也能按自己的意願幫助執

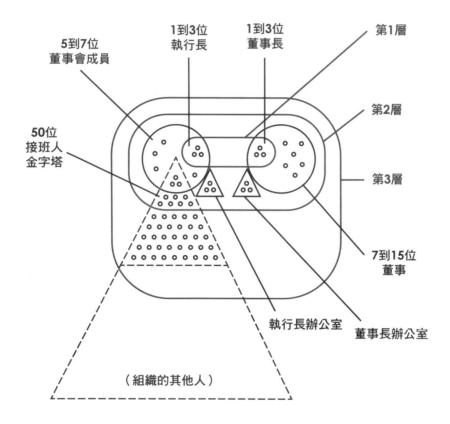

5到7位
董事會成員

1到3位
執行長

1到3位
董事長

第1層

第2層

第3層

50位
接班人
金字塔

7到15位
董事

執行長辦公室

董事長辦公室

（組織的其他人）

行長）。橋水的創意擇優雖然在理想上無所不包，但在授權、委任、掌握消息，以及決策權歸屬等方面，需要區分層次。如對圖中的三個層次所示。

　　e.**呈報管道一定要清晰。**這對組織上下都很重要，但尤其重要的是，對董事會（負責監督的人）的呈報管道要獨立於對執行長（負責管理的人）的呈報管道外，雖然兩者應該要合作才對。

　　f.**決策權歸屬一定要清楚。**一定要清楚的是，每個人的投票權重。假如還有歧見而必須形成決策，對於要怎麼解決才不會有疑義。

　　g.**負責職能評估的人一定要（1）有時間來掌握被評估對象工作情況的全面訊息；（2）有能力來評估；（3）沒有利益衝突妨礙到監督的有效執行。**為了妥善評估，評估人必須要知道標準是什麼，而這要花時間。有些人有能力和勇氣來責求他人，但大部分的人並沒有；究責的能力和勇氣是不可或缺的。負責評估的人不能有利益衝突，像是被評估者的部屬，以免妨礙到對他們究責，包括建議開除。

　　h.**決策者必須握有必要的資訊來形成決策，但必須守信、妥善安全保管訊息資訊。**這並不表示所有的人員都被信賴，能接觸這些訊息。有可能是在董事會下設立專門委員會，允許其握有敏感資訊，並向董事會提出基於實證的建議，以做出合理判斷，但高度敏感的訊息不能外洩。

16.2 在創意擇優中，執行長單人決策不會比集體決策來得好。

依賴一人會產生太多的關鍵人物風險，管理技能受限（因為沒有人每樣都擅長），並且無法充分制衡。這也會造成負擔，因為會有太多的事要做。這就是為什麼我們在橋水是採用共同執行長模式，由兩、三個人搭檔來帶領公司。

在橋水，執行長是由董事會來監督，而且主要是透過執行董事或董事長。在我們的創意擇優中，執行長也要受公司的員工責成，即使是執行長的部屬也一樣。由兩、三個人負責管理的挑戰在於他們要能協調合作。假如沒辦法做到、與董事長也難以協調，他們就必須通知執行董事或董事長，以便有所改變。

在公司的管理上，我們有不只一位執行長在管理。而基於相同的原因，我們的投資長也不只一位（目前有三位）。

16.3 原則、規矩和制衡的治理制度取代不了出色的夥伴關係。

　　假如在公司裡缺乏優秀人才，出於本能就按照原則為團體謀福利，那所有這些原則、規矩和制衡就不會有多大的作用。公司的各領導階層必須有智慧、有能力，善於維繫密切關係、展開合作及發展有效的工作關係。具體體現在理性表達歧見，以及承諾不管創意擇優的過程做了什麼決策，都會加以如實履行。

與別人合作可得三大益處：

（1）通力合作比單打獨鬥

更強、更能達成

既定的使命。

（2）優質的人際關係會造

就出色的團隊。

（3）累積財富以滿足

和實現我們和他人

的生活所需。

工作的原則總結

由於這三大益處的重要性是因人而異，你可以自行研判想要的數量和組合。要體認到的是三大益處相輔相成。假如想要達成使命，最好是與對該使命負有承諾的人形成優質的關係，並有財務資源在背後支撐。同樣地，假如想要有出色的工作團隊，那就需要共有的使命和財務資源來支援。假如想要盡可能賺最多的錢，則需要靠清楚的目標和同事通力合作來達成。我的人生很幸運，擁有優秀夥伴、良好人際關係與金錢，全都遠遠超越了我所能想像。我把對我管用的做法傳達給你，你能決定它有沒有用、哪一點對自己有用。那就是創意擇優，目標則是有意義的工作和有意義的人際關係，達成它的方式則是極度真實和極度透明。

我講的一大堆原則可能會令你困惑，我想把關鍵凸顯出來。那就是在所有的決策方法中，**最好的就屬創意擇優**[1]。雖然是太顯而

---

[1] 原注：我並不是說它總是會最好，在某些個案中就不是。我是說假如能妥善實行，我相信它幾乎總是會最好。

易見、無須多說，但我還是要重申：知道各個員工的觀點及能力高下，確保最好的構想勝出，這就是最好的決策方式。無論什麼情況下，創意擇優的決策都好過傳統的獨裁或民主式決策。

這不只是理論。雖然世上沒有烏托邦，就如同沒有完美的東西，但出色倒是有，毫無疑問，在橋水的四十多年中，這套創意擇優的做法創造相當出色的成果。由於在大部分組織裡，這套做法都能同樣順利地運作，所以我才想要清楚而詳細地闡明。各位不需要像我這樣嚴格遵循這套創意擇優的做法，但有個大哉問是：你想不想以創意擇優來運作？假如想的話，你要如何盡量做到最好？

創意擇優有賴於人做到三件事：（1）坦承想法，端上檯面公開討論。（2）理性表達歧見，大家能進行高品質討論，拓展思路，構思出可能是最好的集體決策。（3）遵守創意擇優的方式來跳脫歧見（像是可信度加權決策）。創意擇優不必完全依照任何特有的方式來操作，但的確必須大致遵照這三個步驟。不用擔心記不住本書告訴你的特定原則，而要放手去追求創意擇優，權衡利弊，構思怎樣以你自己的原則、自己的方式操作才會管用。

就我而言，我想要有意義的工作和有意義的人際關係，並相信必須靠極度真實和極度透明來做到這點。然後我就去尋求，並遇到了問題，而迫使我要有所選擇。靠著記錄形成抉擇的過程，我得以充實自己的原則，並促使我和同事去塑造橋水的創意擇優，使它運作良好。你會獨自遇到一些阻礙，你或許會想要回頭去參考這些原則，因為我大概遇過很多相同的阻礙，尋求解決，於是體現於原則中。然後，你可以以自己總結出你的原則。

當然，在影響團體運作上，人的能力各異，而且我並不知道你

的情況。但我倒是知道，假如你想要用創意擇優的方式來運作，那你可以找出屬於自己的辦法。也許是從上層來設計組織，也許是選擇對的組織效力，也許是應對你的同事。不管情況為何，你總是能練習同時敞開心胸且堅決果斷，並基於自己和別人的可信度高低做出取捨。

　　總之，我祝福你：（1）能把工作和熱情融為一體；（2）能與同事為了共同使命而好好拚搏，以收穫成果；（3）能享受拚搏與享受成果；（4）會迅速改善和進化，並成就斐然。

由你自己來決定
想要從人生中
得到什麼和付出什麼。

結語

　　我在開頭時說過，我的目標是要傳達對我有效的原則；要怎麼運用則要看各位了。

　　我當然希望這些原則有助於你勾勒出自己的遠大目標，從失敗的痛苦中破繭而出，形成高品質的反思，並創造出你自己的原則，系統性地遵循原則來產生遠超出期待的豐碩結果。我希望原則幫助你進步，或與同事合作實現願景。而且由於旅程肯定是場拚搏，所以我希望這些原則有助於你改善和進化。原則或許會激發你和同事把原則寫成指導手冊，一起運用創意擇優。假如我能推動世界朝那個方向轉動，甚至是一小步，都會令我欣喜。

　　除此之外還有配套。由於我知道，如果要幫人們把想法化為現實，就非有工具和行為準則不可，所以我將闡述我們所設計的工具與行為準則，供各位參考。

　　我覺得已盡了全力傳達我的生活與工作原則，當然，只要活著，我們就不會停止奮戰。由於我最近在努力的是把認為有價值的東西全數貢獻出來，所以介紹這些原則讓我感到安慰與滿足。隨著本書結束，我將把我的經濟和投資原則分享給大家。

橋水在創意擇優所用的
工具和行為準則

以下簡述橋水目前所使用的許多工具和流程。我打算不久後就會在原則App中更廣泛地與世人分享，屆時各位便能親身體驗。

教練

我會打造**教練**是因為，每個人都要應對各種狀況，需要記住太多原則，而且從書中找建議不如直接諮詢來得快。教練匯聚了各種（或多種）情況（例如不認同某人的評估意見，有人說謊或做了違反職業道德的事等等），形成一個案例庫，並連結了相關原則，以幫助人們來應對。你在使用教練時，也可以針對建言的品質給予反饋，使教練系統更完善，給出越來越好的建言。教練會隨著時間越來越有用，就跟Siri的做法沒兩樣。

集點器

集點器是用於會議中的App，讓人即時表述想法並理解別人的想法，然後幫助他們在創意擇優下集體形成決策。它會展現及分析眾人的思考，並用這樣的訊息來幫助大家做出決策，特別是：

- 與會者持續記錄對彼此發言的評價，靠的是數十種要素中的任何一個，給予正或負的「點數」。這些點數會列在動態更新的表格中，隨著會議進行，談話中的每個人都能看到彼此的思考。這麼做有助於轉換思維，俯瞰每個人的看法意見，而不是糾結於自己的觀點。透過每個人的眼光來看事情，自然會使大部分的人關照全局，認清自己的視角只是其中之一，進而自問在解決當前問題時，哪種標準才是最好。如此一來，就會促進敞開心胸，在創意擇優下形成集體決策。

- 集點器有助於人們做決策，跟GPS一樣提供建言。集點器取得現場每個人的訊息數據，就能給予個人化的指點。當他們本身沒把握看對時，這點尤其重要。我們發現，幫助員工處理這樣的狀況，價值無可比擬。

- 集點器會凸顯出我們所謂的「疙瘩問題」，也就是人們抱持不同立場、答案五花八門，呈現出有重大歧見有待化解。例如要是你在某個議題的觀點與可信度高的人有歧見，它就會自動示警並給予指引，好讓你採取適當的步驟，以基於證據的方式來化解這個歧見。

- 對人員能執行可信度加權投票。集點器提供人們能就是／否來投票（或用數字評分），以及進行可信度加權的後端系統，使我們得以兼顧相等加權和可信度加權式的投票結果，而且不只是簡單多數決，還有觀點最可信的人是怎麼投票。這聽來或許複雜，但它就是提醒人誰最有可信度的方式，而不必去牢記誰在哪方面比較可信。

棒球卡

除了在會議上蒐集員工發言的「點數」，我們也會以其他諸多方式來蒐集人員的數據（審查、測試、人員所做的選擇等等）。這些點數全都會按照經過壓力測試的邏輯，以電腦演算法來分析，進而畫出員工特徵的點狀圖。這樣的邏輯一般都會向公司裡的人公開並受到認可，以增強客觀性及可信度。然後我們會把這些圖記錄在**棒球卡**上，以簡單的方式來呈現人員的優缺點和背後的證據（就跟棒球卡呈現職業棒球選手的方式沒兩樣）。

我認為我們需要定期查閱棒球卡，因為要是沒有，人員彼此互動時，往往就不會考慮誰擅長或拙於哪方面。例如棒球卡在會議上就很有用，與會者可藉其評斷發言人的權威性，以研判該意見的優劣。為了補強棒球卡，我們開發了另一款叫作人物介紹（People Profile）的工具。它會讀取棒球卡上所有（日益複雜）的數據，提供各人特徵的簡要文字敘述。這是為了提供員工系統化的綜合分析，以反映橋水對於每個人特點的最佳判斷。我們會與受評價的人一起拿工具評價的結果來與其本身的自我評價進行對比、尋求一致，使工具的功能和員工對個人形象的信心都會有所改善。

為了將人與職務相配，我開發了**組合器**（Combinator）。它會讀取棒球卡上的數據，以了解關鍵特徵並互相比較。假如你要找某類型的人來做某項職務，可以輸入幾個合乎要求的人名，組合器就會把他們的精確數據叫出來，分析個人關鍵特質，從資料庫找出其他適任人選。組合器也可以用來訂職務規範，在公司內外都能應用。

問題日誌

問題日誌是我們在記錄錯誤並從中學習教訓的主要工具。我們用它來把所有的問題端上檯面，轉交給解決問題高手來按部就班改善。它的功用就像是過濾雜質的淨水器。任何出錯的事都必須寫進問題日誌，以指明問題的嚴重性和要由誰來負責，這樣才容易歸納整理大部分問題。議題紀要也有助於提供路徑來診斷問題和它的相關資訊。如此一來，它也提供了有效的績效指標，因為你得以去衡量所出現問題的數目和類型（並確認是誰造成問題及由誰解決問題）。

問題日誌是改變習慣和觀念的好工具。通常員工面對的第一個挑戰就是公開指出錯誤，因為有些人在本能上會把指出錯誤視為在傷害犯錯的人。一旦習慣了這麼做，就會體認到益處，並養成這好習慣。現在大部分的人都不能沒有這項工具了。

痛苦按鍵

我相信**痛苦＋反省＝進步**。換句話說，痛苦是有東西要學的重要信號，而且假如你好好反省，總是會學到重要的東西。這促使我去發明**痛苦按鍵**（Pain Button）。

人體驗到痛苦的時候，是記錄痛苦是什麼樣子的最佳時機，卻不是適合反省的時機，因為腦袋很難保持清楚。所以這款App是讓人把所感受到的情緒（怒氣、失望、挫折等等）記錄下來，等事後再用經過引導的反省問題來回顧。這款工具是在觸發體驗到痛苦的人去具體說明要如何應對這個局面，以便緩解未來的痛苦（例如跟引發痛苦的人展開高品質對話等等）。這款App有一部分是在顯示痛苦的頻率和痛苦的成因，以及是否遵循既定行動方案，效果

是否顯著。如此一來，就會得知某種生物反饋連結（biofeedback connection），涵蓋所發生的痛苦、了解診斷、使問題減緩或消弭的改善計畫、後續行動以及所產出的成果。這款工具是在訂立範本，體現出反饋循環向上改進的過程。你可以把本身的記錄與人分享或設為私密。有些人形容痛苦按鍵就像是口袋裡的心理醫生，只是它更好，因為隨時可用又物美價廉。

爭端化解器

爭端需要有清楚的路徑來化解，在創意擇優中尤其如此，因為人們要表達歧見，也要有方法化解歧見。爭端化解器就是在提供路徑來以創意擇優的方式化解歧見。它有一項特色是，它會找出具可信度的人幫忙研判，某項歧見值不值得提交到較高管理層次去解決。這款App也會讓每個人看清，假如自己的觀點與別人不同，就要有責任表達並設法達到共識，而不是私下固執己見卻不把它端上檯面。不管有沒有像爭端化解器這樣的工具，你都必須有清楚公平的制度來化解爭端，以確保創意擇優是貨真價實。否則權力大的高層就可能打壓權力小的下屬。

我們還有若干工具是在幫助我們完備和監督日常工作，並對工作進展保持共識。

每日更新

多年來，我都會要下屬每天花大概十到十五分鐘，以簡短的電郵來寫出他們當天做了什麼事、出現的問題，以及本身的反省。看了這些資料並多方評量後（也就是觀察不同人如何承擔工作職

責），我就能判斷他們是如何一起工作、心情如何，以及我該從中發現哪些線索。過去幾年來，我把這開發成應用軟體，以便把每日更新彙集成儀表板，使它在追蹤、記錄指標和提供反饋上，比逐一翻閱數十則電郵要容易得多。它也有助於員工天天都提供有用的數據，像是本身的士氣、工作量有多重、想要往上通報的議題。我和同事發現，在幫助我們保持共識上，這款簡單的工具無可比擬。在公司的層次上，它則提供了寶貴的資訊來天天為現況把脈（士氣、工作量、具體問題、個人執行狀況等等）。

契約工具

你有多常遇到這種情形：在會議結束時，每個人都說我們該做這個或那個，但接著每個人便一哄而散，實際上什麼都沒發生，因為每個人都不知道共識是什麼，遑論跟進。隱性的約定沒什麼價值；員工對彼此做出的承諾需要明確到可化為行動，有證據可查，且能彼此究責。**契約工具**是簡單的App，記錄人員相互的承諾並監控承諾履行。它幫助下達指令的管理者也為接受指令的執行者提供指導，輕鬆掌握相關訊息。

流程圖

一如工程師會用流程圖來了解所設計事項的工作流程，管理者也需要**流程圖**來幫忙把公司設計成機器。流程圖或許要參考組織圖，以顯示內部呈報路徑，或讓組織圖補強流程圖。在理想上，流程圖的製作方式要使你兼顧兩者：從高層次來看事情，並在需要時下探層次較低的細節（例如在流程圖中看到某人的名字，你點進去

就可了解他的棒球卡及其他資訊）。

在橋水，我們為公司各部門設計的流程圖，清楚顯示所有的職務和各職務的責任，以及工作流程如何導出所預期的結果。

方針和程序手冊

彙編方針和程序大全以便查閱，功能就像操作手冊。這些文件是把組織的學習經驗提升為制度的結果，內容是動態更新的。

量化指標

有句話說：「無從計量的事，你就管不好。」想去衡量機器運作得如何，尤其要是能借助演算法來完成思考和工作的話，你在管理時就能比較容易。

設計好的量化指標，首先要想到你需要什麼樣的資訊來回答迫切的問題，再釐清要怎麼得到答案。生成指標靠的並不是把蒐集來的資訊拼湊在一起。在橋水，我們有四個步驟有助於訂出好的指標：（1）知道公司的目標是什麼。（2）了解達到目標的程序（「機器」，包含人和設計）。（3）確認過程中最適合量化的關鍵部分，這樣你就會知道機器是如何運作來達成目標。（4）探討這些關鍵指標如何發揮槓桿效應，以便調整程序並改變結果。為了這個目的，我們會鼓勵員工搭配流程圖和程序手冊來建構指標。

如果要測試量化指標的成效，就看它能不能告訴你有誰在哪些領域做得好或壞，要具體到個人。我們希望指標從上到下無所不包，從執行長負責公司層級的最重要事項，對下要包含各部門、部門內的團隊與各職務的責任方。

誌謝

　　我的生活和工作原則是我多年來實踐經驗的總結。由於這些經歷最重要的都是與巴布‧普林斯、葛列格‧詹森、吉賽兒‧瓦格納、丹‧伯恩斯坦、大衛‧麥考密克、愛琳‧穆雷、Joe Dobrich、保羅‧科爾曼、羅伯‧弗雷德、羅斯‧沃勒、Brian Gold、Peter La Tronica、Claude Amadeo、Randal Sandler、Osman Nalbantoglu、Brian Kreiter、Tom Sinchak、Tom Waller、Janine Racanelli、Fran Shanne和Lisa Safian一同塑造，所以他們也是我最感謝的人。

　　巴布、葛列格和我所過的成年生活，大半都是在努力探究經濟和市場的恆常與普遍法則。在過程中，回顧我們的日常互動，時常引人深思，偶爾遍體鱗傷、有時滿心歡喜。我們開會主要都是在談經濟和市場，進而去發現寶貴的經濟與投資原則，也教會我們認識自己以及人與人之間該怎麼彼此搭配。我們把這些教訓總結成了更有意義的生活與工作原則。到了近期，我們則是跟一起接替我來擔任共同執行長的愛琳‧穆雷和大衛‧麥考密克一同努力。大衛和愛琳，謝謝你們接受和照料上蒼所賜的恩惠，並為之付出。

　　我最初在想像要把橋水從第一代公司轉型為第二代時，便決定把我零散的原則整理成一部教材，以幫助橋水同仁。把起先一大

堆混亂的原則蒐集起來並轉化成這本美妙的著作是件浩大的工程，Mark Kirby負責助我一臂之力，厥功甚偉。我也要感謝Arthur Goldwag和Mike Kubin在精進和潤飾整份原稿上的貢獻（Mike是以朋友的身分來做這件事）。對於Arianna Huffington、Tony Robbins、Norm Rosenthal和Kristina Nikolova花時間來閱讀本書並提出寶貴的建言，我更要表示謝意。

　　我日常最為倚重的人有「瑞的天使團隊」（Marilyn Caufield、Petra Koegel、Kristy Merola和Christina Drossakis）、「瑞的槓桿團隊」（Zack Wieder、Dave Alpert、Jen Gonyo和Andrew Sternlight，以及以往的Elise Waxenberg、David Manners-Weber和John Woody）、「瑞的研究團隊」（Steven Kryger、Gardner Davis和Brandon Rowley，以及以往的研究人員Mark Dinner）。我還要謝謝Jason Rotenberg、Noah Yechiely、Karen Karniol-Tambour、Bruce Steinberg、Larry Cofsky、Bob Elliott、Ramsen Betfarhad、Kevin Brennan、Kerry Reilly和Jacob Kline等年輕一代來提供靈感，促使我形成投資原則；Jeff Gardner、Jim Haskel、Paul Podolsky、Rob Zink、Mike Colby、Lionel Kaliff、Joel Whidden、Brian Lawlor、Tom Bachner、Jim White、Kyle Delaney、Ian Wang、Parag Shah和Bill Mahoney把我們的原則以更個性化的方式傳遞給客戶；Dave Ferrucci在把工作原則化為演算法上，對我的幫助比其他任何人都多；Jeff Taylor、Steve Elfanbaum、Stuart Friedman和Jen Healy則是幫助我把原則化為許多人的常識。雖然我的興趣和方向總是很龐雜，但這些團隊都把我的使命當成了自己的使命，推動我往

前邁進。要是沒有他們幫忙，我不可能取得現在的成就。謝謝你們容忍我和無私的幫助。

各位在書中看到的優美設計全都拜Phil Caravaggio所賜，感謝他的慷慨和才華。我把《原則》的原版PDF檔放上網後，他就來找我這個陌生人，帶來這份設計精美的印刷版禮物，它是在藝術書籍設計師Rodrigo Corral的協助下創作而成。Phil本身就是了不起的創業家，他是因為原則對他有用而想要謝謝我。本書的優美令我驚豔，Phil提到這些原則對他的意義則是另一份大禮，使我對出實體書更有動力。我決定出版後，Phil便和Rodrigo孜孜不倦工作，為各位現在拿在手上的作品塑造美感，這是一份大禮。謝謝你，Phil！

六年前，Simon & Schuster的執行編輯Jofie Ferrari-Adler上網看了原則，覺得很有價值，並向我解釋了為什麼出版這本書來幫助別人對我來說是很重要的。出版過程中，他是使這件事成真的可敬夥伴。在選擇出版方案時，我找了人來多方評量，以找出最好的代理商。過程中我結識了Jim Levine。我打聽到他為什麼這麼受客戶推崇，因為他投入時間、技巧和同理心。Jim帶領我走過了出版流程，帶我結識了Simon & Schuster的總裁Jon Karp。從一開始，Jon就希望我的書是我想要的樣子多過他想要的樣子，而他也幫助我做到了。

最後，我要謝謝我妻子芭芭拉和兒子戴文、保羅、麥特、馬克忍受我和我的原則，並給我時間和空間來打造這些原則和這本書。

關於作者

　　瑞·達利歐成長於長島非常普通的中產階級家庭。二十六歲時，他在自己的兩房公寓裡創立了投資公司橋水聯合（Bridgewater Associates），並在接下來的超過四十二年裡，把它打造成獲《財星》雜誌評選為美國第五重要的私人公司。他是靠獨特的文化而成功，也就是以極度真實、極度透明和可信度加權決策為依據的創意擇優。而且他相信，大部分的人和企業都能運用原則來達成自身目標。

　　一路以來，達利歐曾入選世界百大最具影響力人物（《時代》）與百大富豪（《富比世》），而且由於他獨特的投資原則改變了業界，《CIO》更稱他是「投資界的史蒂夫·賈伯斯」（這些原則將在他的下一本著作 *Economic and Investment Principles* 中揭露）。他相信自己的成功並不是因為有任何特殊之處，而是他從失敗所總結出的原則。他也相信，大部分人都能從原則受益。

　　達利歐六十八歲時，為了分享原則的價值，他的主要目標就是要把原則傳遞出去。

譯者簡介

陳世杰（第一部分）

　　國立成功大學統計系畢業，美國林肯大學企管碩士。金融業工作資歷十餘年，曾跨足證券、銀行及國內外資產管理公司。著有《小資向錢衝：用錢賺錢加倍奉還》、《100張圖輕鬆變成股市大亨》、《找一個真正會幫你賺錢的理專》等書。現任基金經理人。

諶悠文（第二部分）

　　政治大學新聞系畢業，目前任職報社。譯有《優秀是教出來的》、《如何移動富士山》、《活出歷史》（合譯）、《抉擇》（合譯）、《跑出全世界的人》（合譯）等書。

戴至中（第三部分）

　　政治大學新聞系畢，現為職業譯者。

參考書目

珊卓·阿瑪特（Sandra Aamodt）、王聲宏（Sam Wang）著，楊玉齡譯，《大腦開竅手冊》（*Welcome to Your Brain : Why You Lose Your Car Keys but Never Forget How to Drive and Other Puzzles of Everyday Life*），天下文化，2008年。

Beauregard, Mario, and Denyse O'Leary. *The Spiritual Brain: A Neuroscientist's Case for the Existence of the Soul.* San Francisco: HarperOne, 2007.

喬瑟夫·坎伯（Joseph Campbell）著，朱侃如譯，《千面英雄》（*The Hero with A Thousand Faces*），立緒文化，1997年。

第十四世達賴喇嘛（Dalai Lama XIV）著，張琇雲譯，《超越 生命的幸福之道》（*Beyond religion :Ethics for a whole world*），時報，2012年。

理查·道金斯（Richard Dawkins）著，楊玉齡譯，《伊甸園外的生命長河》（*River Out of Eden: A Darwinian View of Life*），天下文化，1995年。

查爾斯·杜希格（Charles Duhigg）著，鍾玉玕、許恬寧譯，《為什麼我們這樣生活，那樣工作？》（*The Power of Habit: Why We Do What We Do in Life and Business*），大塊文化，2012年。

威爾·杜蘭（Will Durant）、艾芮兒·杜蘭（Ariel Durant）著，吳墨譯，《讀歷史，我可以學會什麼？20世紀最偉大歷史著作精華結論，告訴你》（*The Lessons of History*），大是文化，2011年。

大衛·伊葛門（David Eagleman）著，蔡承志譯，《躲在我腦中的陌生人：誰在幫我們選擇、決策？誰操縱我們愛戀、生氣，甚至抓狂？》（*Incognito: The Secret Lives of the Brain*），漫遊者文化，2013年。

霍華德·嘉納（Howard Gardner）著，莊安祺譯，《Changing Minds：改變想法的藝術》（*Changing Minds：The Art and Science of Changing Our Own and Other People's Minds*），聯經出版，2006年。

麥可·葛詹尼加（Michael S. Gazzaniga）著，鍾沛君譯，《我們真的有自由意志嗎？：意識、抉擇與背後的大腦科學》（*Who's in Charge？: Free Will and the Science of the Brain*），貓頭鷹，2013年。

亞當·格蘭特（Adam Grant）著，姬健梅譯，《反叛，改變世界的力量：華頓商學院最啟發人心的一堂課②》（*Originals: How Non-Conformists Move the World*），平安文化，2016年。

Haier, Richard J. *The Intelligent Brain.* Chantilly, VA: The Great Courses Teaching Company, 2013.

丹尼爾·康納曼（Daniel Kahneman）著，洪蘭譯，《快思慢想》（*Thinking, Fast and Slow*），天下文化，2012年。

Kegan, Robert. *The Evolving Self: Problem and Process in Human Development*. Cambridge: Harvard University Press, 1982.

Kegan, Robert. *In Over Our Heads: The Mental Demands of Modern Life*. Cambridge: Harvard University Press, 1998.

Kegan, Robert, and Lisa Laskow Lahey. *An Everyone Culture: Becoming a Deliberately Developmental Organization*. Cambridge: Harvard Business Review Press, 2016.

Lombardo, Michael M., Robert W. Eichinger, and Roger P. Pearman. *You: Being More Effective in Your MBTI Type*. Minneapolis: Lominger Limited, 2005.

雷納德・曼羅迪諾（Leonard Mlodinow）著，鄭方逸譯，《潛意識正在控制你的行為》（*Subliminal: How Your Unconscious Mind Rules Your Behavior*），天下文化，2013年。

Newberg, Andrew, MD, and Mark Robert Waldman. *The Spiritual Brain: Science and Religious Experience*. Chantilly, VA: e Great Courses Teaching Company, 2012.

Norden, Jeanette. *Understanding the Brain*. Chantilly, VA: e Great Courses Teaching Company, 2007.

丹尼爾・品克（Daniel H. Pink）著，查修傑譯，《未來在等待的人才》（*A Whole New Mind: Why Right-Brainers Will Rule the Future*），大塊文化，2006年。

Plekhanov, G. V. *On the Role of the Individual in History*. Honolulu: University Press of the Pacific, 2003. (Original work published 1898)

史提芬・瑞斯（Stephen Reiss）著，劉士豪、黃芳田譯，《我是誰？》（*Who am I? : the 16 basic desires that motivate our behavior and define our personality*），遠流，2002年。

Riso, Don Richard, and Russ Hudson. *Discovering Your Personality Type: e Essential Introduction to the Enneagram, Revised and Expanded*. New York: Mariner Books, 2003.

Rosenthal, Norman E, MD. *e Gift of Adversity: The Unexpected Benefits of Life's Difficulties, Setbacks, and Imperfections*. New York: TarcherPerigee, 2013.

吉兒・泰勒（Jill Bolte Taylor）著，楊玉齡譯，《奇蹟》（*My Stroke of Insight-A Brain Scientist's Personal Journey*），天下文化，2009年。

Thomson, J. Anderson, with Clare Aukofer. *Why We Believe in God(s): A Concise Guide to the Science of Faith*. Charlottesville: Pitchstone Publishing, 2011.

Tokoro, M., and K. Mogi, eds. *Creativity and the Brain*. Singapore: World Scientific Publishing, 2007.

愛德華・威爾森（Edward O. Wilson）著，蕭寶森譯，《人類存在的意義：一個生物學家的思索》（*The Meaning of Human Existence*），如果出版，2016年。

原則：生活和工作

作者	瑞·達利歐 Ray Dalio
譯者	陳世杰、諶悠文、戴至中
商周集團執行長	郭奕伶
視覺顧問	陳栩椿
商業周刊出版部	
總編輯	余幸娟
責任編輯	林雲
封面設計	黃聖文
內頁排版	林婕瀅
英文原版設計	Phil Caravaggio、Rodrigo Corral
出版發行	城邦文化事業股份有限公司-商業周刊
地址	104台北市中山區民生東路二段141號4樓
	電話：(02)2505-6789 傳真：(02)2503-6399
讀者服務專線	(02)2510-8888
商周集團網站服務信箱	mailbox@hwnet.com.tw
劃撥帳號	50003033
戶名	英屬蓋曼群島商家庭傳媒股份有限公司城邦分公司
網站	www.businessweekly.com.tw
香港發行所	城邦（香港）出版集團有限公司
	香港灣仔駱克道193號東超商業中心1樓
	電話：(852)25086231 傳真：(852)25789337
	E-mail：hkcite@biznetvigator.com
製版印刷	中原造像股份有限公司
總經銷	聯合發行股份有限公司 電話：(02) 2917-8022
初版1刷	2018年4月
初版116刷	2024年3月
定價	台幣600元
ISBN	978-986-7778-17-8(精裝)

Principles : life and work by Ray Dalio
Copyright © 2017 by Ray Dalio
Chinese Complex translation copyright © 2018 by Business Weekly, a Division of Cite Publishing Ltd.
Published by arrangement with author c/o Levine Greenberg Rostan Literary Agency Through Bardon-Chinese Media Agency
ALL RIGHTS RESERVED

國家圖書館出版品預行編目資料

原則：生活和工作 / 瑞·達利歐（Ray Dalio）著；陳世杰、諶悠文、戴
至中譯. -- 初版. -- 臺北市：城邦商業周刊，民107.04
　面；　公分.
譯自：Principles : life and work
ISBN 978-986-7778-17-8(精裝)
1.成功法　　2.生活指導
177.2　　　　　　　　　　　　107003508